MINISTRO LUIZ EDSON FACHIN
DEZ ANOS DE SUPREMO TRIBUNAL FEDERAL

CHRISTINE OLIVEIRA PETER DA SILVA
ANDRÉ RIBEIRO GIAMBERARDINO
DESDÊMONA TENÓRIO B. T. ARRUDA
JOSÉ ARTHUR CASTILLO DE MACEDO
ROBERTO DALLEDONE MACHADO FILHO
Coordenadores

Prefácio
Fernando Facury Scaff

MINISTRO LUIZ EDSON FACHIN
DEZ ANOS DE SUPREMO TRIBUNAL FEDERAL

Belo Horizonte
FÓRUM
CONHECIMENTO
2025

© 2025 Editora Fórum Ltda.

É proibida a reprodução total ou parcial desta obra, por qualquer meio eletrônico, inclusive por processos xerográficos, sem autorização expressa do Editor.

Conselho Editorial

Adilson Abreu Dallari
Alécia Paolucci Nogueira Bicalho
Alexandre Coutinho Pagliarini
André Ramos Tavares
Carlos Ayres Britto
Carlos Mário da Silva Velloso
Cármen Lúcia Antunes Rocha
Cesar Augusto Guimarães Pereira
Clovis Beznos
Cristiana Fortini
Dinorá Adelaide Musetti Grotti
Diogo de Figueiredo Moreira Neto (*in memoriam*)
Egon Bockmann Moreira
Emerson Gabardo
Fabrício Motta
Fernando Rossi
Flávio Henrique Unes Pereira

Floriano de Azevedo Marques Neto
Gustavo Justino de Oliveira
Inês Virgínia Prado Soares
Jorge Ulisses Jacoby Fernandes
Juarez Freitas
Luciano Ferraz
Lúcio Delfino
Marcia Carla Pereira Ribeiro
Márcio Cammarosano
Marcos Ehrhardt Jr.
Maria Sylvia Zanella Di Pietro
Ney José de Freitas
Oswaldo Othon de Pontes Saraiva Filho
Paulo Modesto
Romeu Felipe Bacellar Filho
Sérgio Guerra
Walber de Moura Agra

FÓRUM
CONHECIMENTO

Luís Cláudio Rodrigues Ferreira
Presidente e Editor

Coordenação editorial: Leonardo Eustáquio Siqueira Araújo
Thaynara Faleiro Malta
Revisão: Aline Almeida
Capa, projeto gráfico e diagramação: Walter Santos

Rua Paulo Ribeiro Bastos, 211 – Jardim Atlântico – CEP 31710-430
Belo Horizonte – Minas Gerais – Tel.: (31) 99412.0131
www.editoraforum.com.br – editoraforum@editoraforum.com.br

Técnica. Empenho. Zelo. Esses foram alguns dos cuidados aplicados na edição desta obra. No entanto, podem ocorrer erros de impressão, digitação ou mesmo restar alguma dúvida conceitual. Caso se constate algo assim, solicitamos a gentileza de nos comunicar através do *e-mail* editorial@editoraforum.com.br para que possamos esclarecer, no que couber. A sua contribuição é muito importante para mantermos a excelência editorial. A Editora Fórum agradece a sua contribuição.

Dados Internacionais de Catalogação na Publicação (CIP) de acordo com ISBD

M665	Ministro Luiz Edson Fachin: dez anos de Supremo Tribunal Federal / Christine Oliveira Peter da Silva, André Ribeiro Giamberardino, Desdêmona Tenório B. T. Arruda, José Arthur Castillo de Macedo, Roberto Dalledone Machado Filho (coord.). Belo Horizonte: Fórum, 2025.
	413 p. 14,5x21,5cm
	ISBN impresso 978-65-5518-746-5
	ISBN digital 978-65-5518-816-5
	1. Jurisdição constitucional. 2. Direitos humanos e fundamentais. 3. Supremo Tribunal Federal (STF). I. Silva, Christine Oliveira Peter da. II. Giamberardino, André Ribeiro. III. Arruda, Desdêmona Tenório B. T. IV. Macedo, José Arthur Castillo de. V. Machado Filho, Roberto Dalledone. VI. Título.
	CDD: 342
	CDU: 342

Ficha catalográfica elaborada por Lissandra Ruas Lima – CRB/6 – 2851

Informação bibliográfica deste livro, conforme a NBR 6023:2018 da Associação Brasileira de Normas Técnicas (ABNT):

SILVA, Christine Oliveira Peter da; GIAMBERARDINO, André Ribeiro; ARRUDA, Desdêmona Tenório B. T.; MACEDO, José Arthur Castillo de; MACHADO FILHO, Roberto Dalledone (coord.). *Ministro Luiz Edson Fachin*: dez anos de Supremo Tribunal Federal. Belo Horizonte: Fórum, 2025. 413 p. ISBN 978-65-5518-746-5.

SUMÁRIO

PREFÁCIO
Fernando Facury Scaff 15

APRESENTAÇÃO
Os Coordenadores 19

O JUIZ SEMEADOR E AS FUTURAS GERAÇÕES: ANÁLISE DO IMPACTO DO HC Nº 143.988/ES NO SISTEMA SOCIOEDUCATIVO
ANDRÉ R. GIAMBERARDINO 23
    Introdução 23
1   Caso analisado: *Habeas Corpus* nº 143.988/ES 24
2   Análise teórica e contexto de fundo 27
3   Análise prática e consequências da decisão para o sistema socioeducativo brasileiro 29
    Considerações finais 31
    Referências 32

AUDIÊNCIA DE CUSTÓDIA: LEITURA CONSTITUCIONAL DO SUPREMO TRIBUNAL FEDERAL E A CONSOLIDAÇÃO DO INSTITUTO SOB O OLHAR DO MINISTRO EDSON FACHIN
CARLOS EDUARDO LACERDA BAPTISTA,
SANDRA SOARES VIANA 33
    Introdução 33
1   Evolução e fundamentos jurídico-constitucional da audiência de custódia 34
2   Efetividade da audiência de custódia como direito do preso 37

3	O Papel do Supremo Tribunal Federal e do Conselho Nacional de Justiça na Consolidação da Audiência de Custódia	40
4	O olhar do Ministro Luiz Edson Fachin em defesa das audiências de custódia	45
5	Desafios para o aprimoramento da audiência de custódia	50
	Conclusão	52
	Referências	54

SUPREMO TRIBUNAL DOS DIREITOS HUMANOS E FUNDAMENTAIS: IGUALDADE EM PAUTA
CHRISTINE OLIVEIRA PETER DA SILVA 57

1	Prolegômenos	57
2	Supremo Tribunal dos Direitos: humanos e fundamentais	60
3	Sentidos constitucionais do direito à igualdade: humana e fundamental	65
3.1	Ação Direta de Inconstitucionalidade nº 5357	66
3.2	Ação Direta de Inconstitucionalidade nº 5617	67
3.3	Ação Direta de Inconstitucionalidade nº 4275	68
3.4	Mandado de Injunção nº 4733	69
3.5	Ação Direta de Inconstitucionalidade nº 6327	71
3.6	Recurso Extraordinário nº 639138	71
3.7	Ação Direta de Inconstitucionalidade nº 5547	73
3.8	Recurso Extraordinário nº 611874	73
3.9	Arguição de Descumprimento de Preceito Fundamental nº 188	74
3.10	Arguição de Descumprimento de Preceito Fundamental nº 462	75
	Considerações Finais	76
	Referências	77

QUANDO A SAÚDE ENCONTRA O MERCADO NA JURISPRUDÊNCIA DO STF: REFLEXÕES SOBRE A ADI Nº 7.088/DF (AMPLITUDE DA COBERTURA DE PLANOS DE SAÚDE)
**JANE REIS GONÇALVES PEREIRA,
CLARA MOTA PIMENTA ALVES** 79

	Introdução	79
1	Comodificação da saúde suplementar: um debate à luz da economia política da saúde	83

| 2 | Reflexões sobre os votos da ADI nº 7.088/DF | 88 |

Considerações finais 90

Referências 91

DESAFIOS DA 'SUPREMOCRACIA': A SUPREMA CORTE BRASILEIRA EM SEU TEMPO E SUAS CIRCUNSTÂNCIAS
DESDÊMONA TENÓRIO DE BRITO TOLEDO ARRUDA 95

1	Nota pessoal	95
2	Supremocracia e crise de autoridade	97
3	O contexto e os possíveis caminhos	100

Referências 105

O *HABEAS CORPUS* Nº 208.240 E A DEFESA DAS LIBERDADES INDIVIDUAIS: BUSCA PESSOAL E PERFILAMENTO RACIAL
FÁBIO FRANCISO ESTEVES, LUCAS NOGUEIRA ISRAEL 107

Introdução 107

1	O caso concreto	108
2	Busca Pessoal e padrão probatório	110
3	Perfilamento racial, atividade policial e o controle judicial	114
4	O Protocolo para Julgamento com Perspectiva Racial e o controle dos vieses implícitos nas buscas pessoais	117

Conclusão 121

Referências 122

O FEDERALISMO COOPERATIVO DE LUIZ EDSON FACHIN: PARA UMA TEORIA DO DIREITO INTERPRETATIVA E GENERATIVA
GABRIEL REZENDE 125

Introdução 125

1	Para um novo federalismo	127
2	As dificuldades linguísticas das regras de competência	134
3	Para uma teoria do direito QUE SEJA interpretativa e generativa	138

Referências 141

O PAPEL DO STF NA GESTÃO DO ESTADO DE COISAS INCONSTITUCIONAL DO SISTEMA PRISIONAL: REFLEXÕES À LUZ DA RECLAMAÇÃO CONSTITUCIONAL Nº 58.207
GIOVANNA TRIGUEIRO MENDES DE ANDRADE, LÍVIA KIM PHILIPOVSKY SCHROEDER REIS 145

    Introdução 145

1   O caso concreto em julgamento 146

2   A responsabilidade do Poder Judiciário na gestão do sistema carcerário e a Jurisprudência Correlata ao Sistema Penitenciário Paulista 147

3   O Respeito à Cultura de Precedentes no Direito Brasileiro 153

    Considerações Finais 161

    Referências 162

A CONCESSÃO DA ORDEM DE *HABEAS CORPUS* COMO PROTEÇÃO DE DIREITOS FUNDAMENTAIS DOS MENORES INFRATORES: O CASO DO HC COLETIVO Nº 143.988
ILKA M. LINS 165

    Introdução 165

1   Visão abrangente sobre *habeas corpus* coletivo no STF 167

2   O julgamento do HC nº 143.988 e a concessão da ordem como proteção de direitos fundamentais dos menores infratores 168

    Considerações finais 173

    Referências 174

FEDERALISMO E DIREITOS FUNDAMENTAIS ESTADUAIS: O CASO DAS SALAS DE DESCOMPRESSÃO — ADI Nº 6317
JOSÉ ARTHUR CASTILLO DE MACEDO 177

    Introdução 177

1   O caso 179

2   Julgamento: razões dos votos e debates 182

2.1   Razões dos votos — Voto do relator MEF 182

2.2   Votos e votação: proximidades e divergências 185

2.3   Debates: zona cinzenta e "mais trabalho ou mais saúde" 186

3   O dito e o não dito 189

Considerações finais: à guisa de homenagem 191

Referências 193

PLOT TWIST NO HC Nº 246.965/STF: ENTRE O ACASO E A JUSTIÇA, UM NOVO ENREDO À LUZ DA JUSTIÇA RESTAURATIVA
LÍVIA KIM PHILIPOVSKY SCHROEDER REIS,
PAULA CRISTINA PIAZERA NASCIMENTO 195

    Introdução 195

1   Relato do caso e o julgamento do HC nº 246.965 no Supremo Tribunal Federal 196

2   A justiça restaurativa como abordagem aos conflitos criminais 202

3   Revisão crítica: o *plot twist* no HC 249.965: como seria se... 210

    Considerações finais 214

    Referências 215

ACESSO À JUSTIÇA E CUSTAS JUDICIAIS NA JURISPRUDÊNCIA DO SUPREMO TRIBUNAL FEDERAL: CONTRIBUIÇÃO DO MINISTRO EDSON FACHIN EM 10 ANOS NO STF
LUCAS BEVILACQUA, ANDRESSA PAIVA 219

    Introdução 219

1   Acesso à justiça e as custas judiciais na jurisprudência do Supremo Tribunal Federal 220

2   Cenário atual das custas judiciais na pamprocessualidade 225

3   As custas judiciais como instrumento de política judiciária 228

4   Proposições para a cobrança de custas judiciais 232

    Considerações Finais 233

    Referências 233

POR UM DIREITO PROCESSUAL CIVIL INDÍGENA? ENSAIO SOBRE A NECESSIDADE DE RELEITURA CONSTITUCIONAL E CONVENCIONAL DAS REGRAS PROCESSUAIS DO "ESTATUTO DO ÍNDIO" (LEI Nº 6.001/1973)
LUIZ HENRIQUE KRASSUSKI FORTES,
SAMUEL RODRIGUES DE MIRANDA NETO 237

    Introdução 239

1   Direito indígena em juízo 240

1.1   Direito Indígena, em sua matriz constitucional e convencional 241

1.2   Processo Civil à serviço do Direito Indígena: a busca pela técnica processual adequada à tutela efetiva do direito material indígena 245

2   Caminhos para a releitura constitucional e convencional das regras processuais do "Estatuto do Índio" (Lei nº 6.001/1973).........246

3   Aportes ao direito processual indígena na jurisprudência do Supremo Tribunal Federal (STF) e da Corte Interamericana de Direitos Humanos (CIDH).................255

Conclusão 260

Referências 261

A DIMENSÃO DINÂMICA DO CONCEITO DE FUNÇÃO SOCIAL DA PROPRIEDADE

MATHEUS DE ANDRADE BUENO 263

1   O histórico olhar eminentemente patrimonialista do Poder Judiciário sobre o direito de propriedade 263

2   Os precedentes de relatoria do Min. Edson Fachin e a funcionalização do direito de propriedade.................268

Conclusão 275

Referências 276

O DECIDIDO E O CONSTRUÍDO EM 10 ANOS DE JURISDIÇÃO CONSTITUCIONAL NO STF

**MIGUEL GUALANO DE GODOY,
STEPHANIE UILLE GOMES DE GODOY**.................279

1   Decisões que constroem e caminhos que se cruzam 279

2   A audiência pública sobre letalidade policial no Estado do Rio de Janeiro e a ADPF nº 635.................281

3   O voto conjunto no julgamento sobre os poderes investigatórios do Ministério Público nas ADI's nº 2.943, nº 3.309 e nº 3.318.................284

4   O decidido e o construído.................287

IMUNIDADE PARLAMENTAR

PAULO MARCOS DE FARIAS, ANDREAS EISEL 289

Introdução 289

1   O caso concreto.................291

2	A questão controvertida	291
3	O fundamento da imunidade parlamentar	292
4	Histórico do instituto no Brasil	294
5	O limite material da imunidade	296
6	A amplitude formal da imunidade	298
	Conclusões	299
	Referências	300

O DIREITO À RETIFICAÇÃO DE REGISTRO CIVIL DOS TRANSGÊNEROS: AVANÇOS E DESAFIOS APÓS A DECISÃO DO STF NA ADI Nº 4275
PEDRO FERREIRA 301

	Introdução	301
1	A cidadania precária dos transgêneros	302
2	A decisão do STF e a sua regulamentação pelo CNJ	305
3	Os efeitos da decisão do STF e da regulamentação do CNJ	309
	Considerações finais	314
	Referências	316

O JUIZ CONSTITUCIONAL DIANTE DA DÍVIDA PÚBLICA DOS ESTADOS: EXAME DA ATUAÇÃO DO MINISTRO LUIZ EDSON FACHIN NO MS Nº 34.023
**REYNALDO SOARES DA FONSECA,
RAFAEL CAMPOS SOARES DA FONSECA** 319

	Introdução	319
1	O Supremo Tribunal Federal enquanto um Tribunal da Federação	320
2	Dinâmica obrigacional do crédito público e a abordagem funcionalista de Edson Fachin	322
3	O Mandado de Segurança nº 32.023: controvérsia constitucional e contexto	326
4	O voto do Ministro Edson Fachin e desdobramentos institucionais	332
5	Análise crítica do desempenho federativo do STF	333
	Considerações Finais	335
	Referências	336

DE SOCIOEDUCAÇÃO FALANDO: O HC COLETIVO Nº 143.988 E O PARADIGMA DA PROTEÇÃO INTEGRAL
ROBERTA BORGES DE BARROS,
SUZANA MASSAKO HIRAMA LORETO DE OLIVEIRA 339

    Introdução 339

1   O marco da proteção integral e o HC nº 143.988 no Supremo Tribunal Federal 341

2   A utilização de ferramentas do processo estrutural pelo Supremo Tribunal Federal no trâmite processual e resolução da demanda ...345

3   A atuação do Conselho Nacional De Justiça e os desafios da socioeducação: o que vem depois? 351

    Considerações finais 354

    Referências 355

A LIBERDADE RELIGIOSA COMO DIREITO FUNDAMENTAL: REFLEXÕES A PARTIR DA CONSTITUCIONALIDADE DO SACRIFÍCIO RITUAL DE ANIMAIS EM CULTOS DE RELIGIÕES DE MATRIZ AFRICANA
ROBERTA ZUMBLICK MARTINS DA SILVA 359

    Introdução 359

1   RE nº 494601/RS 360

2   Constitucionalidade Material: Liberdade Religiosa na Constituição 364

    Conclusão 370

    Referências 370

PRECEDENTES E DEMOCRACIA DELIBERATIVA: A CONTRIBUIÇÃO DO MINISTRO EDSON FACHIN PARA A LEGITIMIDADE E ESTABILIDADE DOS PADRÕES DECISÓRIOS NO STF
SUSANA LUCINI 373

    Introdução ao tema — breves ponderações sobre o sistema brasileiro de precedentes 373

1   A formação de precedentes vinculantes: o princípio do contraditório e a comparticipação na formação de padrões decisórios a partir da atuação do ministro Edson Fachin 379

    Conclusão: a formação e a aplicação dos precedentes como garantia de segurança jurídica e estabilidade da jurisprudência.....391

    Referências 394

JURISDIÇÃO CONSTITUCIONAL CONVERGENTE NO JULGAMENTO DA ADI Nº 6327: DA ABSTRAÇÃO À FACTICIDADE DA NORMA
**THAIS SAMPAIO DA SILVA MACHADO,
LUCIANO ANDRASCHKO** 397
    Introdução: crítica à racionalidade instrumental................................397
1   Direito à licença-maternidade e ao salário-maternidade: da norma aos fatos 399
    Conclusão: a facticidade humana 407
    Referências 407

SOBRE OS AUTORES..409

PREFÁCIO

Você abriu este livro e tem em mãos uma obra rara, fruto de uma iniciativa meritória. Trata-se de uma coletânea de textos em homenagem aos dez anos de magistratura do Ministro Luiz Edson Fachin, elaborada por diversos assessores que trabalham ou trabalharam em seu gabinete. Pode parecer algo trivial e singelo, mas não é.

Em outros países, como na Espanha, o sistema de assessoria dos Juízes do Tribunal Constitucional encontra-se sob acirrado debate. Lá, são poucos os assessores vinculados exclusivamente aos gabinetes de cada magistrado constitucional, sendo essa atividade desenvolvida por uma espécie de secretaria geral que coordena todos os assessores que atuam para o colegiado de magistrados, que se agrupam por especialização em temas processuais ou de mérito. Esse sistema vem sendo objeto de acesas discussões em face de sua impessoalidade, pois a tônica que diversos magistrados pretendem atribuir aos seus votos não são compartilhados pela assessoria, que, desta forma, se identifica como um outro polo de poder. Também são formuladas críticas à essa individualização da assessoria por gabinetes, pois fragmenta o entendimento do Tribunal Constitucional, levando a particularismos que não são a tônica naquela Corte, uma vez que o acórdão divulgado não identifica os votos de cada magistrado, exceto em caso de dissidência e se este desejar afirmar seu ponto de vista vencido.

O sistema brasileiro, de gabinetes e votos individualizados, apresenta a característica de ser quase uma expressão do entendimento daquele específico Ministro do STF ao qual os assessores encontram-se vinculados, o que revela muito sobre a compreensão dos votos e da doutrina que advém de cada caso julgado, pois a análise efetuada pelo assessor espelha o que o Ministro entende sobre aquela matéria. Daí a importância desta obra, composta por múltiplos assessores que atuam e atuaram junto ao gabinete do Ministro Edson Fachin ao longo de seus dez anos de magistratura constitucional.

Nesta obra, caro leitor ou leitora, seguramente não há identidade entre o que escreve o assessor e o que pensa o Ministro, mas há similitude doutrinária. Aqui, os assessores estão fazendo doutrina e não votos, embora expressem o caldo de cultura jurídica existente naquele importantíssimo microcosmo.

Em dez anos de atuação no Supremo Tribunal Federal, muitos assessores, concursados ou não, já passaram pelo gabinete do Ministro Fachin, formando quase que uma escola de pensamento vinculada à doutrina dominante naquele local, o que é revelado nesta obra e representa a multiplicidade de temas sob julgamento, sempre sob o fio condutor de uma visão humanista do direito, com respeito ao texto constitucional e, por deferência ao Poder Legislativo, aproveitando ao máximo os textos legais dali advindos, sem o vício do excessivo formalismo jurídico. E, quando é necessário examinar os fatos, o ser humano, individual e socialmente considerado, torna-se o centro das atenções.

Esse fio condutor decorre do perfil acadêmico do Ministro Edson Fachin, cuja alma *mater* acadêmica é a Universidade Federal do Paraná, na qual se graduou e da qual foi diretor, eleito por seus pares, além de professor titular de Direito Civil, após uma longa trajetória acadêmica. Obteve seu título de mestre e de doutor pela PUC-SP, e foi procurador do Estado do Paraná e advogado militante. Fez um período de estágio pós-doutoral no Canadá, e é professor convidado da UERJ — Universidade do Estado do Rio de Janeiro, da PUCRS, da UNESA e da Universidade Pablo de Olavide, em Sevilla, na Espanha. É membro da Academia Brasileira de Letras Jurídicas, da Academia Paranaense de Letras Jurídicas, do Instituto dos Advogados Brasileiros, do Instituto dos Advogados do Paraná e do Instituto dos Advogados de São Paulo. Cumpriu período sabático como pesquisador do Instituto Max--Planck, de Hamburgo e como professor Visitante no King's College, em Londres. Destaco seu período na Comissão da Área de Direito junto à Capes, da qual foi vice-presidente no período da presidência do saudoso professor Ricardo Pereira Lira, tendo assumido a presidência posteriormente, com atuação intimorata e conciliadora das diferentes visões de pós-graduação então existentes. Além desses fatos, é prolífico escritor, tendo publicado centenas de artigos, capítulos de livros, com mais de 45 livros jurídicos próprios e organizados.

Somente após consolidada sua trajetória acadêmica é que Edson Fachin tornou-se Ministro de nossa Suprema Corte, indicado pela Presidente Dilma Rousseff, tendo sido arduamente sabatinado pelo Senado Federal, possivelmente a sabatina mais longa da história, com duração superior a 12 horas. Foi nomeado em 22 de maio de 2015, e tomou posse em 16 de junho de 2015, o que aponta para dez anos de sólida e consistente atuação jurisdicional na Corte Suprema e no

Tribunal Superior Eleitoral, do qual foi presidente e o preparou para as dificílimas eleições de 2022.

Essa estreita vinculação entre academia e jurisdição constitucional é uma das características da atuação do Ministro Edson Fachin no STF, que instituiu as famosas "horas de atualização", nas quais são convidados professores de diversas Instituições de ensino superior, nacionais e estrangeiras, para dialogar com membros do STF, incluindo seu corpo funcional, em especial os assessores que compõem seu gabinete. Trata-se de uma atividade que agrega análises acadêmicas em auxílio à função jurisdicional, o que deve ser louvado e intensificado, a fim de dar maior consistência às deliberações da Corte. O diálogo é um método estruturante das ideias jurídicas.

Nesta obra verifica-se o fio condutor da doutrina jurídica do Ministro Fachin, que, por dever de ofício, dedica-se hoje muito mais à atividade judicante que à acadêmica, mas a exerce dentro dos limites da magistratura, doutrinando em seus votos, para os quais a importância de seus assessores de gabinete é fundamental.

É nesse sentido que esta obra não se constitui em um texto trivial e singelo, mas deixa marcas indeléveis na doutrina constitucional, revelando o fio condutor do pensamento do Ministro Fachin em sua atividade judicante e acadêmica.

Aproveite a leitura, pois há muito o que ser aprendido e apreendido em diversos temas relativos à nossa multifacetada Constituição.

São Paulo, 07 de março de 2025.

Fernando Facury Scaff
Professor titular de Direito Financeiro da Universidade de São Paulo.

APRESENTAÇÃO

O livro que apresentamos à comunidade jurídica é fruto do diálogo estimulante e profícuo entre mentes e corações que se uniram, em diferentes grupos e por diferentes períodos, nos últimos dez anos, no gabinete do Ministro Luiz Edson Fachin do Supremo Tribunal Federal.

Os trabalhos aqui materializados partem do ponto comum de reflexão sobre temas e precedentes constitucionais que instigaram a olhares e pensamentos acadêmicos sobre a jurisdição constitucional brasileira, em suas múltiplas e diversas perspectivas. As ideias aqui postas formam um mosaico constitucional cuja linha condutora comum é a integridade da jurisprudência constitucional, a fidelidade à Constituição da República de 1988, bem como com a garantia dos direitos humanos e fundamentais.

O constitucionalismo humanista nos impele a unir, em uma mesma espacialidade epistemológica, doxa e episteme, sendo um desafio constante trabalhar, por meio de problemas específicos das relações humanas, os limites e as possibilidades que se circunscrevem dentro da ordem constitucional. Tomando-se o ato de interpretar como essência da tarefa constitucional primária, a hermenêutica constitucional humanista projeta-se organicamente aos diversos ramos do Direito como campo e baliza.

Pela história vivida e constituída nos afazeres cotidianos da jurisdição constitucional brasileira nos últimos dez anos, não há como deixar de pontuar que as interseções entre o Direito Constitucional e demais ramos do Direito encontram no ser humano, sujeito de direitos, a constante mais evidente. Seja pela inegável constitucionalização das relações interprivadas, seja pela contundente humanização das relações dos particulares com entes públicos ou delegatários do poder público, apresentam-se cada vez mais visíveis as interferências recíprocas entre os diferentes ramos do conhecimento jurídico.

Assim sendo, o presente livro reúne trabalhos com diversos vieses e diferentes fontes de inspiração, tendo como principais referências os precedentes constitucionais firmados na jurisprudência sobre direitos humanos e fundamentais, em processos de relatoria ou redatoria do Ministro Edson Fachin.

Temas essenciais à reflexão jurídico-constitucional contemporânea estão presentes na obra, a qual principia com uma análise do impacto do *Habeas Corpus* nº 143.988/ES no sistema socioeducativo; as audiências de custódia e sua consolidação como instituto constitucional brasileiro; a concretização do direito humano e fundamental à igualdade na jurisprudência do Supremo Tribunal Federal; os desafios da supremocracia em seu tempo e circunstâncias; bem como das buscas pessoais e do perfilamento racial no contexto do *Habeas Corpus* nº 208.240/SP.

Também foram objeto de considerações dos coautores que contribuíram nesta obra: o federalismo cooperativo; o estado de coisas inconstitucional; a proteção dos direitos fundamentais dos menores infratores; a amplitude da cobertura dos planos de saúde e o caso das salas de descompressão, como questões constitucionais relevantes.

Seguiram-se, ainda, reflexões sobre justiça restaurativa; direito processual civil indígena; função social da propriedade; o decidido e o construído como categorias epistemológicas do constitucionalismo contemporâneo; imunidades parlamentares; e o direito à retificação de registro civil dos transgêneros.

Por fim, houve considerações acadêmicas acerca da dívida pública dos estados-membros; o paradigma da proteção integral do menor infrator; a liberdade religiosa como direito fundamental; a democracia deliberativa no contexto jurisdição constitucional convergente: da abstração à facticidade na ADI nº 6327.

Conforme se constata, a gama de temas e perspectivas de análise é vasta, pois assim é constituído, no dia a dia do Supremo Tribunal Federal, o Estado Democrático de Direito, sempre observando as balizas das competências específicas, destinadas pelo Texto Constitucional de 1988, à jurisdição constitucional brasileira.

Não há caminhos nem tempos fáceis na missão constitucional destinada aos que labutam no Supremo Tribunal Federal, mas há genuína sensação de felicidade e cumprimento de dever cívico-funcional no compromisso coletivo de trabalhar, árdua e incansavelmente, para tornar realidade o projeto constitucional de 1988.

    A presente obra transborda esse sentimento de todos nós, que esperamos compartilhar com todos vocês.

Os Coordenadores

O JUIZ SEMEADOR E AS FUTURAS GERAÇÕES: ANÁLISE DO IMPACTO DO HC Nº 143.988/ES NO SISTEMA SOCIOEDUCATIVO

ANDRÉ R. GIAMBERARDINO

Introdução

Como Professor ou Ministro, Luiz Edson Fachin sempre ocupou o lugar da referência, da admiração, do respeito. Hoje ele ensina, acima de tudo, o ofício da semeadura, com todas as vicissitudes de fazê-lo a partir dos espaços de poder.

A semeadura é uma metáfora para o humano, em qualquer posição que se esteja, porque diz respeito à relação com o tempo, com a finitude e com o papel que se deseja exercer por meio da própria vida. O semeador, por definição, não necessariamente vê a colheita. É a antítese, portanto, daqueles prisioneiros da própria vaidade ou da paixão mais pelas imagens do que por seu conteúdo.

No espaço público, a postura do semear vem definida pelo compromisso com o direito, com os valores e princípios constitucionais e pela coerência. Na qualidade de magistrado constitucional e considerando a quantidade imensa de temas, causas e feitos que atravessam a rotina, seria mesmo impossível ter a noção e a dimensão dos desdobramentos e consequências de cada ato, ou de cada decisão. E ainda assim, a postura do magistrado constitucional é sempre a mesma: firme, coerente, serena e atenta ao que, com base no direito, julga-se ser o caminho correto.

Por isso é que o caso selecionado para análise, neste livro-homenagem, dialoga com o futuro, visto que trata de adolescentes, e traz a dimensão da colheita, com resultados relevantíssimos já verificados em todo o país de reorganização do sistema socioeducativo brasileiro, reduzindo a superlotação e viabilizando a prestação de melhores serviços públicos àqueles que se encontrem em cumprimento de medida socioeducativa de internação. Trata-se de um exemplo rico em significado pelo que já ocorreu, desde 2018, e, também, pelo futuro de outras sementes que essa colheita poderá inspirar.

1 Caso analisado: *Habeas Corpus* nº 143.988/ES

O caso proposto para análise é a decisão da Segunda Turma do Supremo Tribunal Federal, a partir da relatoria do Ministro Edson Fachin, no Habeas Corpus nº 143.988/ES, impetrado pela Defensoria Pública do Estado do Espírito Santo.

Por unanimidade, em sessão virtual de 14.08.2020 a 21.08.2020, a Turma concedeu a ordem para determinar que as unidades de execução de medida socioeducativa de internação de adolescentes de diversos Estados não ultrapassem a capacidade projetada de internação prevista para cada estabelecimento ou, não sendo possível, que se promova a inclusão dos adolescentes em programas de meio aberto, nos termos da Lei nº 12.594/2012, ou a conversão das medidas de internação em internações domiciliares.

Os parâmetros ganharam aplicabilidade nacional, especialmente com a regulamentação posterior dada pelo Conselho Nacional de Justiça.

Originariamente, em 25 de abril de 2017, o *habeas corpus* endereçado ao Supremo Tribunal Federal trouxe elementos, apontando a violação à dignidade humana de adolescentes sob custódia na Unidade de Internação Regional Norte, em Linhares, Espírito Santo, tendo por base medidas provisórias da Corte Interamericana de Direitos Humanos sobre o tema da internação socioeducativa. Provas documentais comprovavam a superlotação, a ausência de separação dos adolescentes conforme a idade, compleição física e ato infracional praticado, bem como agressões e maus tratos recorrentes por parte de agentes socioeducativos, além de péssimas condições de higiene e limpeza. O pedido principal do *writ* foi de fixação de limitação de ingresso na unidade, vedando ocupação superior a 119%.

A ordem foi concedida em decisão de 16 de agosto de 2018, acolhendo o pedido de fixação do percentual máximo de lotação em 119% porquanto decorrente da taxa média de ocupação dos internos de 16 estados, segundo dados de 2013 do Conselho Nacional do Ministério Público.

Em 08 de fevereiro de 2019, o Gaets ou Grupo de Atuação Estratégica das Defensorias Públicas Estaduais e do Distrito Federal nos Tribunais Superiores requereu a extensão da ordem concedida aos estados da Bahia, Ceará, Pernambuco e Rio de Janeiro, alegando se tratar de situações processuais idênticas; pedido concedido em decisão de 22 de maio de 2019. Por sua vez, a Defensoria Pública de Sergipe pediu extensão dos efeitos ao sistema socioeducativo daquele estado, em petição de 25 de junho de 2019.

Com a admissão do ingresso de diversos *amici curiae*, o feito foi levado a julgamento, no qual se entendeu pela concessão da ordem nos termos da impetração e dos pedidos de extensão. Eis trecho da ementa da decisão colegiada de agosto de 2020:

> HABEAS CORPUS COLETIVO. CUMPRIMENTO DE MEDIDAS SOCIOEDUCATIVAS DE INTERNAÇÃO. IMPETRAÇÃO VOLTADA A CORRIGIR ALEGADA SUPERLOTAÇÃO EM UNIDADES. ADMISSIBILIDADE DA VIA FEITA PARA O EXAME DA QUESTÃO DE FUNDO. VIOLAÇÃO DE DIREITOS FUNDAMENTAIS DOS ADOLESCENTES INTERNADOS. DEFICIÊNCIAS ESTRUTURAIS E AUSÊNCIA DE VAGAS OFERTADAS EM INSTITUIÇÕES SIMILARES. FINALIDADES DA MEDIDA SOCIOEDUCATIVA. DOUTRINA DA PROTEÇÃO INTEGRAL. PRINCÍPIOS DA BREVIDADE, EXCEPCIONALIDADE E RESPEITO À CONDIÇÃO DE PESSOA EM DESENVOLVIMENTO. DIFERENÇAS DAS POLÍTICAS DE ATENDIMENTO SOCIOEDUCATIVO EM RELAÇÃO ÀS POLÍTICAS CRIMINAIS. DEVERES ESTATAIS RECONHECIDOS PELA CORTE INTERAMERICANA. DIREITO DOS ADOLESCENTES PRIVADOS DE LIBERDADE A DESENVOLVEREM OS SEUS PROJETOS DE VIDA. IMPOSSIBILIDADE DE O PODER JUDICIÁRIO EXIMIR-SE DE SUA ATUAÇÃO NAS HIPÓTESES DE VIOLAÇÃO IMINENTE OU EM CURSO A DIREITOS FUNDAMENTAIS. ENVERGADURA DO POSTULADO DA DIGNIDADE DA PESSOA HUMANA NO ESTADO DEMOCRÁTICO DE DIREITO. ORDEM CONCEDIDA COM A FIXAÇÃO DE PARÂMETROS E CRITÉRIOS A SEREM OBSERVADOS PELOS MAGISTRADOS. EVENTUAL DESCUMPRIMENTO PELOS DESTINATÁRIOS DA ORDEM DESAFIARÁ A INTERPOSIÇÃO DE RECURSO NAS INSTÂNCIAS APROPRIADAS.

O item 14 da ementa sintetiza o núcleo da decisão:

14. Nessa perspectiva, a limitação do ingresso de adolescentes nas Unidades de Internação em patamar superior à capacidade de vagas projetadas, além de cessar as possíveis violações, previne a afronta aos preceitos normativos que asseguram a proteção integral, densificando as garantias dispostas no artigo 227 da Constituição Federal (com redação dada pela Emenda Constitucional nº. 65/2010), além de fortalecer o postulado de respeito à condição peculiar de pessoa em desenvolvimento.

Em seguida, foram propostos critérios e parâmetros a serem observados pelos Magistrados nas unidades de internação que operam com a taxa de ocupação dos adolescentes superior à capacidade projetada:

i) adoção do princípio *numerus clausus* como estratégia de gestão, com a liberação de nova vaga na hipótese de ingresso;

ii) reavaliação dos adolescentes internados exclusivamente em razão da reiteração em infrações cometidas sem violência ou grave ameaça à pessoa, com a designação de audiência e oitiva da equipe técnica para o mister;

iii) proceder-se à transferência dos adolescentes sobressalentes para outras unidades que não estejam com capacidade de ocupação superior ao limite projetado do estabelecimento, contanto que em localidade próxima à residência dos seus familiares;

iv) subsidiariamente, caso as medidas propostas sejam insuficientes e essa transferência não seja possível, o magistrado deverá atender ao parâmetro fixado no art. 49, II, da Lei 12.594/2012, até que seja atingido o limite máximo de ocupação;

iv) na hipótese de impossibilidade de adoção das medidas supra, que haja conversão de medidas de internação em internações domiciliares, sem qualquer prejuízo ao escorreito cumprimento do plano individual de atendimento – podendo ser adotadas diligências adicionais de modo a viabilizar o seu adequado acompanhamento e execução;

v) a internação domiciliar poderá ser cumulada com a imposição de medidas protetivas e/ou acompanhada da advertência ao adolescente infrator de que o descumprimento injustificado do plano individual de atendimento ou a reiteração em atos infracionais poderá acarretar a volta ao estabelecimento de origem;

vi) a fiscalização da internação domiciliar poderá ser deprecada à respectiva Comarca, nos casos em que o local da residência do interno não coincida com o da execução da medida de internação, respeitadas as regras de competência e organização judiciária;

vii) alternativamente, a adoção justificada pelo magistrado de outras diretrizes que entenda adequadas e condizentes com os postulados constitucionais e demais instrumentos normativos.

As decisões tomadas no curso deste *habeas corpus*, em conjunto ao monitoramento pós-decisão e as ações do Conselho Nacional de Justiça, são responsáveis por alterar os rumos recentes da política socioeducativa no Brasil, com enorme impacto.

2 Análise teórica e contexto de fundo

Passos dados no caso analisado são elementos fundantes do que se poderia chamar de um processo lento e gradual de constitucionalização da execução das penas no Brasil, em sentido amplo e abarcando, no ponto, a execução das medidas socioeducativas em face de adolescentes em conflito com a lei.

Constitucionalizar a execução das penas e medidas socioeducativas passa, em suma, por densificar o impacto da garantia da dignidade humana como fundamento da República (art. 1º, III, CRFB) e da vedação geral a penas (e quanto mais medidas socioeducativas) cruéis (art. 5º, XLVII, "e", CRFB), no caso de forma conjugada à proteção integral e prioritária do melhor interesse das crianças e adolescentes (art. 227, CRFB). Significa, emprestando os termos da reflexão empreendida pelo Ministro Edson Fachin em relação ao direito privado,[1] questionar como tais parâmetros constitucionais podem efetivamente assumir a posição de referência axiológica e teleológica de interpretação no âmbito dos sistemas punitivos, para adultos ou adolescentes.

Para tanto, não é mais possível reconhecer ilegalidades graves com a imputação de consequências jurídicas de ordem somente cível ou administrativa, como se houvesse dimensões imunes ao controle judicial direto.

A subtração da administração a qualquer tutela jurisdicional foi expressão histórica da doutrina norte-americana das *"hands-off"*, a qual entendia ilegítima qualquer intervenção do Poder Judiciário na seara da gestão e administração de estabelecimentos prisionais. A ampliação da possibilidade de questionamento judicial da situação das prisões, nos EUA, deu-se a partir de algumas decisões históricas, como

---

[1] FACHIN, L. E. *Teoria Crítica do Direito Civil*. 2. ed. Rio de Janeiro: Renovar, 2005.

Coffin vs. Reichard (1944), trazendo o princípio segundo o qual "o prisioneiro mantém todos os direitos de um cidadão normal a não se aqueles expressamente, ou por implicação necessária, afastados pela lei", bem como *Monroe vs. Pape* (1961) e *Cooper v. Pate* (1964), as quais passara a admitir a apreciação judicial da ilegalidade das condições carcerárias. Mais recente, em decisão mencionada na fundamentação do voto, a Suprema Corte norte-americana considerou constitucional ordem judicial para que o Estado da Califórnia reduzisse o número de pessoas presas como condição de atendimento à Oitava Emenda da Constituição, a qual proíbe penas cruéis (*Brown v. Plata*, 2012).

Um primeiro aspecto relevante do caso, nesse sentido, é a consolidação da possibilidade de manejo de *habeas corpus coletivo* para a cessação de situações de violação extrema e flagrante de direitos em contexto de privação de liberdade, tendo coletividades indeterminadas como paciente. Faz-se especial referência ao HC nº 143.641, de 2018, de relatoria do Ministro Ricardo Lewandovski, por meio do qual o STF conheceu, pela primeira vez, de um *habeas corpus coletivo* em matéria penitenciária, determinando a substituição da prisão preventiva pela domiciliar "de todas as mulheres presas gestantes, puérperas, ou mães de crianças e deficientes sob sua guarda".

Amplia-se, assim, a compreensão injustificavelmente restritiva dos conceitos de "constrangimento ilegal" e "ato coator" como noções apenas ligadas a casos individuais. Exemplar o caso do jornalista argentino Horacio Verbitsky que, em 2005, ajuizou ação coletiva em prol de todos os presos em carceragens superlotadas de delegacias de polícia de Buenos Aires. A Suprema Corte argentina, na ocasião, entre outras medidas, determinou prazo de 60 dias para que os tribunais e juízos competentes fizessem cessar as situações de tratamento desumano e degradante, e que o Poder Executivo da Província de Buenos Aires informasse os juízes sobre as condições concretas das celas e prisões referidas.

Em segundo lugar, diante da comprovação empírica da ineficiência e desacerto das políticas meramente expansionistas (vale citar o Acórdão nº 1.542, de 03 de julho de 2019, do Tribunal de Contas da União, no contexto de Relatório de Auditoria Integrada), ou seja, de criação de novas vagas, para a busca da resolução dos graves problemas de superlotação carcerária no país, cresce o debate sobre o princípio do *numerus clausus* ou capacidade taxativa dos presídios.

Se para a enorme população carcerária de adultos o ponto mais longe a que chegou o controle judicial das políticas públicas de execução penal, até o momento, deu-se por meio da Súmula Vinculante nº 56, do Supremo Tribunal Federal, voltada à insuficiência de vagas em regime semiaberto, o caso aqui referido indica uma estrada promissora por meio do exemplo do sistema socioeducativo e das limitações possíveis à internação de adolescentes em conflito com a lei. Trata-se, portanto, de uma experiência-piloto de aplicação da lógica do princípio do *numerus clausus* cujo estudo e análise deverão servir de referência a outros projetos.

3 Análise prática e consequências da decisão para o sistema socioeducativo brasileiro

Os desdobramentos da decisão analisada tiveram grande e positivo impacto para o sistema socioeducativo brasileiro, em especial por meio da regulamentação das Centrais de Vagas, com a Resolução nº 367, de 19 de janeiro de 2021, do Conselho Nacional de Justiça, que dispõe em seu art. 2º, parágrafo único:

> A Central de Vagas, de competência do Poder Executivo, será responsável por receber e processar as solicitações de vagas formuladas pelo Poder Judiciário, cabendo-lhe indicar a disponibilidade de alocação de adolescente em unidade de atendimento ou, em caso de indisponibilidade, sua inclusão em lista de espera até a liberação de vaga adequada à medida aplicada

Com as Centrais de Vagas, sob responsabilidade do Poder Executivo, cabe ao Poder Judiciário, após proferir decisão que implica internação em unidade socioeducativa ou semiliberdade, *solicitar vaga* levando em conta "os critérios de disponibilidade de vaga, proximidade familiar, local do ato infracional, idade, gravidade e reiteração do ato infracional" (art. 7º, §1º). Caso não haja vaga disponível, o adolescente será colocado em lista de espera. O mandado de busca e apreensão será expedido somente após recebimento da informação da disponibilidade de vaga (art. 10).

A decisão do STF serviu, portanto, como fundamento e impulso para reformas institucionais e nos fluxos processuais de análise de medidas socioeducativas, com resultados significativos e que desmentem quaisquer argumentos *ad terrorem* segundo os quais a decisão levaria a uma "liberação indiscriminada de menores infratores", com consequências negativas para a segurança pública. O que se vê, anos depois, é somente a paulatina adequação do sistema socioeducativo aos parâmetros mínimos já impostos pela própria legislação nacional e pela Constituição.

O controle da superlotação é condição para a segurança, organização e funcionamento regular da política socioeducativa, em benefício não apenas dos adolescentes em conflito com lei, mas também dos servidores que trabalham no sistema. Nada se faz em uma unidade de internação caso não se tenha sequer o controle quantitativo da população sob custódia, o que inviabiliza estudo, serviço social, políticas de emprego, vindo a prevalecer a construção de sociabilidades fundadas no ócio e na violência.

A reconquista da capacidade de gestão é verificável, por exemplo, nos dados de 2024 do Painel de Inspeções no Sistema Socioeducativo, lançado pelo Conselho Nacional de Justiça em janeiro de 2025 em atendimento à Recomendação da Comissão Interamericana de Direitos Humanos. Segundo a plataforma, o percentual de adolescentes em unidades socioeducativas matriculados no ensino formal é de 88,76%, muito superior ao mesmo indicador no âmbito do sistema penitenciário. O número de matrículas e de adolescentes que frequentam aulas regularmente aumentou em relação a 2023.[2]

Muitas vezes, as disfunções do sistema de justiça e sua concentração sobre a juventude atingem a própria capacidade inventiva e produtiva do país, funcionando como uma verdadeira política pública de imobilidade social e atravancamento de outros futuros que não o emprego precário, o retorno ao crime e a retroalimentação dos efeitos que se pretendia evitar.

Em julho de 2022, a propósito, o Banco Mundial publicou um estudo sobre a expectativa de produtividade das crianças brasileiras e a capacidade de aproveitamento do que denominaram "capital humano potencial". A questão posta é o que aconteceria à produtividade brasileira se todas as crianças recebessem educação e saúde de qualidade, em todas as partes do país. Para estimar a perda de talentos, os autores desenvolveram um índice de "capital humano" (HCI) que cruza e integra diversos outros índices de desenvolvimento, como mortalidade, escolaridade e saúde. Quanto maior o HCI, mais alta a produtividade

---

[2] VENZK, Cardoso. Nove a cada 10 adolescentes encarcerados estudam regularmente. *Portal Uol*, 16 jan. 2025. Disponível em: https://noticias.uol.com.br/cotidiano/ultimas-noticias/2025/01/16/nove-a-cada-10-adolescentes-encarcerados-estudam-regularmente.htm?cmpid=copiaecola. Acesso em: 18 mar. 2025.

estimada para o futuro, sendo o valor 1,0 correspondente ao aproveitamento pleno dos talentos.

Para as crianças nascidas no Brasil em 2019, o HCI indicado foi de 0,60, o que basicamente significa que 40% de todo o talento potencial dessas brasileiras e brasileiros permanecerá oculto ou não desenvolvido, caso mantidas as mesmas condições. Pesquisas sobre efeitos colaterais do encarceramento ou do contato com forças policiais apontam que, em um contexto de desigualdade, o mero contato com a justiça criminal e experiências de encarceramento concorrem diretamente para a redução da renda e para uma maior dificuldade no acesso a serviços, como a educação formal (por exemplo, Lee e Wildeman),[3] servindo como motor da desigualdade e como freio de avanços sociais.

Diante da perturbadora questão quanto à qual contribuição pode ter o sistema de justiça e o sistema socioeducativo para a manutenção desse quadro, é preciso responder com a afirmação, pelo direito, dos princípios constitucionais, pois esse é o semear, com a esperança de que a colheita reverta em um futuro de mais direitos e paz para as novas gerações.

Considerações finais

Em ácida crítica ao que denominou mecanismos de evasão aos valores constitucionais utilizados por tribunais, Sharon Dolovich pergunta:

> Onde estão os juízes? Em teoria, controle e revisão judicial deveriam disciplinar o sistema penal e garantir que o exercício do poder punitivo pelo Estado não ultrapasse limites constitucionais. Mas ao invés de articular mecanismos de reversão e reprovação públicas para desencadear círculos virtuosos de reformas institucionais e de comprometimento oficial com os compromissos constitucionais fundamentais, os tribunais em grande medida legitimam os produtos de nosso nitidamente problemático sistema de justiça criminal.[4]

As decisões e a condução do Ministro Fachin no caso analisado respondem assertivamente à pergunta: são prova de que há juízes no

---

[3] LEE, Hedwig; WILDEMAN, Christopher. Assessing mass incarceration's effects on families. *Science*, v. 374 (6565), p. 277-281, 2021.

[4] DOLOVICH, S. Canons of evasion in Constitutional Criminal Law. In: DOLOVICH, S., NATAPOFF, A. (eds.). *The New Criminal Justice Thinking*. NYU Press, 2018. p. 111.

Brasil com o preparo e a coragem necessárias para exercer sua função diante de situações de grave e crônica violação de direitos.

Vale ressalvar que, sem adentrar no debate principiológico e conceitual sobre as diferenças entre penas em sentido estrito e as medidas socioeducativas destinadas aos adolescentes em conflito com a lei, nesse breve texto elas foram tratadas como desdobramentos do mesmo fenômeno punitivo, em sentido amplo.

Por isso mesmo, embora o caso analisado diga respeito aos adolescentes e o sistema socioeducativo, trata-se de precedente consistente para se refletir sobre a possibilidade de aplicação do princípio do *numerus clausus*, por meio de projetos como a Central de Vagas, também no sistema penitenciário, prenunciando, quiçá, o que pode vir a se tornar um dos principais caminhos para a execução do Plano Pena Justa, elaborado a várias mãos por Poder Executivo e Judiciário e partir da determinação do Supremo Tribunal Federal (ADPF nº 347/DF).

À parte qualquer especulação, resta o orgulho e a gratidão pela jurisdição constitucional do Ministro Edson Fachin na última década, com a esperança e a certeza de que muito mais ainda virá.

Referências

DOLOVICH, S. Canons of evasion in Constitutional Criminal Law. In: DOLOVICH, S., NATAPOFF, A. (eds.). *The New Criminal Justice Thinking*. NYU Press, 2018. p. 111.

FACHIN, L. E. *Teoria Crítica do Direito Civil*. 2. ed. Rio de Janeiro: Renovar, 2005.

LEE, Hedwig; WILDEMAN, Christopher. Assessing mass incarceration's effects on families. *Science*, v. 374 (6565), p. 277-281, 2021.

VENZK, Cardoso. Nove a cada 10 adolescentes encarcerados estudam regularmente. *Portal Uol*, 16 jan. 2025. Disponível em: https://noticias.uol.com.br/cotidiano/ultimas-noticias/2025/01/16/nove-a-cada-10-adolescentes-encarcerados-estudam-regularmente.htm?cmpid=copiaecola. Acesso em: 18 mar. 2025.

Informação bibliográfica deste livro, conforme a NBR 6023:2018 da Associação Brasileira de Normas Técnicas (ABNT):

GIAMBERARDINO, André Ribeiro. O juiz semeador e as futuras gerações: análise do impacto do HC nº 143.988/ES no sistema socioeducativo. In: SILVA, Christine Oliveira Peter da; GIAMBERARDINO, André Ribeiro; ARRUDA, Desdêmona Tenório B. T.; MACEDO, José Arthur Castillo de; MACHADO FILHO, Roberto Dalledone (coord.). *Ministro Luiz Edson Fachin*: dez anos de Supremo Tribunal Federal. Belo Horizonte: Fórum, 2025. p. 23-32. ISBN 978-65-5518-746-5.

AUDIÊNCIA DE CUSTÓDIA: LEITURA CONSTITUCIONAL DO SUPREMO TRIBUNAL FEDERAL E A CONSOLIDAÇÃO DO INSTITUTO SOB O OLHAR DO MINISTRO EDSON FACHIN

CARLOS EDUARDO LACERDA BAPTISTA

SANDRA SOARES VIANA

Introdução

A compreensão da importância da audiência de custódia para o sistema de justiça penal pátrio passa necessariamente por reflexões acerca da origem do instituto, consagrado em diplomas normativos internacionais, que congregam as mais importantes preocupações da comunidade global acerca dos direitos humanos fundamentais, violados por abusos estatais.

Em análise envolvendo a consolidação progressiva da audiência de custódia no sistema jurídico nacional, depreende-se a importância da incorporação desse instrumento como demanda civilizatória essencial à promoção da dignidade da pessoa humana do preso, valor constitucional inegociável à construção de uma sociedade mais humana, justa e solidária.

Discorre-se, no presente estudo, sobre a importância da apresentação da pessoa presa perante a autoridade judiciária como instrumento apto a racionalizar a porta de entrada dos centros de custódia, mediante ampla análise da legalidade da prisão e das condições do indivíduo, sendo meio de proteção contra abusos, tortura e maus tratos por parte de agentes públicos. Elucida-se que a audiência de custódia não deve se restringir à cognição da legalidade da prisão, mas ser utilizada como elemento de articulação com aparelhos de proteção das pessoas vulneráveis.

O sistema carcerário sofre de inconstitucionalidade estrutural e é marcado por notória seletividade social e racial, gerando ciclos de exclusão social. Nessa perspectiva, sobressai o importante papel da jurisprudência do Supremo Tribunal Federal na proteção dos direitos humanos da pessoa encarcerada que, projetando luzes sobre pontos sensíveis, admite a situação do estado de coisas inconstitucional ao tempo em que conclama a implementação de ações interinstitucionais hábeis à redução do quadro de violação massiva e persistente de direitos fundamentais, sendo a audiência de custódia expressamente apontada como medida a ser adotada e propagada como prática judicial.

Passa-se à análise do papel fundamental do Conselho Nacional de Justiça e do Supremo Tribunal Federal na efetiva concretização para a implementação das audiências de custódia no país, diante da inércia legislativa, destacando-se o olhar acurado do eminente Ministro Luiz Edson Fachin, cujo tempo de exercício da jurisdição constitucional caminhou ao lado do desenvolvimento do instituto nos últimos 10 (dez) anos.

Os desafios e a potencialidade da audiência de custódia para projetar avanços relevantes ao combate das violações sistemáticas de direitos humanos do sistema prisional brasileiro são objeto de análise, à luz do Plano Nacional de Política Criminal e Penitenciária (quadriênio 2024-2027) do Ministério da Justiça e Segurança Pública, e do Programa Pena Justa, desenvolvido em parceria entre o Conselho Nacional de Justiça e o Ministério da Justiça.

1 Evolução e fundamentos jurídico-constitucional da audiência de custódia

A audiência de custódia, como conceitua a doutrina especializada, consiste "na condução da pessoa presa, sem demora, à presença de uma autoridade judicial que deverá, a partir de prévio contraditório estabelecido entre o Ministério Público e a defesa, exercer um controle imediato da legalidade e da necessidade da prisão, assim como apreciar questões relativas à pessoa do cidadão conduzido, notadamente a presença de maus tratos ou tortura".[1]

Consagrada originalmente em documentos internacionais de proteção de direitos, a audiência de custódia constitui uma das diretrizes estabelecidas na Convenção Americana de Direitos Humanos, o denominado Pacto de São José da Costa Rica, dispondo que "Toda pessoa presa, detida ou retida deve ser conduzida, sem demora, à presença de um juiz ou outra autoridade autorizada por lei a exercer funções judiciais e tem o direito de ser julgada em prazo razoável ou de ser posta em liberdade, sem prejuízo de que prossiga o processo. Sua liberdade pode ser condicionada a garantias que assegurem o seu comparecimento em juízo" (Artigo 7.5).

Com semelhante redação, o Pacto Internacional sobre Direitos Civis e Políticos (artigo 9.3) de 1966 estabelece que "Qualquer pessoa presa ou encarcerada em virtude de infração penal deverá ser conduzida, sem demora, à presença do juiz ou de outra autoridade habilitada por lei a exercer funções judiciais".

As origens históricas das audiências de custódia remontam ao contexto histórico do pós-Guerra, marcado por processos de reconstrução de direitos humanos fundamentais corrompidos pelos abusos estatais e pelas atrocidades que imperavam em conflitos de proporções globais, sobretudo com a elaboração de cartas internacionais de proteção de direitos humanos.[2]

No processo histórico brasileiro, somente a partir do processo de redemocratização é que adveio a previsão da audiência de custódia, quando, em 1992, o país se tornou signatário de pactos internacionais, assumindo o compromisso de cumprir as diretrizes neles constantes, dentre os quais os direitos relativos ao preso (Art. 9º, Item 3 do Pacto Internacional de Direitos Civis e Políticos das Nações Unidas, além do já referido Art.7º, Item 5 da Convenção Americana sobre Direitos Humanos).

Diversas demandas civilizatórias contemporâneas já haviam sido reconhecidas pela Constituição de 1988, que instituiu o Estado Democrático de Direito fundado no princípio da dignidade da pessoa

---

[1] PAIVA, Caio. *Audiência de Custódia e o Processo Penal Brasileiro*. 3. ed. Belo Horizonte: CEI, 2018. p. 43.
[2] PIOVESAN, Flávia. Direitos humanos, o princípio da dignidade humana e a constituição brasileira de 1988. *Revista do Instituto de Hermenêutica Jurídica — RIHJ*, Belo Horizonte, 2004.

humana, consagrando extenso rol de direitos fundamentais, tendo como cânone o resguardo do "exercício dos direitos sociais e individuais, a liberdade, a segurança, o bem-estar, o desenvolvimento, a igualdade e a justiça como valores supremos de uma sociedade fraterna, pluralista e sem preconceitos, fundada na harmonia social e comprometida, na ordem interna e internacional, com a solução pacífica das controvérsias" (Preâmbulo constitucional).

Como bem leciona Ingo Sarlet, a dignidade da pessoa humana pode ser traduzida como valor inerente à própria natureza humana, que lhe garante direitos fundamentais e que lhe assegura condições mínimas para uma vida adequada, impedindo qualquer tipo de tratamento degradante:

> (...) temos por dignidade da pessoa humana a qualidade intrínseca e distintiva reconhecida em cada ser humano, que o faz merecer do mesmo respeito e consideração por parte do Estado e da comunidade, implicando, nesse sentido, um complexo de direitos e deveres fundamentais que assegurem a pessoa tanto contra todo e qualquer ato de cunho degradante e desumano, como venham a lhe garantir as condições existenciais mínimas para uma vida saudável, além de propiciar e promover sua participação ativa e corresponsável nos destinos da própria existência e da vida em comunhão com os demais seres humanos, mediante o devido respeito aos demais seres que integram a rede da vida.[3]

Especificamente quanto aos direitos do preso, há expressa previsão constitucional de respeito à integridade física e moral, proibindo tratamento desumano ou degradante, e a imposição de pena de morte, perpétua ou de banimento, além de vedação a trabalhos forçados e penas cruéis (art. 5º, III, XLVII, XLIX).

As disposições constitucionais densificam o que previsto nas Regras Mínimas das Nações Unidas para Tratamento de Presos (Regras de Mandela) de que "todos os reclusos devem ser tratados com respeito inerente ao valor e dignidade do ser humano" (Regra nº 1).

Em consonância com os fundamentos constitucionais, a restrição à liberdade não pode justificar a imposição de tratamento inadequado ao preso, sendo-lhe assegurado o direito à vida, ao acesso à justiça, à saúde, à educação, ao trabalho, à segurança física, além de outros decorrentes da dignidade da pessoa humana.

---

[3] SARLET, Ingo Wolfgang. *Dignidade da Pessoa Humana e Direitos Fundamentais na Constituição Federal de 1988*. 8. ed. Porto Alegre: Livraria do Advogado, 2010. p. 37-38.

Em consequência, incumbe ao Estado, como detentor do direito de punir, assegurar ao indivíduo que se encontra custodiado condições carcerárias com padrões mínimos de dignidade e humanidade, conforme já deliberou o Supremo Tribunal Federal.[4] Em outras palavras, oferecer condições estruturais minimamente aceitáveis de habitação e convivência humana, em ambientes ventilados, salubres, sendo respeitada a capacidade de lotação, com oferta de alimentação e assistência adequadas.

Contudo, a realidade brasileira é bem diversa daquela estampada na carta constitucional de 1988, sendo constantemente fragilizada principalmente por dois fatores: superlotação carcerária e perda da capacidade de gestão, transformando as penitenciárias em ambientes de insegurança e de fomento de crime, malferidos por todo tipo de mazelas, como instalações precárias e insalubres, falta de serviços básicos, superlotação, rebeliões, violência e abusos. Além disso, a população encarcerada, predominantemente composta por pessoas de baixa escolaridade e negras, evidencia a seletividade penal e perpetua ciclos de exclusão social.[5]

Diante do colapso do sistema penitenciário, o Supremo Tribunal Federal reconheceu o Estado de Coisas Inconstitucional, resultante da ineficiência do aparato estatal em implementar medidas de caráter estrutural necessárias a neutralizar as recorrentes afrontas aos direitos fundamentais do preso, determinando a realização, em até 90 dias, de audiências de custódia, com a apresentação do preso perante a autoridade judiciária no prazo máximo de 24 horas, contado do momento da prisão.[6]

2 Efetividade da audiência de custódia como direito do preso

Plenamente incorporada ao sistema jurídico-constitucional, a audiência de custódia permaneceu inutilizada por longo período, até a regulamentação da matéria pela Resolução nº 213/2015 do Conselho

---

[4] BRASIL. Supremo Tribunal Federal. RE nº 580.252. Rel. Min. Teori Zavascki, Plenário, j. 16.02.2017.
[5] FACHIN, Luiz Edson. Os 40 Anos da Lei de Execução Penal: desafios e perspectivas. CONJUR, 14 dez. 2024. Disponível em: https://www.conjur.com.br/2024-dez-14/os-40-anos-da-lei-de-execucao-penal-desafios-e-perspectivas-parte-1/. Acesso em: 17 mar. 2025.
[6] BRASIL. Supremo Tribunal Federal. ADPF nº 347. Rel. Min. Marco Aurélio. Plenário, j. 09.09.2015.

Nacional de Justiça, quando estabelecidas as disposições a serem observadas pelos magistrados em todo o território nacional.

A determinação de que toda pessoa presa seja apresentada à autoridade judicial e ouvida sobre as circunstâncias em que se realizou sua prisão, tal qual regulamentada pelo Conselho Nacional de Justiça, teve por fundamento as disposições insertas nas cartas internacionais de preservação de direitos humanos fundamentais e a decisão na ADPF nº 347 do Supremo Tribunal Federal, consignando a obrigatoriedade da realização desse ato judicial.

Na prática judiciária que se verificava até a regulamentação da audiência de custódia pelo Conselho Nacional de Justiça, o controle da regularidade da medida restritiva de liberdade e a análise da possibilidade de concessão de liberdade ao indivíduo preso era realizado a partir da mera comunicação escrita da autoridade policial, no bojo do auto de prisão em flagrante enviado à autoridade judiciária, em até 24 horas depois da prisão, conforme antiga redação do art. 306 do Código de Processo Penal.[7]

A análise, portanto, estava restrita à legalidade da prisão, com possibilidade de homologação ou de relaxamento; bem assim sobre pedido de conversão em prisão preventiva ou aplicação de medida cautelar diversa. A oitiva do acusado na presença do juiz ocorreria apenas na audiência de interrogatório, último ato da instrução processual.

Com a regulamentação da audiência de custódia, a sistemática até então adotada tornou-se obsoleta, insuficiente a validar a medida prisional, de modo que o controle efetivo, na esteira das diretrizes humanitárias internacionais sobre o tema, passou a exigir a apresentação imediata do custodiado perante o juiz competente, acompanhado pelo seu defensor.

As alterações implementadas representaram acertada ampliação do grau de proteção dos direitos do preso, mediante expediente mais célere e efetivo à averiguação das condições da privação de liberdade, propiciando melhores condições ao magistrado de deliberar sobre a manutenção da prisão à luz não somente das circunstâncias concretas

---

[7] Código de Processo Penal. Art. 306. A prisão de qualquer pessoa e o local onde se encontre serão comunicados imediatamente ao juiz competente e à família do preso ou a pessoa por ele indicada.
§1º Dentro em 24h (vinte e quatro horas) depois da prisão, será encaminhado ao juiz competente o auto de prisão em flagrante acompanhado de todas as oitivas colhidas e, caso o autuado não informe o nome de seu advogado, cópia integral para a Defensoria Pública.

da prisão, mas também das particularidades pessoais e físicas do encarcerado, ouvido pessoalmente em audiência.

Reforçando os compromissos assumidos com a comunidade internacional de proteção dos direitos humanos fundamentais, o Brasil finalmente incorporou o ato jurisdicional ao Código de Processo Penal, por intermédio das alterações legislativas determinadas pela Lei nº 13.964/2019, conhecida por Lei Anticrime, endossando expressamente o direito da pessoa presa à audiência de custódia na presença do juiz.[8]

Considerado meio mais eficaz de assegurar a integridade física e psicológica dos indivíduos sujeitos à custódia estatal e, portanto, relevante instrumento de prevenção e repressão a tratamentos abusivos contra a dignidade do preso, a audiência de custódia permite ao juiz o amplo controle da legalidade do ato prisional, consistindo em ação que deve ser constantemente disseminada e consolidada como prática rotineira no sistema judiciário.

Revela-se indene de dúvidas que o exame acerca da regularidade da medida constritiva de liberdade do indivíduo até então fundado em análise estritamente documental dos elementos coligidos aos autos de prisão em flagrante, foi substituído por averiguação mais humanizada, fruto do contato direto do magistrado com o indivíduo preso, em oitiva capaz de denotar as particularidades concretas da situação prisional em curso.

A adoção desse procedimento de controle judicial imediato da prisão representou passo significativo para a promoção dos direitos do indivíduo preso, favorecendo a ampla averiguação de possíveis irregularidades ocorridas antes, durante e, até mesmo, após a medida restritiva de liberdade.

Como relevante forma de acesso à jurisdição penal,[9] o direito de audiência do preso com o juiz responsável pelo exame do ato prisional estabelece o contraditório prévio com a parte interessada que almeja a liberdade, oportunizando à autoridade judiciária entrevistar o acusado sobre as circunstâncias da prisão, facultando ainda o pronunciamento da defesa técnica e do Ministério Público. O contato direto e pessoal do preso com o juiz também possibilita, ainda, que sejam prestados esclarecimentos acerca da sua integridade física, e da necessidade de atendimento médico ou assistencial. Sem dúvida, após essa ampla

---

[8] Código de Processo Penal, art. 310.
[9] PAIVA, Caio. *Audiência de Custódia e o Processo Penal Brasileiro*. 3. ed. Belo Horizonte: CEI, 2018. p. 43.

análise, o magistrado estará mais bem habilitado para deliberar sobre a possibilidade de concessão da liberdade ou, se não for este o caso, de aplicação de medidas diversas da prisão.

3 O Papel do Supremo Tribunal Federal e do Conselho Nacional de Justiça na Consolidação da Audiência de Custódia

O Supremo Tribunal Federal e o Conselho Nacional de Justiça tiveram relevante protagonismo para a consolidação das audiências de custódia em todo o território nacional.

A partir do julgamento da ADI nº 5.240, Relator Min. Luiz Fux, o Plenário do Supremo Tribunal Federal, em 20.08.2015, enfrentou, pela primeira vez, o tema, dando um importante passo para implementação das audiências de custódia no país.

Referida ação direta de inconstitucionalidade foi ajuizada pela Associação dos Delegados de Polícia do Brasil (ADEPOL) em face de dispositivos do Provimento Conjunto nº 03/2015, da Presidência do Tribunal de Justiça e da Corregedoria-Geral de Justiça do Estado de São Paulo, que disciplinou as audiências de custódia no âmbito daquele tribunal. Alegava-se que o mencionado ato normativo elaborado pelo Tribunal paulista violava o art. 22, I, da Constituição da República, o qual dispõe que compete privativamente à União legislar sobre direito processual.

Ao final do julgamento da ADI nº 5.240, a Suprema Corte assentou que a audiência de custódia já integrava o ordenamento jurídico brasileiro em razão do caráter supralegal da Convenção Americana de Direitos Humanos ratificada pelo Brasil desde 1992. Nas luminosas palavras do Ministro Celso de Mello, o referido julgado confirmou a validade da disposição normativa, que teria se limitado, "de modo plenamente legítimo, a conferir efetividade ao que dispõe o Artigo 7º, item n. 5, da Convenção Americana de Direitos Humanos, tendo em vista a circunstância de que as normas definidoras dos direitos e garantias fundamentais revestem-se, em nosso sistema normativo, de aplicabilidade direta e imediata (CF, art. 5º, §1º)".

Nesse julgamento, o saudoso Ministro Teori Zavascki já alertava sobre a necessidade de incentivar a implementação imediata das audiências de custódia em todos os tribunais brasileiros por se tratar de um direito do preso, como bem frisou em seu voto, era impositivo que "por coerência, não apenas que se recomende aos Tribunais que adotem a audiência de apresentação do preso, mas que, de alguma forma, se incentive para a aplicação imediata e universal. Se esse é um direito do preso, que decorre da Convenção Americana dos Direitos Humanos — e é isso que estamos dizendo —, é importante que a implementação desse direito se faça imediatamente".

Naquele mesmo ano de 2015, diante do caos verificado no sistema prisional brasileiro, o Supremo Tribunal Federal, ao apreciar a Medida Cautelar na ADPF nº 347, em 09.09.2015, reconheceu, de forma emblemática, conforme consta da ementa de julgamento, a existência de um "quadro de violação massiva e persistente de direitos fundamentais, decorrente de falhas estruturais e falência de políticas públicas e cuja modificação depende de medidas abrangentes de natureza normativa, administrativa e orçamentária, deve o sistema penitenciário nacional ser caraterizado como 'estado de coisas inconstitucional'".

Merece registro a crítica feita pelo eminente Ministro Edson Fachin, quando proferiu seu voto, assentando a necessidade de dar efetividade a realização das audiências de custódia em todo o território nacional, tendo em vista que até aquele momento as iniciativas para implantação, capitaneadas pelo Conselho Nacional de Justiça, ainda eram incipientes, limitadas a poucos estados da federação. Nesse sentido, destacou:

> Embora louvável e pertinente a ação do Conselho Nacional de Justiça, o Pacto de São José da Costa Rica possui *status* supralegal, conforme entendimento firmado por esta Corte, e, nos termos do art. 5º, §1º, da Constituição Federal, suas normas têm aplicação imediata e, portanto, não pode ter sua implementação diferida ao fim da assinatura dos respectivos convênios de cooperação técnica. Inexistem motivos para prorrogar a aplicabilidade da norma convencionada internacionalmente, sejam por razões de ordem técnica ou financeira, ou ainda de necessidade de adequação. A cultura jurídica precisa dar efetividade aos compromissos firmados pela República Federativa do Brasil e às normas positivadas democraticamente debatidas no âmbito do Poder Legislativo e sancionadas pelo Poder Executivo.

Ao final do julgamento, determinou-se expressamente que "Estão obrigados juízes e tribunais, observados os artigos 9.3 do Pacto dos Direitos Civis e Políticos e 7.5 da Convenção Interamericana de Direitos Humanos, a realizarem, em até noventa dias, audiências de custódia, viabilizando o comparecimento do preso perante a autoridade judiciária no prazo máximo de 24 horas, contado do momento da prisão".

A medida determinada pelo Supremo Tribunal Federal reconheceu não apenas a necessidade de dar cumprimento às garantias previstas em diplomas internacionais ratificados pelo Brasil, mas ainda verificou que as audiências de custódia seriam importantes instrumentos para conter e reduzir a superlotação prisional.

À época, o Conselho Nacional de Justiça vinha realizando convênios com os Tribunais e com o Ministério da Justiça, buscando implementar às audiências de custódia e reduzir a população prisional que, naquele ano de 2015, era composta por mais de 40% por presos provisórios, de acordo com dados divulgados pelo próprio órgão.[10] Nessa mesma esteira, estudo divulgado pelo IPEA em 2015 sobre a aplicação de penas e medidas alternativas, apontou que "37% dos réus que responderam ao processo presos sequer foram condenados à pena privativa de liberdade. Ou seja, o fato de que praticamente quatro em cada dez presos provisórios não recebem pena privativa de liberdade revela o sistemático, abusivo e desproporcional uso da prisão provisória pelo sistema de justiça no país".[11]

Esse diagnóstico da cultura de encarceramento e de excessivas prisões cautelares decretadas no país foi confirmado por dados publicados pelo Conselho Nacional de Justiça em que se constatou, naquele momento, que os "estados que já implementaram a audiência de custódia verificaram que 50% das prisões preventivas eram desnecessárias".[12] Em alguns estados, como Alagoas e Bahia, o percentual de soltura após a implementação das audiências foi ainda mais impressionante, alcançando o patamar de, respetivamente, 79% e 68%.

Nesse cenário de omissão legislativa e de superlotação prisional, o Conselho Nacional de Justiça, em cumprimento à decisão do Supremo Tribunal Federal na ADPF nº 347-MC, veio a editar, em 15 de dezembro de 2015, a Resolução nº 213/2015, a qual se tornou um dos mais importantes instrumentos para a concretização do direito da pessoa presa a ser apresentada, sem demora, a presença do juiz. Como bem destacado pelo Ministro Rogério Schietti, a resolução, além de cumprir o mandamento convencional, ainda teve por finalidades principais "a) diminuir o número de pessoas presas provisoriamente no país, com

---

[10] BRASIL. Conselho Nacional de Justiça. *Audiência de Custódia*. Brasília: CNJ, 2016. p. 13.
[11] BRASIL. Instituto de Pesquisa Econômica Aplicada. *A Aplicação de Penas e Medidas Alternativas*. Relatório de Pesquisa. Rio de Janeiro: IPEA, 2015. p. 38.
[12] BRASIL. Conselho Nacional de Justiça. *Audiência de Custódia*. Brasília: CNJ, 2016. p. 15.

a otimização do uso das medidas cautelares introduzidas por força da Lei nº 12.403/2011; b) combater e reduzir os casos de tortura de presos".[13]

A normativa buscou regulamentar os procedimentos para realização de audiência de custódia em todos os Tribunais do país, consolidando logo em seu primeiro artigo que o prazo de apresentação é de até 24 horas da comunicação do flagrante. No §1º desse mesmo artigo, trouxe uma importante determinação no sentido de que a mera comunicação da prisão em flagrante ao juiz "não supre a apresentação pessoal determinada no caput", em consonância com o art. 7.5 da Convenção Interamericana de Direitos Humanos.

Ao regulamentar a matéria, o Conselho Nacional de Justiça traçou importantes balizas para extrair a máxima efetividade do instituto, tais como: (i) imprescindibilidade da audiência de custódia até mesmo em situações de grave enfermidade, prevendo a realização no local em que a pessoa se encontre (art. 1º, §4º); (ii) determinação da presença do Ministério Público e, principalmente, da Defensoria Pública ou do advogado constituído (art. 4º, *caput*); (iii) vedação da presença dos agentes policiais responsáveis pela prisão (art. 4º, parágrafo único), aspecto relevante na apuração de situação de agressões ou torturas; (iv) garantia de cientificação do advogado constituído pelo preso até o término da lavratura do auto de prisão em flagrante para que compareça à audiência (art. 5º), (v) atendimento reservado com o defensor (art. 6º); (vi) direito do preso à não utilização de algemas, salvo em circunstâncias excepcionais; (vii) dever do juiz de questionar o preso sobre eventual tortura e maus tratos, adotando providências necessárias e de abster-se de perguntas sobre o fato objeto da prisão em flagrante (art. 9º); (viii) averiguação sobre a situação de saúde e necessidade assistencial; e (ix) realização da audiência de custódia também para as pessoas presas em decorrência de cumprimento de mandados de prisão cautelar ou definitiva (art. 13).

Com a regulamentação pelo Conselho Nacional de Justiça e o incentivo para a implementação em todos os tribunais, o Supremo Tribunal Federal teve um papel imprescindível na formação da jurisprudência, fixando as balizas necessárias e determinando a realização das audiências de custódia quando não havia o cumprimento pelas instâncias ordinárias que ainda apresentavam alguma resistência,

---

[13] CRUZ, Rogério Schietti. *Prisão cautelar – dramas, princípios e alternativas*. 6. ed. Salvador: JusPodivm, 2021. p. 306.

como se observa de reiterados julgados que garantiram a efetividade desse direito.

Como se observa de vários julgados do Supremo Tribunal Federal, sobretudo nas reclamações constitucionais, em que se apontavam violação ao entendimento exarado no julgamento da ADPF nº 347-MC, foi-se fortalecendo as determinações de realização de audiência de custódia em todo o país, consolidando-se com a promulgação da Lei nº 13.964/2019 que, pela primeira vez, disciplinou a matéria no âmbito legislativo.

Foram realizadas, então, importantes alterações legislativas no art. 287 do Código de Processo Penal que previu o encaminhamento do preso para a audiência de custódia no caso de cumprimento de mandado de prisão, bem assim na redação do art. 310 do CPP, para disciplinar a realização de referida audiência nas situações de prisão em flagrante. Destacam-se, ainda, a introdução do art. 3º-B, §1º (sobre o encaminhamento do preso em flagrante ou provisório à presença do juiz em 24 horas, contados da prisão), do §3º do art. 310 (prevê a responsabilização administrativa, penal e civil da autoridade que der causa a não realização da audiência de custódia), e do art. 310, §4º, (dispõe que a não realização da audiência de custódia, no prazo de 24 horas, sem motivação idônea enseja a ilegalidade da prisão em flagrante).

Sobre a introdução desses dispositivos legais, o Supremo Tribunal Federal, ao examinar a constitucionalidade das diversas alterações realizadas pela Lei nº 13.964/2019, por meio de julgamento da ADI nº 6.305, atribuiu interpretação conforme a Constituição ao art. 310, §4º, entendendo que "a autoridade judiciária deverá avaliar se estão presentes os requisitos para a prorrogação excepcional do prazo ou para sua realização por videoconferência, sem prejuízo da possibilidade de imediata decretação de prisão preventiva",[14] afastando-se, desse modo, interpretações no sentido da obrigatoriedade da revogação automática da prisão em flagrante, caso ultrapassado o prazo de 24 horas, mas reconhecendo-se, de outro lado, a necessidade da presença de certos requisitos a justificar a excepcional prorrogação e a possibilidade de realização da audiência por videoconferência em caso de urgência e se o meio se revelar idôneo.

---

[14] BRASIL. Supremo Tribunal Federal. *ADI nº 6305*. Rel. Min. Luiz Fux, Plenário, j. 24.08.2023.

4 O olhar do Ministro Luiz Edson Fachin em defesa das audiências de custódia

Nesse contexto de concretização das audiências de custódia, o Ministro Luiz Edson Fachin proferiu votos paradigmáticos e protagonizou no âmbito da Suprema Corte a defesa incansável para o fortalecimento da garantia de apresentação da pessoa presa, sem demora, perante a autoridade judicial.

No julgamento do HC nº 133.992, o Ministro Fachin proferiu importante voto como Relator, ainda em 2016, concedendo a ordem de *habeas corpus* para determinar que o juiz singular realizasse a audiência de apresentação. No caso, o direito da pessoa presa à audiência de custódia havia sido vedado pelo magistrado de primeiro grau em razão da sua prévia convicção quanto ao cabimento da medida cautelar mais gravosa, bem assim o juiz entendeu prejudicada a realização da audiência pelo fato de já ter convertido o flagrante em prisão preventiva. Contudo, Sua Excelência, em voto contundente, advertiu que "a audiência de apresentação constitui direito subjetivo do preso e, nessa medida, sua realização não se submete ao livre convencimento do Juiz, sob pena de cerceamento inconvencional. (…) Não é faculdade; é um dever, vero e próprio!".

Além disso, salientou que o fato de o magistrado entender presentes os requisitos para a prisão preventiva e ter efetivado a conversão do flagrante jamais poderia ser causa para afastar a obrigatoriedade da audiência de custódia, sob pena de subverter importante direito fundamental e esvaziar os comandos convencionais e as determinações do Supremo Tribunal Federal, advertindo que tal situação configurava "queima de etapas que, a toda evidência, a um só tempo, não se compatibiliza com o devido processo legal e esvazia o pronunciamento da Corte Suprema", concluindo que:

> Não se trata, nessa perspectiva, de reduzir a audiência de apresentação a ato direcionado à enunciação meramente formal da observância procedimental da prisão em flagrante. Ao contrário, a presença pessoal do preso tem como supedâneo otimizar, sob a ótica dos direitos fundamentais, a avaliação judicial quanto às providências descritas no art. 310 do Código de Processo Penal, de modo que a conversão da prisão em flagrante em preventiva sem tal proceder traduz a irregularidade da decisão proferida.[15]

---

[15] BRASIL. Supremo Tribunal Federal. HC *nº 133.992*. Rel. Min. Edson Fachin, Primeira Turma, j. 11.10.2016.

Nesse mesmo julgamento, embora reconhecendo a ilegalidade da supressão do direito de audiência de custódia, o Ministro Edson Fachin ponderou que o juiz da causa avaliasse a imprescindibilidade da prisão preventiva no próprio ato, evitando-se, assim, avaliações judiciais precipitadas, sem que fosse ouvido o custodiado, além de propiciar ao magistrado uma melhor compreensão da necessidade ou não da imposição de alguma medida cautelar, conforme o caso concreto. Entendimento que também foi consolidado na Suprema Corte em diversos julgados.

Na sequência, cabe destacar outro relevante julgamento do Supremo Tribunal Federal em que o Ministro Luiz Edson Fachin foi designado como Relator do acórdão. Trata-se do HC nº 186.421, que se tornou uma importante orientação jurisprudencial no contexto da crise pandêmica da COVID-19 sobre a obrigatoriedade da realização de audiência de custódia, ainda que naquela circunstância de crise sanitária.

O eminente Ministro Fachin evidenciou a necessidade de um juízo de ponderação para equacionar a necessidade de garantia do direito subjetivo do preso com o cumprimento de adoção de medidas preventivas de saúde. Relevantes são as conclusões contidas em seu voto que afastou a dispensa da audiência de custódia recomendada pelo Conselho Nacional de Justiça naquele momento de pandemia, determinando, em consequência, a sua realização por meio de videoconferência:

> (...) em que pese a situação de pandemia vivenciada pelo País, não se pode, simplesmente, deixar de realizar as audiências de apresentação, dada a importância de o magistrado aferir não apenas a legalidade da prisão, como também a integridade física e psíquica do detido.
>
> Assim, na linha proposta pelo ilustre Relator, entendo que a forma de melhor equacionar as medidas sanitárias de restrição decorrentes do novo coronavírus e o direito subjetivo do preso de participar de ato processual vocacionado a controlar a legalidade da prisão é o sistema de videoconferências. A audiência por videoconferência, desde que ocorra sem a presença de policiais, livre de interferências externas e com a captação de imagens do detido, permite que a autoridade judicial possa averiguar a prática de eventuais maus-tratos ou tortura e, em caso de dúvida, encaminhar o detido para o Instituto Médico Legal respectivo para elaboração de perícia médica.
>
> (...)
>
> Por outro lado, recomendações ou resoluções de natureza administrativa (como, por exemplo, a Resolução n. 329/CNJ), conquanto ostentem nobres motivações, não podem dispor sobre matéria afeta à lei, nem dificultar o implemento de garantia fundamental assegurada pelo

Supremo Tribunal Federal. Em outras palavras, diante da ausência de norma proibitiva, em um cenário de pandemia, melhor que se faça a audiência de custódia por videoconferência do que, simplesmente, não se realize o ato processual de importância nobre.[16]

Nesse mesmo julgamento do HC nº 186.421, verificou-se, ainda, situação de grave violação ao princípio acusatório decorrente da conversão da prisão em flagrante em preventiva, de ofício, pelo magistrado sem a realização de audiência de custódia e também sem que houvesse prévia representação da autoridade policial ou requerimento do Ministério Público. Nesse sentido, mais uma vez, ressalta-se o voto do Ministro Edson Fachin, expungindo qualquer possibilidade de interpretação das normas processuais que poderiam ensejar a possibilidade de decretação de prisão cautelar nestas hipóteses:

> (...) cumpre anotar que o próprio art. 310 do CPP, ao disciplinar a audiência de custódia, prevê, de maneira expressa, a participação do membro do Ministério Público e da defesa no referido ato processual. É dizer: a decisão do magistrado sobre as medidas previstas no art. 310 do CPP dá-se a partir do requerimento das partes, e não de ofício, salvo, por certo, quando a medida imposta pelo Juiz não implicar agravamento do *status libertatis* do autuado (art. 5º, LXV, CF e art. 654, §2º, CPP). Aliás, a reforçar o caráter acusatório do art. 310 do CPP, vale registrar que o sobredito dispositivo derivou da mencionada Resolução n. 213/2015 do CNJ, na qual a natureza acusatória da audiência em tela resta clara.
>
> (...)
>
> Também não modifica o entendimento ora adotado o fato de o artigo 310 do CPP conter o termo 'deverá'. Esse verbo deve ser lido no sentido de ser mandatório ao Poder Judiciário a realização da audiência de custódia, tal como decidido na ADPF 347-MC, e não com o significado de que as providências sejam tomadas de ofício pelo magistrado, em afronta ao sistema acusatório previsto na Constituição Federal. Do contrário, se não fossem para fazer requerimentos a serem deliberados por um terceiro imparcial, não teria razão a lei prever a participação das partes no ato processual.[17]

Como se percebe, os avanços na matéria de audiência de custódia no Brasil tornavam-se cada vez mais expressivos, porém remanescia

---

[16] BRASIL. Supremo Tribunal Federal. *HC nº 186.421*. Rel. Min. Edson Fachin, Segunda Turma, j. 20.10.2020.
[17] *Ibidem*.

grave violação de direitos das pessoas submetidas ao cárcere em relação às demais modalidades de prisão.

Nada obstante as previsões contidas nas convenções internacionais não fazerem qualquer distinção da modalidade de custódia para que o preso seja submetido à audiência de custódia, além da Resolução nº 213/2015 do Conselho Nacional de Justiça estabelecer a obrigatoriedade da audiência de apresentação à autoridade judicial, também no prazo de 24 horas, das pessoas presas em decorrência de cumprimento de mandados de prisão cautelar ou definitiva (art. 13), o que se viu, na prática, foi a inaplicabilidade dessas disposições.

A situação era tão preocupante que, além da inobservância no tocante às demais modalidades de prisão, alguns Tribunais editaram atos normativos, limitando a realização de audiência de custódia apenas para os casos de prisão em flagrante. Nesse cenário, o eminente Ministro Luiz Edson Fachin, no julgamento de ação reclamatória (Rcl nº 29.303), ajuizada pela Defensoria Pública do Estado do Rio de Janeiro, concedeu medida liminar para determinar que o Tribunal de Justiça do Estado do Rio de Janeiro realizasse, no prazo de 24 horas, audiência de custódia em todas as modalidades prisionais, inclusive prisões temporárias, preventivas e definitivas. Foram, ainda, deferidos pedidos de extensão, nos mesmos moldes, em relação aos Tribunais de Justiça do Estado do Ceará e de Pernambuco, bem assim, em 15.12.2020, foi deferido pedido formulado pela Defensoria Pública da União, de modo a determinar que todos os Tribunais do país e juízes a eles vinculados realizem a audiência de custódia em todas as modalidades de prisão.

No julgamento de mérito da Rcl nº 29.303, o Plenário do Supremo Tribunal Federal, à unanimidade, julgou procedente a reclamação, de modo a uniformizar o direito subjetivo de toda pessoa presa, determinado a todos os Tribunais do país, bem assim a todos os juízos a eles vinculados, que realizassem, no prazo de 24 horas, audiência de custódia em todas as modalidades prisionais, inclusive prisões preventivas, temporárias, preventivas para fins de extradição, decorrentes de descumprimento de medidas cautelares diversas, de violação de monitoramento eletrônico e definitivas para fins de execução da pena.

No voto proferido, o Relator Ministro Edson Fachin salientou que o prolongamento daquela situação de realização de audiência de custódia apenas para os casos de prisão em flagrante criava limitação não existente nas normas internacionais e descumpria o disposto na legislação processual brasileira "com potencial de acarretar grave e irreversível inobservância de direitos e garantias fundamentais", uma vez que, conforme bem consignado "a finalidade da realização da audiência de apresentação, independentemente, da espécie de prisão, não configura simples formalidade burocrática. Ao revés, trata-se de relevante ato processual instrumental à tutela de direitos fundamentais".

Merece destaque a reflexão de Sua Excelência sobre a importância da realização da audiência de custódia em todas as modalidades de prisão acerca da "persistência dos fundamentos que motivaram a sempre excepcional restrição ao direito de locomoção, bem assim a ocorrência de eventual tratamento desumano ou degradante, inclusive, em relação aos possíveis excessos na exposição da imagem do custodiado (*perp walk*) durante o cumprimento da ordem prisional", mas também a sua preocupação, a partir de outros aspectos, até então pouco explorados, pelo judiciário brasileiro, relacionados às condições pessoais de cada preso que podem ser desde logo observadas pelo magistrado independentemente do tipo de prisão realizado:

> Não bastasse, a audiência de apresentação ou de custódia, seja qual for a modalidade de prisão, configura instrumento relevante para a pronta aferição de circunstâncias pessoais do preso, as quais podem desbordar do fato tido como ilícito e produzir repercussão na imposição ou no modo de implementação da medida menos gravosa.
>
> Enfatize-se, nesse contexto, que diversas condições pessoais, como gravidez, doenças graves, idade avançada, imprescindibilidade aos cuidados de terceiros, entre outros, constituem aspectos que devem ser prontamente examinados, na medida em que podem interferir, ou não, na manutenção da medida prisional (art. 318, CPP). E esses aspectos, aliás, podem influenciar, a depender de cada caso, até mesmo as prisões de natureza penal (art. 117, LEP).[18]

Atento a essas circunstâncias pessoais, o Ministro Edson Fachin proferiu notável decisão monocrática, em caso que o magistrado teria dispensado a oitiva de pessoa presa em audiência de custódia, por ele ser surdo-mudo e por não haver, no momento do ato, a presença de tradutor de libras. Destacando a imprescindibilidade da apresentação do custodiado e o direito da pessoa com deficiência de participação efetiva e plena na audiência, assim fundamentou sua decisão:

---

[18] BRASIL. Supremo Tribunal Federal. *Rcl nº 29.303*. Rel. Min. Edson Fachin, Plenário, j. 06.03.2023.

Ressalto que o acesso à justiça não consiste em mera formalidade, mas direito fundamental, que deve ser concretizado com igualdade material de condições. Caberia, portanto, ao Poder Judiciário assegurar à pessoa com deficiência a participação plena e efetiva, transpondo as barreiras comunicacionais, nos termos em que prevê o artigo 13 da Convenção sobre os Direitos das Pessoas com Deficiência (ratificada pelo Brasil com equivalência de emenda constitucional, por meio do Decreto Legislativo 186/2008, e promulgada pelo Decreto no 6.949/2009) (…).

Ultrapassados vinte anos do marco em que a Língua Brasileira de Sinais foi oficialmente reconhecida como meio legal de comunicação no Brasil (Lei 10.436/2002), estarrece-nos notar que a ausência de intérprete nos locais públicos ainda é usual e, a despeito do amplo ordenamento jurídico inclusivo, é tida como prescindível no âmbito do próprio Poder Judiciário. Assim, considerando que a falta de acessibilidade plena impossibilitou que a audiência realizada atingisse substancialmente o seu fim, há que se reconhecer a inobservância do julgado vinculante.[19]

A visão humanista do Ministro Edson Fachin na matéria de audiência de custódia ressoa como farol a iluminar os operadores do direito a não perderem de vista a compreensão de que a audiência de custódia é o controle da porta de entrada do sistema prisional, nela será a primeira oportunidade da pessoa presa ter contato com o magistrado, que poderá aferir diversos aspectos relacionados à legalidade da prisão, a sua excepcionalidade, possibilitar que sejam apurados abusos, maus tratos e torturas no seu cumprimento, além de propiciar tratamento digno no cárcere, respeitando-se, dentre outras, as condições de saúde, idade, gênero, familiar e de imprescindibilidade para o cuidado de outra pessoa (*vide* os casos de possibilidade de prisão domiciliar para mães ou responsáveis por crianças ou pessoas com deficiência).

5 Desafios para o aprimoramento da audiência de custódia

No ato judicial da audiência de custódia, o juiz exerce um controle imediato da legalidade e da necessidade da continuidade da prisão, além das condições da pessoa conduzida, apurando situações de maus tratos, tortura ou abusos estatais.

Os dados estatísticos registrados no Sistema de Audiência de Custódia (Sistac) concebido pelo Conselho Nacional de Justiça

---

[19] BRASIL. Supremo Tribunal Federal. *Rcl nº 56.001*. Rel. Min. Edson Fachin, j. 15.11.2022.

contabilizam que, desde fevereiro de 2015 até janeiro de 2025, foram realizadas 1.722.681 audiências no território nacional, que resultaram na concessão de liberdade a 678.699 indivíduos, na imposição de prisão domiciliar a 4.986 pessoas, além do encaminhamento ao serviço social de 70.183 presos ouvidos.[20]

Os números registrados indicam que as hipóteses de concessão de liberdade ou imposição de medidas cautelares diversas foram substancialmente menores em relação aos casos em que a prisão foi mantida, mesmo após a realização do ato, o que pode significar que esses números refletem a perpetuação da seletividade penal e dos problemas estruturais do sistema penal.

Sobressaem, nessa dimensão, os desafios no aprimoramento das audiências de custódia e o papel relevante da autoridade judicial na condução do ato, a fim de que o ato seja reconhecido não apenas como eficiente filtro de entrada no sistema penitenciário, com a redução da população encarcerada, mas também como aparelho de proteção das pessoas vulneráveis, mediante a promoção de estratégias voltadas à identificação e implementação de assistência social, conforme as proposições elencadas do Plano Nacional de Política Criminal e Penitenciária (2024-2027) do Conselho Nacional de Política Criminal e Penitenciária e do Plano Pena Justa, elaborado pelo Conselho Nacional de Justiça.

Com foco na conhecida vulnerabilidade socioeconômica dos autuados em flagrante, o Plano Nacional propõe a integração do sistema Sistac à rede de proteção às pessoas vulneráveis, possibilitando, quando necessário, a assistência social subsequente à audiência de custódia, levando-se em consideração as particularidades e necessidades dos custodiados, não raro apresentados ao juiz sem condições mínimas de acesso ao básico, como alimentação e higiene.

Estratégias assim significam a intensificação do diálogo interinstitucional na busca de formulação de estratégias capazes de promover a adequada política criminal, por meio de articulação com a rede de proteção assistencial e a promoção de políticas e de programas voltados à proteção e à inclusão social, sendo crucial, para a obtenção de bons resultados, o papel do juiz que tem o primeiro contato com o indivíduo, logo após a sua prisão.

---

[20] BRASIL. Conselho Nacional de Justiça. *Estatísticas sobre Audiências de Custódia Nacional.* Disponível em: https://www.cnj.jus.br/sistema-carcerario/audiencia-de-custodia/sistac/. Acesso em: 17 mar. 2025.

Recentemente lançado, o Plano Pena Justa[21] considerou fundamental controlar e racionalizar a porta de entrada do sistema penal, a partir de qualificação da audiência de custódia, com adoção de modelo de parâmetros nacionais para tomada de decisões, sobretudo para crimes e perfis específicos (tráfico de drogas, mulheres, indígenas, dentre outros), visando possibilitar monitoramento que ofereça às autoridades judiciárias mais critérios de decisão, a fim de se evitar a manutenção de prisões arbitrárias e desnecessárias.

Considerou-se as desigualdades e hierarquias sociais (marcadores sociais) como pressupostos à elaboração de políticas penais que promovam ações articuladas e assistenciais às necessidades e realidades específicas de grupos vulnerabilizados. Sob a perspectiva de que a maior parte da população encarcerada é formada por pessoas negras, de baixa renda e com baixíssima escolaridade, observou-se que parcela daqueles envolvidos na prática de atos ilícitos compartilham trajetórias pessoais marcadas por violências, pela desigualdade social, pela falta de acesso a políticas públicas e a direitos sociais, que demandam apoio em redes de acolhimento.

Dentre as ações mitigadoras e medidas propostas ao uso excessivo da privação de liberdade, foi proposto o redirecionamento da política de drogas para ações de saúde e proteção social em detrimento de práticas criminalizantes, especialmente com foco na população negra.

Para reduzir o fluxo de entrada no sistema prisional e instituir práticas de redução de danos, a apresentação da pessoa custodiada é fundamental, especialmente na prevenção de violências institucionais e na oferta de atendimento social adequado à cada situação específica de vulnerabilidade, promovendo respostas compatíveis com os conflitos e necessidades sociais que marcam o sistema de justiça criminal.

Conclusão

Os direitos e garantias previstos nos tratados internacionais de direitos humanos elencam a audiência de custódia como conquista civilizatória alinhadas à proteção dos direitos humanos e fundamentais do preso. O Brasil, signatário de diplomas internacionais acerca da matéria

---

[21] BRASIL. Conselho Nacional de Justiça. Pena Justa. *Plano Nacional para o Enfrentamento do Estado de Coisas Inconstitucional nas Prisões Brasileiras*. ADPF 347.

desde 1992, demorou consideravelmente para a implementação dessa garantia, o que apenas veio a ocorrer quando o Supremo Tribunal Federal, no âmbito do julgamento da ADPF nº 347, declarou o estado de coisas inconstitucional do sistema carcerário nacional e determinou a realização das referidas audiências no prazo de 90 (noventa) dias.

Apesar de tardiamente incorporada ao sistema jurídico pátrio, a audiência de custódia revelou-se instituto de suma importância, capaz de concretizar o postulado da dignidade da pessoa humana, atuando no controle da porta de entrada do sistema penitenciário nacional e na proteção dos direitos fundamentais do preso.

O papel que o Supremo Tribunal Federal e o Conselho Nacional de Justiça vêm desempenhando são fundamentais para a concretização do instituto no país. Sobressaindo como prática judicial relevante para conter os excessos do Estado e para o resguardo dos direitos da pessoa presa, a audiência de custódia tem sido paulatinamente incorporada à cultura do Poder Judiciário, não apenas pela coexistência de instrumentos jurídicos que regulamentam a sua realização em todo o território nacional, mas sobretudo em razão de relevantes julgamentos do Supremo Tribunal Federal acerca do tema e do sistema carcerário.

É possível verificar que a efetivação das audiências de custódia, a partir de 2015, coincide com os 10 anos de jurisdição constitucional do Ministro Edson Fachin, que tomou posse na Suprema Corte no mesmo ano e, desde então, assumiu relevante papel para a sua consolidação por meio de decisões e votos memoráveis marcadas pela sua peculiar sensibilidade e visão humanista em temas voltados para assegurar a implementação de direitos fundamentais.

As resistências havidas em torno da aplicação das audiências de custódia devem ser constantemente combatidas, por meio de políticas criminais judiciárias que possam, a tempo e modo, espraiar no cenário nacional a importância e o resultado das audiências para o bem de todo o sistema penitenciário.

Afinal, esse proceder é o que melhor se compatibiliza com os fundamentos do Estado Democrático de Direito aplicados ao preso, sobretudo o postulado da dignidade da pessoa humana que norteia todo o plexo de direitos fundamentais assimilados pela Constituição Federal de 1988.

Em temas de especial complexidade, a solução exige esforço e constante atuação das autoridades envolvidas, em construção de pontes e de projetos multidisciplinares que promovam acolhimento e assistência mais ampla possível às pessoas presas. Não raro, fatores sociais acarretam situações de vulnerabilidade que podem conduzir os indivíduos ao envolvimento em situações que importem na restrição de sua liberdade. É o momento de se promover a quebra desse círculo vicioso e crescente de exclusão social, em que presídios estão superlotados de grupos marginalizados, compostos por pessoas privadas não apenas da sua liberdade, mas também de acesso a direitos básicos e essenciais, assegurados pela própria Constituição Federal.

Referências

BRASIL. Conselho Nacional de Justiça. *Audiência de Custódia*. Brasília: CNJ, 2016.

BRASIL. Conselho Nacional de Justiça. *Estatísticas sobre Audiências de Custódia Nacional*. Disponível em: https://www.cnj.jus.br/sistema-carcerario/audiencia-de-custodia/sistac/. Acesso em: 17 mar. 2025.

BRASIL. Conselho Nacional de Justiça. Pena Justa. *Plano Nacional para o Enfrentamento do Estado de Coisas Inconstitucional nas Prisões Brasileiras*. ADPF 347.

BRASIL. Instituto de Pesquisa Econômica Aplicada. *A Aplicação de Penas e Medidas Alternativas*. Relatório de Pesquisa. Rio de Janeiro: IPEA, 2015.

BRASIL. Supremo Tribunal Federal. *ADI nº 6305*. Rel. Min. Luiz Fux, Plenário, j. 24.08.2023.

BRASIL. Supremo Tribunal Federal. *ADPF nº 347*. Rel. Min. Marco Aurélio. Plenário, j. 09.09.2015.

BRASIL. Supremo Tribunal Federal. *HC nº 133.992*. Rel. Min. Edson Fachin, Primeira Turma, j. 11.10.2016.

BRASIL. Supremo Tribunal Federal. *HC nº 186.421*. Rel. Min. Edson Fachin, Segunda Turma, j. 20.10.2020.

BRASIL. Supremo Tribunal Federal. *Rcl nº 29.303*. Rel. Min. Edson Fachin, Plenário, j. 06.03.2023.

BRASIL. Supremo Tribunal Federal. *Rcl nº 56.001*. Rel. Min. Edson Fachin, j. 15.11.2022.

BRASIL. Supremo Tribunal Federal. *RE nº 580.252*. Rel. Min. Teori Zavascki, Plenário, j. 16.02.2017.

CRUZ, Rogério Schietti. *Prisão cautelar – dramas, princípios e alternativas*. 6. ed. Salvador: JusPodivm, 2021.

FACHIN, Luiz Edson. Os 40 Anos da Lei de Execução Penal: desafios e perspectivas. *CONJUR*, 14 dez. 2024. Disponível em: https://www.conjur.com.br/2024-dez-14/os-40-anos-da-lei-de-execucao-penal-desafios-e-perspectivas-parte-1/. Acesso em: 17 mar. 2025.

PAIVA, Caio. *Audiência de Custódia e o Processo Penal Brasileiro*. 3. ed. Belo Horizonte: CEI, 2018.

PIOVESAN, Flávia. Direitos humanos, o princípio da dignidade humana e a constituição brasileira de 1988. *Revista do Instituto de Hermenêutica Jurídica — RIHJ*, Belo Horizonte, 2004.

SARLET, Ingo Wolfgang. *Dignidade da Pessoa Humana e Direitos Fundamentais na Constituição Federal de 1988*. 8. ed. Porto Alegre: Livraria do Advogado, 2010.

Informação bibliográfica deste livro, conforme a NBR 6023:2018 da Associação Brasileira de Normas Técnicas (ABNT):

BAPTISTA, Carlos Eduardo Lacerda; VIANA, Sandra Soares. Audiência de custódia: leitura constitucional do Supremo Tribunal Federal e a consolidação do instituto sob o olhar do Ministro Edson Fachin. In: SILVA, Christine Oliveira Peter da; GIAMBERARDINO, André Ribeiro; ARRUDA, Desdêmona Tenório B. T.; MACEDO, José Arthur Castillo de; MACHADO FILHO, Roberto Dalledone (coord.). *Ministro Luiz Edson Fachin*: dez anos de Supremo Tribunal Federal. Belo Horizonte: Fórum, 2025. p. 33-55. ISBN 978-65-5518-746-5.

SUPREMO TRIBUNAL DOS DIREITOS HUMANOS E FUNDAMENTAIS: IGUALDADE EM PAUTA

CHRISTINE OLIVEIRA PETER DA SILVA

1 Prolegômenos

A comemoração da primeira década de existência é sempre um evento especial, pois a consolidação das expectativas já se faz mais real e, substancialmente, bem mais concreta, e a imensidão das coisas possíveis, mas, assustadoramente, desconhecidas, quando o projeto iniciou, está cada vez mais explorada e aconchegada, em limites e possibilidades.

Nem tudo aconteceu conforme o querido e o planejado, mas coisas diversas e, talvez, melhores agregaram-se ao projeto original de uma busca coletiva, tanto eficiente quanto prazerosa, mas, sem sombra de dúvida, plena, íntegra e muito feliz.

Celebrar os dez anos da constituição do gabinete do Ministro Edson Fachin, no Supremo Tribunal Federal, é também, para mim, comemorar a vida abundante e pulsante de um Brasil radicado em território profundo e repleto de gostares fertilmente potencializados por um horizonte inesgotável de afazeres.

Tanto se plantou e se colheu, mas tanto ainda há para semear e cultivar, que se torna inevitável pensar com algum entusiasmo nos planos para enfrentar os tempos desafiadores que já despontam no porvir.

O presente artigo, gestado, cuidadosamente, em muitos dias e noites de trabalho árduo, mas muito prazeroso, cuidará do direito humano e fundamental à igualdade; direito cujas múltiplas facetas foram expressamente colhidas do registro literal do termo 'igualdade' nas ementas de dez processos,[1] os quais foram, previamente, disponibilizados em lista de sugestões pelas organizadoras e organizadores do presente livro.

Registrar o princípio da igualdade como um direito humano e fundamental expressamente assim escrito nas ementas de precedentes da relatoria do Ministro Edson Fachin, julgados nos últimos dez anos, é o objetivo imediato do presente trabalho.

Os objetivos específicos se desdobram em i) identificar a construção consciente da vontade constituinte em uma sociedade brasileira mais igual e solidária; bem como, ii) explorar criticamente a jurisprudência constitucional da igualdade, aqui exemplificada nos precedentes selecionados, em busca de uma sensibilidade jurisdicional da isonomia constitucional em feitos da relatoria – ou da redatoria – do Ministro Edson Fachin.

Serão descritos e comentados dez precedentes constitucionais colegiados de relatoria ou redatoria do Ministro Edson Fachin, entre precedentes constitucionais firmados em controle concentrado ou

---

[1] *ADI nº 5357* MC-Ref, Relator(a): EDSON FACHIN, Tribunal Pleno, julgado em 09.06.2016, PROCESSO ELETRÔNICO DJe-240 DIVULG 10.11.2016 PUBLIC 11.11.2016; *ADI nº 5617*, Relator(a): EDSON FACHIN, Tribunal Pleno, julgado em 15.03.2018, PROCESSO ELETRÔNICO DJe-211 DIVULG 02.10.2018 PUBLIC 03.10.2018; *ADI nº 4275*, Relator(a): MARCO AURÉLIO, Relator(a) p/ Acórdão: EDSON FACHIN, Tribunal Pleno, julgado em 01.03.2018, PROCESSO ELETRÔNICO DJe-045 DIVULG 06.03.2019 PUBLIC 07.03.2019; *MI nº 4733*, Relator(a): EDSON FACHIN, Tribunal Pleno, julgado em 13.06.2019, PROCESSO ELETRÔNICO DJe-238 DIVULG 28.09.2020 PUBLIC 29.09.2020; *ADI nº 6327* MC-Ref, Relator(a): EDSON FACHIN, Tribunal Pleno, julgado em 03.04.2020, PROCESSO ELETRÔNICO DJe-154 DIVULG 18.06.2020 PUBLIC 19.06.2020; *RE nº 639138*, Relator(a): GILMAR MENDES, Relator(a) p/ Acórdão: EDSON FACHIN, Tribunal Pleno, julgado em 18.08.2020, PROCESSO ELETRÔNICO REPERCUSSÃO GERAL – MÉRITO DJe-250 DIVULG 15.10.2020 PUBLIC 16.10.2020; *ADI nº 5547*, Relator(a): EDSON FACHIN, Tribunal Pleno, julgado em 22.09.2020, PROCESSO ELETRÔNICO DJe-243 DIVULG 05.10.2020 PUBLIC 06.10.2020; *RE nº 611874*, Relator(a): DIAS TOFFOLI, Relator(a) p/ Acórdão: EDSON FACHIN, Tribunal Pleno, julgado em 26.11.2020, PROCESSO ELETRÔNICO REPERCUSSÃO GERAL – MÉRITO DJe-068 DIVULG 09.04.2021 PUBLIC 12.04.2021; *ADPF nº 188*, Relator(a): EDSON FACHIN, Tribunal Pleno, julgado em 15.06.2022, PROCESSO ELETRÔNICO DJe-189 DIVULG 21.09.2022 PUBLIC 22.09.2022; *ADPF nº 462*, Relator(a): EDSON FACHIN, Tribunal Pleno, julgado em 01.07.2024, PROCESSO ELETRÔNICO DJe-s/n DIVULG 21.08.2024 PUBLIC 22.08.2024.

difuso com repercussão geral reconhecida, os quais concretizaram o direito humano e fundamental à igualdade, em múltiplas perspectivas, colhendo-se de trechos literais dos votos de tais julgados as compreensões dos ministros do Supremo Tribunal Federal, sentidos constitucionais do direito humano e fundamental à igualdade.

A premissa teórica da análise aqui proposta é o constitucionalismo humanista[2], ou seja, aquele que, por ser fundado na dignidade da pessoa humana, tem como pilar de sua estrutura fundante o reconhecimento e a garantia da igualdade como premissa maior. Todos são, formal e materialmente, iguais em direitos e obrigações, como afirma a nossa Constituição da República de 1988, em diversas oportunidades.

As políticas públicas humanistas, é importante lembrar, são aquelas que se coordenam com normas de internalização de direitos humanos como direitos fundamentais, bem como com decisões constitucionais, em que se discutem problemas de aplicação de direitos humanos, para cumprirem suas funções em ambiente institucional que comporte coordenação de expectativas transterritoriais, colocando em prática, assim, a máxima eficácia dos valores e bens resguardados pelas normas de direitos humanos e fundamentais.

Assim, o presente trabalho será composto de duas partes: a primeira, mais teórica, em que algumas ideias construídas e experimentadas nos afazeres cotidianos de nossas rotinas constitucionais foram sendo sedimentadas ao longo dos últimos anos; e outra, mais empírica, em que apresentarei os precedentes selecionados com excertos dos votos ministros, especialmente do Ministro Edson Fachin, a quem dedico este trabalho e homenageio com a presente reflexão acadêmica.

É a Constituição que cria as instituições que concretizam os direitos humanos e fundamentais, que divide o poder para evitar o arbítrio e que o descentraliza para que os direitos humanos e fundamentais possam efetivamente chegar aos rincões em que vivem brasileiras e brasileiros. A defesa incansável da Constituição, especialmente diante dos múltiplos desafios que são trazidos por questões complexas e estruturais, exige esforço contínuo de atuação colegiada, de vigília pela legalidade democrática e do incansável exercício de competências que o constituinte de 1987-1988 expressamente registrou como princípios fundamentais.

---

[2] Sobre o constitucionalismo humanista, por todos, *vide*: BRITTO, Carlos Ayres. *O humanismo como categoria constitucional*. Belo Horizonte: Fórum, 2010.

A pretensão aqui não é entregar verdades e certezas, mas contribuir para a reflexão que se inspira na ideia de um Brasil crente na força patriótica de seus cidadãos e cidadãs, de suas instituições e do pacto constituinte que nos conduz e compromete uns para com os outros, com alguma segurança e íngreme, mas persistente, altivez democrática, desafiadas pelos caminhos tortuosos dos tempos contemporâneos.

2 Supremo Tribunal dos Direitos: humanos e fundamentais

Tempo faz, estou a defender a missão do Supremo Tribunal Federal como um tribunal garante dos direitos humanos e fundamentais.[3] O Supremo Tribunal Federal, na conformação institucional que lhe foi reconhecida pela Constituição de 1988, apresenta-se como uma Corte de guarda e proteção dos direitos humanos e fundamentais. Nesse contexto, a legitimidade para o exercício da jurisdição constitucional passa a ter na Constituição, como expressão máxima da soberania popular, uma forte aliada, por esta ser conteúdo e continente dos anseios do povo que a constituiu como patamar normativo máximo, o qual congrega e acomoda sua pluralidade.

Por meio das instituições brasileiras, as premissas abstratas que formalizam a República Federal do Brasil são vertidas em ações concretas, as quais traçam o fio da história. Também são as instituições que transformam as práticas federativas territorializadas em fenômenos políticos de diferentes alcances, permitindo que experiências democráticas possam ser testadas.

A Constituição de 1988 trouxe a reconstituição do País e os direitos humanos e fundamentais dos cidadãos e cidadãs brasileiras, sem os quais não haveria a revitalização da cidadania, o aumento da demanda por justiça, os novos direitos, novas pretensões e suas ações, enfim, as garantias, os direitos e os deveres necessários à convivência em sociedade.

A Constituição viva, sem dúvida, desafia a interpretação, nada obstante é preciso ter nitidez dos limites para que se tenha clareza das suas reais possibilidades hermenêuticas. O Supremo Tribunal Federal é uma instituição indispensável à República, com a importante missão

---

[3] SILVA, Christine O. Peter da. *Transjusfundamentalidade*: diálogos transnacionais sobre direitos fundamentais. Curitiba: CRV, 2014.

de vivificar a Constituição em toda a sua potencialidade constitutiva, num Estado Democrático de Direito.

Essa é, por si só, a mais óbvia e mais desafiadora tarefa de uma Corte Constitucional Suprema, que deve sempre estar aberta para diálogos plurais e democráticos, mas também é a instituição constitucionalmente destinada, ladeando outras, a realização, na vida cotidiana dos cidadãos e cidadãs nacionais, dos ditames da Constituição por eles constituída.

Todos pretendem-se fiéis à Constituição, mas não há uma razoável concordância sobre qual Constituição, objeto em si, a que se destina essa fidelidade. E talvez seja possível afirmar que a Constituição, fruto de consensos políticos datados e localizados geograficamente, seja mesmo, por essência, uma norma dinâmica, ou seja, um texto permanentemente em construção.

Entretanto, independentemente das escolhas que estão disponíveis para o intérprete constitucional, especialmente aquele vinculado, por ofício, à jurisdição constitucional, é possível exigir-se integridade e transparência como premissas metodológicas comuns para o exercício dessa importante tarefa. Em tempos de divergências constitucionais, a fidelidade constitucional parece perder sua força e vitalidade. Aparência inconsistente, pois o confronto hermenêutico de ideias e argumentos, na concretização constitucional, é indicativo de que há movimento e dinâmica a conduzir a Constituição pelo seu caminho de perenidade.

Conforme anota o Professor José Rodrigo Rodriguez, em sua obra *Como decidem as Cortes?*: "E não se pode barrar conceitualmente o correr da história. Os conceitos devem ser instrumentos de reflexão e crítica sobre a efetividade do real e não parte de profissões de fé sobre uma determinada visão de estado de direito e sociedade".[4]

As normas constitucionais, que expõem compromissos dos legisladores constituintes com a comunidade sócio-cultural que o legitimou, pretendem-se perenes e, por isso, importante a missão daqueles que se declaram fiéis à Constituição a partir de projetos atualizadores do compromisso original, por meio de diálogos constitucionais sérios, profundos, abertos e plurais.

Por diálogos constitucionais permitimo-nos entender o complexo de discursos, permeado de múltiplos argumentos, por meio dos

---

[4] RODRIGUEZ, José Rodrigo. *Como decidem as Cortes?* Para uma crítica do Direito (Brasileiro). Rio de Janeiro: Editora FGV, 2013. p. 17.

quais os agentes, órgãos e membros de Poder da República constroem os sentidos das normas constitucionais, especialmente dos direitos fundamentais.[5]

A condução dos diálogos constitucionais não tem uma metodologia única, nem universalmente reconhecida, sendo importante aportar algumas pistas metodológicas e limites para que a construção dos discursos constitucionais e a ordenação dos argumentos que estarão postos nas decisões que resolvem questões constitucionais complexas, possam refletir, em alguma medida, um procedimento aberto e dialogal de construção de sentidos constitucionais possíveis.

Na contemporaneidade, os temas constitucionais costumam desafiar as supremas cortes por duas principais razões: não admitem um único ponto de partida de onde se possam peremptoriamente iniciar as discussões e os diálogos; e, as soluções, apresentadas em decisões judiciais de última instância, são imediatamente sentidas no seio social.

Os diálogos constitucionais, para cumprirem sua vocação naturalmente dialética, devem estar sustentados não apenas no princípio da interdependência entre as funções de poder, mas, também, e, principalmente, no devido processo constitucional, que se materializa como uma versão do devido processo legal, alicerce e esteio do Estado Constitucional e Democrático de Direito.

O devido processo constitucional impõe diálogos constitucionais entre os atores oficiais e oficializados, fazendo com que não exista precisamente uma última palavra, em matéria de concretização constitucional, pois que sempre haverá a possibilidade de serem renovados nos limites expressamente postos nas normas constitucionais e legais vigentes.

Assim, o Supremo Tribunal Federal, por imposição constitucional, deve estar comprometido com a máxima eficácia dos direitos humanos e fundamentais, e atuar, nos limites de sua competência, para dar respostas às tensões recíprocas estabelecidas no seio social, à medida em que tais tensões impõem diálogos necessários à concretização da Constituição, em sua máxima efetividade. Esse é o espírito mais verticalizado da doutrina dos freios e contrapesos, desenvolvida nos Estados Unidos, desde os primórdios do constitucionalismo contemporâneo.

---

[5] SILVA, Christine O. Peter da. Diálogos constitucionais interpelam decisão sobre criminalização da homofobia. *CONJUR*, 29 jun. 2019. Disponível em: https://www.conjur.com.br/2019-jun-29/observatorio-constitucional-dialogos-constitucionais-interpelam-criminalizacao-homofobia. Acesso em: 25 jun. 2021.

Não se pode imaginar que a última palavra em matéria de interpretação constitucional esteja a cargo de uma das instituições das funções do Poder da República. Seria o mesmo que afirmar ser a Constituição monopólio de uma das funções do Poder, cujas existências necessariamente pressupõem alteridade e respeito mútuos, nos limites da própria Constituição.

Os diálogos constitucionais, em que pese carecerem de precisa definição doutrinária, exigem um colóquio contínuo e efetivo entre as funções do Poder, as quais não podem se acomodar diante da relevante tarefa de dar máxima efetividade às normas constitucionais, especialmente numa Constituição complexa e prolixa como a Constituição Brasileira de 1988.[6]

Não por outra razão, o processo constitucional brasileiro deve ser permeável aos diálogos constitucionais, exigindo, no exercício da jurisdição constitucional, tanto difusa quanto concentrada, que sejam chamadas ao processo constitucional as autoridades de onde emanam, ou de onde deveriam emanar os atos impugnados, bem como outros atores sociais relevantes para a composição factual da controvérsia constitucional instaurada. É esse o tom dos diálogos constitucionais entre nós: respeito ao devido processo constitucional.

A atuação do Supremo Tribunal Federal certamente encontra limites institucionais, assim como ocorre com as instituições e órgãos das demais funções de Poder, na Constituição. Nem poderia ser diferente. A concretização das normas constitucionais, especialmente aquelas que veiculam direitos fundamentais dos cidadãos e cidadãs brasileiras, desafiam a atuação da Suprema Corte brasileira, para que não seja uma interpretação 'desconstituinte'.

Ao concretizar as normas de direitos humanos e fundamentais, o Supremo Tribunal Federal está a entregar para a República o que lhe foi prometido pelo Texto Constitucional. A preocupação com a efetiva garantia dos direitos humanos e fundamentais é a parte mais visíveis da própria efetivação da cidadania e consolidação de um Estado Democrático de Direito, compreendido como ordenamento jurídico plural e complexo, que se funda no reconhecimento da dignidade da pessoa, na inviolabilidade dos direitos humanos e fundamentais e no livre desenvolvimento das autonomias.

---

[6] SILVA, Christine O. Peter da. Diálogos constitucionais interpelam decisão sobre criminalização da homofobia. *CONJUR*, 29 jun. 2019. Disponível em: https://www.conjur.com.br/2019-jun-29/observatorio-constitucional-dialogos-constitucionais-interpelam-criminalizacao-homofobia. Acesso em: 25 jun. 2021.

A democracia implica a participação do cidadão e da cidadã, não apenas nos negócios públicos, mas na realização de todos dos direitos humanos e fundamentais consagrados na Constituição e nos diversos segmentos do ordenamento jurídico global. Assim sendo, as constituições contemporâneas, além de enunciarem princípios fundamentais, que se irradiam para a concretização dos direitos humanos e fundamentais do cidadão e da cidadã, procuram colocá-los em real possibilidade de fruição, por meio de garantias institucionais e processuais, as quais não se restringem às iniciativas judiciais dos titulares de situações jurídicas subjetivas, mas também supõem o compromisso de todos os órgãos dos poderes públicos e/ou quase públicos e políticos, no esforço transubjetivo para a efetividade de tais direitos.

A prática das garantias constitucionais para a efetivação dos direitos humanos e fundamentais inscritos de maneira positivada, está vinculada à interpretação da Constituição e dos valores superiores deferidos pelo texto básico.[7] O próprio Supremo Tribunal Federal deve reconhecer-se como garantia institucional dos direitos humanos e fundamentais.

Se a compreensão acerca das normas constitucionais, como norma ápice do sistema jurídico nacional, não consegue consenso, impõe-se, ainda com mais vigor, declarar-se a fidelidade constitucional como um vetor hermenêutico do pluralismo. Se a compreensão acerca das normas constitucionais, como norma ápice do sistema jurídico nacional, não consegue consenso, impõe-se, ainda com mais vigor, declarar-se a fidelidade constitucional como um vetor hermenêutico do pluralismo.

A Constituição, como significante, pluraliza os diversos significados que a comunidade política e social lhe confiou, de modo que os intérpretes constitucionais têm o dever hermenêutico de reconhecer e firmar seus compromissos com o texto da Constituição, numa manifestação expressa de fidelidade constitucional. As múltiplas possibilidades de manifestação íntegra e transparente das compreensões constitucionais subjacentes, deve ter como eixo condutor indissociável a busca por decisões constitucionais que considerem as vidas reais, histórias reais, pessoas reais.

---

[7] BARACHO, José Alfredo de Oliveira. *Teoria Geral da Cidadania (A plenitude da cidadania e as garantias constitucionais)*. São Paulo: Saraiva, 1995. p. 61.

Por isso, apresenta-se importante haurir dos precedentes constitucionais brasileiros, a realização construtiva e coletiva dos sentidos constitucionais do direito humano e fundamental à igualdade, a partir de um excerto da jurisprudência do Supremo Tribunal Federal, na relatoria do Ministro Edson Fachin.

3 Sentidos constitucionais do direito à igualdade: humana e fundamental

Toda escolha, em maior ou menor medida, tem lastro em arbitrariedades. Mas o sentido de arbitrariedade aqui é bem diverso daquele que repudiamos quando estamos a tratar da atuação de agentes públicos e políticos na condução das ações exigidas por suas competências constitucionais. Ser árbitro das disputas de sentidos constitucionais é o lugar institucional do Supremo Tribunal Federal, Corte Suprema brasileira, que completa 134 anos de existência em 28 de fevereiro de 2025.

Por isso, a escolha de dez precedentes, todos da relatoria do Ministro Edson Fachin do Supremo Tribunal Federal, em que ele cuidou de controvérsias constitucionais sobre o princípio da igualdade, marcou a minha particular preferência para este trabalho em homenagem aos dez anos do gabinete do Ministro Edson Fachin, no Supremo Tribunal Federal.

A proposta mais ousada da jurisdição constitucional brasileira tem sido estabelecer diálogos constitucionais para a transubjetivação dos direitos humanos e fundamentais dos cidadãos e cidadãs brasileiras. Não é uma tarefa fácil, especialmente pelo fato de que impõe responsabilidade institucional, a qual não se limita aos códigos próprios do Direito, mas também aos da Moral e da Política.

A Constituição também constitui o Supremo Tribunal Federal o qual, em paridade com as demais funções de poder, e em cooperação com a sociedade civil, constituem a Constituição. É um processo dinâmico e complexo, cujas regras estão sempre sob o olhar e controle de todos os seus interlocutores. E um dos maiores desafios da Corte Suprema brasileira é saber se tal processo de constituições recíprocas entre o Supremo e a Constituição — Constituição e o Supremo — apresenta-se como um fluxo recíproco e permanente.

Nesse contexto, passa-se ao registro com alguns comentários, sempre de cunho acadêmico, acerca de precedentes jusfundamentais em que o direito humano e fundamental à igualdade foi concretizado em questões jurisdicionais constitucionais, que estiveram sob o olhar colegiado dos ministros do Supremo Tribunal Federal, nos últimos dez anos.

3.1 Ação Direta de Inconstitucionalidade nº 5357

Por ordem cronológica de julgamento, o primeiro precedente constitucional selecionado é a Ação Direta de Inconstitucionalidade nº 5357, na qual, conforme teor do voto do Min. Relator Edson Fachin, assentou-se que

> a Lei nº 13.146/2015 indica assumir o compromisso ético de acolhimento e pluralidade democrática adotados pela Constituição ao exigir que não apenas as escolas públicas, mas também as particulares deverão pautar sua atuação educacional a partir de todas as facetas e potencialidades que o direito fundamental à educação possui e que são densificadas em seu Capítulo IV. À luz da Convenção Internacional sobre os Direitos da Pessoa com Deficiência e da Constituição da República, somente com o convívio com a diferença e com o seu necessário acolhimento que pode haver a construção de uma sociedade livre, justa e solidária, em que o bem de todos seja promovido sem preconceitos de origem, raça, sexo, cor, idade e quaisquer outras formas de discriminação (art. 3º, I e IV, CRFB).[8]

O precedente tratava de ensino inclusivo em todos os níveis de educação e concretizou o direito fundamental à igualdade como fundamento de uma sociedade democrática e diligente em direcionar-se para o respeito à dignidade humana como seu pilar fundante e fundamental.

Na ementa do julgado, restou expressamente posto:

> Pluralidade e igualdade são duas faces da mesma moeda. O respeito à pluralidade não prescinde do respeito ao princípio da igualdade. E na atual quadra histórica, uma leitura focada tão somente em seu aspecto formal não satisfaz a completude que exige o princípio. Assim, a igualdade não se esgota com a previsão normativa de acesso igualitário a bens jurídicos, mas engloba também a previsão normativa de medidas que efetivamente possibilitem tal acesso e sua efetivação concreta.[9]

---

[8] BRASIL. *ADI nº 5357*. MC-Ref, Relator(a): Edson Fachin, Tribunal Pleno, julgado em 09.06.2016, Processo Eletrônico DJe-240, DIVULG. 10.11.2016, PUBLIC. 11.11.2016.
[9] BRASIL. *ADI nº 5357*. MC-Ref, Relator(a): Edson Fachin, Tribunal Pleno, julgado em 09.06.2016, Processo Eletrônico DJe-240, DIVULG. 10.11.2016, PUBLIC. 11.11.2016.

Assim sendo, vale reproduzir excerto em que se afirmou: "a igualdade não se esgota com a previsão normativa de acesso igualitário a bens jurídicos, mas engloba também a previsão normativa de medidas que efetivamente possibilitem tal acesso e sua efetivação concreta".[10]

O precedente constitucional firmado na ADI nº 5357 consignou expressamente que "Cabe a toda a sociedade, então, empreender esforços para que essa interação seja positiva e capaz de propiciar a plena e efetiva participação das pessoas com deficiência na sociedade em igualdade de oportunidades com as demais pessoas".[11]

3.2 Ação Direta de Inconstitucionalidade nº 5617

Um segundo precedente constitucional é a Ação Direta de Inconstitucionalidade nº 5617, em que, para debater sobre o financiamento das campanhas políticas de mulheres, o Supremo Tribunal Federal afirmou:

> O princípio da igualdade material é prestigiados por ações afirmativas. No entanto, utilizar, para qualquer outro fim, a diferença estabelecida com o objetivo de superar a discriminação ofende o mesmo princípio da igualdade, que veda tratamento discriminatório fundado em circunstâncias que estão fora do controle das pessoas, como a raça, o sexo, a cor da pele ou qualquer outra diferenciação arbitrariamente considerada.[12]

A procedência do pedido na Ação Direta de Inconstitucionalidade nº 5617 decorreu do entendimento segundo o qual:

> Se o princípio da igualdade material admite, como reconhece a jurisprudência desta Corte, as ações afirmativas, utilizar para qualquer outro fim a diferença, estabelecida com o objetivo de superar a discriminação, ofende o mesmo princípio da igualdade, que veda tratamento discriminatório fundado em circunstâncias que estão fora do controle dos indivíduos, como a raça, o sexo, a cor da pele ou qualquer outra diferenciação arbitrariamente considerada.[13]

---

[10] BRASIL. *ADI nº 5357*. MC-Ref, Relator(a): Edson Fachin, Tribunal Pleno, julgado em 09.06.2016, Processo Eletrônico DJe-240, DIVULG. 10.11.2016, PUBLIC. 11.11.2016.
[11] BRASIL. *ADI nº 5357*. MC-Ref, Relator(a): Edson Fachin, Tribunal Pleno, julgado em 09.06.2016, Processo Eletrônico DJe-240, DIVULG. 10.11.2016, PUBLIC. 11.11.2016.
[12] BRASIL. *ADI nº 5617*. Relator(a): Edson Fachin, Tribunal Pleno, julgado em 15.03.2018, Processo Eletrônico DJe-211, DIVULG. 02.10.2018, PUBLIC. 03.10.2018.
[13] BRASIL. *ADI nº 5617*. Relator(a): Edson Fachin, Tribunal Pleno, julgado em 15.03.2018, Processo Eletrônico DJe-211, DIVULG. 02.10.2018, PUBLIC. 03.10.2018.

Outra importante observação esteve presente nos argumentos da Ação Direta de Inconstitucionalidade nº 5617: "O respeito à igualdade não é, contudo, obrigação cuja previsão somente se aplica à esfera pública. Incide, aqui, a ideia de eficácia horizontal dos direitos fundamentais, sendo importante reconhecer que é precisamente nessa artificiosa segmentação entre o público e o privado que reside a principal forma de discriminação das mulheres".[14]

Trata-se de precedente antológico para a igualdade material de gênero no Brasil, merecendo uma atenção toda especial, a qual, entretanto, extrapola os estreitos limites do presente trabalho.

3.3 Ação Direta de Inconstitucionalidade nº 4275

Como terceiro precedente, a Ação Direta de Inconstitucionalidade nº 4275 também constitui julgado constitucional relevantíssimo na concretização do princípio da igualdade material de gênero no Brasil. Tratava-se de discussão sobre o reconhecimento do âmbito de proteção do direito fundamental à igualdade como expressão da identidade de gênero.

O acórdão do Supremo Tribunal Federal, neste precedente constitucional, confirmou que

> (...) a igualdade entre homem e mulher, à luz do postulado maior da não discriminação, necessariamente dialoga, entre outros, com o disposto no Pacto Internacional sobre Direitos Civis e Políticos, que prescrevem, em seus artigos 2º, 1, e 26, a proibição de qualquer forma de discriminação e garantia a todas as pessoas proteção igual e eficaz contra qualquer discriminação por motivo de raça, cor e sexo, dentre outros.[15]

É muito clara e didática a compreensão da Suprema Corte brasileira na concretização do direito à igualdade nesse precedente constitucional:

> O papel do Estado e da democracia deve ser o de assegurar a máxima igualdade entre as pessoas e o exercício da liberdade de manifestação, de

---

[14] BRASIL. *ADI nº 5617*. Relator(a): Edson Fachin, Tribunal Pleno, julgado em 15.03.2018, Processo Eletrônico DJe-211, DIVULG. 02.10.2018, PUBLIC. 03.10.2018.

[15] BRASIL. *ADI nº 4275*. Relator(a): Marco Aurélio, Relator(a) p/ Acórdão: Edson Fachin, Tribunal Pleno, julgado em 01-03-2018, Processo Eletrônico DJe-045, DIVULG. 06.03.2019, PUBLIC. 07.03.2019.

forma a permitir um tratamento entre os indivíduos com igual respeito e consideração. Ocorre que esse dever de tutela do direito à igualdade pelo Estado constitucional, conquanto encontre seu lugar-comum de realização no plano formal do tratamento igualitário perante o direito, assim como no substantivo, tem no plano da alteridade e diferenças a exigência de sua força normativa. Ou seja, nas situações fáticas, valoradas pelo Direito, caracterizadas pela diferença entre os indivíduos, é que a igualdade incide como vetor interpretativo de resolução dos problemas jurídicos. Nesse cenário, o direito ao tratamento igualitário, em consideração e respeito entre os cidadãos, exige que a sexualidade e sua manifestação como expressão da personalidade da pessoa humana sejam asseguradas, ainda que esse reconhecimento implique diferenças nas formas de expressão dessa identidade de gênero, quando confrontadas com o padrão esperado pela sociedade.[16]

Vê-se, pois, a compreensão da Suprema Corte brasileira sintetizada na seguinte assertiva:

> O princípio da igualdade assegura a fruição de direitos aos grupos estigmatizados tanto ao lhes estender direitos universais; quanto ao garantir direitos especiais, em razão das suas necessidades particulares. A retificação do sexo no registro civil universaliza o direito à identificação civil, que então se adequa à verdade dos fatos. Por sua vez, a possibilidade de alteração do nome no registro civil é medida positiva diferenciada, cuja resultante será a inclusão.[17]

3.4 Mandado de Injunção nº 4733

O Mandado de Injunção nº 4733 é o quarto precedente escolhido o qual afirmou atentatório ao Estado Democrático de Direito qualquer tipo de discriminação, o que inclui aquela que se fundamenta na orientação sexual das pessoas ou na sua identidade de gênero. Constou da ementa do referido julgado: "A omissão legislativa em tipificar a discriminação por orientação sexual ou identidade de gênero ofende um sentido mínimo de justiça ao sinalizar que o sofrimento e a violência dirigida a pessoa gay, lésbica, bissexual, transgênera ou intersex é

---

[16] BRASIL. *ADI nº 4275*. Relator(a): Marco Aurélio, Relator(a) p/ Acórdão: Edson Fachin, Tribunal Pleno, julgado em 01-03-2018, Processo Eletrônico DJe-045, DIVULG. 06.03.2019, PUBLIC. 07.03.2019.

[17] BRASIL. *ADI nº 4275*. Relator(a): Marco Aurélio, Relator(a) p/ Acórdão: Edson Fachin, Tribunal Pleno, julgado em 01-03-2018, Processo Eletrônico DJe-045, DIVULG. 06.03.2019, PUBLIC. 07.03.2019.

tolerada, como se uma pessoa não fosse digna de viver em igualdade. A Constituição não autoriza tolerar o sofrimento que a discriminação impõe".[18]

Trata-se de julgado antológico, em que ficou consignado expressamente que

> Em que pesem as inovações legislativas, não foram tipificadas discriminações atentatórias dos direitos e liberdades fundamentais ligados ao sexo e à orientação sexual. Tal omissão é ainda mais normativamente relevante, especialmente em vista do direito à igualdade, caso se tenha em conta que são distintos os parâmetros de proteção da população idosa ou negra, por exemplo, relativamente à LGBT.[19]

Não se pode deixar de registrar com apoio no voto do MI nº 4733 que "A omissão legislativa estaria a indicar que o sofrimento e a violência dirigida a pessoa homossexual ou transgênera é tolerada, como se uma pessoa não fosse digna de viver em igualdade".[20]

Há um argumento importante registrado no acórdão:

> (...) a lacuna não decorre exclusivamente da falta de norma que tipifique o ato atentatório, mas também da própria ofensa à igualdade, uma vez que condutas igualmente reprováveis recebem tratamento jurídico distinto. Há, nessa dimensão, uma gritante ofensa a um sentido mínimo de justiça. A omissão legislativa estaria a indicar que o sofrimento e a violência dirigida a pessoa homossexual ou transgênera é tolerada, como se uma pessoa não fosse digna de viver em igualdade.[21]

Há muitos debates possíveis para uma leitura crítica do referido precedente, mas a sua leitura atenta, no recorte proposto no presente trabalho, é de que se trata de relevante precedente constitucional que

---

[18] BRASIL. *MI nº 4733*. Relator(a): Edson Fachin, Tribunal Pleno, julgado em 13.06.2019, Processo Eletrônico DJe-238, DIVULG. 28.09.2020, PUBLIC. 29.09.2020.

[19] BRASIL. *MI nº 4733*. Relator(a): Edson Fachin, Tribunal Pleno, julgado em 13.06.2019, Processo Eletrônico DJe-238, DIVULG. 28.09.2020, PUBLIC. 29.09.2020.

[20] BRASIL. *MI nº 4733*. Relator(a): Edson Fachin, Tribunal Pleno, julgado em 13.06.2019, Processo Eletrônico DJe-238, DIVULG. 28.09.2020, PUBLIC. 29.09.2020; BRASIL. *ADI nº 6327*. MC-Ref, Relator(a): Edson Fachin, Tribunal Pleno, julgado em 03.04.2020, Processo Eletrônico DJe-154, DIVULG. 18.06.2020, PUBLIC. 19.06.2020.

[21] BRASIL. *MI nº 4733*. Relator(a): Edson Fachin, Tribunal Pleno, julgado em 13.06.2019, Processo Eletrônico DJe-238, DIVULG. 28.09.2020, PUBLIC. 29.09.2020; BRASIL. *ADI nº 6327*. MC-Ref, Relator(a): Edson Fachin, Tribunal Pleno, julgado em 03.04.2020, Processo Eletrônico DJe-154, DIVULG. 18.06.2020, PUBLIC. 19.06.2020.

concretiza, de forma inequívoca o direito à igualdade, compondo a jurisprudência constitucional notória da Suprema Corte do Brasil.

3.5 Ação Direta de Inconstitucionalidade nº 6327

O quinto precedente constitucional analisado aqui é a Ação Direta de Inconstitucionalidade nº 6327, que cuidou da proteção à maternidade e à infância, para o fim de ampliação da convivência entre mães e bebês, em caso de internação hospitalar do bebê prematuro.

A posição que prevaleceu foi a de que o termo inicial aplicável à fruição da licença maternidade e do respectivo salário-maternidade deve ser o da alta hospitalar da mãe ou do recém-nascido, o que ocorrer por último, prorrogando-se ambos os benefícios por igual período ao da internação.[22] É um precedente relevante porque trata da igualdade material entre as crianças à convivência familiar com suas mães nos primeiros meses de vida.

Vale consignar que constou do respectivo acórdão o seguinte registro histórico: "No que tange à proteção da maternidade e à infância, esta Corte saiu de um estado de coisas em que teve que garantir que a previdência social arcasse com os custos do salário-maternidade sem limitação ao teto (ADI nº. 1946) até o momento atual em que reconheceu o direito à licença estendida de 180 dias para um genitor monoparental (RE nº. 1348854)".[23] É uma linha histórica crescente de proteção, que envolve muitos aspectos dessa complexa teia que é a maternidade, como experiência humana.

3.6 Recurso Extraordinário nº 639138

No Recurso Extraordinário nº 639138, sexto precedente constitucional de nossa lista, a igualdade entre homens e mulheres, preconizada no texto expresso da Constituição da República de 1988, no seu artigo 5º, I, foi especialmente considerada, conforme constou da ementa:

> (...) 1. A isonomia formal, assegurada pelo art. 5º, I, CRFB, exige tratamento equitativo entre homens e mulheres. Não impede, todavia, que

---

[22] BRASIL. *ADI nº 6327*. MC-Ref, Relator(a): Edson Fachin, Tribunal Pleno, julgado em 03.04.2020, Processo Eletrônico DJe-154, DIVULG. 18.06.2020, PUBLIC. 19.06.2020.

[23] BRASIL. *ADI nº 6327*. MC-Ref, Relator(a): Edson Fachin, Tribunal Pleno, julgado em 03.04.2020, Processo Eletrônico DJe-154, DIVULG. 18.06.2020, PUBLIC. 19.06.2020.

sejam enunciados requisitos de idade e tempo de contribuição mais benéficos às mulheres, diante da necessidade de medidas de incentivo e de compensação não aplicáveis aos homens. 2. Incidência da eficácia horizontal dos direitos fundamentais, com prevalência das regras de igualdade material aos contratos de previdência complementar travados com entidade fechada. 3. Revela-se inconstitucional, por violação ao princípio da isonomia (art. 5º, I, da Constituição da República), cláusula de contrato de previdência complementar que, ao prever regras distintas entre homens e mulheres para cálculo e concessão de complementação de aposentadoria, estabelece valor inferior do benefício para as mulheres, tendo em conta o seu menor tempo de contribuição. 5. Recurso extraordinário conhecido e desprovido.[24]

O argumento principal foi o de que, em face da eficácia horizontal dos direitos fundamentais,

revela-se inconstitucional, por violação ao princípio da isonomia (art. 5º, I, da Constituição da República), cláusula de contrato de previdência complementar que, ao prever regras distintas entre homens e mulheres para cálculo e concessão de complementação de aposentadoria, estabelece valor inferior do benefício para as mulheres, tendo em conta o seu menor tempo de contribuição.[25]

Neste precedente, ficou consignado que: "O princípio da igualdade previsto constitucionalmente é interpretado como igualdade substancial, material, que permite a adoção de solução que almeje compensar diferenças históricas e sociais presentes na sociedade brasileira, a exemplo da de gênero".[26]

Por fim, importante registrar que 5547 também está expressamente posto neste precedente: "O respeito à igualdade não é, contudo, obrigação cuja previsão somente se aplica à esfera pública. Incide, aqui, a ideia de eficácia horizontal dos direitos fundamentais, sendo importante reconhecer que é precisamente nessa artificiosa segmentação entre

---

[24] BRASIL. RE nº 639138. Relator(a): Gilmar Mendes, Relator(a) p/ Acórdão: Edson Fachin, Tribunal Pleno, julgado em 18.08.2020, Processo Eletrônico Repercussão Geral — Mérito DJe-250, DIVULG. 15.10.2020, PUBLIC. 16.10.2020.

[25] BRASIL. RE nº 639138. Relator(a): Gilmar Mendes, Relator(a) p/ Acórdão: Edson Fachin, Tribunal Pleno, julgado em 18.08.2020, Processo Eletrônico Repercussão Geral — Mérito DJe-250, DIVULG. 15.10.2020, PUBLIC. 16.10.2020.

[26] BRASIL. RE nº 639138. Relator(a): Gilmar Mendes, Relator(a) p/ Acórdão: Edson Fachin, Tribunal Pleno, julgado em 18.08.2020, Processo Eletrônico Repercussão Geral — Mérito DJe-250, DIVULG. 15.10.2020, PUBLIC. 16.10.2020.

o público e o privado que reside a principal forma de discriminação das mulheres".[27]

3.7 Ação Direta de Inconstitucionalidade nº 5547

O sétimo precedente constitucional é a Ação Direta de Inconstitucionalidade nº 5547, em que se consignou que há um amálgama que busca adequar a proteção ambiental à justiça social, sendo necessário compreender o valor e fundamento da ordem econômica (CRFB, art. 170, *caput*) e da ordem social (CRFB, art. 193), ao lado da defesa do meio ambiente e do valor social do trabalho.

Está consignado no precedente que os objetivos republicanos de "construir uma sociedade livre, justa e solidária" e "erradicar a pobreza e a marginalização e reduzir as desigualdades sociais e regionais" (Art. 3º, I e III) devem ser compreendidos conjuntamente.

Está posto na referida decisão:

> O assentamento não (pode ser compreendido) como empreendimento em si potencialmente poluidor. Reserva-se às atividades a serem desenvolvidas pelos assentados a consideração acerca do potencial risco ambiental. Caberá aos órgãos de fiscalização e ao Ministério Público concretamente fiscalizar eventual vulneração do meio ambiente, que não estará na norma abstrata, mas na sua aplicação, cabendo o recurso a outras vias de impugnação. Precedentes. 4. É assim que a resolução questionada não denota retrocesso inconstitucional, nem vulnera os princípios da prevenção e da precaução ou o princípio da proteção deficiente.[28]

3.8 Recurso Extraordinário nº 611874

O Recurso Extraordinário nº 611874 cuidou do dever do Estado de proteger a diversidade, em sua mais ampla dimensão, especialmente a liberdade religiosa e o direito de culto. Assim ficou registrado na ementa do referido precedente constitucional, o oitavo da lista aqui proposta: "A tessitura constitucional deve se afastar da ideia de que

---

[27] BRASIL. *RE nº 639138*. Relator(a): Gilmar Mendes, Relator(a) p/ Acórdão: Edson Fachin, Tribunal Pleno, julgado em 18.08.2020, Processo Eletrônico Repercussão Geral — Mérito DJe-250, DIVULG. 15.10.2020, PUBLIC. 16.10.2020.
[28] BRASIL. *ADI nº 5547*. Relator(a): Edson Fachin, Tribunal Pleno, julgado em 22.09.2020, Processo Eletrônico DJe-243, DIVULG. 05.10.2020, PUBLIC. 06.10.2020.

a laicidade estatal, compreendida como sua não-confessionalidade, implica abstenção diante de questões religiosas. Afinal, constranger a pessoa de modo a levá-la à renúncia de sua fé representa desrespeito à diversidade de ideias e à própria diversidade espiritual".[29] Ao cuidar do debate acerca da adequação de atividades administrativas a horários alternativos em respeito a convicções religiosas, a discussão levada a efeito cingiu-se ao dever do Estado de implementar prestações positivas que assegurassem a plena vivência da liberdade religiosa, que não são apenas compatíveis, como também recomendadas pela Constituição da República, a teor do inciso VII do art. 5º, CRFB.

Importante haurir do referido precedente que

> A fixação, por motivos de crença religiosa do candidato em concurso público, de data e/ou horário alternativos para realização de etapas do certame deve ser permitida, dentro de limites de adaptação razoável, após manifestação prévia e fundamentada de objeção de consciência por motivos religiosos. Trata-se de prática a ser adotada pelo Estado, na medida em que representa concretização do exercício da liberdade religiosa sem prejuízo de outros direitos fundamentais.[30]

3.9 Arguição de Descumprimento de Preceito Fundamental nº 188

A Arguição de Descumprimento de Preceito Fundamental nº 188, nono precedente escolhido no presente trabalho, enfrentou a questão da "(...) alteração promovida pela Emenda Constitucional 53/2006 (que) resultou na incompatibilidade da regra que prevê a distribuição das cotas do salário-educação proporcionalmente ao Estado onde arrecadadas". Entendeu-se, por ocasião do referido julgamento, que a

> Interpretação gramatical ou literal da norma constitucional (...) prestigia a observância do objetivo republicano de redução das desigualdades regionais e confere eficácia ao preceito constitucional de dever do Estado proporcionar educação pública gratuita e de forma igualitária a

---

[29] BRASIL. RE nº 611874. Relator(a): Dias Toffoli, Relator(a) p/ Acórdão: Edson Fachin, Tribunal Pleno, julgado em 26.11.2020, Processo Eletrônico Repercussão Geral — Mérito DJe-068, DIVULG. 09.04.2021, PUBLIC. 12.04.2021.

[30] BRASIL. RE nº 611874. Relator(a): Dias Toffoli, Relator(a) p/ Acórdão: Edson Fachin, Tribunal Pleno, julgado em 26.11.2020, Processo Eletrônico Repercussão Geral — Mérito DJe-068, DIVULG. 09.04.2021, PUBLIC. 12.04.2021.

todos os cidadãos brasileiros, independentemente do Estado ou Município em que resida.³¹

Trata-se de precedente que confirma: "A repartição igualitária da arrecadação da contribuição social em debate é uma forma de concretização do princípio federativo, com ênfase na cooperação fiscal entre os diversos centros de governo para a progressiva realização da igualdade das condições sociais de vida em todo o território nacional".³²

A igualdade prevaleceu, sob o aspecto complexo e multifacetado do princípio federativo, cuidando de critérios de repartição de vagas em escolas públicas, ou seja, associada ao importantíssimo direito fundamental à educação.

3.10 Arguição de Descumprimento de Preceito Fundamental nº 462

Por fim, a análise da Arguição de Descumprimento de Preceito Fundamental nº 462, décimo precedente registrado e escolhido para compor o presente trabalho, cuida da inconstitucionalidade de normas que proíbem o uso das expressões ideologia de gênero, identidade de gênero e orientação de gênero em planos de educação fundamental.

O princípio da igualdade foi invocado, no referido precedente constitucional, para confirmar que "O direito à igualdade não se esgota com a previsão normativa de acesso igualitário a bens jurídicos, mas engloba também medidas que efetivamente possibilitem tal acesso e sua efetivação concreta. 4. O conteúdo do direito à educação necessariamente abarca a obrigação estatal de capacitar todas as pessoas a participar efetivamente de uma sociedade livre, justa e igualitária".³³

Não é demais lembrar que, em face do princípio da igualdade, a identidade de gênero apresenta-se como manifestação da própria personalidade da pessoa humana e, como tal, cabe ao Estado o papel de reconhecê-la, protegê-la e garanti-la. O Estado tem o dever de capacitar e orientar todos os seus cidadãos e cidadãs para participarem

---

[31] BRASIL. *ADPF nº 188*. Relator(a): Edson Fachin, Tribunal Pleno, julgado em 15.06.2022, Processo Eletrônico DJe-189, DIVULG. 21.09.2022, PUBLIC. 22.09.2022.
[32] BRASIL. *ADPF nº 188*. Relator(a): Edson Fachin, Tribunal Pleno, julgado em 15.06.2022, Processo Eletrônico DJe-189, DIVULG. 21.09.2022, PUBLIC. 22.09.2022.
[33] BRASIL. *ADPF nº 462*. Relator(a): Edson Fachin, Tribunal Pleno, julgado em 01.07.2024, Processo Eletrônico DJe-s/n, DIVULG. 21.08.2024, PUBLIC. 22.08.2024.

ativamente de uma sociedade livre e justa, o que não se faz sem a igualdade de gênero.[34]

Considerações Finais

O direito humano e fundamental à igualdade constitui-se um direito à igualdade substancial, que só se pode reconhecer e garantir quando se assume a premissa do igual respeito e consideração entre homens e mulheres, de todas as origens, raças, classes sociais e formação intelectual.

O sentido de igualdade substancial também deve ter como norte a concretização desse direito humano e fundamental na jurisprudência do Supremo Tribunal Federal. Os precedentes escolhidos e registrados no presente texto, todos de relatoria ou redatoria do Ministro Edson Fachin, denotam o compromisso institucional da Corte Suprema brasileira, na condução precisa do Ministro Edson Fachin, com os compromissos constitucionais assumidos em 1988.

A construção de sentidos constitucionais desemboca na conformação do âmbito de proteção dos direitos fundamentais, sendo, por definição, a parcela da realidade, objetiva e subjetiva, tocada por aquele determinado comando normativo.

A concretização proporciona realização para as normas de direitos fundamentais, não podendo descurar do fato de que é função do Poder Judiciário, em geral, e do Supremo Tribunal Federal, em particular, fazer a ponte entre a norma e a realidade, num processo dinâmico que vai do direito objetivo para o direito subjetivo e vice-versa, tendo como consequência a transubjetivação.

Assim sendo, é exigência do Estado Constitucional e Democrático de Direito que, enquanto houver normas constitucionais a compelir atuação positiva do legislador infraconstitucional para que possam concretizarem-se no seio social, também há mecanismos judiciais, próprios da jurisdição constitucional, à disposição do cidadão e da cidadã, para dar eficácia a essas normas constitucionais, sendo, portanto, dever constitucional de todos os órgãos e instituições, que compõem as diversas funções de poder, exercerem suas competências constitucionais para concretizar tais direitos humanos e fundamentais.

---

[34] BRASIL. *ADPF nº 462*. Relator(a): Edson Fachin, Tribunal Pleno, julgado em 01.07.2024, Processo Eletrônico DJe-s/n, DIVULG. 21.08.2024, PUBLIC. 22.08.2024.

Os precedentes aqui escolhidos, registrados e comentados indicam para um caminho de concretização constitucional comprometida com a igualdade substancial entre nós. Não é um caminho sem percalços, mas é a única trilha segura em direção ao projeto constituinte de 1988.

Fiel a esse projeto, o Ministro Edson Fachin segue, com integridade e ousadia, o caminho da constituinte, cujos brasileiros e brasileiras, nos legaram uma Constituição comprometida com uma sociedade mais justa, mais livre e mais solidária. É nessa senda que o princípio da igualdade, humana e fundamental, nos impulsiona.

Referências

BARACHO, José Alfredo de Oliveira. *Teoria Geral da Cidadania (A plenitude da cidadania e as garantias constitucionais)*. São Paulo: Saraiva, 1995.

BRASIL. *ADI nº 4275*. Relator(a): Marco Aurélio, Relator(a) p/ Acórdão: Edson Fachin, Tribunal Pleno, julgado em 01-03-2018, Processo Eletrônico DJe-045, DIVULG. 06.03.2019, PUBLIC. 07.03.2019.

BRASIL. *ADI nº 5357*. MC-Ref, Relator(a): Edson Fachin, Tribunal Pleno, julgado em 09.06.2016, Processo Eletrônico DJe-240, DIVULG. 10.11.2016, PUBLIC. 11.11.2016.

BRASIL. *ADI nº 5547*. Relator(a): Edson Fachin, Tribunal Pleno, julgado em 22.09.2020, Processo Eletrônico DJe-243, DIVULG. 05.10.2020, PUBLIC. 06.10.2020.

BRASIL. *ADI nº 5617*. Relator(a): Edson Fachin, Tribunal Pleno, julgado em 15.03.2018, Processo Eletrônico DJe-211, DIVULG. 02.10.2018, PUBLIC. 03.10.2018.

BRASIL. *ADI nº 6327*. MC-Ref, Relator(a): Edson Fachin, Tribunal Pleno, julgado em 03.04.2020, Processo Eletrônico DJe-154, DIVULG. 18.06.2020, PUBLIC. 19.06.2020.

BRASIL. *ADPF nº 188*. Relator(a): Edson Fachin, Tribunal Pleno, julgado em 15.06.2022, Processo Eletrônico DJe-189, DIVULG. 21.09.2022, PUBLIC. 22.09.2022.

BRASIL. *ADPF nº 462*. Relator(a): Edson Fachin, Tribunal Pleno, julgado em 01.07.2024, Processo Eletrônico DJe-s/n, DIVULG. 21.08.2024, PUBLIC. 22.08.2024.

BRASIL. *MI nº 4733*. Relator(a): Edson Fachin, Tribunal Pleno, julgado em 13.06.2019, Processo Eletrônico DJe-238, DIVULG. 28.09.2020, PUBLIC. 29.09.2020.

BRASIL. *RE nº 611874*. Relator(a): Dias Toffoli, Relator(a) p/ Acórdão: Edson Fachin, Tribunal Pleno, julgado em 26.11.2020, Processo Eletrônico Repercussão Geral — Mérito DJe-068, DIVULG. 09.04.2021, PUBLIC. 12.04.2021.

BRASIL. *RE nº 639138*. Relator(a): Gilmar Mendes, Relator(a) p/ Acórdão: Edson Fachin, Tribunal Pleno, julgado em 18.08.2020, Processo Eletrônico Repercussão Geral — Mérito DJe-250, DIVULG. 15.10.2020, PUBLIC. 16.10.2020.

BRITTO, Carlos Ayres. *O humanismo como categoria constitucional*. Belo Horizonte: Fórum, 2010.

RODRIGUEZ, José Rodrigo. *Como decidem as Cortes?* Para uma crítica do Direito (Brasileiro). Rio de Janeiro: Editora FGV, 2013. p. 17.

SILVA, Christine O. Peter da. Diálogos constitucionais interpelam decisão sobre criminalização da homofobia. *CONJUR*, 29 jun. 2019. Disponível em: https://www.conjur.com.br/2019-jun-29/observatorio-constitucional-dialogos-constitucionais-interpelam-criminalizacao-homofobia. Acesso em: 25 jun. 2021.

SILVA, Christine O. Peter da. *Transjusfundamentalidade*: diálogos transnacionais sobre direitos fundamentais. Curitiba: CRV, 2014.

Informação bibliográfica deste livro, conforme a NBR 6023:2018 da Associação Brasileira de Normas Técnicas (ABNT):

SILVA, Christine Oliveira Peter da. Supremo Tribunal dos Direitos Humanos e Fundamentais: igualdade em pauta. In: SILVA, Christine Oliveira Peter da; GIAMBERARDINO, André Ribeiro; ARRUDA, Desdêmona Tenório B. T.; MACEDO, José Arthur Castillo de; MACHADO FILHO, Roberto Dalledone (coord.). *Ministro Luiz Edson Fachin*: dez anos de Supremo Tribunal Federal. Belo Horizonte: Fórum, 2025. p. 57-78. ISBN 978-65-5518-746-5.

QUANDO A SAÚDE ENCONTRA O MERCADO NA JURISPRUDÊNCIA DO STF: REFLEXÕES SOBRE A ADI Nº 7.088/DF (AMPLITUDE DA COBERTURA DE PLANOS DE SAÚDE)

JANE REIS GONÇALVES PEREIRA

CLARA MOTA PIMENTA ALVES

Introdução

A atuação do Supremo Tribunal Federal (STF) nas décadas que se seguiram à aprovação da Constituição de 1988 foi marcada por uma jurisprudência criativa no campo dos direitos sociais, especialmente na área do direito à saúde. A partir da década de 1990, a corte passou a julgar casos referentes à dispensação de medicamentos pelo Sistema Único de Saúde (SUS), chancelando posições de juízos de outras instâncias acerca da interpretação da Constituição Federal de 1988.[1] Se essa postura levou à massificação de litígios, custos econômicos e à alegação de que grassa seletividade na alocação dos beneficiários da política pública,[2] também é certo que, a partir dessa atuação, surgiram

---

[1] Sobre as possibilidades de atuação do judiciário na promoção de direitos fundamentais e sua influência em políticas públicas, v. Pereira (2016) e Alves (2023).

[2] Ver, respectivamente, os seguintes julgados: STA nº 175 AgR (Brasil, 2010) e ADI nº 3.330 (Brasil, 2013). Em sentido crítico à judicialização da saúde, ver trabalhos de Virgílio

entrelaçamentos institucionais importantes entre o Poder Judiciário e a administração da saúde[3] e o rol de medicamentos incorporados ampliou-se de forma positiva e consistente.[4]

Analisando esse percurso histórico, argumentamos em artigo recente que, embora o STF, à época, tenha adotado uma postura deferente nos casos relacionados à governança econômica — evitando interferências em programas de privatização e estabilização monetária —, não deixou de adotar interpretações que maximizaram a incidência dos direitos sociais. No entanto, essa atuação ocorreu em um contexto em que ainda não estavam plenamente consolidadas as capacidades estatais necessárias para a adequada implementação de suas próprias decisões.[5] Afirmamos, quanto a esse ponto, que:

> [o] Supremo tratou de questões que exorbitaram os conflitos sobre governança econômica. A Corte enfrentou uma série de litígios envolvendo direitos fundamentais, expandindo o alcance de algumas políticas públicas, ainda que numa dimensão atomística e não coordenada. Essa é a história do avanço da adjudicação dos direitos à saúde e à educação, para citar dois exemplos. A atuação do Supremo, em geral confirmatória de entendimentos adotados nas demais instâncias, logrou impulsionar o diálogo entre os Poderes Executivo e Judiciário, induzindo mudanças institucionais. Essa postura, ao mesmo tempo alinhada às políticas governamentais macroeconômicas e afirmativa de direitos fundamentais, moldou a tênue e paradoxal linha de um certo *governismo social*, de uma prática judicial contraditória, que Andrei Koerner (2018, p. 10) alcunhou como "liberal-conservadora".

Entendemos que esse estado de coisas tem sofrido alterações, dada a assunção pelo Tribunal de posições substantivas na interpretação do núcleo econômico da Constituição, notadamente no que se refere às relações afetas ao mundo do trabalho.[6] Identificamos, nesse particular,

---

Afonso da Silva e Fernanda Terrazas (2008); Octávio Luiz Motta Ferraz (2021) e Daniel Wang (2009).

[3] A expressão "entrelaçamentos institucionais" foi cunhada por Vanessa Elias de Oliveira (2019), significando novas articulações e formas interinstitucionais que podem emergir da judicialização de políticas públicas.

[4] Nesse sentido da efetiva ocorrência de mudanças institucionais através da judicialização de direitos socioeconômicos, ver Prado (2013), Sant'ana (2017) e Oliveira e Noronha (2011).

[5] PEREIRA, Jane Reis Gonçalves; ALVES, Clara Mota Pimenta. Desconstrução Judicial de Direitos Sociais: uma análise sobre a argumentação do STF no caso da terceirização das relações de trabalho. *Revista Estudos Institucionais*, v. 10, n. 4, p. 1213-1255, set./dez. 2024.

[6] Cf. BRASIL. Supremo Tribunal Federal. *ADPF nº 324/DF*. Rel. Min. Luís Roberto Barroso. Julg. 30.08.2018. DJe 06.09.2019; BRASIL. Supremo Tribunal Federal. BRASIL. Supremo

a adoção de "um novo tipo de argumentação jurídico-econômica por parte do STF, num padrão agora mais ostensivamente liberalizante, o que pode repercutir no âmbito da interpretação de outros direitos, consolidando uma tendência ampla de desconstrução do constitucionalismo social".[7]

Essa é uma agenda de investigação ampla. A forma como concepções privatizantes têm atravessado a interpretação dos direitos sociais transcende o compromisso constituinte entre capital e trabalho, irradiando-se de modo a atingir a própria ideia de "constituição econômica".[8] Se o art. 170 da Constituição de 1988 prevê que, no Brasil, a livre iniciativa deve conviver com a defesa do consumidor, do meio ambiente e com a livre concorrência, ou seja, com o controle efetivo da concentração e do abuso de poder econômico, a nossa hipótese de que está em curso um movimento de desconstrução judicial do constitucionalismo social encerra perguntas que se expandem para outros direitos e articulações público-privadas.

Esse movimento não nos parece ter características lineares e monolíticas, demandando uma abordagem analítica da porosidade dos julgamentos à retórica de mercado. O escrutínio da jurisprudência do STF, em seus fluxos e refluxos, fornece o retrato de uma tendência fragmentada, de uma postura jurisprudencial *bricouler*,[9] que, pedaço a pedaço, é capaz de transformar elementos antigos em coisas novas, assim lhes fornecendo outro sentido.

No contexto da celebração dos dez anos de posse do Ministro Edson Fachin no STF, apresentamos, neste texto, algumas ideias sobre

---

Tribunal Federal. *ADI nº 5.625/DF*. Rel. Min. Edson Fachin. Rel. p/ Acórdão Min. Nunes Marques. Julg. 28.10.2021. DJe 29.03.2022; BRASIL. Supremo Tribunal Federal. *RE nº 958.252/MG*. Tema nº 725 de Repercussão Geral. Rel. Min. Luiz Fux. Julg. 30.08. 2018. DJe 13.09.2019; e BRASIL. Supremo Tribunal Federal. *RCL nº 64.273/SP*. Rel. Min. Alexandre de Moraes. Primeira Turma. Julg. 18.03.2024. DJe 13.05.2024.

[7] PEREIRA, Jane Reis Gonçalves; ALVES, Clara Mota Pimenta. Desconstrução Judicial de Direitos Sociais: uma análise sobre a argumentação do STF no caso da terceirização das relações de trabalho. *Revista Estudos Institucionais*, v. 10, n. 4, p. p. 1.219, set./dez. 2024.

[8] Adotamos a noção de "constituição econômica", de Peter C. Caldwell (2022), para quem a expressão integra dois elementos-chave: a constituição moderna e a economia de mercado. A combinação de palavras evidencia as tensões entre democracia e capitalismo, pois ao mesmo tempo em que as constituições democráticas buscam regular a vida econômica, o sistema econômico influencia as estruturas políticas e constitucionais.

[9] Utilizamos o termo *bricouler* ou *bricolagem*, aproximando-o da sua forma empregada pela antropologia, na qual, conforme explicação de Renan Nery Porto (2018), considera-se que o os problemas são resolvidos a partir da combinação do conjunto de elementos limitados que conseguiu de criações e destruições anteriores.

como o direito à saúde encontra o "mercado" na jurisprudência da Corte,[10] enfatizando a postura do Ministro na questão.

Centramos a nossa argumentação na análise do julgamento da Ação Direta de Inconstitucionalidade nº 7.088/DF, cuja relatoria coube ao Ministro Luís Roberto Barroso, que versa sobre a amplitude da cobertura obrigatória de planos de saúde no Brasil. Ajuizada pela Associação de proteção de consumidores de plano de saúde, a ação pretende, em síntese, desconstituir resolução da Agência Nacional de Saúde que tornou taxativo o rol de procedimentos incluídos na cobertura oferecida por planos de saúde (Resolução Normativa ANS nº 465/2021). Segundo relatado, parte das impugnações deduzidas volta-se contra os atos normativos que disciplinaram a natureza do rol de procedimentos e eventos em saúde, ao passo que outras tratam do procedimento de atualização desse rol.

Embora o resultado do julgamento tenha sido impactado pela superveniência da edição da Lei nº 14.454, de 21 de setembro de 2022, que autorizou a obtenção de tratamentos mesmo que não previstos no rol da ANS, o fato é que o Tribunal iniciou o debate sobre o alcance que pretende dar à proteção consumerista quando em confronto com o modelo de negócios da saúde suplementar. Além disso, o Supremo silenciou sobre a posição do Superior Tribunal de Justiça no trato da questão,[11] aquiescendo com seus impactos nas demais instâncias do Poder Judiciário. Há evidências de que o assunto segue judicializado e com gargalos regulatórios,[12] sendo certo que o tema da cobertura de planos de saúde guarda estreita relação com os direitos de pessoas portadoras de deficiências e de doenças raras e sobre a sua participação ativa no processo regulatório.

---

[10] Sobre o conceito de mercado e sua relação com o direito, ver Natalino Irti (2007) e Alexandre Santos de Aragão (2017).

[11] No ano de 2022, quando do julgamento do EREsp nº 1886929, Rel. Min. Og Fernandes, a Segunda Seção do STJ, por maioria de votos, fixou teses no sentido de que "1. O rol de procedimentos e eventos em saúde suplementar é, em regra, taxativo; 2. A operadora de plano ou seguro de saúde não é obrigada a arcar com tratamento não constante do rol da ANS se existe, para a cura do paciente, outro procedimento eficaz, efetivo e seguro já incorporado ao rol; 3. É possível a contratação de cobertura ampliada ou a negociação de aditivo contratual para a cobertura de procedimento extra rol".

[12] Conforme apuração de Danielly Fernandes para o Portal Jota (2023), são muitas as dificuldades enfrentadas para a implementação efetiva da Lei do Rol da ANS, que estabelece uma lista mínima de procedimentos e tratamentos obrigatórios para os planos de saúde. Entraves regulatórios e operacionais dificultam a aplicação da norma, que ainda encontra resistência tanto de operadoras de planos quanto de usuários, além de desafios jurídicos. A falta de uniformidade e a necessidade de maior regulamentação são apontadas como fatores que comprometem a eficácia da norma, gerando incertezas quanto à cobertura de tratamentos essenciais para os beneficiários.

Sem pretensão de lançar respostas definitivas, dividimos este artigo em uma seção que serve à conceituação da saúde suplementar à luz da literatura que discute a economia política da saúde. Após, tecemos considerações sobre os votos proferidos no julgamento da ADI nº 7.088/DF.

1 Comodificação da saúde suplementar: um debate à luz da economia política da saúde

A Constituição de 1988 optou por um modelo segundo o qual os serviços de saúde e educação são livres à iniciativa privada, enquadrando-se, para Fernando Herren Aguillar,[13] como "funções do Estado". Caracterizam-se como atividades que podem ser desempenhadas sem a necessária precedência de concessão ou permissão por parte do poder público. Assim, para Eros Roberto Grau, saúde e educação configuram serviços públicos, porém de caráter "não-privativo".[14]

O serviço de saúde pode ser explorado segundo as regras de mercado, sendo a saúde suplementar compreendida como a atividade de planos, seguros e serviços de saúde privados, que se desenvolve sob a regulação da Agência Nacional de Saúde Suplementar (ANS). Consoante definição de Celia Almeida, a assistência médica suplementar é "a opção de pagar um seguro privado para ter acesso à assistência médica, a despeito da manutenção da contribuição compulsória para a seguridade social".[15] Identificando ambiguidades nos termos "plano de saúde" e "seguro saúde", a autora entende que "de maneira geral, todas as modalidades, em maior ou menor medida, prestam assistência por meio de serviços tanto próprios quanto credenciados, assim como reembolsam a despesa efetuada pelo usuário com prestador de sua livre escolha segundo valores estabelecidos em tabela ou um teto anual por usuário".[16]

---

[13] AGUILLAR, Fernando Herren. *Direito econômico*: do direito nacional ao direito supranacional. São Paulo: Atlas, 2019.

[14] GRAU, Eros Roberto. Constituição e Serviço Público. In: GRAU, Eros Roberto. *Direito Constitucional: estudos em homenagem a Paulo Bonavides*. São Paulo: Malheiros, 2003.

[15] ALMEIDA, Celia Maria de. *Mercado Privado de Serviços de Saúde no Brasil*: Panorama Atual e Tendências da Assistência Médica Suplementar. Brasília, nov. 1998. Disponível em: https://portalantigo.ipea.gov.br/portal/index.php?option=com_content&view=article&id=389. Acesso em: 15 jan. 2025.

[16] ALMEIDA, Celia Maria de. *Mercado Privado de Serviços de Saúde no Brasil*: Panorama Atual e Tendências da Assistência Médica Suplementar. Brasília, nov. 1998. p. 5. Disponível

No plano legislativo, a saúde suplementar tem previsão na Lei nº 9.656, de 1998, que dispõe sobre planos privados de assistência à saúde, bem como na Lei nº 9.961, de 2000, que criou a ANS (Agência Nacional de Saúde Suplementar). À agência cabe "promover a defesa do interesse público na assistência suplementar à saúde, regulando as operadoras setoriais, inclusive quanto às suas relações com prestadores e consumidores, contribuindo para o desenvolvimento das ações de saúde no país".

Os dados apontam que, ao longo do tempo, houve franca expansão da saúde suplementar no Brasil. Conforma estatísticas fornecidas pela ANS, registramos 51 milhões de beneficiários em planos de assistência médica, os quais se dividem em 8,8 milhões em usuários de planos individuais; 36,3 milhões em planos coletivos empresariais; e 5,9 milhões em planos coletivos por adesão. As pesquisas revelam ainda um elevado índice de reclamações e ações judiciais,[17] a indicar desafios regulatórios, e a elevada concentração de poder nas empresas do segmento.[18] Sobre os gargalos da regulação de planos de saúde, Daniel Wang *et al.* resumem que esses desafios são relativos à "proteção aos consumidores e a prestação adequada, contínua e tempestiva de serviços em um setor caracterizado pela essencialidade do produto (o cuidado à saúde), complexidade (são operações de compartilhamento de risco e proteção financeira) e falhas de mercado, como a assimetria de informações entre operadoras e consumidores e a tendência de concentração do mercado em poucas empresas".[19]

---

em: https://portalantigo.ipea.gov.br/portal/index.php?option=com_content&view=article&id=389. Acesso em: 15 jan. 2025.

[17] O Panorama Saúde Suplementar da ANS (2024) apurou que, "nos cinco primeiros meses de 2024, observa-se que o volume de reclamações contra operadoras de planos de saúde e administradoras de benefícios cadastradas na Agência (161.022 reclamações) ultrapassou o total de reclamações registradas no mesmo período, em anos anteriores, aproximando-se do montante total de reclamações cadastradas durante o ano de 2021 (188.334 reclamações)". Quanto à judicialização da saúde suplementar, ver: Wang *et al.* (2022).

[18] O economista Eduardo Magalhães (2023, p. 188), em recente pesquisa, aponta que o mercado de saúde suplementar é altamente concentrado: "Averiguamos que 20% (1.247) das empresas (nós) controlam 80% (5.820) do controle acionário78. Condensando-se ainda mais, apenas 1% (62) das corporações retém quase ¼ de toda a rede acionária: 21,7% ou 1.575 vínculos acionários dos 7.257 existentes. O encolhimento se intensifica quando apuramos que no seleto grupo, apenas três subsetores (pela ordem de importância relacional, energia elétrica, finanças e saúde) compõem quase metade (48%) do 1% acima mencionado".

[19] WANG, Daniel Wei Liang; FAJRELDINES, Ezequiel; VASCONCELOS, Natália Pires de; OLIVEIRA, Bruno da Cunha de; MALIK, Ana Maria; SOUZA, Fernanda Mascarenhas

É nesse cenário que Ana Luiza Viana, Hudson Pacífico da Silva e Paulo Eduardo Elias apontam haver uma tensão entre a mercantilização da saúde e a necessária desmercantilização do seu acesso.[20] Se, de um lado, a Constituição toma o acesso à saúde como um direito universalizável, o *mainstream* econômico toma a saúde como mercadoria, isto é, como um bem disponível e limitado. É, pois, latente o conflito entre a exploração da saúde como uma atividade econômica e a sua caracterização como um direito fundamental.

Esse debate encerra importantes questões distributivas,[21] sendo tratado, pelo campo econômico, como um tema afeto à economia política da saúde.[22] Na seara jurídica, ele se relaciona com a própria interpretação acerca do alcance a ser dado aos direitos sociais. Em qualquer desses âmbitos de investigação, ganha relevo a crítica ao neoliberalismo contemporâneo, que promove a mercantilização de todas as relações sociais (Tejani, 2024, p. 640),[23] gerando, para Wendy Brown, (2015) uma cidadania não mais baseada na democracia, mas sim no mercado (*market-based citizenship*).[24]

---

de; SOUZA, Jacqueline Leite de; ARANTES, Luísa; MIZIARA, Nathalia Molleis. *A judicialização da saúde suplementar*: uma análise empírica da jurisprudência de 1ª e 2ª instâncias do Tribunal de Justiça de São Paulo. Relatório. 2022. Disponível em: Relatorio-A_judicializacao_da_saude_suplementar-08.02.2023.pdf. Acesso em: 18 mar. 2025.

[20] VIANA, Ana Luíza d'Ávila; SILVA, Hudson Pacífico da; ELIAS, Paulo Eduardo Mangeon. Economia política da saúde: introduzindo o debate. *Divulgação em saúde para debate*, v. 37, p. 7-20, 2007.

[21] Marta Arretche (2018) trata da relação que se estabelece entre os direitos à saúde e educação e a redução da desigualdade: "se estamos interessados nos fatores políticos que afetam a desigualdade econômica, convém ter em consideração que as preferências redistributivas dos indivíduos não se restringem à dimensão renda. Diferentemente, envolvem questões específicas, tais como proteção no emprego, aposentadorias, acesso a saúde e educação, cujos significados dependem essencialmente do lugar que os indivíduos ocupam nos regimes de política social e não apenas na escala contínua da distribuição da renda". (ARRETCHE, Marta. Democracia e redução da desigualdade econômica no Brasil: a inclusão dos outsiders. *Revista Brasileira de Ciências Sociais*, São Paulo, v. 33, n. 96, p. 1-23, 2018. Disponível em: https://doi.org/10.17666/339613/2018. Acesso em: 28 abr. 2025).

[22] Michael Harvey (2021) detalha a origem dos estudos sobre sobre economia política: "The term "political economy" has been variously defined since it was first used in the 17th century and then subsequently by classical economists and political theorists such as Adam Smith, David Ricardo, and Thomas Malthus. It refers to "the combined and interacting effects of economic and political structures or processes, and by extension, to the scholarly study of this domain. It is premised on the idea that "politics and the economy cannot be separated. Politics both creates and shapes the economy".

[23] TEJANI, Riaz. Calabresi's invite: bridging Law & Society and Law & Economics through "situated valuation". *Law & Society Review*, v. 58, n. 4, 2024. Disponível em: https://ssrn.com/abstract=5092317. Acesso em: 28 abr. 2025.

[24] BROWN, Wendy. *Nas ruínas do neoliberalismo*: a ascensão da política antidemocrática no Ocidente. Tradução de Mario A. Marino e Eduardo Altheman C. Santos. São Paulo: Editora Filosófica Politeia, 2019.

Pensando alternativas a essa visão, Viana *et al.* expõem que a "economia política da saúde" se dedica ao estudo "dos avanços das formas mercantis e capitalistas em todos os espaços da vida social e como podem ser reguladas as contradições implícitas entre essas formas mercantis e a liberdade e igualdade entre os homens".[25] Ainda sobre a economia política da saúde, Michael Harvey detalha que esse campo de estudo se iniciou a partir da década de 1970, com raízes na tradição marxista, guardando estreita relação com as pesquisas sobre desigualdade. Segundo o autor, a "economia política da saúde refere-se à aplicação da economia política e dos sistemas político-econômicos ao campo da saúde, com o objetivo de explorar a relação entre essas áreas e as mudanças nas distribuições epidemiológicas ao longo do tempo. As conexões entre economia política e saúde estão bem caracterizadas na literatura histórica de saúde pública, remontando a séculos. O interesse pela economia política também é evidente no campo da saúde pública, onde há uma crescente preocupação com as consequências para a saúde de uma economia cada vez mais marcada por empregos precários e de baixo salário, desigualdade em expansão e um processo político indevidamente influenciado por corporações e pela elite econômica".[26]

Essa noção exprime a indissociabilidade entre economia e política, conformando um referencial crítico que nos parece interessante para analisar a introjeção do discurso neoliberal nas decisões judiciais sobre o rol taxativo dos planos de saúde e sobre a saúde suplementar em geral. Em movimento antagônico ao adotado pelo STF, a literatura tem apontado a estreita relação entre acesso à saúde e desigualdade[27] (Arretche, 2018; Büyüm *et al.*, 2020). Daí que Ali Murad Büyüm e colaboradores exortam por uma mudança de paradigma em que se reconheça que o colonialismo e outros sistemas de exploração e discriminação impactam a saúde, deixando de fora da plenitude do acesso a população marginalizada.[28]

---

[25] VIANA, Ana Luíza d'Ávila; SILVA, Hudson Pacífico da; ELIAS, Paulo Eduardo Mangeon. Economia política da saúde: introduzindo o debate. *Divulgação em saúde para debate*, v. 37, p. 7-20, 2007.

[26] HARVEY, Michael. The Political Economy of Health: Revisiting Its Marxian Origins to Address 21st-Century Health Inequalities. *American Journal of Public Health*, v. 111, n. 2, p. 293-300, fev. 2021.

[27] BÜYÜM, Ali Murad; KENNEY, Cordelia; KORIS, Andrea; MKUMBA, Laura; RAVEENDRAN, Yadurshini. Decolonising global health: if not now, when? *BMJ Global Health*, v. 5, e003394, 2020. DOI: 10.1136/bmjgh-2020-003394.

[28] ARRETCHE, Marta. Democracia e redução da desigualdade econômica no Brasil: a inclusão dos outsiders. *Revista Brasileira de Ciências Sociais*, São Paulo, v. 33, n. 96, p.

Assim, merece um olhar reflexivo a compreensão de que a saúde deve se reger por contratualismo e comodificação, ou, nas palavras do Ministro Luís Roberto Barroso, pela "sustentabilidade econômico-financeira do setor de planos de saúde", seja porque isso significa uma virada em relação ao anterior posicionamento do STF, seja porque tem efeito multiplicador em relação à crescente judicialização do segmento. Nas palavras de Gillian MacNaughton e A. Kayum Ahmed, é urgente "reimaginar" o direito à saúde de uma forma que o afaste da abordagem "*lucrocentrada*".[29] Nas palavras dos autores:

> Ao desvincular-se dos princípios da ideologia neoliberal — como o individualismo autointeressado, a acumulação de riqueza e a desigualdade econômica — e ao se conectar com epistemologias e povos marginalizados, os direitos humanos podem iniciar um processo de regeneração. O direito à saúde continua a servir como um valioso arcabouço para desafiar a abordagem centrada no lucro em relação à saúde. Sua evolução em resposta aos determinantes comerciais da saúde também deve ser apoiada. Mas, dado que o direito à saúde permanece suscetível à captura corporativa, algumas mudanças fundamentais são urgentemente necessárias. Argumentamos que o direito à saúde deve ser explicitamente decolonial para que o direito à saúde possa servir como um arcabouço para a equidade em saúde global. Essa mudança em direção à decolonialidade contribuirá para desmantelar a lógica neoliberal que sustenta a arquitetura da saúde global.[30]

O capitalismo é caracterizado por um processo de duplo movimento constante que contrapõe a lógica de mercado à proteção social.[31] Os processos de comodificação desenraizam a política das análises e decisões sobre o mercado e, nessa dinâmica, produzem o paulatino enfraquecimento das instituições políticas. Essa dialeticidade, a nosso sentir, expressa-se no julgamento da ADI nº 7.088/DF, conforme votos que passamos a analisar.

1-23, 2018. Disponível em: https://doi.org/10.17666/339613/2018. Acesso em: 28 abr. 2025; BÜYÜM, Ali Murad; KENNEY, Cordelia; KORIS, Andrea; MKUMBA, Laura; RAVEENDRAN, Yadurshini. Decolonising global health: if not now, when? *BMJ Global Health*, v. 5, e003394, 2020. DOI: 10.1136/bmjgh-2020-003394.

[29] MACNAUGHTON, Gillian; AHMED, A. Kayum. Economic Inequality and the Right to Health: On Neoliberalism, Corporatization, and Coloniality. *Health and Human Rights Journal*, v. 25, n. 2, p. 105-110, dez. 2023. Disponível em: https://www.hhrjournal.org/2023/12/05/economic-inequality-and-the-right-to-health-on-neoliberalism-corporatization-and-coloniality/. Acesso em: 15 jan. 2025.

[30] *Ibidem*.

[31] POLANYI, Karl. *A grande transformação*: as origens políticas e econômicas de nossa época (1949). Rio de Janeiro: Contraponto, 2021.

2 Reflexões sobre os votos da ADI nº 7.088/DF

O voto do Relator da ADI nº 7.088/DF, Ministro Luís Roberto Barroso, defendeu que a atualização do rol da cobertura de planos de saúde deve observar o equilíbrio entre os interesses dos consumidores e a sustentabilidade dos contratos. A sua posição foi acompanhada pela maioria dos juízes da Corte.

Ao reconhecer que a Lei nº 14.545/2022 estabeleceu procedimento e condições específicas para a exigibilidade de tratamentos não inseridos no rol, considerou a perda do objeto da ADI no ponto que impugnava a interpretação sobre a taxatividade da listagem elaborada pela ANS.

Quanto à impugnação do prazo para a conclusão dos procedimentos administrativos de atualização do rol, sob o argumento de que a sua observância seria incompatível com os tratamentos de urgência demandados pelos pacientes, o Ministro Relator também entendeu não haver inconstitucionalidade a ser declarada. Considerando que a avaliação necessária à incorporação de novos tratamentos ao rol "demanda pesquisa, estudo das evidências, realização de reuniões técnicas, oitiva dos interessados", o voto firmou o entendimento de que o prazo legal é razoável e compatível com eventual urgência em tratamento de saúde.

Na mesma linha, o Ministro Roberto Barroso concluiu pela ausência de exclusão legal ou de sub-representação dos usuários de planos de saúde na composição da Comissão de Atualização do Rol de Procedimentos e Eventos em Saúde, bem como pela constitucionalidade dos critérios técnicos exigidos para a atualização do referido rol.

O Ministro enfatizou que a Lei nº 9.656/1998 previu a participação de representantes de entidades de defesa do consumidor, de associações de consumidores de planos privados de assistência à saúde e de pessoas com deficiência e com patologias especiais. Ademais, considerou que a exigência de formação técnica desses representantes decorre da própria natureza do procedimento de atualização, além de ser necessária para participar das discussões e efetivamente influir na decisão final.

No que tange aos critérios de alteração do rol, o Ministro Relator ressaltou que a inclusão de novo procedimento no rol da ANS deve considerar "se a tecnologia proposta é eficaz e segura" a partir de critérios técnicos e científica, bem como "avaliar se ela é mais vantajosa do que as alternativas já incorporadas ao rol, considerando os custos e benefícios de cada alternativa e a necessidade de garantir maior eficiência na alocação de recursos".

Em relação à avaliação econômica, a partir da premissa da finitude dos recursos provenientes das mensalidades dos planos de saúde, entendeu o Ministro que a análise do custo-benefício e do impacto financeiro da inclusão de tratamentos "não se trata de sujeitar o direito à saúde a interesses econômicos e financeiros", mas sim de "garantir a manutenção da sustentabilidade econômico-financeira do setor de planos de saúde" e, consequentemente, assegurar o acesso a tal serviço.

Em sentido divergente, manifestando visão afirmativa do direito à saúde, o Ministro Edson Fachin apresentou voto que declarou a inexistência da perda do objeto da ADI com o advento da Lei nº 14.545/2022. Ele argumentou, para tanto, que a Resolução Normativa ANS nº 465/2021 continuou vigente mesmo após a promulgação da lei. Quanto ao ponto, o Ministro ressaltou que, com a nova lei, a norma da ANS, antes apenas inconstitucional, passou a ser também ilegal.

Superada a discussão sobre o conhecimento da ação, o Ministro firmou o entendimento de que "a previsão de rol taxativo de procedimentos que compõem a cobertura dos planos de saúde viola o direito constitucional à vida, à saúde integral, à informação e liberdade de contratar, haja vista a total impossibilidade de que os consumidores saibam exatamente o que estão contratando e o que será coberto pelo plano-referência de assistência à saúde".

O voto problematizou a falta de posicionamento da Suprema Corte e destacou a insegurança jurídica gerada pela existência simultânea da Resolução ANS nº 465/2021, da Lei nº 14.545/2022 e do entendimento do STJ que respalda a taxatividade do rol da ANS, cenário que "empurra os consumidores, especialmente aqueles mais vulneráveis por portarem moléstias raras e/ou deficiência, para uma zona de loteria judicial, projetando-se o aumento exponencial de processos sobre a temática da cobertura de planos de saúde".

O Ministro ainda pontuou que o "rol taxativo afronta o direito à saúde numa dimensão coletiva, pois alija de cobertura novas doenças que podem surgir, a exemplo da recente COVID-19", bem como que a "taxatividade de procedimentos gera discriminação indireta, ocasionando impacto diferenciado sobre a população com deficiência e que possui doenças raras e complexas, direcionando-as, paulatinamente, para a contratação de planos mais caros que tenham cobertura "extra rol".

Consideramos que essa posição divergente coloca uma necessária ênfase na dimensão coletiva do direito à saúde e se alinha ao histórico do Ministro de julgamentos favoráveis à efetivação de direitos sociais, inclusive trabalhistas,[32] servindo como relevante contraponto à visão dominante na Corte e no Superior Tribunal de Justiça. O Ministro Edson Fachin joga luz sobre a vulnerabilidade que caracteriza a posição do consumidor, dada a assimetria informacional, a ausência de uma efetiva liberdade de escolha e de contratação e o fato de que as desigualdades se sobrepõem, ou seja, uma parte desses consumidores é portadora de doenças raras e deficiências.

Nesse contexto, o fato de o Poder Legislativo ter reagido ativamente à posição do STJ e contido *ex ante* o julgamento do Supremo, estabelecendo expressamente que a cobertura dos planos de saúde não pode ser taxativa, se, de um lado, é uma boa notícia quanto à mobilização dos segmentos sub-representados junto ao parlamento, por outro, mostra um STF distante e alheio a essas mesmas populações. A decretação de perda de objeto da ação inibiu os seus potenciais efeitos simbólicos junto às pessoas portadoras de deficiência, de doenças raras e aos consumidores em geral, e os efeitos dialógicos potenciais em relação ao Poder Legislativo.

Reforça-se, com isso, a hipótese de que, a despeito de importantes e persistentes vozes divergentes como a do Ministro Edson Fachin, a Corte esteja caminhando para uma jurisprudência restritiva de direitos sociais. Nessa jornada, as vozes subalternizadas podem perder cada vez mais os seus canais de representação e os espaços de efetiva escuta na jurisdição constitucional.

Considerações finais

A análise da ADI nº 7.088/DF evidencia a crescente influência da lógica de mercado na jurisprudência do Supremo Tribunal Federal quando se trata da interpretação dos direitos sociais, neste caso, em especial do direito à saúde. O julgamento reflete um embate central no debate sobre a saúde suplementar: de um lado, a preocupação com a sustentabilidade econômico-financeira dos planos de saúde, defendida pelo Ministro Relator Luís Roberto Barroso e pela maioria da Corte; de outro, a necessidade de garantir o direito constitucional à saúde em sua integralidade, perspectiva destacada no voto divergente do Ministro Edson Fachin.

---

[32] Citamos, como exemplos, o julgamento do RE nº 999435, no qual, sob relatoria do Ministro Edson Fachin, o STF decidiu pela necessidade de intervenção sindical para a dispensa em massa de trabalhadores e a ADI nº 6327, que fixou o início do recebimento do salário-maternidade quando da alta hospitalar de nascituros que passaram por internações.

O exame dos votos revela que a argumentação dominante no STF adota, cada vez mais, um viés de eficiência econômica, incorporando critérios de avaliação de custo-benefício e sustentabilidade financeira como determinantes para a definição da cobertura dos planos de saúde. Essa abordagem marca um distanciamento da postura anteriormente adotada pela Corte, que, em momentos históricos distintos, contribuiu para a expansão da tutela judicial dos direitos sociais.

Utilizando o referencial da economia política da saúde, pontuamos que o caso da ADI nº 7.088/DF insere-se em um contexto mais amplo de transformação na interpretação constitucional brasileira, no qual se observa uma crescente tensão entre a mercantilização dos direitos sociais e a sua proteção jurídica. Como argumentado ao longo deste texto, essa dinâmica insere-se em um movimento mais abrangente de desconstrução judicial do constitucionalismo social, em que a incorporação de lógicas privatizantes redefine o alcance dos direitos e de suas garantias.

Diante desse cenário, torna-se fundamental um escrutínio contínuo da atuação do STF pelas lentes de estudos que enxergam outras linguagens e possibilidades para a relação entre direito e economia. A disputa jurídica em torno da ADI nº 7.088/DF ilustra, portanto, não apenas um caso específico, mas um capítulo de um embate maior sobre os rumos do constitucionalismo social no Brasil e quanto ao papel do STF na mediação desse processo.

Referências

AGUILLAR, Fernando Herren. *Direito econômico*: do direito nacional ao direito supranacional. São Paulo: Atlas, 2019.

ALMEIDA, Celia Maria de. *Mercado Privado de Serviços de Saúde no Brasil*: Panorama Atual e Tendências da Assistência Médica Suplementar. Brasília, nov. 1998. Disponível em: https://portalantigo.ipea.gov.br/portal/index.php?option=com_content&view=article&id=389. Acesso em: 15 jan. 2025.

ALVES, Clara Mota Pimenta. *Juízes ou burocratas*: práticas, estereótipos e discricionariedade da judicialização da previdência rural no Brasil. Belo Horizonte: Fórum, 2023.

ARAGÃO, Alexandre Santos de. Considerações sobre as relações do Estado e do Direito na Economia. *Revista Eletrônica de Direito do Estado*, Salvador, v. 49, p. 2, jan./mar. 2017.

ARRETCHE, Marta. Democracia e redução da desigualdade econômica no Brasil: a inclusão dos outsiders. *Revista Brasileira de Ciências Sociais*, São Paulo, v. 33, n. 96, p. 1-23, 2018. Disponível em: https://doi.org/10.17666/339613/2018. Acesso em: 28 abr. 2025.

BRASIL. *Boletim Panorama: Saúde Suplementar*, v. 4, n. 5, 1º trimestre de 2024.

BROWN, Wendy. *Nas ruínas do neoliberalismo*: a ascensão da política antidemocrática no Ocidente. Tradução de Mario A. Marino e Eduardo Altheman C. Santos. São Paulo: Editora Filosófica Politeia, 2019.

BÜYÜM, Ali Murad; KENNEY, Cordelia; KORIS, Andrea; MKUMBA, Laura; RAVEENDRAN, Yadurshini. Decolonising global health: if not now, when? *BMJ Global Health*, v. 5, e003394, 2020. DOI: 10.1136/bmjgh-2020-003394.

CALDWELL, Peter C. The Concept and Politics of the Economic Constitution. In: GRÉGOIRE, Guillaume; MINY, Xavier. *The Idea of Economic Constitution in Europe*: Genealogy and Overview. Legal History Library, Leiden: Brill Nijhoff, 2022. 61 v. p. 119-120.

FERNANDES, Danielly. Lei do Rol da ANS: entraves dificultam efetiva aplicação da nova norma. *Jota*, 2023. Disponível em: https://www.jota.info/tributos-e-empresas/saude/lei-do-rol-da-ans-entraves-dificultam-efetiva-aplicacao-da-nova-norma. Acesso em: 15 jan. 2025.

FERRAZ, OCTÁVIO Luiz Motta. *Health as a Human Right*. The Politics and Judicialisation of Health in Brazil. Cambridge: Cambridge University Press, 2021.

GRAU, Eros Roberto. Constituição e Serviço Público. In: GRAU, Eros Roberto. *Direito Constitucional: estudos em homenagem a Paulo Bonavides*. São Paulo: Malheiros, 2003.

HARVEY, Michael. The Political Economy of Health: Revisiting Its Marxian Origins to Address 21st-Century Health Inequalities. *American Journal of Public Health*, v. 111, nº 2, p. 293-300, fev. 2021.

IRTI, Natalino. A ordem jurídica do mercado. *Revista de direito mercantil, industrial, econômico e financeiro*, São Paulo, n. 145, p. 44-49, jan./mar. 2007.

LYNCH, Julia. The Political Economy of Health: Bringing Political Science In. *Annual Review of Political Science*, v. 26, p. 389-410, jun. 2023. DOI: 10.1146/annurev-polisci-051120-103015. Publicado como revisão antecipada em 14 mar. 2023.

MACNAUGHTON, Gillian; AHMED, A. Kayum. Economic Inequality and the Right to Health: On Neoliberalism, Corporatization, and Coloniality. *Health and Human Rights Journal*, v. 25, n. 2, p. 105-110, dez. 2023. Disponível em: https://www.hhrjournal.org/2023/12/05/economic-inequality-and-the-right-to-health-on-neoliberalism-corporatization-and-coloniality/. Acesso em: 15 jan. 2025.

OLIVEIRA, Vanessa Elias de. (org.). *Judicialização de políticas públicas no Brasil*. Rio de Janeiro: Editora Fiocruz, 2019.

OLIVEIRA, Vanessa Elias; NORONHA, Lincoln. Judiciary-Executive relations in policy making: the case of drug distribution in the state of São Paulo. *Brazilian Political Science Review*, v. 5, nº 2, p. 10-38, 2011.

PALLEY, Thomas I. Neoliberalism and the Drift to Proto-Fascism: Political and Economic Causes of the Crisis of Liberal Democracy. *Journal of Economic Issues*, v. 58, n. 3, p. 732-755, 2024. DOI: 10.1080/00213624.2024.2381414.

PEREIRA, Jane Reis Gonçalves; ALVES, Clara Mota Pimenta. Desconstrução Judicial de Direitos Sociais: uma análise sobre a argumentação do STF no caso da terceirização das relações de trabalho. *Revista Estudos Institucionais*, v. 10, n. 4, p. 1213-1255, set./dez. 2024.

PEREIRA, Jane Reis Gonçalves. As garantias constitucionais entre utilidade e substância: uma crítica ao uso de argumentos pragmatistas em desfavor dos direitos fundamentais. *Revista Brasileira de Direitos Fundamentais & Justiça*, v. 10, n. 35, p. 345-373, 2016.

PEREIRA, Jane Reis Gonçalves. Direitos sociais, Estado de direito e desigualdade: reflexões sobre as críticas à judicialização dos direitos prestacionais. *Quaestio Iuris*, v. 8, n. 3, p. 2079-2114, 2015.

PEREIRA, Jane Reis Gonçalves. *Interpretação Constitucional e Direitos Fundamentais*. 2. ed. São Paulo: Saraiva, 2018.

PEREIRA, Jane Reis Gonçalves. O Judiciário como Impulsionador dos Direitos Fundamentais: Entre Fraquezas e Possibilidades. *Revista da Faculdade de Direito da UERJ*, v. 29, p. 127-157, 2016.

PORTO, Renan Nery. *Bricoleurs do fim do mundo* – Pensamento bricoleur e práticas de criação de sentido. 2018. Disponível em: https://revistas.ufrj.br/article/download. Acesso em: 15 jan. 2025.

POLANYI, Karl. *A grande transformação*: as origens políticas e econômicas de nossa época (1949). Rio de Janeiro: Contraponto, 2021.

PRADO, Mariana Mota. The Debatable Role of Courts in Brazil's Health Care System: Does Litigation Harm or Help? *Journal of Law, Medicine and Ethics*, v. 41, n. 1, p. 124-137, 2013.

SANT'ANA, Ramiro Nóbrega. *A judicialização como instrumento de acesso à saúde*: propostas de enfrentamento da injustiça na saúde pública. 2017. Tese (Doutorado em Direito) — Instituto CEUB de Pesquisa e Desenvolvimento, Centro Universitário de Brasília. Brasília, 2017.

SILVA, Virgilio Afonso da; TERRAZAS, Fernanda Vargas. Claiming the right to health in Brazilian courts: the exclusion of the already excluded. *Law and Social Inquiry*, 2011.

BROWN, Wendy. *Nas ruínas do neoliberalismo*: a ascensão da política antidemocrática no Ocidente. Tradução de Mario A. Marino e Eduardo Altheman C. Santos. São Paulo: Editora Filosófica Politeia, 2019.

VIANA, Ana Luíza d'Ávila; SILVA, Hudson Pacífico da; ELIAS, Paulo Eduardo Mangeon. Economia política da saúde: introduzindo o debate. *Divulgação em saúde para debate*, v. 37, p. 7-20, 2007.

WANG, Daniel Wei Liang. *Poder Judiciário e participação democrática nas políticas públicas de saúde*. Dissertação (Mestrado em Direito) — Faculdade de Direito, Universidade de São Paulo, São Paulo, 2009. Disponível em: http://www.teses.usp.br/teses/disponiveis/2/2134/tde-21062011-134507/. Acesso em: 18 mar. 2019.

WANG, Daniel Wei Liang; FAJRELDINES, Ezequiel; VASCONCELOS, Natália Pires de; OLIVEIRA, Bruno da Cunha de; MALIK, Ana Maria; SOUZA, Fernanda Mascarenhas de; SOUZA, Jacqueline Leite de; ARANTES, Luísa; MIZIARA, Nathalia Molleis. *A judicialização da saúde suplementar*: uma análise empírica da jurisprudência de 1ª e 2ª instâncias do Tribunal de Justiça de São Paulo. Relatório. 2022. Disponível em: Relatorio-A_judicializacao_da_saude_suplementar-08.02.2023.pdf. Acesso em: 18 mar. 2025.

Informação bibliográfica deste livro, conforme a NBR 6023:2018 da Associação Brasileira de Normas Técnicas (ABNT):

PEREIRA, Jane Reis Gonçalves; ALVES, Clara Mota Pimenta. Quando a saúde encontra o mercado na jurisprudência do STF: reflexões sobre a ADI nº 7.088/DF (amplitude da cobertura de planos de saúde). In: SILVA, Christine Oliveira Peter da; GIAMBERARDINO, André Ribeiro; ARRUDA, Desdêmona Tenório B. T.; MACEDO, José Arthur Castillo de; MACHADO FILHO, Roberto Dalledone (coord.). *Ministro Luiz Edson Fachin*: dez anos de Supremo Tribunal Federal. Belo Horizonte: Fórum, 2025. p. 79-94. ISBN 978-65-5518-746-5.

DESAFIOS DA *'SUPREMOCRACIA'*: A SUPREMA CORTE BRASILEIRA EM SEU TEMPO E SUAS CIRCUNSTÂNCIAS

DESDÊMONA TENÓRIO DE BRITO TOLEDO ARRUDA

1 Nota pessoal

A redação de um artigo em uma obra cujo escopo é homenagear um jurista do quilate do Ministro e Professor Luiz Edson Fachin consubstancia uma oportunidade inigualável, que permite à autora transcender os *limites* rígidos da escrita acadêmica para explorar *possibilidades* sintáticas e semânticas.

Conquanto o texto acadêmico e a investigação científica conclamem outro estilo e diversa metodologia, verter ao papel a homenagem que está contida nessas linhas permite uma licença especial para incorporar reflexões e considerações pessoais. Trata-se, portanto, de um espaço em que a formalidade cede lugar à subjetividade, abrindo alas para, com a devida autorização da leitora e do leitor, algumas impressões e mesmo sentimentos individuais.

Feito esse alerta, registro, portanto, que este texto se propõe a celebrar também e especialmente a trajetória humana e o impacto pessoal que o homenageado teve em *nossas* vidas.

A trajetória jurídica do Ministro e Professor Luiz Edson Fachin começa a ser contada em 1976, quando iniciou sua graduação em

Direito na Universidade Federal do Paraná. Naquele prédio *centenário*, na Praça Santos Andrade, viria a ser professor titular de Direito Civil, coordenador do Programa de Pós-Graduação e diretor da Faculdade. Formaria gerações de estudantes, muitos dos quais ouviram o *vocare* e seriam eles mesmos também professores.

Pertenço a uma dessas gerações de estudantes e, embora não tenha me tornado eu mesma professora, desde 2017 tenho a honra de exercer o serviço público no Supremo Tribunal Federal, como assessora do Ministro Edson Fachin. Em 2022, passei a exercer a chefia de gabinete do Ministro Luiz Edson Fachin, a quem jamais poderei deixar de chamar Professor. Afinal, o aprendizado cuja convivência profissional propicia é diário. A lealdade aos próprios valores, o respeito a cada pessoa em sua individualidade, a serenidade, a humildade e a paciência são algumas das lições que tentam aprender todos que temos a sorte desse convívio.

Em 1952, o Ministro da Educação e Cultura Gustavo Capanema, assim descreveu o caráter do poeta Carlos Drummond de Andrade que, em 1934, foi seu Chefe de Gabinete no Ministério:

> O poeta Carlos é o fruto dessa grande e bela árvore que é o homem Carlos. Carlos é, antes do mais, um homem, um homem com uma dignidade interior profunda e irredutível, um homem que, nas relações com o mundo, nos afazeres habituais e até nos mínimos detalhes da vida cotidiana, é sempre o contrário e oposto a tudo que é mesquinho e interesseiro, a tudo que pode dar em baixeza e vergonha. Desde menino êle é assim: dono de uma capacidade de trabalho, um espírito de método e um senso da responsabilidade e do dever realmente excepcionais: decidido a levar sempre a sério as suas tarefas e encargos; corajoso, destemido mesmo, se há uma briga ou perigo que enfrentar; capaz de apaixonar-se por uma causa justa e de dar tudo por ela; capaz de levar a sua solidariedade ou o seu compromisso até ao ponto em que somente os raros não desdizem nem recuam; indiferente às consequências do seu invariável teor de homem de bem; infenso às seduções que corrompem, severo em extremo consigo mesmo; leal e sensível em todas as circunstâncias da amizade. Não sei de quem possa mais do que ele orgulhar-se do nome de homem.[1]

Essa descrição poderia ter sido redigida para o homenageado, Ministro e Professor Luiz Edson Fachin. O compromisso com os direitos

---

[1] DRUMMOND DE ANDRADE, Carlos. *Reunião*: 10 Livros de Poesia. Rio de Janeiro: José Olympio, 1974. p. X.

humanos e fundamentais, com a justiça, com a democracia, com a humildade e com a misericórdia são as marcas de seu legado.

Encerrada essa parte do texto, passo a tratar do objeto proposto para este estudo, ou seja, o conceito cunhado por Oscar Vilhena Vieira de *supremocracia* e dos desafios a que devem responder seus integrantes, dado o protagonismo da Suprema Corte Brasileira no desenho institucional arquitetado pelo legislador constituinte de 1988.

2 Supremocracia[2] e crise de autoridade

Cunhado em 2008 por Oscar Vilhena Vieira, o conceito de supremocracia tem origens, razões e sentidos bem delineados. Afinal, conforme afirmam Vilhena e Glezer,[3] o respeito às decisões do STF decorre da percepção de que o tribunal exerce legitimamente a autoridade que lhe foi conferida. Autoridade esta que, por sua vez, decorre, ela mesma, da própria arquitetura constitucional de 1988, que conferiu ao tribunal proeminência no desenho das instituições públicas brasileiras.

Verifica-se, portanto, que o respeito às decisões do STF está intrinsecamente ligado à percepção de que o tribunal exerce sua autoridade de maneira legítima. Não se trata de uma conquista garantida no Estado Democrático de Direito. Trata-se de prerrogativa necessária à atuação do tribunal, que se fundamenta na Constituição de 1988, que atribuiu ao STF um papel central no desenho das instituições públicas brasileiras.

O fenômeno que vivenciamos desde o julgamento, pelo Supremo Tribunal Federal, amplamente fotografado pela doutrina, da AP nº 470, apelidada de "Caso do Mensalão", revela uma crise dessa mesma autoridade.

A crise de autoridade do Supremo Tribunal Federal (STF) pode ser explicada por diversos fatores, conforme Vilhena e Glezer.[4] O primeiro deles é o próprio desenho constitucional de 1988, que, como já referido, conferiu ao STF amplas e significativas competências. Este arranjo constitucional colocou o tribunal em uma posição de grande influência no sistema institucional brasileiro, atribuindo-lhe a

---

[2] As linhas a seguir foram esboçadas para apresentação levada a efeito em 12 de agosto de 2024 na Escola de Direito da FGV São Paulo, no evento "Supremocracia Desafiada", coordenado pelo Prof. Dr. Oscar Vilhena Vieira e pelo Prof. Dr. Rubens Glezer.
[3] GLEZER, Rubens; VILHENA, Oscar. Supremocracia desafiada. *Revista Estudos Institucionais*, v. 10, p. 248-269, 2024.
[4] GLEZER, Rubens; VILHENA, Oscar. Supremocracia desafiada. *Revista Estudos Institucionais*, v. 10, p. 248-269, 2024.

responsabilidade não apenas da guarda da Constituição, mas também de instância recursal, o que revela a possibilidade de que o STF se envolva em diversas questões de altíssima relevância para o país.

Um segundo fator relevante a apontar encontra-se no comportamento dos demais poderes políticos, que frequentemente delegam ao STF a responsabilidade de decidir sobre temas polêmicos e sensíveis. Esse protagonismo judicial, em parte, é resultado, com a devida vênia, da omissão ou escolha deliberada dos poderes Executivo e Legislativo de deixar que o STF disponha sobre temas, como a união civil entre pessoas do mesmo sexo.[5] Essa modalidade de delegação institucional, seja

---

[5] 1. ARGUIÇÃO DE DESCUMPRIMENTO DE PRECEITO FUNDAMENTAL (ADPF). PERDA PARCIAL DE OBJETO. RECEBIMENTO, NA PARTE REMANESCENTE, COMO AÇÃO DIRETA DE INCONSTITUCIONALIDADE. UNIÃO HOMOAFETIVA E SEU RECONHECIMENTO COMO INSTITUTO JURÍDICO. CONVERGÊNCIA DE OBJETOS ENTRE AÇÕES DE NATUREZA ABSTRATA. JULGAMENTO CONJUNTO. Encampação dos fundamentos da ADPF nº 132-RJ pela ADI nº 4.277-DF, com a finalidade de conferir "interpretação conforme à Constituição" ao art. 1.723 do Código Civil. Atendimento das condições da ação. 2. PROIBIÇÃO DE DISCRIMINAÇÃO DAS PESSOAS EM RAZÃO DO SEXO, SEJA NO PLANO DA DICOTOMIA HOMEM/MULHER (GÊNERO), SEJA NO PLANO DA ORIENTAÇÃO SEXUAL DE CADA QUAL DELES. A PROIBIÇÃO DO PRECONCEITO COMO CAPÍTULO DO CONSTITUCIONALISMO FRATERNAL. HOMENAGEM AO PLURALISMO COMO VALOR SÓCIO-POLÍTICO-CULTURAL. LIBERDADE PARA DISPOR DA PRÓPRIA SEXUALIDADE, INSERIDA NA CATEGORIA DOS DIREITOS FUNDAMENTAIS DO INDIVÍDUO, EXPRESSÃO QUE É DA AUTONOMIA DE VONTADE. DIREITO À INTIMIDADE E À VIDA PRIVADA. CLÁUSULA PÉTREA. O sexo das pessoas, salvo disposição constitucional expressa ou implícita em sentido contrário, não se presta como fator de desigualação jurídica. Proibição de preconceito, à luz do inciso IV do art. 3º da Constituição Federal, por colidir frontalmente com o objetivo constitucional de "promover o bem de todos". Silêncio normativo da Carta Magna a respeito do concreto uso do sexo dos indivíduos como saque da kelseniana "norma geral negativa", segundo a qual "o que não estiver juridicamente proibido, ou obrigado, está juridicamente permitido". Reconhecimento do direito à preferência sexual como direta emanação do princípio da "dignidade da pessoa humana": direito a auto-estima no mais elevado ponto da consciência do indivíduo. Direito à busca da felicidade. Salto normativo da proibição do preconceito para a proclamação do direito à liberdade sexual. O concreto uso da sexualidade faz parte da autonomia da vontade das pessoas naturais. Empírico uso da sexualidade nos planos da intimidade e da privacidade constitucionalmente tuteladas. Autonomia da vontade. Cláusula pétrea. 3. TRATAMENTO CONSTITUCIONAL DA INSTITUIÇÃO DA FAMÍLIA. RECONHECIMENTO DE QUE A CONSTITUIÇÃO FEDERAL NÃO EMPRESTA AO SUBSTANTIVO "FAMÍLIA" NENHUM SIGNIFICADO ORTODOXO OU DA PRÓPRIA TÉCNICA JURÍDICA. A FAMÍLIA COMO CATEGORIA SÓCIO-CULTURAL E PRINCÍPIO ESPIRITUAL. DIREITO SUBJETIVO DE CONSTITUIR FAMÍLIA. INTERPRETAÇÃO NÃO-REDUCIONISTA. O caput do art. 226 confere à família, base da sociedade, especial proteção do Estado. Ênfase constitucional à instituição da família. Família em seu coloquial ou proverbial significado de núcleo doméstico, pouco importando se formal ou informalmente constituída, ou se integrada por casais heteroafetivos ou por pares homoafetivos. A Constituição de 1988, ao utilizar-se da expressão "família", não limita sua formação a casais heteroafetivos nem a formalidade cartorária, celebração civil ou liturgia religiosa. Família como instituição privada que, voluntariamente constituída

por omissão, seja por deliberada escolha dos demais agentes públicos, tem por efeito reforçar o papel fundamental do STF na definição de

> entre pessoas adultas, mantém com o Estado e a sociedade civil uma necessária relação tricotômica. Núcleo familiar que é o principal lócus institucional de concreção dos direitos fundamentais que a própria Constituição designa por "intimidade e vida privada" (inciso X do art. 5º). Isonomia entre casais heteroafetivos e pares homoafetivos que somente ganha plenitude de sentido se desembocar no igual direito subjetivo à formação de uma autonomizada família. Família como figura central ou continente, de que tudo o mais é conteúdo. Imperiosidade da interpretação não-reducionista do conceito de família como instituição que também se forma por vias distintas do casamento civil. Avanço da Constituição Federal de 1988 no plano dos costumes. Caminhada na direção do pluralismo como categoria sócio-político-cultural. Competência do Supremo Tribunal Federal para manter, interpretativamente, o Texto Magno na posse do seu fundamental atributo da coerência, o que passa pela eliminação de preconceito quanto à orientação sexual das pessoas. 4. UNIÃO ESTÁVEL. NORMAÇÃO CONSTITUCIONAL REFERIDA A HOMEM E MULHER, MAS APENAS PARA ESPECIAL PROTEÇÃO DESTA ÚLTIMA. FOCADO PROPÓSITO CONSTITUCIONAL DE ESTABELECER RELAÇÕES JURÍDICAS HORIZONTAIS OU SEM HIERARQUIA ENTRE AS DUAS TIPOLOGIAS DO GÊNERO HUMANO. IDENTIDADE CONSTITUCIONAL DOS CONCEITOS DE "ENTIDADE FAMILIAR" E "FAMÍLIA". A referência constitucional à dualidade básica homem/mulher, no §3º do seu art. 226, deve-se ao centrado intuito de não se perder a menor oportunidade para favorecer relações jurídicas horizontais ou sem hierarquia no âmbito das sociedades domésticas. Reforço normativo a um mais eficiente combate à renitência patriarcal dos costumes brasileiros. Impossibilidade de uso da letra da Constituição para ressuscitar o art. 175 da Carta de 1967/1969. Não há como fazer rolar a cabeça do art. 226 no patíbulo do seu parágrafo terceiro. Dispositivo que, ao utilizar da terminologia "entidade familiar", não pretendeu diferenciá-la da "família". Inexistência de hierarquia ou diferença de qualidade jurídica entre as duas formas de constituição de um novo e autonomizado núcleo doméstico. Emprego do fraseado "entidade familiar" como sinônimo perfeito de família. A Constituição não interdita a formação de família por pessoas do mesmo sexo. Consagração do juízo de que não se proíbe nada a ninguém senão em face de um direito ou de proteção de um legítimo interesse de outrem, ou de toda a sociedade, o que não se dá na hipótese sub judice. Inexistência do direito dos indivíduos heteroafetivos à sua não-equiparação jurídica com os indivíduos homoafetivos. Aplicabilidade do §2º do art. 5º da Constituição Federal, a evidenciar que outros direitos e garantias, não expressamente listados na Constituição, emergem "do regime e dos princípios por ela adotados", verbis: "Os direitos e garantias expressos nesta Constituição não excluem outros decorrentes do regime e dos princípios por ela adotados, ou dos tratados internacionais em que a República Federativa do Brasil seja parte". 5. DIVERGÊNCIAS LATERAIS QUANTO À FUNDAMENTAÇÃO DO ACÓRDÃO. Anotação de que os Ministros Ricardo Lewandowski, Gilmar Mendes e Cezar Peluso convergiram no particular entendimento da impossibilidade de ortodoxo enquadramento da união homoafetiva nas espécies de família constitucionalmente estabelecidas. Sem embargo, reconheceram a união entre parceiros do mesmo sexo como uma nova forma de entidade familiar. Matéria aberta à conformação legislativa, sem prejuízo do reconhecimento da imediata auto-aplicabilidade da Constituição. 6. INTERPRETAÇÃO DO ART. 1.723 DO CÓDIGO CIVIL EM CONFORMIDADE COM A CONSTITUIÇÃO FEDERAL (TÉCNICA DA "INTERPRETAÇÃO CONFORME"). RECONHECIMENTO DA UNIÃO HOMOAFETIVA COMO FAMÍLIA. PROCEDÊNCIA DAS AÇÕES. Ante a possibilidade de interpretação em sentido preconceituoso ou discriminatório do art. 1.723 do Código Civil, não resolúvel à luz dele próprio, faz-se necessária a utilização da técnica de "interpretação conforme à Constituição". Isso para excluir do dispositivo em causa qualquer significado que impeça o reconhecimento da união contínua, pública e

questões sociais e políticas, efeito que se registrou, com forte veemência, ao longo da pandemia de Covid-19 e suas graves repercussões no Brasil. Por fim, como terceiro fator a apontar para a crise de autoridade da Corte, é preciso indicar que a própria incapacidade do STF de exercer autocontenção também contribui para tal fenômeno. Virgílio Afonso da Silva destaca que, quando os membros individuais do tribunal tornam-se mais proeminentes do que a instituição como um todo, isso sinaliza uma fragilidade institucional. Ministros e Ministras com perfis individualmente fortes podem acabar enfraquecendo a percepção de coesão e solidez do tribunal, comprometendo sua autoridade perante a sociedade.

Os fatores indicados apontam desafios para o STF e sua autoridade, de modo que a *supremocracia* no Brasil contemporâneo enfrenta desafios complexos e voláteis, fruto do contexto histórico e das circunstâncias do século XXI, como bem expressa a máxima de Ortega y Gasset.

Entre esses fatores, como referimos, ganham relevo não apenas o desenho constitucional de 1988, que conferiu ao STF amplas competências, mas também o comportamento dos demais poderes que frequentemente delegam ao tribunal a resolução de questões controversas, e a própria dificuldade do STF em exercer autocontenção. Esses refletem as tensões e expectativas de uma sociedade em constante transformação, em que o STF deve equilibrar seu protagonismo com a legitimidade e coesão institucional.

3 O contexto e os possíveis caminhos

Embates entre os Poderes constituídos são próprios da democracia. No entanto, tais embates podem envolver um forte desgaste à reputação do STF, que precisa da percepção de que age legitimamente dentro de suas atribuições constitucionais para assegurar o respeito às suas decisões. Se esse respeito à autoridade se esvair, a própria instituição do STF e do Poder Judiciário como um todo estará ameaçada.

Esse cenário de desgaste à reputação do STF também se reflete em um contexto mais amplo, no qual a confiança nas instituições

---

duradoura entre pessoas do mesmo sexo como família. Reconhecimento que é de ser feito segundo as mesmas regras e com as mesmas consequências da união estável heteroafetiva. (ADI nº 4277, Relator(a): AYRES BRITTO, Tribunal Pleno, julgado em 05.05.2011, DJe-198 DIVULG 13.10.2011 PUBLIC 14.10.2011 EMENT VOL-02607-03 PP-00341 RTJ VOL-00219-01 PP-00212).

democráticas é constantemente posta à prova. A aplicação da norma ao caso concreto, de forma técnica e imparcial, não apenas confere autoridade ao Judiciário, e especialmente do STF, mas essa autoridade também depende da manutenção de sua independência frente às pressões externas e internas. Quando o tribunal se vê envolvido em disputas que ameaçam sua imagem, o risco é que a sociedade, que depende de sua imparcialidade para a preservação dos direitos fundamentais, comece a questionar sua legitimidade.

Reações do Poder Legislativo a decisões do STF podem ser registradas e, em alguns casos, são bastante enfáticas. Recentes julgamentos, como o do RE nº 1017365,[6] que se refere à chamada tese do marco temporal para fins de demarcação de terras indígenas, bem assim o caso referente à descriminalização do uso de maconha[7] são os exemplos mais flagrantes dessa reação. Há também, em trâmite, propostas de emendas constitucionais cujo objetivo é impor limites à atuação individual dos Ministros e mesmo discussão sobre a criação de mandatos para os Ministros.

Não é demais reforçar que tais reações dos poderes constituídos às decisões do STF são absolutamente normais e legítimas no contexto de um Estado Democrático de Direito. Afinal, em uma democracia sólida, os Poderes precisam atuar de forma independente, mas também estão sujeitos a um contínuo e necessário escrutínio público, especialmente quando suas decisões impactam profundamente os direitos fundamentais das pessoas. O STF, ao exercer um *múnus* público e seus integrantes, não estão e nem devem estar imunes a esse tipo de fiscalização e debate.

A crítica e o questionamento são, portanto, partes integrantes do processo democrático e devem ser encarados como um reflexo do funcionamento saudável e republicano das instituições, que buscam sempre aprimorar a legitimidade das decisões e assegurar que atuem em conformidade com os princípios constitucionais.

A função do STF, afinal, consiste em assegurar a supremacia da Constituição e a prevalência dos direitos fundamentais. Aprimorar medidas de autocontenção para garantir as condições de cumprir essas

---

[6] BRASIL. *RE nº 1017365*, Relator(a): Edson Fachin, Tribunal Pleno, julgado em 27.09.2023, Processo Eletrônico Repercussão Geral — Mérito DJe-s/n DIVULG 14.02.2024 PUBLIC 15.02.2024.

[7] BRASIL. *RE nº 635659*, Relator (a): Gilmar Mendes, Tribunal Pleno, julgado em 26.06.2024, acórdão pendente de publicação.

funções, dadas as peculiaridades do lugar que ocupa na centralidade da política e da vida institucional brasileira, é também escopo da Corte, de modo a tornar sua autoridade, para além de formalmente legítima, também concreta e robusta.

Oscar Vilhena e Rubens Glezer sugerem importantes caminhos nesse sentido de aprimoramento da instituição judicial e de preservação da autoridade do STF, bem assim no rumo da superação da já descrita crise de legitimidade.

Reforçam que o baixo nível de moderação, com o qual alguns integrantes da Corte eventualmente possam se comportar, pode gerar riscos significativos à reputação do próprio tribunal. A imagem do STF, como guardião da Constituição, depende da percepção pública de que seus membros agem com a devida moderação e respeito à sua função institucional.

Além disso, enfatizam a necessidade de adequação dos procedimentos do tribunal às exigências que decorrem da posição distinta que o STF ocupa na arquitetura constitucional do Brasil. A atuação do tribunal não pode se distanciar dos parâmetros que garantem sua legitimidade, e as decisões devem ser tomadas com a devida consideração do impacto institucional e social.

Os professores também apontam alguns avanços importantes, como as reformas regimentais que visam ampliar a colegialidade dentro do STF. Embora reconheçam esses avanços como um passo positivo, eles também consideram que essas reformas, embora necessárias, ainda podem ser vistas como insuficientes para resolver os desafios estruturais que o tribunal enfrenta.

Afinal, conforme reiteram os doutrinadores, o STF precisa qualificar seus processos para lidar com a crescente hostilidade, por meio da recuperação da percepção de sua autoridade, ou seja, de sua legitimidade e, com isso, incrementar a adesão voluntária e robusta de seus jurisdicionados às suas diretrizes.

Afinal, para além de investir nos elementos de legitimidade, como apontam Vilhena e Glezer, elementos estes de legitimidade jurídica e moral, consistentes em imparcialidade, consistência, rigor argumentativo para ampliar a legitimidade do STF, vale partir de pequenas alterações que podem ser revolucionárias para pavimentação de um caminho de maior autoridade do STF.

Nessa senda, algumas reflexões sobre caminhos concretos que me parecem possíveis e em construção para essas soluções.

A primeira ideia consiste logicamente em aumentar a percepção da colegialidade, ou seja, do tom institucional do STF. Significa combater a percepção de individualismo ou de voluntarismo de seus integrantes, o que diz também com consistência da instituição. Um caminho possível que a doutrina aponta é o de incrementar a atuação colegiada da Corte. Isso significaria evoluir do atual modelo *per curiam* para seguir o exemplo da Suprema Corte norte-americana, em que a opinião da corte contém a decisão do colegiado.

Ao apreciar as ADIs nºs 2943, 3309 e 3318, em julgamento realizado em maio de 2024, o Plenário do STF delimitou os parâmetros para que o Ministério Público instaure procedimentos investigatórios criminais por conta própria, ainda que em concorrência com a autoridade policial.

A resposta do STF foi no sentido da possibilidade de tais investigações por iniciativa do MP, desde que comunicadas à autoridade jurisdicional, além de outros limites, como autonomia funcional das perícias.

Para o ponto que nos interessa aqui, porém, destaco o fato de que os relatores das ações que versavam sobre o tema, Ministros Gilmar Mendes e Ministro Edson Fachin, apresentaram voto conjunto, iniciativa que é a segunda desta modalidade, após o caso do piso salarial da enfermagem, que contou com voto conjunto do Ministro Gilmar Mendes e do Ministro Luis Roberto Barroso.

Interessante notar o ambiente verdadeiramente deliberativo que se instaurou no Plenário presencial, após o início do julgamento virtual, enaltecido pelo Prof. Miguel Godoy em artigo sobre o tema: "o Ministro divergente Gilmar Mendes foi dinâmico e diligente ao se engajar na correção que pretendia do voto do Relator e ao buscar, agora, erigir voto conjunto. Os demais ministros foram exemplares ao se colocarem como partícipes ativos e cooperativos dessa construção da decisão do tribunal".[8]

A transição do modelo *seriatim* para o modelo *per curiam*, naturalmente, não pode ocorrer de forma abrupta. A construção coletiva de votos, especialmente quando as posições divergentes não são antagônicas, é fundamental para a formulação de decisões que refletem um posicionamento nítido e coeso da Corte. Quando o STF opta por decisões unânimes, evita-se a percepção de incoerência que pode surgir

---

[8] GODOY, Miguel Gualano de. Quando o STF acerta: o julgamento sobre os poderes investigatórios do MP. *JOTA*, Brasília, p. 1-5, 10 maio 2024.

quando o placar das votações revela posições sob intensa disputa. Esse processo fortalece a imagem da Corte, destacando sua capacidade de deliberar de maneira harmônica e fundamentada.

Podemos ainda referir, como segundo caminho a ser apontado, um aprimoramento do que já indicado por Vilhena e Glezer a respeito das reformas regimentais que avançaram para ampliar a colegialidade e reduzir o uso instrumental dos pedidos de vista. Trata-se de alteração provocada pela Emenda Regimental nº 58 de 2022, que fixou o prazo de 90 dias para devolução de processos com pedido de vista, com liberação automática após vencido o prazo. A mesma alteração regimental também dispôs sobre a possibilidade de submissão imediata das decisões cautelares proferidas individualmente pelos Ministros para referendo imediato pelo Plenário ou pela Turma, em ambiente virtual, de modo a incrementar, também, a atuação colegiada da Corte.

Um fenômeno hoje também já bastante evidenciado pela doutrina especializada em relação ao STF é a ampliação dos julgamentos virtuais, hoje responsáveis pela grande maioria das decisões colegiadas do Tribunal. Se de um lado há críticas, de outro é evidente que há vantagens, notadamente no que se refere à celeridade dos julgamentos, bem como à divisão mais equânime do poder de agenda do STF, na medida em que os Relatores não precisam aguardar a inserção dos casos em calendário de julgamento pela Presidência. Nos julgamentos virtuais, todos os Ministros podem valer-se do pedido de destaque, ferramenta que possibilita levar o julgamento, seja no Plenário, seja na Turma, do ambiente virtual ao presencial. Quando algum Ministro lança mão desse instrumento, cabe ao Relator pautar novamente o caso no colegiado respectivo. Uma possibilidade de reforma que poderia também aumentar a percepção da atuação colegiada do STF seria, à semelhança do que já operou a ER nº 58 de 2022, fixar prazo para nova inclusão em pauta dos casos alvo de pedidos de destaque.

Por fim, um terceiro caminho que poderia auxiliar no incremento da percepção da autoridade do STF, especialmente no que se refere ao aspecto da imparcialidade, seria a criação de regras nítidas, que poderiam ser dispostas pelo Regimento Interno, no sentido de prazos para inclusão de feitos em pauta, respeitadas, logicamente, as regras legais de preferência. Normas de autorregulação com mecanismos e procedimentos capazes de evitar o descumprimento de prazos seriam benéficos à percepção de uma Corte imparcial, que não prefere esta ou aquela parte, este ou aquele advogado, aumentando a legitimidade jurídica e também moral da autoridade do STF.

Conforme aponta recente pesquisa do grupo de pesquisa Constituição, Política e Instituições (COPI), da USP, regras mais rígidas, objetivas e transparentes poderiam beneficiar o STF. Uma construção coletiva da pauta, não sendo privativa do Presidente, baseada em critérios legais e escrutinizáveis, seria também importante nesse sentido.

Esses três caminhos, portanto, aqui brevemente delineados, e sem pretensão de esgotamento, quais sejam, os votos conjuntos como caminho para evolução de uma Corte coesa; o aprimoramento de mecanismos regimentais para evitar obstrução de julgamentos e a construção de uma pauta do Tribunal com critérios evidentes são formas de fomento aos elementos de legitimidade, fundados em imparcialidade, consistência e rigor argumentativo para incrementar, como defendem Oscar Vilhena Vieira e Rubens Glezer, a ampliação da legitimidade e da autoridade do STF.

Os caminhos delineados para o fortalecimento da legitimidade do STF, como a adoção de votos conjuntos para uma Corte mais coesa, o aprimoramento dos mecanismos regimentais para evitar a obstrução de julgamentos, e a definição de uma pauta com critérios claros, são fundamentais para a consolidação de um tribunal mais eficiente e respeitado.

Sejam essas possibilidades eleitas ou não pelos integrantes da Corte em busca de uma instituição cada vez mais sólida, fato é que o Ministro e Professor Luiz Edson Fachin, homenageado deste texto e desta obra coletiva, como integrante do STF desde 2015, professor e jurista há mais de quatro décadas, desempenha papel crucial na pavimentação desse caminho. O legado do jurista é marcado pelo respeito aos direitos humanos e fundamentais, pela defesa intransigente da democracia e pela busca constante por justiça com misericórdia. Sua atuação no STF ao longo dos últimos dez anos não apenas reforçou esses valores, mas também contribuiu para o fortalecimento institucional e para a promoção de uma jurisprudência alinhada com os princípios mais elevados da dignidade humana e da justiça social.

Referências

DRUMMOND DE ANDRADE, Carlos. *Reunião*: 10 Livros de Poesia. Rio de Janeiro: José Olympio, 1974.

GLEZER, Rubens; VILHENA, Oscar. Supremocracia desafiada. *Revista Estudos Institucionais*, v. 10, p. 248-269, 2024.

GODOY, Miguel Gualano de. Quando o STF acerta: o julgamento sobre os poderes investigatórios do MP. *JOTA*, Brasília, p. 1-5, 10 maio 2024.

Informação bibliográfica deste livro, conforme a NBR 6023:2018 da Associação Brasileira de Normas Técnicas (ABNT):

ARRUDA, Desdêmona Tenório de Brito Toledo. Desafios da '*Supremocracia*': a Suprema Corte Brasileira em seu tempo e suas circunstâncias. In: SILVA, Christine Oliveira Peter da; GIAMBERARDINO, André Ribeiro; ARRUDA, Desdêmona Tenório B. T.; MACEDO, José Arthur Castillo de; MACHADO FILHO, Roberto Dalledone (coord.). *Ministro Luiz Edson Fachin*: dez anos de Supremo Tribunal Federal. Belo Horizonte: Fórum, 2025. p. 95-106. ISBN 978-65-5518-746-5.

O *HABEAS CORPUS* Nº 208.240 E A DEFESA DAS LIBERDADES INDIVIDUAIS: BUSCA PESSOAL E PERFILAMENTO RACIAL

FÁBIO FRANCISO ESTEVES

LUCAS NOGUEIRA ISRAEL

Introdução

Mark Tushnet, em sua obra *I Dissent: Great Opposing Opinions in Landmark Supreme Court Cases*, apresenta notáveis votos divergentes de casos marcantes da Suprema Corte dos Estados Unidos e destaca o impacto que essas decisões tiveram na história e no desenvolvimento do direito constitucional daquele país. Segundo Tushnet, a dissidência registra aspectos que podem não estar consentâneos com o domínio social, político ou econômico da época, mas que podem ganhar força conforme a sociedade e o direito evoluem. Assim, em temas como igualdade de gênero, igualdade racial e liberdades individuais, a divergência pode fomentar debates futuros e servir como fundamento para mudanças na interpretação constitucional em outros julgamentos.[1]

Além disso, a divergência sublinha a integridade de um sistema constitucional, pois demonstra que o desacordo é algo natural e parte essencial da interpretação constitucional em uma sociedade

---

[1] TUSHNET, Mark. *I Dissent*: Great Opposing Opinions in Landmark Supreme Court Cases. Beacon Press: Boston, 2008. p. XI-XXV.

democrática. Isso é especialmente relevante não somente para os tribunais constitucionais, mas também sob a ótica do constitucionalismo popular, em que a responsabilidade de assegurar a aderência do sistema de governo às normas constitucionais recai, sobretudo, sobre a sociedade como um todo.[2]

O presente artigo trata do *Habeas Corpus* nº 208.240 julgado pelo Plenário do Supremo Tribunal Federal e do voto divergente proferido pelo ministro Edson Fachin – ainda que, em parte, acolhido pelo Tribunal – em que se discutiu os requisitos de validade para busca pessoal realizada sem mandado judicial e a ocorrência de perfilamento racial em abordagem policial.[3] A primeira parte do texto aborda a necessidade de padrões probatórios mais claros para a realização da medida cautelar de busca pessoal sem ordem judicial como maneira de proteção de direitos fundamentais. A segunda parte do artigo versa sobre o tema do perfilamento racial, em que são tratados conceitos de perfilamento e assentado que a cor da pele, a raça ou a aparência física não constitui justificativa legítima para a busca pessoal, cabendo ao Estado coibir práticas discriminatórias. Ao final do artigo, apresenta-se o papel do judiciário na preservação de valores democráticos, como a dignidade da pessoa humana.

1 O caso concreto

Tratava-se de *habeas corpus* impetrado pela Defensoria Pública do Estado de São Paulo em favor de paciente condenado por tráfico de drogas (art. 33 da Lei nº 11.343/2023), após abordagem policial e busca pessoal que resultou na apreensão de 1,53g de substância entorpecente. Segundo relataram os policiais militares no auto de prisão em flagrante, em patrulhamento rotineiro, eles avistaram ao longe "um indivíduo de cor negra que estava em situação típica de tráfico de drogas", por estar parado junto ao meio-fio, próximo a um veículo, como se estivesse vendendo ou comprando algo.

A defesa alegava que não havia elementos concretos e objetivos que fundamentavam a abordagem policial e que a cor da pele do paciente fora o fator determinante para a busca pessoal, o que caracterizava

---

[2] *Ibidem*, p. XXXIII-XXXV.
[3] BRASIL. Supremo Tribunal Federal. *Habeas corpus nº 208.240*. Supremo Tribunal Federal, 2024. Disponível em: www.stf.jus.br. Acesso em: 17 jan. 2025.

a prática de perfilamento racial. Para sustentar sua argumentação, afirmava que um indivíduo de cor branca, nessa mesma situação, não haveria despertado a atenção dos policiais. Assim, pleiteava a absolvição por ilicitude da busca pessoal.

O julgamento ocorreu no Plenário do Supremo Tribunal Federal. A decisão do Tribunal foi por maioria de votos. Ficaram vencidos os ministros Edson Fachin, relator, e os ministros Luiz Fux e Roberto Barroso. A corrente majoritária compreendeu que a situação narrada pelos policiais e o fato de o paciente estar em local conhecido por tráfico de drogas justificaram a abordagem, afastando a tese de perfilamento racial.

O voto divergente do ministro Edson Fachin, por sua vez, argumentou que a situação narrada — indivíduo negro junto ao meio-fio e próximo a um carro — não fornecia elementos concretos e objetivos que justificassem a revista pessoal. Além disso, destacou que a menção ao local da abordagem, desacompanhada de dados estatísticos, não justificava a revista. Aduziu, ainda, que a primeira circunstância narrada pelos policiais foi a cor da pele, sem que outra característica física fosse acrescentada. Segundo o voto, tal circunstância, desacompanhada de outros elementos concretos, evidenciou que a cor da pele, ainda que não intencionalmente, foi o principal fator que despertou a atenção dos policiais.

Ainda que não haja sido reconhecida a ocorrência de perfilamento racial no caso concreto, o Supremo Tribunal Federal, por unanimidade, acolheu a tese de julgamento proposta pelo ministro Edson Fachin, fixada nos seguintes termos:

> A busca pessoal independente de mandado judicial deve estar fundada em elementos indiciários objetivos de que a pessoa esteja na posse de arma proibida ou de objetos ou papéis que constituam corpo de delito, não sendo lícita a realização da medida com base na raça, sexo, orientação sexual, cor da pele ou aparência física.[4]

O precedente, nesse sentido, tem enorme importância para a jurisprudência de direitos humanos e fundamentais do Tribunal. Pela primeira oportunidade, o Tribunal, por seu órgão Plenário, em processo da relatoria do ministro Edson Fachin, fixou tese de julgamento no sentido de que a busca pessoal sem mandado judicial deve estar

---

[4] BRASIL. Supremo Tribunal Federal. *Op. cit.*

fundamentada em indícios objetivos de que a pessoa esteja na posse de arma proibida ou de objetos ou papéis que possam representar a materialidade do crime. Além disso, assentou que não a raça, o sexo, a orientação sexual, a cor da pele ou a aparência física não constituem elementos legítimos para justificar a abordagem policial e a busca pessoal.

2 Busca Pessoal e padrão probatório

A busca é um procedimento de persecução penal realizado por agentes do Estado com o objetivo de investigar a ocorrência de determinada prática delitiva. Quando a busca recai sobre uma pessoa, em contato direto ao corpo humano ou em pertencentes privativos do ser humano, como uma bolsa, uma carteira ou um veículo, esta é chamada de busca pessoal.[5]

Por sua vez, o resultado da busca é a apreensão. A apreensão é, assim, "a medida assecuratória que retira algo de alguém ou de algum lugar com a finalidade de produzir prova ou preservar direitos".[6]

Como procedimento persecutório investigativo, a busca pessoal é uma medida restritiva de direitos fundamentais, dentre eles, a inviolabilidade da vida privada, da intimidade, da integridade física ou moral.

Nesse contexto, o voto do ministro Edson Fachin toma como ponto de partida dois elementos principais: 1) o estabelecimento de *standard* probatório mais nítido para a realização da medida cautelar de busca pessoal como forma de proteção a direitos fundamentais; 2) a proibição de prática discriminatória em violação à dignidade humana.

A Constituição Federal veda discriminação em razão de raça, cor, sexo ou aparência física, estabelecendo a dignidade humana como princípio fundamental (art. 3º, IV, CF/88). A Constituição Federal também protege a intimidade e a privacidade como direitos individuais, assim como a integridade física e moral (art. 5º, X e XLIX).

Em harmonia com o texto constitucional e em proteção às liberdades individuais, o Código de Processo Penal, no plano infraconstitucional, exige, para a realização de busca pessoal sem mandado judicial, a presença de fundada suspeita de que a pessoa abordada esteja "na posse de arma proibida ou de objetos ou papéis que constituam corpo de delito" (art. 244 do CPP).

---

[5] NUCCI, Guilherme de Souza. *Manual de processo e execução penal*. 2. tir. São Paulo: Editora Revista dos Tribunais, 2005. p. 466.
[6] *Ibidem*, p. 461.

Não se trata, portanto, de uma **justa causa aberta**. Cuida-se, ao contrário, de uma **justa causa vinculada** à fundada suspeita de que a pessoa abordada esteja na posse de objetos que constituam o corpo de delito, como apontou o voto do ministro Edson Fachin.

O corpo de delito é o conjunto de elementos **sensíveis** do fato criminoso. São elementos que podem ser percebidos pelos sentidos humanos (audição, olfato, paladar, tato) deixados pelo crime no mundo material.

Essa é a definição clássica de corpo de delito trazida por João Mendes de Almeida Júnior, em *O Processo Criminal Brasileiro*, obra que teve primeira edição em 1901:

> corpo de delito é o conjunto de elementos sensíveis do fato criminoso. Corpo é toda a substância formada por elementos sensíveis, ou melhor de partes elementares dispostas e conjuntas. *Elementos sensíveis são aqueles princípios produtores que podem afetar os sentidos, isto é, que podem ser percebidos pela vista ou pelo ouvido ou pelo ato ou pelo gosto ou pelo olfato.* São também chamados elementos físicos ou materiais não só por sua natureza, como porque constituem a força física ou resultam do movimento da força física. Ora, não há delito sem que um movimento da força física que o causa e sem um resultado desse movimento. Quer esse movimento, quer esse resultado, se resolvem em elementos que podem ser percebidos pelos sentidos, elementos que, dispostos e conjuntos, constituem o fato criminoso e o dano causado. *A observação e a recomposição desses elementos sensíveis do fato criminoso, eis o que se chama formar o corpo de delito.*[7] (grifo nosso)

O corpo de delito compreende: a) *corpus criminis*: a pessoa ou objeto sobre o qual recai a ação criminosa (por exemplo, o corpo em caso de homicídio; os documentos em caso de falsificação; ou o objeto subtraído em caso de furto); b) *corpus instrumentorum*: os instrumentos ou objetos empregados na execução do crime (como a arma no homicídio; ferramentas de arrombamento em caso de furto; o veículo utilizado no transporte de mercadoria em crime de contrabando); c) *corpus probatorium*: os vestígios materiais deixados no local do crime que contribuem para a reconstrução do fato criminoso (sangue em caso de homicídio ou lesão corporal; impressões digitais em caso de furto

---

[7] ALMEIDA JÚNIOR, João Mendes de. *O Processo Criminal Brasileiro*. Rio de Janeiro: Freitas Bastos, 1959. 2 v. p. 7.

ou roubo; resíduos de pólvora em caso de crime mediante disparo de arma de fogo).[8]

Nesse contexto, com o escopo de proteger direitos fundamentais e estabelecer um padrão probatório mais claro para a realização da busca pessoal sem ordem judicial, o voto divergente, a partir da interpretação do texto legal, faz uma associação direta entre justa causa e corpo de delito. Em outras palavras, a justa causa corresponde à presença de elementos sensíveis do fato criminoso. Elementos que, por sua vez, podem ser sentidos, isto é, podem ser percebidos pela vista, pelo ouvido, pelo tato, pelo paladar, pelo olfato. Assim, por exemplo, a visão de parte de uma arma, o odor de álcool, a visão de lesões no corpo, o odor de entorpecente, a visão de apetrechos, o cheiro de sangue, a apalpação de um instrumento contundente, a visão do formato de um revólver são elementos sensíveis que, a depender da natureza e tipo do delito, autorizariam a busca pessoal sem ordem judicial.

Vale destacar que a exigência desses elementos sensíveis indica que a suspeita deve estar fundada em elementos materiais e objetivos. Intuições ou inferências subjetivas, como "indivíduo suspeito", "atitude suspeita", "olhar criminoso" não autorizam a busca pessoal, sob pena de violação das garantias individuais da intimidade e privacidade.

Nesse sentido, Guilherme de Souza Nucci esclarece que suspeita "é uma desconfiança ou suposição, algo instintivo e frágil por natureza".[9] Para o autor, o texto legal, ao conter a expressão "fundada", demanda algo "concreto e seguro"[10] para a realização da busca pessoal. Assim, "quando um policial desconfiar de alguém, não poderá valer-se, unicamente, de sua experiência ou pressentimento, necessitando, ainda, de algo mais palpável".[11]

Em igual sentido, Alexandre de Morais da Rosa aponta que, em razão da experiência profissional, policiais podem até "sentir" algo diferente. Contudo, quando se trata do exercício da segurança pública, "a restrição de direitos de liberdade depende de prévias evidências objetivas, tangíveis e demonstráveis".[12]

---

[8] TUCCI, Rogério Lauria. *Do corpo de delito no direito processual penal brasileiro*. São Paulo: Saraiva, 1978. p. 85.
[9] Ibidem, p. 467.
[10] Ibidem, p. 467.
[11] Ibidem, p. 467.
[12] ROSA, Alexandre Morais da. *Guia do Processo Penal Estratégico*: de acordo com a Teoria dos Jogos. 1. ed. Santa Catarina: Emais, 2021. p. 625.

São os elementos sensíveis da materialidade do delito que evitam abordagens exploratórias, como a "pescaria probatória" (*fishing expedition*), que consiste em uma busca especulativa, sem causa plausível, objetivo definido ou finalidade clara, com o intuito de encontrar elementos que possam imputar responsabilidade penal a uma pessoa.[13]

De igual modo, é a exigência de elementos sensíveis do fato criminoso que evidenciam a sentido de urgência da busca pessoal sem ordem judicial. Do contrário, não presente a urgência da intervenção, seria o caso de demandar o prévio — e não posterior — controle do poder judiciário.

A requisito da urgência, a propósito, é ressaltado no voto divergente do ministro Edson Fachin, trazendo reflexões sobre um ponto importante para o Poder Judiciário no momento do ulterior controle da legalidade da busca pessoal:

> O requisito da urgência é importante para o fim de assegurar a excepcionalidade da medida e de evitar buscas pessoais aleatórias com escopo vexatório. Sem a urgência, elemento indispensável para a implementação de medidas cautelares, a diligência será ilícita.[14]

Mas não só. A exigência de justa causa, extraída a partir de elementos sensíveis do fato criminoso, evita a prática de abordagens policiais discriminatórias que visem ao sujeito abordado, em vez de se direcionarem à causa ou à situação verificada. Abordagens que tenham em mente o indivíduo abordado, além de flertarem com o direito penal do autor, representam uma violação frontal de direitos fundamentais, dentre eles, a igualdade entre todos.

Daí a importância da tese de julgamento firmada pelo Supremo Tribunal Federal que sublinha que a busca pessoal sem mandado judicial deve estar fundamentada em elementos concretos e objetivos que indiquem que a pessoa abordada esteja na posse de objetos que constituam corpo de delito.

Ademais, essa compreensão, ressaltada no voto minoritário do ministro Edson Fachin, está em harmonia com o entendimento da Corte Interamericana de Direitos Humanos e do Tribunal Europeu de Direitos Humanos.

---

[13] *Ibidem*, p. 389.
[14] BRASIL. Supremo Tribunal Federal. *Habeas corpus nº 208.240*. Supremo Tribunal Federal, 2024. Disponível em: www.stf.jus.br. Acesso em: 17 jan. 2025.

A Corte Interamericana de Direitos Humanos tem decidido que medidas cautelares restritivas de direitos fundamentais devem estar baseadas em elementos concretos e sustentadas por evidências materiais que justifiquem a adoção da medida, e não em suposições ou intuições sem embasamento objetivo.[15]

De forma semelhante, o Tribunal Europeu de Direitos Humanos tem sublinhado a importância de padrões probatórios mais rigorosos para a realização de revistas pessoais mediante estabelecimento de critérios objetivo e salvaguardas rígidas, a fim de evitar a concessão de ampla discricionariedade às autoridades policiais e cometimento de arbitrariedades por parte da atividade persecutória.[16]

Portanto, o voto do ministro Edson Fachin, ainda que não prevalecido em sua integralidade, traz importantes reflexões sobre a necessidade do estabelecimento de padrão probatório mais rígido e claro para a realização de busca pessoal sem ordem judicial para o Poder Judiciário Brasileiro. Nesse sentido, a tese fixada pelo Supremo Tribunal Federal, a partir do voto divergente, de que "a busca pessoal independente de mandado judicial deve estar fundada em elementos indiciários objetivos de que a pessoa esteja na posse de arma proibida ou de objetos ou papéis que constituam corpo de delito" é uma salvaguarda relevante para a proteção de direitos fundamentais e para o desenvolvimento do direito constitucional brasileiro.

3 Perfilamento racial, atividade policial e o controle judicial

Conforme a Organização das Nações Unidas (ONU), o perfilamento racial é a prática pela qual a raça, a cor, a descendência, a etnicidade ou a nacionalidade de uma pessoa são utilizados como parâmetros para submetê-la a buscas pessoais, verificações e reverificações de identidade, investigações ou para determinar o seu envolvimento em atividades criminosas.[17] Assim, no lugar de critérios objetivos

---

[15] Nesse sentido, cf. CORTE INTERAMERICANA DE DIREITOS HUMANOS. *Chaparro Álvarez e Lapo Íñiguez vs. Equador (2007)*. Disponível em: www.corteidh.or.cr. Acesso em: 17 jan. 2025.
[16] Cf. TRIBUNAL EUROPEU DE DIREITOS DO HOMEM. *Gillan e Quinton vs. Reino Unido* (2000). Disponível em: www.echr.coe.int. Acesso em: 17 jan. 2025.
[17] NAÇÕES UNIDAS. *Prevenindo e combatendo o perfilamento racial de pessoas afrodescendentes*: boas práticas e desafios. 2. ed. Nova Iorque: Departamento de Comunicações Globais e pelo Escritório do Alto Comissariado para Direitos Humanos, 2014.

— baseados no comportamento do indivíduo —, no perfilamento racial, é feita uma "associação sistemática de um conjunto de características físicas, comportamentais ou psicológicas com delitos específicos e seu uso como base para tomar decisões de aplicação da lei".[18] Essa associação estereotipada entre etnia e crime "tende a isolar indivíduos ou grupos de forma discriminatória com base na suposição errônea de que pessoas com tais características são propensas a se envolver em crimes específicos".[19]

Como forma de combater a realização de abordagens policiais com base em critérios não objetivos, o Comitê para a Eliminação da Discriminação Racial da ONU, por meio da Recomendação Geral nº 36/2020, recomenda que os Estados adotem leis, códigos de conduta e de ética ou procedimentos operacionais, a serem implementados pelas instituições policiais, com diretrizes detalhadas e padrões precisos para as buscas policiais. Além disso, recomenda-se que sejam estabelecidos mecanismos externos e internos de monitoramento dessas práticas, bem como a transparência dos resultados desses procedimentos, a fim de fortalecer a prestação de contas e a confiança dos indivíduos.

Nesse sentido, o voto do ministro Edson Fachin, em defesa da liberdade individual e da necessidade de controle *a posteriori* pelo Poder Judiciário da medida cautelar de busca e apreensão. No que se refere a este controle judicial, é preciso que seja uma exortação para toda a justiça criminal, embora pareça óbvia, mas ainda é mais do que necessária, sob pena de o Poder Judiciário atuar como agência secundária de perfilamento racial, na linha do que discorre Juarez Tavares acerca das denominadas agências secundárias, como órgãos executivos do Estado que decidem a seleção própria da criminalização secundária. Sustenta o autor que os juízes unicamente exercem o poder de filtrar, quer dizer, de habilitar ou interromper a continuidade do processo de criminalização secundária. Esta potestade é fundamental para evitar que o poder policial se expanda sem limites e acabe com o Estado de direito. Aduz Tavares que os juízes exercem esse poder com suas sentenças (*que são atos de governo da polis*) e que se articulam na jurisprudência que, como é cometida à sua função política, também pode ou não coincidir com as ideologias das criminalizações primária e secundária.[20]

---

[18] *Ibidem*, p. 13.
[19] COMISSÃO INTERAMERICANA DE DIREITOS HUMANOS. *Recomendação Geral nº 36* (24 nov. 2020). Disponível em: www.oas.org/pt/CIDH. Acesso em: 13 jan. 2025.
[20] TAVARES, Juarez. *Fundamentos de teoria do delito*. 2. ed. São Paulo: Tirant lo Blanch, 2020. p. 26.

Na mesma ordem desses argumentos, o Professor Evandro Pisa, Laís Avelar e Rafael Garcia avaliam que as análises das narrativas os conduzem para a reflexão da importância de implicação do Poder Judiciário, visto que, se de um lado, as práticas policiais denunciam como é demasiadamente forte a identificação feita entre criminalidade e negritude, de outro, temos que considerar que estas práticas, como postas, não são de responsabilidade exclusiva dos policiais ao decidirem executar seu tirocínio. Na verdade, para os autores, há um ambiente social, institucional e, sobretudo, judicial, que consente e valida práticas e ações como as relatadas acima. A melhoria dos procedimentos policiais depende também de uma mudança no posicionamento de outras instâncias, sobretudo do Poder Judiciário.[21]

Assim, diante do compromisso intransigente do Poder Judiciário por uma jurisdição antidiscriminatória, em particular, a jurisdição criminal, o perfilamento racial nas buscas pessoais e domiciliares[22] exige escrutínio que amplie os horizontes das pré-compreensões interpretativas. Evidente que seria facilmente detectáveis e repudiáveis prática explícitas de discriminação racial na atividade policial, embora ainda tenhamos em boa medida certa tolerância na repressão efetiva de atos discriminatórios dessa natureza. As dificuldades giram em torno das práticas discriminatórias implícitas, centradas em vieses implícitos ou inconscientes.

Anthony G. Greenwald e Linda Hamilton tratam do conceito de viés implícito — para os autores — um aspecto da nova ciência dos processos mentais inconscientes, que tem relevância substancial para o direito antidiscriminatório. Aduzem que as teorias do viés implícito contrastam com a concepção psicológica "ingênua" do comportamento social, que considera os seres humanos como guiados apenas por suas crenças explícitas e suas intenções conscientes de agir.[23] Assim, os preconceitos implícitos são tendências discriminatórias baseadas

---

[21] DUARTE, Evandro Piza; AVELAR, Laís da Silva; GARCIA, Rafael de Deus. Suspeitos? Narrativas e expectativas de jovens negros e negras e policiais militares sobre a abordagem policial e a discriminação racial em Brasília, Salvador e Curitiba. *Quaestio Iuris*, Rio de Janeiro, v. 11, n. 04, p. 3316-3336, 2018. DOI: 10.12957/rqi.2018.34319.

[22] GARCIA, Rafael de Deus; MARTINEZ, Victor Dantas de Maio; MACIEL, Natalia Cardoso Amorim; MACÊDO, Andréia de Oliveira; MACEDO, Hugo Homem; ARMSTRONG, Karolina Chacon; SOARES, Milena Karla. *Entrada em domicílio em caso de crimes de drogas*: geolocalização e análise quantitativa de dados a partir de processos dos Tribunais da Justiça estadual brasileira. Rio de Janeiro: Ipea, 2023. 36 p. (Texto para Discussão, 2946).

[23] GREENWALD, Anthony G.; KRIEGER, Linda Hamilton. Implicit Bias: Scientific Foundations. *California Law Review*, v. 94, n. 4, p. 946, 2006.

em atitudes implícitas ou estereótipos implícitos. Os vieses implícitos são particularmente intrigantes e problemáticos, pois podem levar a comportamentos que divergem das crenças ou princípios declarados e endossados por uma pessoa. A própria existência do viés implícito representa um desafio para a teoria e a prática jurídica, pois o direito da discriminação parte do pressuposto de que, exceto em casos de insanidade ou incompetência mental, os indivíduos agem de acordo com suas crenças, atitudes e intenções explícitas.[24]

Para Adilson Moreira, os estereótipos que além da dimensão descritiva, também possuem a prescritiva, atua no plano do inconsciente, influenciado o comportamento dos indivíduos que sustentam atuar de forma inteiramente isenta. As pessoas dizem que não são preconceituosas e agem de forma racional, mas elas podem facilmente encontrar razões que não estão aparentemente ligadas à raça para discriminar uma pessoa negra.[25]

4 O Protocolo para Julgamento com Perspectiva Racial e o controle dos vieses implícitos nas buscas pessoais

Na linha das preocupações com o impacto desproporcional para grupos sociais minoritários, das decisões resultantes de interpretações de textos normativos realizadas sob a ótica da suposta neutralidade racial, o Conselho Nacional de Justiça instituiu o Protocolo para Julgamento com Perspectiva Racial. A decisão do Ministro Edson Fachin teve seu objeto tratado de forma específica no texto do Protocolo, o que demonstra como o referido julgamento contribuiu para a modificação das práticas judiciais no cenário brasileiro.

O protocolo orienta os magistrados a promoverem, primeiramente, uma "aproximação com o processo", para identificar o contexto no qual a demanda está inserida e questionar se as assimetrias de raça, sempre em perspectiva interseccional, estão presentes no conflito apresentado. Por isso, o destaque no protocolo acerca das condições da mulher negra,[26] pessoa negra idosa,[27] pessoas negra privadas de

---

[24] *Ibidem*, p. 951.
[25] MOREIRA, Adilson José. Tratado de Direito Antidiscriminatório. São Paulo: Editora Contracorrente, 2020. p. 377.
[26] CONSELHO NACIONAL DA JUSTIÇA. *Protocolo para Julgamento com Perspectiva Racial*. Brasília: Conselho Nacional de Justiça, 2024. 190 p. p. 55.
[27] *Ibidem*, p. 56.

liberdade,[28] vítimas negras,[29] crianças e adolescentes negras,[30] adolescentes negros em conflito com a lei.[31] Os passos seguintes tratam da concessão de medidas protetivas,[32] da instrução processual,[33] prova pericial,[34] valoração de provas e identificação de fatos[35] e, por fim, os

---

[28] Ibidem, p. 57.
[29] Ibidem, p. 58.
[30] Ibidem, p. 59.
[31] Ibidem, p. 60.
[32] Perguntas e Considerações: a) O caso requer alguma medida imediata de proteção (ex.: afastamento do agressor, medidas de restrição ao(à) agressor(a), proteção contra violência racial, medidas de proteção social)? b) As partes envolvidas estão em risco de vida ou de sofrer alguma violação à integridade física, psicológica ou moral em decorrência de sua raça? c) Existe alguma assimetria de poder ou influência racial entre as partes envolvidas que possa agravar a situação de vulnerabilidade? d) Existem fatores relacionados ao contexto no qual a pessoa negra está inserida, como fatores socioeconômicos, históricos de discriminação racial, ou aspectos culturais (ex.: normalização da violência contra pessoas negras) que propiciam o risco? e) Há alguma providência extra-autos, de encaminhamento ou de assistência às vítimas negras a ser tomada (ex: suporte psicológico, acesso a direitos básicos, proteção em comunidades quilombolas)? f) O que significa proteger a pessoa negra no caso concreto, levando em conta as particularidades de sua vulnerabilidade racial? g) A autonomia e a dignidade da pessoa negra estão sendo respeitadas e garantidas durante todo o processo? h) As medidas usualmente propostas para situações semelhantes são suficientes para atender a condição de vulnerabilidade racial das pessoas envolvidas? (Ibidem, 61-62).
[33] As questões-chave nesse ponto são: a) A instrução processual está reproduzindo violências institucionais de cunho racial? Existem expedientes, ainda que aparentemente neutros, que podem gerar especial dificuldade de implementação em razão da vulnerabilidade racial (interconectada com gênero, sexualidade, condição socioeconômica, deficiência, idade, orientação religiosa ou origem nacional) das partes? b) A condição de pessoa negra está sendo percebida como algo prejudicial no contexto analisado? c) A instrução está permitindo um ambiente propício para a produção de provas com qualidade? (Ibidem, 62).
[34] Ibidem, p. 63.
[35] Nesse ponto, questões-chave são: a) Uma prova geralmente considerada relevante poderia ter sido produzida? (ex.: existem circunstâncias que poderiam impedir a produção de provas testemunhais, como medo por parte de testemunhas oculares de prestar depoimento?) b) Diante da resposta conferida à primeira questão, é necessário conferir um peso diferente à palavra da vítima? c) Provas podem estar imbuídas de estereótipos de raça? (ex.: um depoimento de testemunha negra por vezes pressupõe que ela é uma pessoa com menos conhecimento ou instrução educacional; um depoimento de pessoa negra, por vezes, pressupõe que ela está inserida em contextos de criminalidade e violência; o contexto territorial e cultural no qual a testemunha está inserida é considerado negativamente). d) Minhas experiências podem estar influenciando minha apreciação dos fatos? (ex.: nunca pratiquei racismo e, portanto, me parece difícil que uma pessoa com experiências similares às minhas possa fazê-lo). e) Posso estar dando peso a um evento que só parece importar por ideias pré-concebidas que permeiam minha visão de mundo? (ex.: depoimentos que dizem que pessoas negras se vitimizam, ou que alegações de racismo são queixas injustificadas?). f) Da mesma forma, posso estar minimizando algum fato relevante? (ex.: existe relação de subordinação ou desequilíbrio de poder entre as partes envolvidas que possa ter afetado a obtenção e a apresentação das provas?) g) Posso estar ignorando como as dinâmicas de desigualdades estruturais interferem na vida de uma pessoa? Ou seja, é possível que dinâmicas de raça tornem importantes fatos que, pela

marcos normativos, doutrinários e jurisprudenciais considerados para análise do caso, com especial atenção às normas que estão sendo (des)consideradas para fundamentar a decisão, bem como às referências doutrinárias e jurisprudenciais utilizadas.[36] Por último, cada ramo do direito foi objeto para a elaboração de questões específicas na perspectiva racial.

No que tange às buscas pessoais, com a finalidade de realizar o controle adequado e substantivo da abordagem policial, compete ao Poder Judiciário verificar não somente na audiência de custódia, como também no curso da instrução criminal se: a) há elementos objetivos que configuram a plausibilidade de que a pessoa colocada sob suspeição estivesse ligada ao cometimento de um crime?; b) Se existem, estão explicitados e descritos no auto de prisão em flagrante?; c) Há imagens das câmeras corporais dos agentes policiais?; d) Havendo notícia de denúncia anônima, a sua fonte foi identificada e há registro pormenorizado do conteúdo da referida denúncia?; e) Houve ação de inteligência prévia à abordagem policial? Em caso positivo, há registro formal das atividades investigativas conduzidas e suas conclusões parciais demonstram, de forma objetiva, probabilidade razoável de cometimento de crime?; f) Eventuais elementos que indiquem a plausibilidade do cometimento de crime são independentes ou se confundem com aspectos pessoais do indivíduo que sofreu a medida ou com achados ilícitos decorrentes da diligência injusta utilizados para sua convalidação?[37]

A orientação do Conselho Nacional da Justiça também está em sintonia com precedentes internacionais. A Corte Interamericana de Direitos Humanos analisou o tema do perfilamento racial no caso *Acosta*

---

minha experiência ou visão de mundo, poderiam parecer irrelevantes? (ex.: uma mulher negra que demorou para denunciar seu empregador e/ou seu ex-marido por violência doméstica, por medo de retaliação ou por ser financeiramente dependente está sendo considerada como conivente com a violência sofrida?) (*Ibidem*, 65-66).

[36] Há um número significativo de normas de caráter antirracista que foram positivadas a partir da Constituição de 1988, que padecem de efetividade, porque recorrentemente não são aplicadas por parte de julgadores(as). Qual tem sido o esforço empreendido pela magistratura para ampliar o repertório normativo de suas decisões? Quais normas internas e decorrentes de tratados internacionais das quais o Brasil é signatário podem garantir a máxima efetividade da proteção jurídica em cada caso concreto? Por exemplo, o Estatuto da Igualdade Racial costuma ser mobilizado em suas decisões? O novo marco constitucional de enfrentamento ao racismo, consubstanciado nas normas que decorrem da CIRDI, foi incorporado à interpretação do caso e das demais normas a ele aplicadas? (*Ibidem*, 67).

[37] CONSELHO NACIONAL DA JUSTIÇA. *Protocolo para Julgamento com Perspectiva Racial*. Brasília: Conselho Nacional de Justiça, 2024. 190 p. p. 124.

Martínez e outros vs. Argentina. No caso concreto, reconheceu-se que as normas que regulavam os poderes policiais para abordar pessoas por suspeita do cometimento de crimes no país permitiu a aplicação de perfis raciais e de detenções arbitrárias. Assim, recomendou-se o estabelecimento de um mecanismo de registro de reclamações de pessoas que afirmem ter sido detidas com base em perfilamento racial, bem como um sistema de registro de estatísticas da população negra no país para que se feita uma comparação entre a população total e número de detenções da população negra.[38]

Os critérios raciais utilizados em abordagens policiais foram alvo de críticas judiciais nos Estados Unidos. No caso *Floyd v. City of New York*, a juíza responsável pelo caso concluiu que a aplicação da política de "parar e revistar" pelo Departamento de Polícia de Nova York violava a 4ª Emenda da Constituição dos Estados Unidos, que proíbe buscas e apreensões injustificadas. Tal prática foi considerada um método de perfilamento racial e de violação direcionado a cidadãos negros e de origem latina.[39]

As perguntas-chaves formuladas no Protocolo visam contribuir com a necessária suspensão dos juízos prévio inautênticos produzidos por vieses cognitivos resultantes de estereótipos raciais negativos, constituídos e fortalecidos para generalizar a crença de que pessoas negras têm natural inclinação para condutas criminosas, crença essa enraizada nas práticas policiais, conforme demonstra o extenso estudo da Universidade Federal de São Carlos,[40] realizado em quatro unidades da Federação (São Paulo, Rio Grande do Sul, Distrito Federal e Minas Gerais), revelando que neste último Estado, quanto às prisões em flagrante (em torno de 350.000/ano), há uma relação de 2,28 pessoas negras presas em flagrante para cada pessoa branca no ano de 2013, mas com uma tendência de alta, dado que a relação sobre para 2,61 em 2018. Esta desigualdade, seguindo a tendência apresentada anteriormente,

---

[38] CORTE INTERAMERICANA DE DIRETOS HUMANOS. *Acosta Martínez e outros vs. Argentina* (2020). Disponível em: www.corteidh.or.cr. Acesso em: 17 jan. 2025.

[39] *FLOYD v. CITY OF NEW YORK*, 283 F.R.D. 153, S.D.N.Y., Nova Iorque, 2012. A decisão judicial foi objeto de apelação e o Tribunal de Apelação do Segundo Circuito suspendeu a ordem de reforma do regramento da Polícia de Nova Iorque, mas manteve as conclusões da juíza de 1º Grau sobre as violações constitucionais. Posteriormente, o Departamento de Polícia de Nova Iorque reformulou sua política de abordagem e revista como forma de reduzir o perfilamento racial no policiamento.

[40] SINHORETTO, Jacqueline (org.). *Policiamento ostensivo e relações raciais*: estudo comparado sobre formas contemporâneas de controle do crime. São Carlos: Universidade Federal de São Carlos, 2020. p. 140-141.

agrava-se na Capital Belo Horizonte. A diferença entre negros e não negros aumenta de 3,74 vezes no início da série, até atingir escandalosas 4,33 vezes em 2018.

O desafio maior coloca-se diante do fato de que em nenhuma dessas prisões haveria explícita alusão à raça, por isso a sofisticação do racismo, em particular em sociedades em que as relações sociais se estruturam na discriminação racial, razão pela qual a decisão do Ministro representa um marco para o reforço do reconhecimento da existência de práticas racistas em espaços e instituições cuja atuação é aparentemente neutra, e portanto, supostamente sem condições de produzir discriminação, cenário que revela enorme empecilho para o combate dos processos discriminatórios pelo Poder Judiciário e a consequente construção de uma sociedade livre, justa e solidária.

O Protocolo de Julgamento em Perspectiva Racial emerge como um referencial para assegurar que, considerada a dimensão racial no ato de interpretar no âmbito das decisões judiciais proferidas na jurisdição criminal, seja possível descortinar práticas de perfilamento racial e passar a exigir critérios objetivos para fundamentação das abordagens policiais e validade da prova produzida. Dessa forma, busca-se que a perspectiva racial seja um fator determinante na análise e julgamento de casos concretos.

Assim, a efetivação do Protocolo de Julgamento com Perspectiva Racial é essencial para concretizar os princípios da dignidade da pessoa humana e da igualdade, além de estabelecer compromisso institucional para a erradicação das desigualdades raciais no sistema de justiça criminal.

Conclusão

Há racismo no Brasil, declarou o Ministro Fachin no voto proferido no julgamento do HC nº 154.248 (Tribunal Pleno, 28.10.2021, DJe-036, 23.02.2022), e há juízes e juízas comprometidos com a eliminação de todas as formas de discriminação, agora com a competência robustecida, a partir do produtivo diálogo entre a jurisdição constitucional e suas decisões da envergadura dessa proferida no *Habeas Corpus* nº 208.240 e o Conselho Nacional de Justiça, com a formulação de políticas públicas judiciárias, dessa vez produzidas, levando em consideração aspectos interdisciplinares até então estranhos às teoria do Direito, para enfrentar os perversos vieses implícitos racistas, e, assim, interromper qualquer possibilidade de extensão do ciclo secundário de perfilamento racial para a criminalização injusta.

O voto do Ministro Edson Fachin integra o quadro de defesa das liberdades judiciais e enfrentamento de práticas que reforçam o racismo no Brasil. Não há possibilidades para a democracia e para a justiça em um sistema que conviva em harmonia com discriminação de raça, gênero e classe, sobretudo implicitamente. Pelo contrário, que o voto proferido no HC nº 208.240 seja mais um de muitos na esteira da urgente necessidade de coibir as violações de direitos fundamentais.

Referências

ALMEIDA JÚNIOR, João Mendes de. *O Processo Criminal Brasileiro*. Rio de Janeiro: Freitas Bastos, 1959. 2 v.

BRASIL. Supremo Tribunal Federal. *Habeas corpus nº 208.240*. Supremo Tribunal Federal, 2024. Disponível em: www.stf.jus.br. Acesso em: 17 jan. 2025.

COMISSÃO INTERAMERICANA DE DIREITOS HUMANOS. *Recomendação Geral nº 36* (24 nov. 2020). Disponível em: www.oas.org/pt/CIDH. Acesso em: 13 jan. 2025.

CONSELHO NACIONAL DA JUSTIÇA. *Protocolo para Julgamento com Perspectiva Racial*. Brasília: Conselho Nacional de Justiça, 2024. 190 p.

CORTE INTERAMERICANA DE DIRETOS HUMANOS. *Acosta Martínez e outros vs. Argentina* (2020). Disponível em: www.corteidh.or.cr. Acesso em: 17 jan. 2025.

CORTE INTERAMERICANA DE DIREITOS HUMANOS. *Chaparro Álvarez e Lapo Íñiguez vs. Equador* (2007). Disponível em: www.corteidh.or.cr. Acesso em: 17 jan. 2025.

DUARTE, Evandro Piza; AVELAR, Laís da Silva; GARCIA, Rafael de Deus. Suspeitos? Narrativas e expectativas de jovens negros e negras e policiais militares sobre a abordagem policial e a discriminação racial em Brasília, Salvador e Curitiba. *Revista Quaestio Iuris*, v. 11, n. 4, p. 3316-3336, 2018.

FLOYD v. CITY OF NEW YORK, 283 F. R. D. 153, Southern District of New York, Nova Iorque, 2012.

GARCIA, Rafael de Deus; MARTINEZ, Victor Dantas de Maio; MACIEL, Natalia Cardoso Amorim; MACÊDO, Andréia de Oliveira; MACEDO, Hugo Homem; ARMSTRONG, Karolina Chacon; SOARES, Milena Karla. *Entrada em domicílio em caso de crimes de drogas*: geolocalização e análise quantitativa de dados a partir de processos dos Tribunais da Justiça estadual brasileira. Rio de Janeiro: Ipea, 2023. 36 p. (Texto para Discussão, 2946).

GREENWALD, Anthony G.; KRIEGER, Linda Hamilton. Implicit Bias: Scientific Foundations. *California Law Review*, v. 94, n. 4, p. 945-967, 2006.

MOREIRA, Adilson José. Tratado de Direito Antidiscriminatório. São Paulo: Editora Contracorrente, 2020.

NAÇÕES UNIDAS. *Prevenindo e combatendo o perfilamento racial de pessoas afrodescendentes*: boas práticas e desafios. 2. ed. Nova Iorque: Departamento de Comunicações Globais e pelo Escritório do Alto Comissariado para Direitos Humanos, 2014.

NUCCI, Guilherme de Souza. *Manual de processo e execução penal*. 2. tir. São Paulo: Editora Revista dos Tribunais, 2005.

ROSA, Alexandre Morais da. *Guia do Processo Penal Estratégico*: de acordo com a Teoria dos Jogos. 1. ed. Santa Catarina: Emais, 2021.

SINHORETTO, Jacqueline (org.). *Policiamento ostensivo e relações raciais*: estudo comparado sobre formas contemporâneas de controle do crime. São Carlos: Universidade Federal de São Carlos, 2020. p. 140-141.

TRIBUNAL EUROPEU DE DIREITOS DO HOMEM. *Gillan e Quinton vs. Reino Unido* (2000). Disponível em: www.echr.coe.int. Acesso em: 17 jan. 2025.

TUCCI, Rogério Lauria. *Do corpo de delito no direito processual penal brasileiro*. São Paulo: Saraiva, 1978.

TUSHNET, Mark. *I Dissent*: Great Opposing Opinions in Landmark Supreme Court Cases. Beacon Press: Boston, 2008.

LOPES JR., Aury. *Manual de direito processual penal*. 18. ed. São Paulo: Saraiva Educação, 2023.

CONSELHO NACIONAL DE JUSTIÇA. Poder Judiciário lança pacto pela equidade racial. *Agência CNJ de Notícias*, 24 nov. 2022. Disponível em: https://www.cnj.jus.br/poder-judiciario-lanca-pacto-pela-equidade-racial-nesta-sexta-feira-25-11/?utm_source=chatgpt.com. Acesso em: 26 jan. 2025.

TAVARES, Juarez. *Fundamentos de teoria do delito*. 2. ed. São Paulo: Tirant lo Blanch, 2020.

Informação bibliográfica deste livro, conforme a NBR 6023:2018 da Associação Brasileira de Normas Técnicas (ABNT):

ESTEVES, *Fábio Franciso*; ISRAEL, Lucas Nogueira. O Habeas Corpus nº 208.240 e a defesa das liberdades individuais: busca pessoal e perfilamento racial. In: SILVA, Christine Oliveira Peter da; GIAMBERARDINO, André Ribeiro; ARRUDA, Desdêmona Tenório B. T.; MACEDO, José Arthur Castillo de; MACHADO FILHO, Roberto Dalledone (coord.). *Ministro Luiz Edson Fachin*: dez anos de Supremo Tribunal Federal. Belo Horizonte: Fórum, 2025. p. 107-123. ISBN 978-65-5518-746-5.

O FEDERALISMO COOPERATIVO DE LUIZ EDSON FACHIN: PARA UMA TEORIA DO DIREITO INTERPRETATIVA E GENERATIVA

GABRIEL REZENDE

Introdução

Se, na *Metafísica dos costumes*, Kant nos ensinou que uma teoria da razão prática deve articular uma doutrina do direito e uma doutrina da virtude, é provável que um texto em homenagem aos dez anos de exercício da jurisdição constitucional pelo Ministro Luiz Edson Fachin se visse obrigado a começar por essa última. Seria difícil imaginar que em uma década de tão marcantes julgamentos, muitos deles lembrados neste volume, as decisões pudessem ser separadas dos traços humanos do Ministro, isto é, de suas virtudes ou excelências de caráter. Se virtudes envolvem características disposicionais, motivações, desideratos e "sabedoria quando se trata de saber o que é importante e por quê",[1] a judicatura do Ministro Fachin deu provas de constante temperança, coragem cívica, mansidão, inteligência e prudência.[2]

---

[1] SHAFER-LANDAU, Russ. *The fundamentals of ethics*. 2. ed. New York: Oxford University Press, 2012. p. 258.

[2] Essa lista reproduz as virtudes judiciais estudas por Lawrence B. Solum a partir do elenco das virtudes aristotélicas. Cf. SOLUM, Lawrence. Virtue jurisprudence: a virtue-centred theory of judging. *Metaphilosophy*, v. 34, n. 2, p. 178-213, 2003.such as corruption and incompetence. Next, an account of judicial virtue is introduced. This includes judicial

Por mais tentadora que pareça ser a reflexão a partir de uma ética aretaica ou de uma jurisprudência das virtudes,[3] este texto se dedica, contudo, a explorar a primeira parte do problema sugerido por Kant. Há uma razão para isso: consolida-se cada vez mais, na literatura especializada, a opinião de que os Ministros do Supremo Tribunal Federal não professam teorias do direito. Essa hipótese contém, em verdade, uma versão ainda mais radical, segundo a qual os Ministros ou são infensos às influências teóricas, ou utilizam teorias de forma arbitrária e estratégica. Para além de negar à teoria do direito qualquer capacidade explicativa ou preditiva, essa posição nos lança em um mundo de agentes humanos; um mundo no qual os juízos valorativos decorrem unicamente dos sentimentos, e a racionalidade prática é sempre um cálculo de eficiência baseado em preferências. Só nos restaria, então, mensurar os comportamentos dos juízes e descrevê-los, em suas recorrências estatísticas, de acordo com modelos atitudinais ou estratégicos.

Meu objetivo, nas linhas que se seguem, não é o de dar vazão a um qualquer conflito das faculdades, nem tampouco negar validade e interesse às pesquisas empíricas na área do direito. Pretendo antes mostrar, ainda que de forma tentativa, como problemas típicos da teoria do direito não apenas estão presentes na judicatura do Ministro Fachin, mas também abrem um horizonte de compreensão da atividade judicante que não se reduz a um jogo de preferências. Para tanto, vou me valer de uma estratégia que consiste em interrogar um conjunto de decisões relativas à noção de federalismo e às dificuldades de repartição temática das competências dos entes federados. Esses exemplos são particularmente interessantes porque mostram como a teoria do direito é, nas palavras de Ronald Dworkin, um "silencioso prólogo a qualquer decisão no direito".[4]

---

wisdom, a form of phronesis, or sound practical judgement. A virtue-centred account of justice is defended against the argument that theories of fairness are prior to theories of justice. The centrality of virtue as a character trait can be drawn out by analysing the virtue of justice into constituent elements. These include judicial impartiality (even-handed sympathy for those affected by adjudication

[3] Um panorama a respeito da ética das virtudes e das características que a separam das outras duas éticas normativas, a ética deontológica e o utilitarismo, pode ser encontrado tanto em CRISP, Roger; SLOTE, Michael (orgs.). *Virtue Ethics*. Oxford: Oxford University Press, 1997; quanto em HURSTHOUSE, Rosalind. *On Virtue Ethics*. Oxford: Oxford University Press, 1999. Para uma contextualização das traduções da ética aretaica para o domínio do direito, cf. FARRELLY, Colin; SOLUM, Lawrence (orgs.). *Virtue Jurisprudence*, New York: Palgrave Macmillan, 2019.

[4] DWORKIN, Ronald. *Law's Empire*. Cambridge: Belknap Press, 1986. p. 90.

Antecipando o argumento para o qual me dirigirei, as decisões sobre o federalismo analisadas a seguir tornam diáfanas as linhas demarcatórias entre a adjudicação e a reflexão teórica. Isso acontece porque, em face da impossibilidade de encontrar critérios semânticos para decidir sobre os termos da distribuição das competências, os juízos a respeito de casos concretos precisam elaborar justificações que compreendam a estrutura e a razão de ser da prática judicial. Para isso, conceitos precisam ser criados. As decisões precisam fundar-se em uma "atitude teórica"[5] e isso implica, talvez, o passo em direção a uma dimensão criativa, a uma jurisprudência generativa que não se confunde nem com a fantasia, nem com o arbítrio.

1 Para um novo federalismo

Os votos do Ministro Fachin nas Ações Diretas de Inconstitucionalidade de número 3.291, 5.356, 6.088 e 6.561, e na Ação de Descumprimento de Preceito Fundamental nº 109 têm em comum a formulação de uma refinada e complexa visão sobre o federalismo brasileiro. Seu ponto de partida é a análise de que o condomínio político entre União, estados e municípios há muito apresenta tendências centralizadoras que afetam a autonomia dos entes federativos. Embora essas tendências se expliquem por razões históricas e políticas — sobretudo quando se leva em conta a origem unitária do Estado brasileiro[6] —, o Ministro Fachin avança a hipótese de que as dinâmicas de centralização têm que ver também com uma estrutura conceitual equivocada. Para ele, a doutrina da predominância de interesses é o nó górdio do federalismo brasileiro.

---

[5] Vou usar esse termo no sentido de Husserl (*theoretische Einstellung*): a expressão de uma orientação para o saber que suspende, momentaneamente, os interesses práticos e se volta ao domínio objetual da verdade. HUSSERL, Edmund. *Husserliana VI*: Die Krisis der Europäischen Wissenschaften und die Transzendentale Phänomenologie. Eine Einleitung in die Phänomenologische Philosophie. Den Haag: Martinus Nijhoff, 1954. p. 326.

[6] O Estado unitário correspondente à Constituição de 1824 não suprime, contudo, as demandas por descentralização política. A própria institucionalidade do Império foi obrigada a se adaptar para lidar com a autonomia provincial. Sobre esse tema, ver AMORIM, Victor. *Estado unitário e descentralização política no Império Brasileiro*: a experiência da Assembleia Geral Legislativa quanto à análise de adequação dos atos provinciais. 2023. Tese (Doutorado em Direito) — Universidade de Brasília, Brasília, 2023."publisher":"Universidade de Brasília","publisher-place":"Brasília","title":"Estado unitário e descentralização política no Império Brasileiro: a experiência da Assembleia Geral Legislativa quanto à análise de adequação dos atos provinciais","author":[{"family":"Amorim","given":"Victor"}],"issued":{"date-parts":[["2023"]]}}}],"schema":"https://github.com/citation-style-language/schema/raw/master/csl-citation.json"}

Ainda que sua posição tenha restado vencida quando do julgamento da ADI nº 5.356 — que tratou de uma lei do Estado do Mato Grosso do Sul que determinava a instalação, por parte das operadoras do serviço móvel de telefonia, de equipamentos para bloquear sinais de telecomunicação e radiocomunicação em estabelecimentos penais e centros de socioeducação —, o Ministro Fachin lançou, ali, os fundamentos de uma compreensão do federalismo que se aprofundaria com o tempo. A premissa central de seu argumento é a de que a distribuição de competências entre os entes federativos deve:

> Compatibilizar interesses para reforçar o federalismo em uma dimensão realmente cooperativa e difusa, rechaçando-se a centralização em um ou outro ente e corroborando para que o funcionamento harmônico das competências legislativas e executivas otimizem os fundamentos (art. 1º) e objetivos (art. 3º) da Constituição da República.[7]

Tanto o teórico, que visa dar inteligibilidade aos sistemas de normas constitucionais relativas ao federalismo, quanto o intérprete, que visa dar solução a casos concretos de conflito de competências legislativas e administrativas, devem guiar-se por uma noção substantiva de federalismo cooperativo. Essa proposição se divide em outras duas. Em primeiro lugar, o federalismo cooperativo compreende uma superação do federalismo dual, entendido este último como a criação de "campos separados de autoridade para a União e para os estados".[8] A essa divisão estanque de competências com eventual produção de hierarquias entre os entes, superpõe-se a bela metáfora do bolo-mármore (*marble cake*) cunhada por Morton Grodzins.[9] Essa imagem conota um sistema de divisão de competências que não é uma estratificação, mas um amálgama de funções nas quais os entes atuam de forma coordenada e partilhada. Ainda que o sistema brasileiro comporte um rol de competências exclusivas e guarde em memória as técnicas do federalismo dual, a ideia de compartimentação de funções é fortemente limitada com a Constituição de 1988.

---

[7] BRASIL. Supremo Tribunal Federal. *Ação Direita de Inconstitucionalidade nº 5.356*. Relator: Ministro Edson Fachin. Redator do acórdão: Ministro Marco Aurélio. 03 ago 2016. Brasília: STF, p. 22. Disponível em: https://redir.stf.jus.br/paginadorpub/paginador.jsp?docTP=TP&docID=13265475. Acesso em: 20 mar. 2025.

[8] GRODZINS, Morton. *The american system*: a new view of government in the United States. New Brunswick, NJ: Transaction Books, 1984. p. 26.

[9] *Ibidem*, p. 8.

Em segundo lugar, a ideia de federalismo cooperativo não ocorre em um vácuo valorativo. Se é bem certo que a partilha de competências decorre dos pactos históricos e das capacidades institucionais dos entes federados, o texto constitucional orienta a cooperação à obediência aos fundamentos e aos objetivos da República Federativa do Brasil (organização político-administrativa que, nos termos do art. 18 da CRFB/88, compreende a União, os Estados, o Distrito Federal e os Municípios). Não há, portanto, cooperação que já não esteja teleologicamente orientada por esse horizonte principiológico. Dito de outro modo, as competências se dividem em termos de funções, de esferas de atuação ou de campos temáticos, mas também implicam uma coordenação voltada ao cumprimento de certos fins. É precisamente a possibilidade de melhor realizar esses fins que justifica a partilha. Sem essa premissa, a própria ideia de federalismo perde sentido.

Mas, afinal, se há uma mudança principiológica tão significativa, por que se constata ainda tamanha centralização de competências na União? Neste ponto, o Ministro Fachin retoma as hipóteses explicativas levantadas pelo Ministro Luiz Fux quando do julgamento da ADI nº 4.060. Escreve o Ministro Fux:

> Vislumbro dois fatores essenciais para esse quadro. O primeiro é de índole jurídico-positiva: a engenharia constitucional brasileira, ao promover a partilha de competências entre os entes da federação (CRFB, arts. 21 a 24), concentra grande quantidade de matérias sob a autoridade privativa da União. O segundo fator é de natureza jurisprudencial. Não se pode ignorar a contundente atuação do Supremo Tribunal Federal ao exercer o controle de constitucionalidade de lei ou ato federal e estadual, especialmente aquele inspirado no "princípio da simetria" e numa leitura excessivamente inflacionada das competências normativas da União.[10]

Revela-se, portanto, uma aporia. Embora a Constituição de 1988 tenha operado uma decisiva reviravolta em direção a um federalismo cooperativo — isto tanto no nível dos princípios quanto no nível do desenho institucional —, seu texto ainda concentra, sob a esfera de competências da União, um rol importante de matérias legislativas e administrativas. Eis por que a doutrina continuou a se referir a uma

---

[10] BRASIL. Supremo Tribunal Federal. *Ação Direita de Inconstitucionalidade nº 4.060*. Relator: Ministro Luiz Fux. 25 de fev 2015. Brasília: STF, p. 08. Disponível em: https://redir.stf.jus.br/paginadorpub/paginador.jsp?docTP=TP&docID=8340395. Acesso em: 20 mar. 2025.

repartição de competências horizontal (compreendendo unidades temáticas estanques, a exemplo das competências exclusivas e privativas) e outra vertical (compreendendo os sistemas compartilhados, a exemplo das competências comuns e concorrentes), o que refletiva um sistema movido a duas velocidades. Como esse arranjo é prono a produzir conflitos, o problema recai sobre a forma como o Supremo Tribunal Federal estabilizou sua compreensão sobre a matéria e arbitrou as controvérsias a respeito das esferas de atuação dos entes federados.

Aprofundando os achados do Ministro Fux, o Ministro Fachin historiciza a jurisprudência do Tribunal para nela reconhecer a sobrevivência de conceitos e cadeias conceituais herdadas das constituições anteriores a 1988. Para ele, cristalizou-se indevidamente uma leitura das competências da União, sobretudo no que se refere às competências concorrentes, fundada na assimetria entre normas gerais e normas suplementares. De acordo com a doutrina dominante, em havendo lei federal, estados e municípios já não poderiam contrariar as normas editadas pela União. O resultado é que "a solução dos conflitos de competência federativa foi equacionada pela jurisprudência da Corte de modo semelhante ao que se fazia antes do advento do atual Texto Constitucional".[11]

Não é por acaso que a posição do Ministro Fachin começa com uma análise crítica da jurisprudência da Corte. Lembremos que autores como Morton Grodzins e Daniel Elazar, os "doutores novecentistas do federalismo [*twentieth century doctors of federalism*]",[12] propuseram as formulações iniciais da teoria do federalismo cooperativo a partir de interpretações análogas voltadas à prática da Suprema Corte dos EUA. Também no contexto estadunidense, a conservação do federalismo dual dependeu enormemente da atuação do judiciário, e uma reflexão ampla sobre o sentido do Estado federal só foi possível porque este último foi objeto de constantes discussões concretas em sede judicial.[13] A ideia do bolo-mármore, pois, é fruto de interpenetrações

---

[11] BRASIL. Supremo Tribunal Federal. *Ação Direita de Inconstitucionalidade nº 5.356*. Relator: Ministro Edson Fachin. Redator do acórdão: Ministro Marco Aurélio. 03 ago 2016. Brasília: STF, p. 32. Disponível em: https://redir.stf.jus.br/paginadorpub/paginador.jsp?docTP=TP&docID=13265475. Acesso em: 20 mar. 2025.

[12] DAVIS, S. Rufus. *The Federal principle*: a journey through time in quest of a meaning. Berkeley, CA: University of California Press, 1978. p. 155.

[13] Ver, a esse respeito, ELAZAR, Daniel. *Exploring federalism*. Tuscaloosa: Univ. of Alabama Press, 1987. p. 145.

funcionais, de entrelaçamentos de políticas públicas e de relações intergovernamentais que desafiaram entendimentos jurisprudenciais classicamente assentados.

O Ministro Fachin ajunta, contudo, um elemento complicador a essas análises. Para ele, embora a história constitucional pregressa e as sedimentações da jurisprudência expliquem a solução dos conflitos de competência em favor da União, as tendências de centralização mostraram-se incapazes de promover sua própria justificação sob o constitucionalismo de 1988. Por quê?

Em primeiro lugar, porque as regras de solução de conflitos de competência fixadas jurisprudencialmente ficam aquém das inovações institucionais que marcam a ruptura da Constituição de 1988 com o federalismo anterior. Se é bem certo que a nova constituição repete as técnicas previstas desde a Constituição de 1946, notadamente a distribuição de competências concorrentes, seu texto: a) prevê um novo ente federado, o Município; b) alberga competências residuais no caso dos estados, e locais no caso dos municípios; c) estabelece competências comuns e competências complementares extensíveis também aos municípios. A conclusão dessas inovações é que a Constituição de 1988 não apenas promove, mas exige um regime de cooperação entre entes cada vez mais interdependentes. As regras clássicas de solução dos conflitos de competência estão, portanto, aquém da normatividade constitucional.

Em segundo lugar, porque o problema das citadas regras vai além do descumprimento das orientações teleológicas da Constituição. Essas regras criam a ilusão de que os regimes jurídicos dos entes federados podem ser unificados num sistema de ordem superior. Esta é, a meu sentir, a tese forte defendida pelo Ministro Fachin: "a pluralidade de regimes normativos não consegue se harmonizar apenas com as regras de competência expressas".[14] Se assumirmos que um conjunto de proposições normativas se torna um sistema quando contém todas as suas consequências para um universo de casos e um universo de soluções, então o Ministro Fachin está a afirmar que as regras relativas ao conflitos de competência expressas na Constituição e desenvolvidas na jurisprudência do Tribunal não assumem forma sistemática.

---

[14] BRASIL. Supremo Tribunal Federal. *Ação Direita de Inconstitucionalidade nº 5.356*. Relator: Ministro Edson Fachin. Redator do acórdão: Ministro Marco Aurélio. 03 ago. 2016. Brasília: STF, p. 34. Disponível em: https://redir.stf.jus.br/paginadorpub/paginador.jsp?docTP=TP&docID=13265475. Acesso em: 20 mar. 2025.

Elas não formam um conjunto dotado de completude, consistência e independência.[15] Não restam dúvidas de que o legislador constituinte reprisou a técnica básica de atribuição de competências que consistia em delimitar os âmbitos de competências materiais exclusivas (art. 21) e legislativas privativas (art. 22) da União. Com isso, o teste fundamental do conflito, de acordo com a doutrina estabelecida, consiste em saber se a atuação dos demais entes avança sobre esses domínios reservados. Como aos estados é atribuída uma competência residual, e aos municípios são atribuídas uma competência local (art. 30, I) e outra residual (art. 30, II), o teste subsequente recai sobre o domínio das funções partilhadas, isto é, a competência material comum entre União, Estados e Municípios (art. 23), e a competência concorrente (art. 24). No domínio das competências administrativas comuns, os entes agem de modo a partilhar uma responsabilidade algo solidária pela execução das funções constitucionais: o §2º do art. 23 determina que cabe à União a edição de leis complementares para fixar as normas de cooperação. Já no terreno das competências legislativas concorrentes, a solução dos conflitos passa pela assimetria das modalidades de atuação, reservando-se à União a edição de normas gerais — sendo essas últimas suplementadas pelos entes menores. Ausente a regulação geral, estados e distrito federal retêm o poder pleno de legislação.

Segundo o Ministro Fachin, as decisões pregressas da Corte revelam que essas normas ocultam um conceito fundamental: a "predominância de interesses". Atuando como princípio informador da solução de conflitos, a predominância de interesses compartimentaliza e hierarquiza a partilha de competências dos entes federados. A cada ente corresponde não apenas um interesse concreto, senão também uma ordem de interesses. Organizado em escalonamento geográfico, o princípio indica que os municípios são os titulares de interesses locais; os estados, de interesses regionais; e a União, de interesses nacionais. Que esses últimos tenham precedência sobre os demais, é uma necessidade que decorre da própria lógica do instituto. De acordo com a

---

[15] Estou utilizando a definição de sistemas normativos e a caracterização de suas propriedades propostas em: ALCHOURRÓN, Carlos Eduardo; BULYGIN, Eugenio. *Normative systems*. Wien: Springer, 1971. p. 56; 62 *et seq*."number-of-pages":"208","publisher":"Springer","publisher-place":"Wien","title":"Normative systems","author":[{"family":"Alchourrón","given":"Carlos Eduardo"},{"family":"Bulygin","given":"Eugenio"}],"issued":{"date-parts":[["1971"]]},"locator":"56; 62 et seq.","label":"page"}],"schema":"https://github.com/citation-style-language/schema/raw/master/csl-citation.json"}

predominância de interesses, o intérprete deve, diante de um conflito de competências, ser capaz de julgar se a matéria em disputa pertence a um determinado rol de interesses e, quando for o caso, arbitrar a cooperação segundo a prevalência do nacional sobre o regional e sobre o municipal.

Esse é o ponto em que o Ministro Fachin vê a unidade do sistema soçobrar. Afinal, cabe a pergunta: o que é um interesse nacional? Ainda que adotássemos uma definição deflacionária de "interesse", entendendo-o como aquilo que simplesmente é bom para alguém, teríamos diante de nós a dificílima tarefa de determinar a composição de interesses coletivos em sua relação com os interesses individuais. Em outras palavras, precisaríamos ter clareza se aquilo que Amartya Sen chamou de *welfarism* — posição classicamente defendida por Jeremy Bentham — não seria a verdade de todo utilitarismo, e se o interesse nacional não seria, a rigor, nada mais que a soma dos interesses individuais, dos interesses locais que os agregam e dos interesses regionais que os agregam em nível superior.

A isso, somar-se-ia um outro dilema; um dilema propriamente federativo. Ora, as regras de solução de conflitos sempre operaram como funções, atribuindo à cada atividade estatal um interesse específico. No federalismo cooperativo, contudo, a distinção entre esferas de atuação é cada vez mais difícil de ser feita, porque o domínio de ação dos entes está amalgamado. Grodzins afirmava que a evolução do federalismo estadunidense se deu na direção de uma "partilha" da esfera federal,[16] uma vez que se reconheceu que o "nacional" também é do interesse dos entes menores. Estamos, uma vez mais, diante do bolo-mármore. Para ilustrar os contornos deste argumento, o Ministro Fachin propõe o seguinte experimento mental:

> Pense-se, por exemplo, no conflito entre o exercício da competência comum (proteção à saúde) e o da competência privativa (regulação de proteção mineral). O município, em nome do atendimento à saúde, adota procedimentos que impõe restrições à extração de determinado minério. Em tais casos, é nítida a legitimidade para impor restrições em nome da proteção à saúde, mas os efeitos da regulação impõem consequências adversas aos que, sob a égide da legislação federal, já haviam adotado todas as cautelas necessárias.[17]

---

[16] GRODZINS, Morton. *The american system*: a new view of government in the United States. New Brunswick, NJ: Transaction Books, 1984. p. 149.
[17] BRASIL. Supremo Tribunal Federal. *Ação Direita de Inconstitucionalidade nº 5.356*. Relator: Ministro Edson Fachin. Redator do acórdão: Ministro Marco Aurélio. 03 ago. 2016.

Para introduzir o tópico da próxima seção deste artigo, observe-se que o problema da distinção das esferas de competência está para além da ancoragem semântica dos termos utilizados no texto normativo. O desafio de arbitrar entre a proteção à saúde e a regulação da mineração, no exercício proposto pelo Ministro, não está no significado dos conceitos ou no esclarecimento de alguma descrição definida, mas sim na interpenetração entre esferas de atuação funcional que só abstratamente são separadas. Essa conclusão é bastante indicativa do tipo de teoria do direito que imanta a atuação do Ministro Fachin. A compreensão do direito como prática interpretativa retira a validade do critério da predominância de interesses, uma vez que esse princípio pressupõe tanto a possibilidade de distinguir semanticamente os domínios de atuação, quanto a valência de esferas territoriais para as quais corresponderia um interesse transparente. Eis a explicação do Ministro de por que esse não pode ser o caso:

> Ocorre, no entanto, como já se aludiu aqui, que há espaços de indeterminação, nos quais os entes, embora sejam legitimados a agir com autonomia, podem sobrepor-se a áreas de competências de outros entes. Em situações como essa, a regra de circunscrever-se à territorialidade não satisfaz plenamente o conflito existente entre elas, pois é preciso, ainda, eleger, entre os entes envolvidos, qual circunscrição prevalecerá.

Resta agora compreender a dimensão propriamente jurídica desses "espaços de indeterminação". Significariam eles o malogro de uma divisão de competências constitucionalmente adequada?

2 As dificuldades linguísticas das regras de competência

A fim de elucidar essa questão, tomemos o exemplo da ADI nº 6.088. Proposta pela Associação das Operadoras de Celulares (ACEL) e pela Associação Brasileira de Concessionárias de Serviço Telefônico Fixo Comutado (ABRAFIX), a ação discutiu Lei do Estado do Amazonas que dispunha sobre a obrigatoriedade de as empresas prestadoras de serviços e concessionárias de água, luz, telefone e internet inserirem, nas faturas de consumo, mensagem de incentivo à doação de sangue.

Brasília: STF, p. 22. Disponível em: https://redir.stf.jus.br/paginadorpub/paginador.jsp?docTP=TP&docID=13265475. Acesso em: 20 mar. 2025.

O argumento das requerentes era relativamente simples: a norma atacada era formalmente inconstitucional porque interferia na legislação sobre telefonia e internet, matéria de competência legislativa privativa da União (art. 21, XI da CRFB/88). Em defesa da constitucionalidade da lei, argumentou-se que a obrigação de inserção de mensagens nas faturas se subsumia a outro dispositivo normativo, o art. 24, XII da CRFB/88, que atribui de forma concorrente à União, aos estados e ao Distrito Federal o poder de legislar sobre proteção e defesa da saúde.

Esta é a já citada *pars destruens* da crítica do Ministro Fachin às regras dominantes de solução dos conflitos de competência: o intérprete sempre se verá diante da ausência de um critério semântico último para classificar o domínio de atuação dos entes federados.

A controvérsia poderia ser formulada, talvez, nos termos do debate sobre a vagueza e a indeterminação da linguagem. Poderíamos estar tentados a afirmar que, para o Ministro Fachin, haveria uma completa impossibilidade de determinação do conteúdo de expressões normativas como "dispor sobre a organização dos serviços de telecomunicação" ou "legislar concorrentemente sobre proteção e defesa da saúde". Igual dificuldade acometeria o conteúdo descritivo de "inserir mensagem em fatura". Tanto no aspecto normativo quanto no aspecto empírico-descritivo, as proposições que servem à resolução do caso se acham marcadas por algum grau de ambiguidade ou de imprecisão, o que — prosseguindo com o argumento — conduziria a uma atividade fundamentalmente criadora por parte do juiz.[18]

Independentemente dos eventuais méritos dessa interpretação, eu acredito que o Ministro Fachin desenvolve uma tese diversa; uma tese diversa porque a noção de "criação", como mostraremos, precisa ser melhor definida, e há pelo menos um sentido do "criar" que não se identifica com o arbítrio. Uma evidência importante da hipótese que sustento é o fato de o Ministro rejeitar categoricamente qualquer tipo de solução cética. Em seu voto na ADI nº 5.356, lê-se que "a

---

[18] Para um panorama dos debates sobre a indeterminação do direito e suas relações com as noções de "criação" e "interpretação", ver RAZ, Joseph. *Between authority and interpretation*: on the theory of law and practical reason. Oxford: Oxford University Press, 2010; MARMOR, Andrei. *Interpretation and legal theory*. 2. ed. Oxford: Hart Publishing, 2005; e ENDICOTT, Timothy. *Vagueness in law*. Repr. Oxford: Oxford Univ. Press, 2003. Para Endicott, a compreensão do direito como prática interpretativa, ainda que estivesse eventualmente correta, seria incapaz de eliminar a indeterminação dos conceitos jurídicos. A consequência seria que a vagueza não se resolve, sendo antes objeto de alguma determinação típica da "escolha social". Argumentamos que o Ministro Fachin não adota essa última posição.

compreensão e recompreensão do federalismo pela Corte não podem ser emudecidas por interpretações fatalistas".[19] O texto dá a entender que é possível uma solução normativamente adequada aos conflitos federativos. Neste sentido, o Ministro se encaminha na direção de uma conhecida sugestão de Nicos Stavropoulos, segundo a qual o problema da indeterminação não conduz a uma disjuntiva de tipo: ou uma interpretação evidente e indubitável, ou tudo pode ser (re)interpretado. Há uma terceira posição: "práticas atuam como limitações [*constraints*] de forma a sustentar a objetividade da interpretação: interpretar significa se engajar em uma prática e tentar estabelecer o que ela requer".[20] Neste caso específico, trata-se de compreender o gênero de restrições que a prática do federalismo cooperativo impõe sobre a atividade interpretativa. Esta é a condição para não sucumbir nem à centralização nem ao fatalismo. Aqui, eu acrescentaria: o que se cria não é o direito, mas os conceitos necessários para entendê-lo. Para articular e imantar de sentido o texto normativo, é necessária uma atividade de cunho criativo que consiste em criar conceitos. No nosso caso, o conceito de federalismo cooperativo.

Na ADI nº 6.088, o Ministro Fachin traz a lume as "estruturas normativas implícitas"[21] deste federalismo cooperativo. Articula-se um arcabouço conceitual composto de três limitações principais que operam como uma espécie de síntese *a priori*:

i) A proteção do campo de competência dos entes menores — estados e municípios — pressupõe que exista uma carga argumentativa elevada para demonstrar que uma determinada atividade material foi retirada dos espaços de atuação a eles atribuídos. O Ministro Fachin evoca a existência de uma *presumption against preemption*, referindo-se à clássica doutrina do direito estadunidense segundo a qual haveria uma presunção relativa de que a legislação federal não tolheu a competência dos estados;

ii) Da presunção acima referida decorre que o poder de complementação dos entes menores só pode ser limitado diante

---

[19] BRASIL. Supremo Tribunal Federal. *Ação Direita de Inconstitucionalidade nº 5.356*. Relator: Ministro Edson Fachin. Redator do acórdão: Ministro Marco Aurélio. 03 ago 2016. Brasília: STF, p. 34. Disponível em: https://redir.stf.jus.br/paginadorpub/paginador.jsp?docTP=TP&docID=13265475. Acesso em: 20 mar. 2025.
[20] STAVROPOULOS, Nicos. *Objectivity in law*. Oxford: Clarendon Press, 2006. p. 159.
[21] Ver o emprego dessa expressão em: KLATT, Matthias. *Making the law explicit*: the normativity of legal argumentation. Oxford: Hart, 2008. p. 281.

de uma cláusula expressa (*clear statement rule*). Além do aspecto evidentemente formal dessa cláusula, há um aspecto conteudístico ou material. Isso porque a norma federal deve indicar não apenas a exclusão do complemento estadual ou municipal, senão também as razões para tanto. Essa é uma exigência de fundamentação que obedece a critérios de necessidade, adequação e razoabilidade.

iii) A prática de distribuição de competências protege a atuação dos entes menores, mas não erige a descentralização a valor absoluto. Nas palavras do Ministro Fachin: "o federalismo torna-se, portanto, um instrumento de descentralização política, não para simplesmente distribuir poder político, mas para realizar direitos fundamentais".[22] A bússola da efetivação dos direitos evita que o remédio à excessiva centralização política seja a captura das funções do Estado por elites locais dispensadas de atuar de modo coordenado. O dever de implementar os direitos fundamentais confere inteligibilidade e objetividade ao juízo de solução das controvérsias federativas, apoiando-se em um nível de complexidade superior às regras de prevalência de interesses.

Essas três limitações funcionam como regras do jogo de linguagem específico do federalismo cooperativo. Elas controlam, portanto, a variabilidade de intepretações que recaem sobre os casos concretos e garantem a objetividade dos juízos correspondentes. Na ADI nº 6.088, o Ministro Fachin entendeu que nem a Lei nº 9.472, de 16 de julho de 1997 (Lei Geral de Telecomunicações), nem a Resolução da Agência Nacional de Telecomunicações nº 632, de 07 de março de 2014 (Regulamento Geral de Direitos do Consumidor de Serviços de Telecomunicações) excluíam de forma expressa a coparticipação dos estados. Ademais, o Ministro viu na obrigação de inserção, em documentos de cobrança, de campanhas de promoção de doações de sangue a consecução de políticas de efetivação do direito fundamental à saúde. Isso afastaria qualquer dúvida quanto à competência do Estado do Amazonas para legislar sobre a matéria.

---

[22] BRASIL. Supremo Tribunal Federal. *Ação Direita de Inconstitucionalidade nº 6.088*. Relator: Ministro Edson Fachin. 29 ago. 2022. Brasília: STF, p. 10. Disponível em: https://redir.stf.jus.br/paginadorpub/paginador.jsp?docTP=TP&docID=763345675. Acesso em: 20 mar. 2025.

3 Para uma teoria do direito QUE SEJA interpretativa e generativa

Há um poema de Helena Kolody no exergo de *Estatuto jurídico do patrimônio mínimo*, livro que resulta de tese de titularidade apresentada à Universidade Federal do Paraná pelo Ministro Fachin: "As palavras têm sentido/ num código particular./ Cada qual é singular/ em sua maneira de ler". É interessante pensar que esses versos são a chave para a entrada num texto que defende a existência de uma garantia patrimonial mínima inerente à pessoa humana. Eles prenunciam, justamente, uma maneira de ler, um esforço interpretativo singular que não deixa de ser uma releitura crítica da tradição do direito privado.

Mas o poema de Kolody diz algo mais. Nele, confundem-se o universal e o singular como duas exigências contraditórias. Embora a leitura seja sempre um ato individual e, num certo sentido, um acontecimento único, as palavras que têm um código particular já entraram em um sistema linguístico de remetimentos. Como diz Jacques Derrida — em raciocínio próximo ao "argumento da linguagem privada", de Ludwig Wittgenstein —, não há códigos estruturalmente secretos: "a possibilidade de repetir e, portanto, de identificar as marcas está implicada em todo código, e faz desse um quadro comunicável, transmissível, decifrável, iterável para um terceiro e, em seguida, para todo usuário possível".[23] Possuir um código e deixar-se codificar significa entrar no domínio da equivalência geral, da suspensão do próprio, da cesura da singularidade.

Se, no registro poético, Kolody parece exigir que mantenhamos as duas injunções, o código e a singularidade, o Ministro Fachin, no domínio do direito, prepara uma teoria da interpretação que é crítica e construtiva:

> [A teoria] critica, mediante perspectiva dialética, o dogmatismo, o formalismo exagerado, a aridez conceitual e a inefetividade dos direitos. A partir daí, procura construir caminhos, propor sendas possíveis e, enfim, sustentar a seiva que pode animar o próprio Direito: a defesa da vida, plena e digna.[24]

---

[23] DERRIDA, Jacques. *Marges de la philosophie*. Paris: Éditions de Minuit, 1972. p. 375.
[24] FACHIN, Luiz Edson. *Estatuto jurídico do patrimônio mínimo*: à luz de novo Código civil brasileiro e da Constituição federal. 2. ed. Rio de Janeiro: Renovar, 2006. p. 4-5.

Essa questão não estava no âmago das discussões que vimos a respeito do federalismo cooperativo? Não estava em jogo também ali um dilema de crítica e construção? As teses dos Ministro Fachin sobre o patrimônio mínimo e sobre o federalismo cooperativo têm, certamente, em comum a prevalência dos direitos fundamentais e a ênfase em um núcleo axiológico do direito. A Constituição oferece "diretriz fundamental para guiar a hermenêutica e a aplicação do direito",[25] e o faz a partir de um contato dialético com a realidade fática e com a história. Conclui-se que: "essa dissociação entre o Código e a realidade é menos uma antinomia e mais um paradoxo a partir do qual suscitam-se criação, crítica e reconstrução".[26]

Criação, crítica e reconstrução. Eu gostaria de insistir, para finalizar, nesse aspecto criativo. Os trabalhos acadêmicos do Ministro Fachin recorrem amiúde a expressões como "criação hermenêutica" e "proposições construtivas". A própria ideia de crítica está, a seus olhos, intimamente associada às possibilidades criativas do intérprete em face do direito. Costuma-se dizer que uma reviravolta interpretativa na filosofia e na teoria do direito arriscaria "demolir a dicotomia entre criar e descobrir o direito".[27] Em geral, essas críticas se referem àquilo que Dworkin chamou de uma "interpretação construtiva", isto é, a atividade hermenêutica que "consiste em dar a um objeto ou prática um propósito que vise a torná-los o melhor exemplo possível da forma ou do gênero aos quais se acredita que pertencem".[28] Este é um ponto importante: como no poema de Kolody, quer-se que a interpretação seja capaz de garantir, por um lado, um horizonte de melhora do direito indissociável da atividade singular do intérprete, e, por outro, a objetividade dos juízos e a referência comum à textualidade jurídica. Seria isso possível?

Ao invés de omitir a existência dessa contraposição, o Ministro Fachin a assume. Partamos da tese de Dworkin de que a adjudicação é sempre dependente de teoria, já que os juízos normativos exigem uma visada teórica capaz de imantar o material jurídico de coerência e justificação. Em *Direito civil: sentido, transformações e fim*, vemos uma radicalização dessa posição. Ali, o direito é descrito como: "um sistema

---

[25] *Ibidem*, p. 308.
[26] *Ibidem*, p. 23.
[27] POWERS, Madison. Truth, Interpretation, and Judicial Method in Recent Anglo-American Jurisprudence. *Zeitschrift für philosophische Forschung*, v. 46, n. 1, p. 120, 1992.
[28] DWORKIN, Ronald. *Law's Empire*. Cambridge: Belknap Press, 1986. p. 52.

dialeticamente aberto, que deve ser compreendido por meio de uma hermenêutica crítica, que submete perenemente as regras aos preceitos constitucionais, destacando-se neles o princípio da dignidade da pessoa humana, e à contraprova da realidade".[29] À teoria do direito e à dogmática jurídica, cabe o papel de pensar o fenômeno jurídico como uma estrutura problematizadora e plural. Para colocar a questão em termos mais diretos: só é possível pensar, criando.

Os casos do federalismo cooperativo nos ajudam a elucidar essa diferença específica. Há pouco, concluímos que, diante das regras tradicionais de resolução dos conflitos de competência, o intérprete se vê na impossibilidade de recorrer ao conteúdo semântico dos termos normativos para discriminar os limites da atuação de cada ente federado. Isso ocorre porque os sentidos desses termos não estão simplesmente prontos como tipos naturais. A solução buscada pelo Ministro Fachin parte em outra direção, e exige um confronto dialético entre o que poderíamos chamar de uma "prática dos conceitos" e a realidade material. Sem descurar do horizonte normativo de uma resposta correta — sem tombar, portanto, em qualquer tipo de fatalismo —, o Ministro mostra que um federalismo constitucionalmente adequado exige, por um lado, a compreensão do acervo de direitos fundamentais e, por outro, a evolução da normatividade implícita nas pretensões de autonomia dos entes federados. Para descobrir o direito e explicitar seu conteúdo, é necessário, contudo, criar os conceitos que o organizam; é preciso criar o conceito de federalismo cooperativo se quisermos afirmar a Constituição de 1988.

O federalismo cooperativo é, a um só tempo, um conceito interpretativo e um conceito crítico, que se abre à realidade porque promove a construção de um sentido normativo de cooperação. Compete à teoria do direito, essa que serve de prefácio à adjudicação, pensar aquilo que o filósofo Alexander Schnell chama de um "milagre da criatividade",[30] isto é, o fato de que, quando refletimos transcendentalmente, criamos um espaço onde há a "deiscência do sentido".[31] Para Schnell, a verdade não é a acolhida ou a hospitalidade oferecida a uma configuração prévia, a um em si que reside do lado de fora do pensar. A verdade tem algo de produção, de engendramento e de criação: ela é, antes de

---

[29] FACHIN, Luiz Edson. *Direito Civil*: Sentidos, Transformações e fim. Rio de Janeiro: Renovar, 2015. p. 117.
[30] SCHNELL, Alexander. *Le clignotement de l'être*. Paris: Éditions Hermann, 2021. p. 301.
[31] SCHNELL, Alexander. *La déhiscence du sens*. Paris: Hermann, 2015.

mais nada, uma reflexividade produtiva na qual o ser é produzido (e não apenas as condições de possibilidade do conhecimento adequado de fenômenos). Os fenomenólogos chamam isto de generatividade. Entre criar e descobrir o direito, apresenta-se a hipótese de que só com a criatividade a construção do sentido (*Sinnbildung*) objetivo aparece. Tudo se passa como se, para decidir com base nos textos, o intérprete precisasse criar também. Quando o Ministro Fachin observa que a hermenêutica jurídica é uma abertura dialética, ele elabora uma teoria interpretativa e generativa do direito. Uma teoria que, contra todos os fatalismos, coloca-se na senda — palavra fachiniana — de uma "concepção aberta do fenômeno jurídico".[32] Em um canto paralelo ao poema de Kolody, eu estaria tentado a dizer que o pensamento jurídico do Ministro Fachin responde a este epílogo citacional:

> A construção fenomenológica não é um ferramenta trazida de fora daquilo que se está a construir, mas consiste antes na abertura de uma compreensibilidade e, logo, na realização viva da deiscência do sentido, no engendramento da compreensão, em suma: no modo de compreender específico da "criatividade".[33]

Referências

ALCHOURRÓN, Carlos Eduardo; BULYGIN, Eugenio. *Normative systems*. Wien: Springer, 1971.

AMORIM, Victor. *Estado unitário e descentralização política no Império Brasileiro*: a experiência da Assembleia Geral Legislativa quanto à análise de adequação dos atos provinciais. 2023. Tese (Doutorado em Direito) — Universidade de Brasília, Brasília, 2023."publisher":"Universidade de Brasília","publisher-place":"Brasília","title":"Estado unitário e descentralização política no Império Brasileiro: a experiência da Assembleia Geral Legislativa quanto à análise de adequação dos atos provinciais","author":[{"family":"Amorim","given":"Victor"}],"issued":{"date-parts":[["2023"]]}}],"schema":"https://github.com/citation-style-language/schema/raw/master/csl-citation.json"}

BRASIL. Supremo Tribunal Federal. *Ação Direita de Inconstitucionalidade nº 4.060*. Relator: Ministro Luiz Fux. 25 de fev 2015. Brasília: STF, p. 08. Disponível em: https://redir.stf.jus.br/paginadorpub/paginador.jsp?docTP=TP&docID=8340395. Acesso em: 20 mar. 2025.

BRASIL. Supremo Tribunal Federal. *Ação Direita de Inconstitucionalidade nº 5.356*. Relator: Ministro Edson Fachin. Redator do acórdão: Ministro Marco Aurélio. 03 ago 2016.

---

[32] FACHIN, Luiz Edson. *Estatuto jurídico do patrimônio mínimo*: à luz de novo Código civil brasileiro e da Constituição federal. 2. ed. Rio de Janeiro: Renovar, 2006. p. 311.

[33] SCHNELL, Alexander. *Le clignotement de l'être*. Paris: Éditions Hermann, 2021. p. 147.

Brasília: STF, p. 22. Disponível em: https://redir.stf.jus.br/paginadorpub/paginador.jsp?docTP=TP&docID=13265475. Acesso em: 20 mar. 2025.

BRASIL. Supremo Tribunal Federal. *Ação Direita de Inconstitucionalidade n° 6.088*. Relator: Ministro Edson Fachin. 29 ago. 2022. Brasília: STF, p. 10. Disponível em: https://redir.stf.jus.br/paginadorpub/paginador.jsp?docTP=TP&docID=763345675. Acesso em: 20 mar. 2025.

CRISP, Roger; SLOTE, Michael (orgs.). *Virtue Ethics*. Oxford: Oxford University Press, 1997.

DAVIS, S. Rufus. *The Federal principle*: a journey through time in quest of a meaning. Berkeley, CA: University of California Press, 1978.

DERRIDA, Jacques. *Marges de la philosophie*. Paris: Éditions de Minuit, 1972.

DWORKIN, Ronald. *Law's Empire*. Cambridge: Belknap Press, 1986.

ELAZAR, Daniel. *Exploring federalism*. Tuscaloosa: Univ. of Alabama Press, 1987.

ENDICOTT, Timothy. *Vagueness in law*. Repr. Oxford: Oxford Univ. Press, 2003.

FACHIN, Luiz Edson. *Estatuto jurídico do patrimônio mínimo*: à luz de novo Código civil brasileiro e da Constituição federal. 2. ed. Rio de Janeiro: Renovar, 2006.

FACHIN, Luiz Edson. *Direito Civil*: Sentidos, Transformações e fim. Rio de Janeiro: Renovar, 2015.

FARRELLY, Colin; SOLUM, Lawrence (orgs.). *Virtue Jurisprudence*, New York: Palgrave Macmillan, 2019.

GRODZINS, Morton. *The american system*: a new view of government in the United States. New Brunswick, NJ: Transaction Books, 1984.

HURSTHOUSE, Rosalind. *On Virtue Ethics*. Oxford: Oxford University Press, 1999.

HUSSERL, Edmund. *Husserliana VI*: Die Krisis der Europäischen Wissenschaften und die Transzendentale Phänomenologie. Eine Einleitung in die Phänomenologische Philosophie. Den Haag: Martinus Nijhoff, 1954.

KLATT, Matthias. *Making the law explicit*: the normativity of legal argumentation. Oxford: Hart, 2008.

MARMOR, Andrei. *Interpretation and legal theory*. 2. ed. Oxford: Hart Publishing, 2005.

POWERS, Madison. Truth, Interpretation, and Judicial Method in Recent Anglo-American Jurisprudence. *Zeitschrift für philosophische Forschung*, v. 46, n. 1, p. 101-123, 1992.

RAZ, Joseph. *Between authority and interpretation*: on the theory of law and practical reason. Oxford: Oxford University Press, 2010.

SCHNELL, Alexander. *Le clignotement de l'être*. Paris: Éditions Hermann, 2021.

SCHNELL, Alexander. *La déhiscence du sens*. Paris: Hermann, 2015.

SHAFER-LANDAU, Russ. *The fundamentals of ethics*. 2. ed. New York: Oxford University Press, 2012. p. 258.

SOLUM, Lawrence. Virtue jurisprudence: a virtue-centred theory of judging. *Metaphilosophy*, v. 34, n. 2, p. 178-213, 2003.such as corruption and incompetence. Next, an account of judicial virtue is introduced. This includes judicial wisdom, a form of phronesis, or sound practical judgement. A virtue-centred account of justice is defended against the argument that theories of fairness are prior to theories of justice. The centrality of virtue as a character trait can be drawn out by analysing the virtue of justice into constituent elements. These include judicial impartiality (even-handed sympathy for those affected by adjudication

STAVROPOULOS, Nicos. *Objectivity in law*. Oxford: Clarendon Press, 2006.

Informação bibliográfica deste livro, conforme a NBR 6023:2018 da Associação Brasileira de Normas Técnicas (ABNT):

REZENDE, Gabriel. O federalismo cooperativo de Luiz Edson Fachin: para uma teoria do direito interpretativa e generativa. In: SILVA, Christine Oliveira Peter da; GIAMBERARDINO, André Ribeiro; ARRUDA, Desdêmona Tenório B. T.; MACEDO, José Arthur Castillo de; MACHADO FILHO, Roberto Dalledone (coord.). *Ministro Luiz Edson Fachin*: dez anos de Supremo Tribunal Federal. Belo Horizonte: Fórum, 2025. p. 125-143. ISBN 978-65-5518-746-5.

O PAPEL DO STF NA GESTÃO DO ESTADO DE COISAS INCONSTITUCIONAL DO SISTEMA PRISIONAL: REFLEXÕES À LUZ DA RECLAMAÇÃO CONSTITUCIONAL Nº 58.207

GIOVANNA TRIGUEIRO MENDES DE ANDRADE

LÍVIA KIM PHILIPOVSKY SCHROEDER REIS

Introdução

Este artigo integra a coletânea em homenagem aos dez anos de magistratura constitucional do Ministro Edson Fachin, analisando sua relevante contribuição no âmbito do Supremo Tribunal Federal (STF), com especial enfoque na decisão cautelar proferida na Reclamação Constitucional nº 58.207. A trajetória do Ministro Fachin na Suprema Corte é marcada por um firme compromisso com a efetividade dos direitos fundamentais, sensibilidade diante de grandes questões sociais e dedicação constante em assegurar que o Direito cumpra sua função transformadora. Tais características, que se tornaram traços indeléveis de sua judicatura, estão igualmente presentes na decisão proferida na Reclamação Constitucional nº 58.207, objeto deste estudo.

Em sintonia com o contexto comemorativo, o artigo parte da análise do caso concreto para examiná-lo sob duas perspectivas centrais: (i) a consolidação da responsabilidade do Poder Judiciário na gestão do sistema carcerário brasileiro, com ênfase na coesão jurisprudencial das decisões proferidas pela Suprema Corte; e (ii) o fortalecimento da cultura de respeito aos precedentes judiciais, essencial para tornar nosso sistema de justiça mais estável e eficiente.

No primeiro aspecto, o estudo situa o julgamento em um panorama mais amplo da jurisprudência do Supremo Tribunal Federal, estabelecendo conexões com precedentes emblemáticos, como o HC nº 143.988 (que consagrou o princípio *numerus clausus* para unidades de internação de adolescentes), a ADPF nº 347 (que reconheceu o Estado de Coisas Inconstitucional no sistema penitenciário) e seus respectivos Planos e Matriz "Pena Justa", além da ADI nº 6259 (que determinou a obrigatoriedade de implementação nacional do Sistema Eletrônico de Execução Unificado – SEEU).

No segundo aspecto, examina-se a decisão à luz das doutrinas que reforçam a necessidade de respeito aos precedentes e sua importância para a coerência, estabilidade e legitimidade da jurisdição constitucional.

Ao final, são tecidas reflexões sobre os efeitos práticos e simbólicos da decisão, reconhecendo sua importância no contínuo aperfeiçoamento da tutela de direitos fundamentais.

1 O caso concreto em julgamento

Na Reclamação Constitucional nº 58.207, relatada pelo Ministro Edson Fachin, a Segunda Turma do STF analisou, em sede cautelar, pedido coletivo formulado pela Defensoria Pública do Estado de São Paulo (DPESP) em favor das pessoas privadas de liberdade no Centro de Progressão Penitenciária (CPP) de Pacaembu/SP. Na petição inicial, alegou-se o descumprimento pelo Judiciário paulista da Súmula Vinculante nº 56 (SV 56),[1] do Tema nº 423[2] de repercussão geral e de decisões anteriores do STF, como a Reclamação nº 51.888/SP.[3]

---

[1] "A falta de estabelecimento penal adequado não autoriza a manutenção do condenado em regime prisional mais gravoso, devendo-se observar, nessa hipótese, os parâmetros fixados no RE 641.320/RS" (BRASIL. Supremo Tribunal Federal (Tribunal Pleno). *Súmula Vinculante nº 56*. Brasília, 08. ago. 2016).

[2] "I — A falta de estabelecimento penal adequado não autoriza a manutenção do condenado em regime prisional mais gravoso; II — Os juízes da execução penal poderão avaliar os estabelecimentos destinados aos regimes semiaberto e aberto, para qualificação como adequados a tais regimes. São aceitáveis estabelecimentos que não se qualifiquem como "colônia agrícola, industrial" (regime semiaberto) ou "casa de albergado ou estabelecimento adequado" (regime aberto) (art. 33, §1º, alíneas "b" e "c"); III — Havendo déficit de vagas, deverá determinar-se: (i) a saída antecipada de sentenciado no regime

De acordo com os termos apresentados na inicial, a unidade prisional enfrentava uma superlotação alarmante, com uma taxa de ocupação de 208%,[4] além de condições degradantes de custódia. A gravidade do cenário justificava a intervenção imediata para mitigar os impactos, ainda que de forma liminar.

Em vista da situação relatada, a DPESP solicitou, cautelarmente, que fosse determinada a análise e concessão de progressão antecipada para presos aptos, até que a unidade alcançasse sua capacidade nominal. No mérito, requereu, entre outras medidas: a) a implementação de uma central de regulação de vagas no sistema carcerário, na forma Manual para Gestão da Lotação Prisional; b) a regulamentação, por portaria judicial, de procedimento para recebimento contínuo de listas pela unidade prisional, a fim de identificar os presos mais próximos de atingir o lapso para progressão de regime, possibilitando gestão proativa das vagas existentes e concessão de benefícios.

Acolhendo em menor extensão o pedido liminar, a Segunda Turma determinou a aplicação do princípio do *numerus clausus*,[5] fixando um limite inicial de 137,5% de ocupação máxima, a fim de mitigar, em caráter de urgência, a superlotação carcerária e solicitou informações para deliberar quanto ao mérito, ainda pendente de julgamento.

2 A responsabilidade do Poder Judiciário na gestão do sistema carcerário e a Jurisprudência Correlata ao Sistema Penitenciário Paulista

O primeiro ponto abordado na Reclamação Constitucional nº 58.207 relaciona-se com o alcance dado à Súmula Vinculante 56 e o

---

  com falta de vagas; (ii) a liberdade eletronicamente monitorada ao sentenciado que sai antecipadamente ou é posto em prisão domiciliar por falta de vagas; (iii) o cumprimento de penas restritivas de direito e/ou estudo ao sentenciado que progride ao regime aberto. Até que sejam estruturadas as medidas alternativas propostas, poderá ser deferida a prisão domiciliar ao sentenciado" (BRASIL. Supremo Tribunal Federal (Tribunal Pleno). *Recurso Extraordinário nº 641.320*. Relator Ministro Gilmar Mendes. Brasília, 01. ago. 2016).

[3] BRASIL. Supremo Tribunal Federal (Decisão Monocrática). *Reclamação Constitucional nº 51.888*. Relator Ministro Edson Fachin. Brasília, 16. mar. 2022.

[4] A unidade prisional contava com 1425 pessoas custodiadas para uma capacidade nominal de 686 vagas.

[5] Segundo Rodrigo Roig, o *numerus clausus* é um "sistema organizacional por meio do qual cada nova entrada de uma pessoa no âmbito do sistema carcerário deve necessariamente corresponder ao menos a uma saída, de forma que a proporção presos-vagas se mantenha sempre em estabilidade ou tendencialmente em redução" (ROIG, Rodrigo Duque Estrada. *Execução Penal*: teoria crítica. São Paulo: Saraiva, 2018. p. 48).

papel atribuído ao Poder Judiciário na gestão carcerária. De partida, o Ministro Relator Edson Fachin enunciou:

> Estabeleço, de partida, a premissa: *Não é possível ao Poder Judiciário eximir-se de sua responsabilidade com a superlotação carcerária, sob a justificativa de ausência de vagas.*
>
> (...)
>
> Portanto, o que segue não deveria ser considerado novidade: *Juiz algum deve ter ofício complacente no enfrentamento de más condições carcerárias; fazê-lo é negar a Constituição.*[6]

Essa advertência, proferida logo no início da decisão, refletiu uma posição incisiva e necessária. A Defensoria Pública do Estado de São Paulo (DPESP), em sua petição inicial, destacou a resistência das instâncias ordinárias em assumir papel ativo na gestão do sistema prisional, ao argumento de que tal responsabilidade seria do Poder Executivo.

O Ministro Edson Fachin refutou essa interpretação restritiva, sublinhando que a omissão judicial em face de condições carcerárias degradantes configura, na prática, uma violação à Constituição. Explicou que a justificativa apresentada pelo Judiciário paulista para não dar cumprimento pleno aos precedentes vinculantes do STF encontra paralelo histórico em outros países, mas é uma visão já superada. Como exemplo, mencionou a atuação da Suprema Corte dos Estados Unidos nos casos Cooper v. Pate (1964) e Brown v. Plata (2012), bem como o posicionamento da Suprema Corte de Justiça da Argentina no caso *Fallo Verbitsky*, todos reconhecendo a necessidade de intervenção do Poder Judiciário diante de violações sistêmicas a direitos fundamentais no contexto prisional.

Além disso, o Ministro destacou experiências bem-sucedidas em países como Holanda, Noruega, Suécia e Dinamarca, que adotaram mecanismos como listas de espera e escalonamento do ingresso em estabelecimentos penais. Esses modelos, amplamente reconhecidos como eficazes, demandam uma colaboração ativa do Judiciário, reforçando a ideia de que esse órgão não pode se omitir diante da crise carcerária. Como apontam Glezer e Vilhena,[7] a legitimidade dos Tribunais não se sustenta apenas pela força normativa de suas decisões, mas também

---

[6] BRASIL. Supremo Tribunal Federal (Segunda Turma). *Reclamação Constitucional nº 58.207.* Relator Ministro Edson Fachin. Brasília, 19. ago. 2024.

[7] GLEZER, Rubens; VILHENA, Oscar. A Supremocracia Desafiada. *Revista Estudos Institucionais (REI)*, v. 10, n. 2, p. 248-269, 2024. Disponível em: https://estudosinstitucionais.com/REI/article/view/833. Acesso em: 11 fev. 2025.

pela percepção de que exercem suas atribuições dentro dos limites da autoridade política e jurídica conferidas pela Constituição.

Portanto, é fundamental que o Judiciário atue de forma equilibrada, sem extrapolar os poderes que lhe são conferidos, evitando adotar uma postura excessivamente discricionária, nem se omita quando chamado a atuar como cogestor da política pública, como evidenciado no caso em questão.

A abordagem integrativa adotada pelo Ministro Edson Fachin permitiu uma análise equilibrada das responsabilidades atribuídas aos diferentes agentes envolvidos na gestão do sistema prisional, resultando na concessão parcial do pedido cautelar. Como medida emergencial, determinou-se que, até o julgamento do mérito da Reclamação, o juiz de primeiro grau observasse o percentual máximo de 137,5% de ocupação prisional. Esse limite segue os parâmetros estabelecidos pela Resolução nº 05/2016[8] do Conselho Nacional de Política Criminal e Penitenciária (CNPCP), órgão vinculado ao Ministério da Justiça, incumbido de, nos termos da Lei de Execução Penal, definir "o limite máximo de capacidade do estabelecimento, atendendo à sua natureza e peculiaridade".

Fica evidente, assim, que a decisão cautelar prestigiou uma solução que respeita a sistematicidade imposta pela LEP, garantindo uma gestão prisional compartilhada entre os Poderes e instituições do Estado.[9] A abordagem integrativa, que valoriza a coordenação entre os diversos órgãos estatais, busca tanto a tutela do direito fundamental violado quanto a limitação da discricionariedade judicial, respeitando o princípio da separação de poderes.

Fallon,[10] em estudo citado por Vilhena e Glazer,[11] categoriza fatores jurídicos, morais e sociológicos como essenciais para a legitimidade das

---

[8] BRASIL. Conselho Nacional de Política Penitenciária e Criminal. *Resolução nº 05*. Dispõe sobre os indicadores para fixação de lotação máxima nos estabelecimentos penais numerus clausus. Brasília, 25. nov. 2016. Disponível em: https://www.gov.br/senappen/pt-br/pt-br/composicao/cnpcp/resolucoes/2016/resolucao-no-5-de-25-novembro-de-2016/view. Acesso em: 11 fev. 2025.

[9] Segundo o art. 61 da Lei de Execução Penal, são oito os órgãos responsáveis pelo acompanhamento da execução da pena: Conselho Nacional de Política Criminal e Penitenciário, Juízo da Execução Penal, Ministério Público, Conselho Penitenciário, Departamentos Penitenciários, Patronato, Conselho da Comunidade e Defensoria Pública (BRASIL. *Lei nº 7.210, de 11 de julho de 1984*. Lei de Execução Penal. Disponível em: https://www.planalto.gov.br/ccivil_03/leis/l7210.htm. Acesso em: 18 jan. 2024).

[10] FALLON JR., Richard H. Legitimacy and the Constitution. *Harvard Law Review*, v. 118, nº 6, p. 1787-1853, abr. 2005. Disponível em: http://www.jstor.org/stable/4093285. Acesso em: 07 fev. 2025.

[11] GLEZER, Rubens; VILHENA, Oscar. A Supremocracia Desafiada. *Revista Estudos Institucionais (REI)*, v. 10, n. 2, p. 248-269, 2024. Disponível em: https://estudosinstitucionais.com/REI/article/view/833. Acesso em: 11 fev. 2025.

decisões judiciais. Segundo ele, o respeito a limites procedimentais e argumentativos concebidos pela comunidade jurídica em que a decisão será inserida é fundamental para reforçar a legitimidade jurídica dos Tribunais. Complementando essa compreensão, Vilhena e Glezer ressaltam que "um elemento relevante da legitimidade jurídica diz respeito à autocontenção do Tribunal. Isso significa implementar mecanismos e condutas que limitem individualismos radicais, garantindo coerência e consistência às decisões".[12]

O voto proferido pelo Ministro Edson Fachin está alinhado com esta perspectiva. Embora o reclamante tenha requerido a adoção imediata da capacidade nominal da unidade prisional, optou-se por uma solução intermediária, respeitando a sistematicidade da LEP e valorizando os órgãos competentes. Ao dialogar com outros órgãos responsáveis pela limitação da capacidade das unidades prisionais, constrói-se pontes institucionais, evitando o risco de isolamento apontado por Vilhena, que adverte sobre o perigo de o Supremo, ao monopolizar a resolução de problemas complexos, tornar-se o único "xerife de suas próprias decisões".[13]

Além disso, a concessão da cautelar e a instrução do mérito do pedido, ainda pendente de apreciação, dialogam com outros julgados relevantes da Suprema Corte, contribuindo para uma maior coesão e consistência na formação dos precedentes judiciais. Ao reconhecer a importância de analisar e atender às demandas de um reclamante que aponta o descumprimento sistemático de decisões da Corte, o Ministro Fachin fortalece a imagem da Suprema Corte como um corpo coeso, o que foi refletido no voto dos demais Ministros da Segunda Turma que, ao prestar deferência ao seu entendimento, acompanharam por unanimidade seu voto em sede cautelar.

De fato, não poderia ser diferente, pois as medidas postuladas no mérito pelo reclamante — de criação de uma central de regulação de vagas e de um sistema eletrônico que possibilitasse automatizar benefícios executórios — já haviam sido objeto de relevantes julgados da Suprema Corte, o que tornava essencial que a Corte considerasse atentamente os pedidos formulados.

---

[12] GLEZER, Rubens; VILHENA, Oscar. A Supremocracia Desafiada. *Revista Estudos Institucionais (REI)*, v. 10, n. 2, p. 265, 2024. Disponível em: https://estudosinstitucionais.com/REI/article/view/833. Acesso em: 11 fev. 2025

[13] VILHENA, Oscar. Supremocracia. *Revista Direito GV*, v. 4, p. 450, 2008. Disponível em: https://www.scielo.br/j/rdgv/a/6vXvWwkg7XG9njd6XmBzYzQ/ ?format=pdf&lang=pt. Acesso em: 11 fev. 2025.

A criação de uma Central de Regulação de Vagas (CRV) foi implementada de forma pioneira no *Habeas Corpus* Coletivo nº 143.988, sob relatoria do Ministro Fachin, que proibiu a ocupação acima da capacidade nominal em unidades do sistema socioeducativo para adolescentes. A medida foi executada com sucesso por meio de articulação entre o Ministério da Justiça e o Conselho Nacional de Justiça (CNJ) e deu origem ao Manual para Gestão Prisional,[14] mencionado pelo reclamante em sua inicial.

Esse modelo de gestão foi ainda expressamente citado no voto do Ministro Roberto Barroso, no julgamento de mérito da ADPF nº 347, no qual enfatizou que a experiência, comprovadamente exitosa, deveria ser replicada no sistema carcerário nacional.[15] Em cumprimento à sua exortação, a criação de uma CRV nacional foi expressamente prevista no Plano "Pena Justa" e em sua matriz, homologados pelo Plenário do STF.

O plano delineou providências específicas ao cumprimento da decisão estrutural da ADPF nº 347, organizando o enfrentamento da crise do sistema penitenciário em quatro eixos principais.[16] No Eixo 1, que trata do Controle de Entrada e Vagas do Sistema Prisional, a ação mitigadora proposta — qualificar e recalcular as vagas do sistema prisional, respeitando ocupação máxima taxativa — apresenta, justamente, como medida principal a implantação da CRV. De acordo com a Matriz do Plano Pena Justa, a implementação de CRVs em todas as unidades federativas está projetada para ser concluída no terceiro ano.[17]

---

[14] Segundo o Manual publicado pelo CNJ, "define-se a Central de Regulação de Vagas como um instrumento de gestão da ocupação de vagas fundamentado no princípio da taxatividade e destinado a regular o equilíbrio de ocupação carcerária" (BRASIL. Conselho Nacional de Justiça. *Central de Regulação de Vagas*: Manual para a Gestão Prisional. Coordenação de Luís Geraldo Sant'Ana Lanfredi *et al*. Brasília: Conselho Nacional de Justiça, 2021. Disponível em: https://www.cnj.jus.br/wp-content/uploads/2022/03/manual-central-de-regulacao-de-vagas-1.pdf. Acesso em: 11 fev. 2025).

[15] BRASIL. Supremo Tribunal Federal (Tribunal Pleno). *Arguição de Descumprimento de Preceito Fundamental nº 347*. Relator Ministro Marco Aurélio. Redator para o acórdão Ministro Roberto Barroso. Brasília, 19. dez 2023. p. 143-148.

[16] Sinteticamente, o Plano Pena Justa organiza o enfrentamento do ECI do sistema penitenciário em quatro eixos principais: Eixo 1: Controle de Entrada e das Vagas do Sistema Prisional; Eixo 2: Qualidade da Ambiência, dos Serviços Prestados e da Estrutura Prisional; Eixo 3: Processos de saída da prisão e da Reintegração Social; Eixo 4: Políticas de não Repetição do Estado de Coisas Inconstitucional no Sistema Prisional. Dentro de cada eixo, identifica os problemas centrais, propondo ações mitigadoras e medidas concretas com metas estabelecidas por indicadores de execução previstos para o primeiro, segundo e terceiro anos de implementação. Para detalhes adicionais, recomenda-se a consulta à matriz do Plano Pena Justa, disponível em https://redir.stf.jus.br/estfvisualizadorpub/jsp/consultarprocesso eletronico/ConsultarProcessoEletronico.jsf?seqobjetoincidente=4783560 (eDOC.748 da ADPF 347).

[17] BRASIL. Supremo Tribunal Federal (Tribunal Pleno). Ação de Descumprimento de Preceito Fundamental 347. *Pena Justa* — Matriz de Implementação do Plano Nacional para o

Do mesmo modo, também o outro pedido deduzido pelo reclamante — de implementação de um sistema que permita o fluxo contínuo de presos mais aptos a benefícios executórios — foi objeto de recente debate na Suprema Corte.

Na ADI nº 6259, proposta pela Assembleia Legislativa do Estado de São Paulo, foi alegada a inconstitucionalidade da Resolução nº 280/2019 do CNJ, que desde 2019, tornou obrigatória a adesão dos Estados ao Sistema Eletrônico de Execução Unificado (SEEU) para o processamento das execuções penais. O pedido do requerente, contudo, foi rejeitado, e o Plenário do Supremo, por maioria, declarou constitucional a adesão obrigatória ao sistema por todas as Cortes Estaduais.

A relevância do SEEU ficou evidente no voto do Min. Dias Toffoli, redator do acórdão:

> Em termos mais amplos, o SEEU possibilita uma visão completa e detalhada da execução penal do país e da situação do sistema prisional de cada estado da federação, cumprindo salientar que o Poder Judiciário não possuía dados confiáveis sequer sobre a quantidade de pessoas presas no país.
>
> Não há política pública viável diante da ausência de dados completos e confiáveis. Os dados produzidos pelo SEEU favorecem o planejamento orçamentário dos três poderes, nas esferas federal, estadual e municipal, consideradas suas respectivas competências. (…)
>
> Destaco, ainda, que o SEEU é determinante para a gestão do sistema prisional em um cenário de calamidade provocado pela superlotação, fornecendo condições para a aplicação da Súmula nº 56 do Supremo Tribunal Federal, a idealização de centrais de vagas.[18]

A adoção de um sistema nacional único para controle da execução penal foi tratada no Plano Pena Justa, na ADPF nº 347, no qual se reputou a consolidação do SEEU como essencial para enfrentar o Estado de Coisas Inconstitucional do sistema prisional.

No Eixo 3, que trata dos Processos de Saída da Prisão e Reintegração Social, o plano identificou irregularidades na gestão das execuções

---

enfrentamento do Estado de Coisas Inconstitucional nas Prisões Brasileiras. p. 5. Disponível em: https://redir.stf.jus.br/estfvisualizadorpub/jsp/consultarprocessoeletronico/ConsultarProcessoEletronico.jsf?seqobjetoincidente=4783560 - eDOC.748. Acesso em: 15 jan. 2025.

[18] BRASIL. Supremo Tribunal Federal (Tribunal Pleno). Ação de Descumprimento de Preceito Fundamental 347. *Pena Justa* — Matriz de Implementação do Plano Nacional para o enfrentamento do Estado de Coisas Inconstitucional nas Prisões Brasileiras. p. 56. Disponível em: https://redir.stf.jus.br/estfvisualizadorpub/jsp/consultarprocessoeletronico/ConsultarProcessoEletronico.jsf?seqobjetoincidente=4783560 - eDOC.748. Acesso em: 15 jan. 2025.

penais e estabelece como ação mitigadora a qualificação das execuções por meio do SEEU. Particularmente relevante é a meta progressiva de integração do sistema carcerário paulista ao SEEU, uma vez que São Paulo permanece como o único Estado ainda não inserido no sistema nacional. A proposta do Plano Pena Justa prevê a inclusão de 30% das comarcas paulistas ao SEEU no ano 1, 50% no ano 2 e 100% no ano 3, conforme previsto na matriz do Plano.[19]

Portanto, no que se refere à responsabilidade do Poder Judiciário na gestão carcerária, a decisão cautelar na Reclamação nº 58.207 e a instrução dos pedidos principais apresentados pelo reclamante representaram uma resposta imediata à situação alarmante daquela unidade prisional, adotando providências que buscam fortalecer a cooperação interinstitucional como um instrumento essencial para a superação de desafios estruturais complexos. Ao mesmo tempo, prestou-se a reafirmar a legitimidade e a importância de aspectos centrais de três ações recentemente julgadas pelo STF: o HC nº 143.988, a ADPF nº 347 e a ADI nº 6259, evidenciando a preocupação do Ministro Edson Fachin em proferir decisões que não apenas reflitam a evolução jurisprudencial da Corte, mas estabeleçam diálogo substancial e coerente com seus precedentes.

3 O Respeito à Cultura de Precedentes no Direito Brasileiro

Há ainda outro aspecto relevante que pode ser extraído do julgamento da medida cautelar nº 58207: a consolidação de uma diretriz de respeito à cultura de precedentes no Direito Brasileiro.

A relutância do Juízo do Departamento Estadual de Execução Criminal da 5ª RAJ da Comarca de Presidente Prudente/SP em cumprir determinações do Supremo Tribunal Federal foi evidenciada no voto do Ministro Edson Fachin na Rcl nº 58207, que apontou o descumprimento de decisão proferida em reclamação anterior, também de sua relatoria, sobre o mesmo tema (Rcl nº 51888) e identificou, no repositório de

---

[19] BRASIL. Supremo Tribunal Federal (Tribunal Pleno). Ação de Descumprimento de Preceito Fundamental 347. *Pena Justa* — Matriz de Implementação do Plano Nacional para o enfrentamento do Estado de Coisas Inconstitucional nas Prisões Brasileiras. p. 132. Disponível em: https://redir.stf.jus.br/estfvisualizadorpub/jsp/consultarprocessoeletronico/ConsultarProcessoEletronico.jsf?seqobjetoincidente=4783560 - eDOC.748. Acesso em: 15 jan. 2025.

jurisprudência da Corte, ao menos outras 17 decisões monocráticas,[20] de diversos relatores, que julgaram procedente a reclamação contra ato do mesmo juízo, constatando a inobservância recorrente do Tema nº 423 de Repercussão Geral e da Súmula Vinculante nº 56.

O relator enfatizou que, inicialmente, o Juízo reclamado mantinha os apenados em regime fechado enquanto aguardavam o surgimento de vagas para progressão ao regime semiaberto em lista de espera gerenciada pela Secretaria da Administração Penitenciária do Estado de São Paulo. Em 2022, a lista de espera possuía mais de nove mil sentenciados que aguardavam alocação no regime adequado, o que implicava a manutenção do custodiado em regime mais gravoso por tempo indefinido.

Essa prática demonstrava o descumprimento das medidas de gestão de vagas estabelecidas no Tema nº 423 de repercussão geral, que preveem alternativas como: saída antecipada, substituição da prisão em penitenciária por domiciliar, liberdade monitorada eletronicamente e cumprimento de penas restritivas de direitos e/ou estudo para apenados que progridem ao regime aberto.

O Ministro esclareceu que, após ter julgado procedente a Rcl nº 51888 para determinar o cumprimento da Súmula Vinculante nº 56, o Juízo da Execução extinguiu a lista de espera, mas passou a alocar, indiscriminadamente, os apenados em unidades de regime semiaberto, independentemente da disponibilidade de vagas. Essa atitude agravou a superlotação na unidade prisional de Pacaembu, culminando na criação de um "regime semiaberto de fachada", como ressaltado em seu voto:

> Se antes os apenados aguardavam em *"lista de espera"* para remoção ao regime adequado, após o provimento da RCL 51888, passaram a ser destinados, de forma indiscriminada, e a despeito da ausência de vagas, à unidade de regime semiaberto, o que acentuou a superlotação no CPP Pacaembu.
>
> Isso resultou em um "semiaberto fictício", traduzido na prática em um regime fechado e superlotado. Quem assim adjetiva é o próprio reclamante, quando aduz que a decisão proferida por esta Suprema Corte

---

[20] Rcl nº 51702/SP, Rcl nº 46871/SP e Rcl nº 43.604/SP (Relator Ministro Edson Fachin); Rcl nº 51637/SP, Rcl nº 38949/SP e Rcl nº 51707 (Relator Ministro Gilmar Mendes); Rcl nº 51911/SP, Rcl nº 51761/SP, Rcl nº 51633/SP e Rcl nº 52334 (Relator Ministro Ricardo Lewandowski); Rcl nº 51706/SP, Rcl nº 47507/SP (Relatora Ministra Cármen Lúcia); Rcl nº 52055/SP, Rcl nº 49610/SP (Relatora Ministra Rosa Weber); Rcl nº 51703/SP, Rcl nº 51755/SP, Rcl nº 51638/SP (Relator Ministro André Mendonça); Rcl nº 51.965/SP (Relator Ministro Dias Toffoli).

"acarretou o fenômeno que vem sendo chamado pela imprensa de semiaberto fake, ou seja, unidades, alas e penitenciárias adaptadas que apenas nominalmente destinam-se a presos em regime semiaberto, mas em que as condições de cumprimento são iguais ou piores que aquelas de unidades de regime fechado".

A resistência ao cumprimento de precedentes, contudo, não se restringe ao Judiciário paulista. Efetivamente, o Brasil não possui tradição consolidada de adesão a precedentes judiciais,[21] uma vez que o direito brasileiro, influenciado pelo sistema romano-germânico, tem a lei como principal fonte normativa.[22] Já nos países de *common law*, a jurisprudência é a principal fonte do direito; logo, o respeito às decisões judiciais é uma cultura consolidada, um pressuposto do próprio sistema.[23]

Embora não tenhamos essa formação, nota-se um movimento significativo de valorização dos precedentes no ordenamento jurídico brasileiro.

Esse avanço foi sentido pela Lei nº 9.868/1999, que regulamentou as ações diretas de inconstitucionalidade e declaratórias de constitucionalidade (ADI, a ADO e a ADC), prevendo que as decisões nelas proferidas produziriam efeitos vinculantes para os órgãos judiciais e a Administração Pública federal, estadual e municipal (art. 28, parágrafo único).

A força vinculante das decisões proferidas nessas ações foi incorporada à Constituição Federal, em seu art. 102, §2º, pela Emenda Constitucional nº 45, de 2004. Essa emenda também trouxe inovações importantes, como a súmula vinculante (art. 103-A, *caput*), a reclamação constitucional para garantir o seu cumprimento (art. 103-A, §3º) e a exigência de repercussão geral nos recursos extraordinários (art. 102, §3º).

---

[21] Aborda-se aqui a visão tradicional de antagonismo entre os modelos de *common law* e *civil law*. Atualmente, observa-se uma crescente hibridização desses sistemas, com a *civil law*, adotando a vinculação a precedentes e a *common law* incorporando normas codificadas, como anotado por Estefânia Barboza (QUEIROZ BARBOZA, Estefânia Maria de. As origens históricas do civil law e do common law. Revista Quaestio Iuris, v. 11, n. 3, p. 1456-1486, 2018. Disponível em: https://www.e-publicacoes.uerj.br/quaestioiuris/article/view/29883. Acesso em: 07 fev. 2025).

[22] QUEIROZ BARBOZA, Estefânia Maria de. As origens históricas do civil law e do common law. Revista Quaestio Iuris, v. 11, n. 3, p. 1480, 2018. Disponível em: https://www.e-publicacoes.uerj.br/quaestioiuris/article/view/29883. Acesso em: 07 fev. 2025.

[23] BARROSO, Luís R.; MELLO, Patrícia P. C. Trabalhando com uma nova lógica: a ascensão dos precedentes no direito brasileiro. Revista da AGU, Brasília-DF, v. 15, n. 3, p. 20, jul./set. 2016. Disponível em: https://revistaagu.agu.gov.br/index.php/AGU/article/view/854. Acesso em: 11 fev. 2025.

Na mesma esteira, na esfera do processo administrativo, a Lei nº 9784/1999 estabeleceu a possibilidade de responsabilização pessoal do administrador que desconsiderar súmula vinculante (art. 64-B).

No âmbito processual civil, destacam-se as reformas do Código de Processo Civil de 1973, como a Lei nº 9.756/1998, que permitiu ao relator inadmitir monocraticamente recursos que divergissem de súmulas ou de jurisprudência dominante do respectivo Tribunal, do STJ ou do STF. Outra mudança relevante foi a Lei nº 11.418/2006, que regulamentou a repercussão geral (arts. 543-A e 543-B ao CPC de 1973), autorizando a seleção de recursos extraordinários representativos de controvérsia pelos tribunais de origem e o sobrestamento dos demais até o pronunciamento do STF. Na sequência, o Código de Processo Civil de 2015 consolidou esse movimento ao criar um sistema de precedentes obrigatórios, aproximando o direito brasileiro de uma cultura jurídica pautada na estabilidade, coerência e previsibilidade das decisões judiciais.

Também buscando contribuir para a difusão dessa cultura, o Conselho Nacional de Justiça editou a Recomendação nº 134/2022,[24] que sugere boas práticas para o adequado tratamento dos precedentes qualificados.

No processo penal, essa evolução também é perceptível, na medida em que o Código de Processo Civil é adotado supletivamente. Além disso, há menção expressa a enunciados vinculantes na redação dada ao art. 315 do CPP, pela Lei nº 13.964/2019, que estabelece que um decreto de prisão preventiva não pode apenas invocar precedentes ou afastá-los sem identificar seus fundamentos determinantes ou demonstrar a existência de distinção no caso em julgamento ou a superação do entendimento.

Portanto, embora nosso sistema jurídico ainda se baseie primordialmente na codificação, a incorporação da teoria dos precedentes agregou novo valor às decisões judiciais. Parte da doutrina já reconhece os precedentes como fonte do direito[25] e sinaliza vantagens oriundas

---

[24] BRASIL. Conselho Nacional de Justiça. *Recomendação nº 134, de 9 de setembro de 2022*. Dispõe sobre o tratamento dos precedentes no Direito brasileiro. Diário da Justiça eletrônico/CNJ nº 222/2022, 09 set. 2022. p. 2-6. Disponível em: https://atos.cnj.jus.br/files/original19462820220912631f8c94ea0ab.pdf . Acesso em: 09 fev. 2025.

[25] LOURENÇO, Haroldo. Precedente judicial como fonte do direito: algumas considerações sob a ótica do novo CPC. *Revista da AGU*, v. 11, n. 33, p. 241-271, 2012. Disponível em: https://revistaagu.agu.gov.br/index.php/AGU/article/view/107. Acesso em: 11 fev. 2025.

da sua força vinculante, como a promoção de segurança jurídica e isonomia entre os jurisdicionados, bem como a racionalização do Poder Judiciário.

A previsibilidade das decisões judiciais, conforme destaca Jorge Nunes, constitui um elemento fundamental da segurança jurídica, a qual, por sua vez, é um dos pilares do Direito e condição essencial para sua efetiva realização. Essa estabilidade decisória assegura aos cidadãos um controle razoável sobre suas expectativas de comportamento, reduzindo a incerteza e prevenindo alterações abruptas no ordenamento jurídico.[26]

Além de conferir estabilidade às relações e instituições, a adesão obrigatória aos precedentes atribui novo alcance ao princípio constitucional da isonomia, tornando imperativo o tratamento isonômico entre os cidadãos, na medida de suas desigualdades (isonomia material), não somente perante a lei, mas também perante as decisões judiciais.[27]

O uso pragmático dos precedentes também impacta a racionalização da Justiça. Por um lado, otimiza o tempo de entrega da prestação jurisdicional, já que os magistrados devem reproduzir o entendimento consolidado nos casos similares e investir maiores recursos na solução de questões inéditas; por outro, reduz a litigiosidade, uma vez que a chance de reversibilidade da tese é mínima, o que desestimula a interposição de recursos e a propositura de novas demandas.[28]

Apesar da positivação da teoria de precedentes e de suas vantagens, ainda é preciso consolidar a cultura de respeito às decisões qualificadas, superando a ideia de que a vinculação interfere na liberdade decisória dos juízes. O desalinhamento entre os órgãos jurisdicionais e os precedentes da Suprema Corte, além de gerar insegurança jurídica, enfraquece o Poder Judiciário e compromete a força normativa da Constituição Federal.

Sobre esse ponto, enfatizam Arenhart, Marinoni e Mitidiero:

---

[26] NUNES, Jorge A. M. *Segurança jurídica e súmula vinculante*. São Paulo: Saraiva, 2010. p. 166.
[27] LOURENÇO, Haroldo. Precedente judicial como fonte do direito: algumas considerações sob a ótica do novo CPC. *Revista da AGU*, v. 11, n. 33, p. 248, 2012. Disponível em: https://revistaagu.agu.gov.br/index.php/AGU/article/view/107. Acesso em: 11 fev. 2025.
[28] BARROSO, Luís R.; MELLO, Patrícia P. C. Trabalhando com uma nova lógica: a ascensão dos precedentes no direito brasileiro. *Revista da AGU*, Brasília-DF, v. 15, n. 3, p. 23-24, jul./set. 2016. Disponível em: https://revistaagu.agu.gov.br/index.php/AGU/article/view/854. Acesso em: 11 fev. 2025.

(...) as decisões do STF, por revelarem o sentido da Constituição, mais facilmente podem ser vistas como direito que vincula a solução dos casos concretos. As decisões tomadas em recurso extraordinário não podem deixar de ter eficácia obrigatória para todos os tribunais e juízes do país. O contrário é desconhecer a função de uma Corte Suprema do porte do STF, é ignorar para que serve o STF e o que significam as suas decisões. Ora, o Supremo existe para definir o sentido da Constituição e as suas decisões nada mais são do que a expressão do significado da Constituição, de modo que rejeitar as decisões do Supremo é algo ilógico e absurdo por si.[29]

Nesse cenário, os magistrados do primeiro grau de jurisdição não exercem papel coadjuvante. Ao contrário, são incumbidos de dar eficácia aos julgados vinculantes ao aplicá-los nos casos sucessivos. Essa tarefa demanda a compreensão da *ratio decidendi*[30] do paradigma, além de um julgamento crítico e bem fundamentado. Eventualmente, podem se valer da técnica de distinção (*distinguishing*), identificando especificidades de fato ou de direito que justifiquem uma solução distinta àquela dada ao caso paradigma, evitando, contudo, a banalização do instituto, o qual não deve ser manejado como simples mecanismo de recusa à aplicação do entendimento consolidado.[31]

Os Tribunais locais também exercem importante função no sistema de precedentes, pois uniformizam a jurisprudência no âmbito de sua jurisdição (em controle difuso de constitucionalidade), identificam questões repetitivas que podem ser submetidas à sistemática da repercussão geral e ao dão tratamento uniforme aos casos similares já decididos pelo STF.

Igualmente, a Suprema Corte, guardiã da Constituição, deve respeitar seus próprios precedentes, podendo adaptá-los eventualmente a mudanças históricas, econômicas ou sociais por meio das técnicas

---

[29] ARENHART, Sérgio Cruz; MARINONI, Luiz Guilherme; MITIDIERO, Daniel. *O novo processo civil*. 2. ed. São Paulo: Editora Revista dos Tribunais, 2016. p. 74.

[30] Segundo definição de Patrícia Perrone e Luís Roberto Barroso, *ratio decidendi* consiste na "*descrição do entendimento adotado pela corte como premissa necessária ou adequada para decidir o caso concreto, à luz das razões invocadas pela maioria*" (BARROSO, Luís R.; MELLO, Patrícia P. C. Trabalhando com uma nova lógica: a ascensão dos precedentes no direito brasileiro. *Revista da AGU*, Brasília-DF, v. 15, n. 3, p. 27, jul./set. 2016. Disponível em: https://revistaagu.agu.gov.br/index.php/AGU/article/view/854. Acesso em: 11 fev. 2025).

[31] Art. 14, §2º, da Recomendação nª 134, de 9 de setembro de 2022, do CNJ (BRASIL. Conselho Nacional de Justiça. *Recomendação nº 134, de 9 de setembro de 2022*. Dispõe sobre o tratamento dos precedentes no Direito brasileiro. Diário da Justiça eletrônico/CNJ nº 222/2022, 09 set. 2022. p. 2-6. Disponível em: https://atos.cnj.jus.br/files/original194628 20220912631f8c94ea0ab.pdf . Acesso em: 09 fev. 2025).

overruling e *overriding*.³² Como bem ensina Michele Taruffo, a observância ao "autoprecedente" pelas cortes supremas garante tratamento isonômico aos cidadãos, proporciona legitimidade ao julgado e fortalece a autoridade da corte.³³

Em tempos de fortes investidas contra a democracia e instituições, torna-se primordial que os 11 magistrados constitucionais demonstrem coesão e adesão à jurisprudência do Plenário da Corte, especialmente àquela que possui força vinculante. Assim, é importante que o Ministro Relator, ao fazer uso da prerrogativa prevista no art. 21, §1º, do RISTF, julgando monocraticamente recurso ou pedido manifestamente inadmissível, improcedente ou contrário à jurisprudência dominante ou à súmula do Tribunal, observe fielmente a *ratio decidendi* do precedente.

No contexto do sistema de justiça criminal, a nocividade das decisões conflitantes fica ainda mais evidente por comprometer a eficácia de direitos fundamentais e a eficiência da segurança pública, especialmente quando estão sendo reunidos esforços para desconstituir o estado de coisas inconstitucional.

Patrícia Perrone e Luís Roberto Barroso apontam que a inobservância da jurisprudência consolidada no STF seria um dos fatores que contribui para o encarceramento desproporcional e superlotação carcerária. Como forma de avançar na construção da cultura de respeito aos precedentes judiciais sugerem, além da conversão dos julgados mais relevantes do STF em súmulas vinculantes, o desenvolvimento de um sistema de capacitação e de incentivos direcionado aos magistrados e serventuários da justiça que estimule a observância dos precedentes dos tribunais superiores.³⁴

---

[32] Haroldo Lourenço explica que o *overruling* ocorre quando há a superação integral do precedente e o novo entendimento, em regra, deve gerar efeitos *ex nunc* em respeito à boa-fé objetiva; já o *overriding* implica superação parcial do precedente nos casos em que o tribunal apenas limita o seu âmbito de incidência, em razão da superveniência de uma norma (LOURENÇO, Haroldo. Precedente judicial como fonte do direito: algumas considerações sob a ótica do novo CPC. *Revista da AGU*, v. 11, n. 33, p. 241-271, 2012. Disponível em: https://revistaagu.agu.gov.br/index.php/AGU/article/view/107. Acesso em: 11 fev. 2025).

[33] TARUFFO, Michele. Precedente e jurisprudência. Trad. Chiara de Teffé. *Civilistica.com.Rio de Janeiro*, a. 3, n. 2, jul./dez. 2014. Disponível em: https://civilistica.emnuvens.com.br/redc/article/view/189. Acesso em: 11 fev. 2025.

[34] BARROSO, Luís R.; MELLO, Patrícia P. C. O Estado de Coisas Inconstitucional no Sistema Carcerário Brasileiro. In: BALAZEIRO, Alberto B.; ROCHA, Afonso de P. P.; VEIGA, Guilherme (orgs.). *Novos Horizontes do Processo Estrutural*. Londrina: Thoth, 2024. p. 51.

Em consonância com essa abordagem, o Plano Pena Justa e sua respectiva Matriz, homologados pelo Plenário da Suprema Corte no julgamento da ADPF nº 347, também reconhecem que o fortalecimento da cultura de respeito aos precedentes é essencial para a efetividade do plano. No Eixo 4, que trata das Políticas de não repetição do Estado de Coisas Inconstitucional, um dos principais obstáculos identificados para sua implementação é o desrespeito aos precedentes dos Tribunais Superiores e às normativas do Conselho Nacional de Justiça (CNJ). Para enfrentar esse problema, a Matriz do Plano Pena Justa propõe medidas concretas, incluindo:[35] (i) aprimorar os indicadores de produtividade da atuação judiciária, apresentando novas propostas de monitoramento para alinhar as ações do plano à estratégia nacional do Poder Judiciário e ao Prêmio CNJ de Qualidade; (ii) monitorar o cumprimento dos precedentes dos Tribunais Superiores e normativas do Conselho Nacional de Justiça; (iii) inserir, nas ações de orientação e fiscalização da Corregedoria Nacional, diretrizes para garantir o cumprimento dos precedentes judiciais e das normativas do CNJ; (iv) promover formações continuadas para a magistratura sobre os precedentes dos Tribunais Superiores e as normativas do CNJ, com ênfase na execução penal.

No atual cenário de esforços para reverter o ECI e de sobrecarga do Poder Judiciário, a teoria dos precedentes surge como um instrumento essencial para a construção de um sistema jurídico mais justo, coeso, estável e isonômico. No entanto, enquanto não houver uma cultura plenamente consolidada de respeito aos precedentes, a reclamação constitucional continuará sendo um mecanismo indispensável para garantir a eficiência do sistema, possibilitando o acesso *per saltum* à Suprema Corte para corrigir decisões que contrariem entendimentos vinculantes.

Desde a edição da Súmula Vinculante nº 56 (aprovada em 29.06.2016 e publicada no DJe de 08.08.2016), o STF já julgou 1.630 reclamações sobre esse tema, resultando em 67 acórdãos (43 da Primeira Turma e 46 da Segunda Turma) e 1.627 decisões monocráticas. O Estado de São Paulo destaca-se como a unidade da Federação que deu ensejo

---

[35] BRASIL. Supremo Tribunal Federal (Tribunal Pleno). Ação de Descumprimento de Preceito Fundamental 347. *Pena Justa* — Matriz de Implementação do Plano Nacional para o enfrentamento do Estado de Coisas Inconstitucional nas Prisões Brasileiras. Disponível em: https://redir.stf.jus.br/estfvisualizadorpub/jsp/consultarprocessoeletronico/ConsultarProcessoEletronico.jsf?seqobjetoincidente=4783560 - eDOC.748. Acesso em: 15 jan. 2025.

ao maior número de reclamações: 728 reclamações, das quais 727 foram decididas monocraticamente por seus relatores.[36]

Nesse contexto, o acórdão, de natureza cautelar, proferido na Reclamação nº 58.207 assume especial relevância, pois, ao propor medidas mitigadoras do quadro inconstitucional em consonância com a jurisprudência consolidada da Suprema Corte, reafirma a necessidade de uniformidade na aplicação do Direito e contribui para o fortalecimento da cultura de respeito aos precedentes judiciais.

Considerações Finais

A análise da Reclamação Constitucional nº 58.207, sob a relatoria do Ministro Edson Fachin, evidencia o papel essencial do Supremo Tribunal Federal na gestão do ECI do sistema prisional brasileiro. A decisão cautelar ressalta a impossibilidade de inércia judicial diante das condições degradantes dos presídios e reforça a necessidade de uma atuação proativa, voltada à garantia da dignidade dos apenados. Além disso, alinha-se ao que foi decidido em precedentes relevantes da Corte, como o Habeas Corpus nº 143.988, a ADPF nº 347 e a ADI nº 6259, reafirmando a responsabilidade do Judiciário na implementação de medidas para a melhoria do sistema prisional.

---

[36] Pesquisa realizada no sítio eletrônico do STF por meio de palavras-chave específicas. Disponível, já com os filtros próprios, em: https://jurisprudencia.stf.jus.br/pages/search?base=acordaos&pesquisa_inteiro_teor=false&sinonimo=true&plural=true&radicais=false&buscaExata=true&page=1&pageSize=10&queryString=%22s%C3%BAmula%20vinculante%2056%22%20ou%20%22s%C3%BAmula%20vinculante%20n%2056%22%20ou%20%22s%C3%BAmula%20vinculante%20no%2056%22%20ou%20%22s%C3%BAmula%20vinculante%20de%20n%2056%22%20ou%20%2256%20da%20s%C3%BAmula%20vinculante%22%20ou%20%22enunciado%20vinculante%2056%22%20ou%20%22enunciado%20vinculante%20n%2056%22%20ou%20%22enunciado%20vinculante%20no%2056%22%20ou%20%22enunciado%20vinculante%20de%20n%2056%22%20ou%20%22verbete%20vinculante%2056%22%20ou%20%22verbete%20vinculante%20n%2056%22%20ou%20%22verbete%20vinculante%20no%2056%22%20ou%20%22verbete%20vinculante%20de%20n%2056%22%20ou%20%22verbete%20vinculante%20de%20no%2056%22%20ou%20%22SV%2056%22%20ou%20%22SV%20n%2056%22%20ou%20%22SV%20no%2056%22%20ou%20%22SV%20de%20n%2056%22%20ou%20%2256%20da%20SV%22%20ou%20%22SUV%2056%22%20ou%20%22enunciado%20sumular%20vinculante%2056%22%20ou%20%22enunciado%20sumular%20vinculante%20n%2056%22%20ou%20%22enunciado%20sumular%20vinculante%20de%20n%2056%22%20ou%20%22verbete%20sumular%20vinculante%2056%22%20ou%20%22verbete%20sumular%20vinculante%20n%2056%22%20ou%20%22verbete%20sumular%20vinculante%20de%20n%2056%22&sort=_score&sortBy=desc. Acesso em: 11 fev. 2025.

Nesse contexto, a fixação de um limite máximo de lotação prisional e a articulação interinstitucional, propostas pela decisão, constituem soluções que contribuem significativamente para o aprimoramento da execução penal no Brasil. Do mesmo modo, ao assentar a responsabilidade compartilhada entre os Poderes, a decisão também impulsiona a implementação de medidas estruturantes, como a Central de Regulação de Vagas, o fortalecimento do SEEU e o cumprimento das diretrizes do Plano Pena Justa.

Além disso, o julgamento destaca-se pelo reforço à cultura de respeito aos precedentes judiciais, um elemento essencial para a previsibilidade, coerência e segurança jurídica no Direito brasileiro. O caso analisado evidenciou a resistência persistente de instâncias inferiores em aplicar determinações vinculantes do STF, perpetuando práticas inconstitucionais no sistema prisional paulista. Nesse sentido, a decisão da Segunda Turma não apenas reafirma entendimentos consolidados da Corte, mas também ressalta a necessidade de que magistrados e tribunais observem rigorosamente a jurisprudência estabelecida, garantindo uniformidade na aplicação do Direito.

Dessa forma, a decisão proferida na Reclamação nº 58.207 insere-se em um movimento mais amplo de consolidação da responsabilidade judicial na gestão de crises estruturais e no fortalecimento da segurança jurídica por meio da observância dos precedentes. Ao propor soluções concretas e reforçar o papel do STF como garantidor da isonomia e estabilidade jurídica, o caso contribui para avanços na execução penal e para a construção de um sistema judiciário mais coeso e eficiente. A adesão obrigatória aos precedentes e a gestão compartilhada da política carcerária são elementos fundamentais para o enfrentamento do ECI prisional, exigindo das instâncias inferiores o compromisso efetivo com a implementação dessas diretrizes de forma ampla e eficaz.

Referências

ARENHART, Sérgio Cruz; MARINONI, Luiz Guilherme; MITIDIERO, Daniel. *O novo processo civil*. 2. ed. São Paulo: Editora Revista dos Tribunais, 2016.

BARROSO, Luís R.; MELLO, Patrícia P. C. Trabalhando com uma nova lógica: a ascensão dos precedentes no direito brasileiro. *Revista da AGU*, Brasília-DF, v. 15, n. 03, p. 09-52, jul./set. 2016. Disponível em: https://revistaagu.agu.gov.br/index.php/AGU/article/view/854. Acesso em: 11 fev. 2025.

BARROSO, Luís R.; MELLO, Patrícia P. C. O Estado de Coisas Inconstitucional no Sistema Carcerário Brasileiro. In: BALAZEIRO, Alberto B.; ROCHA, Afonso de P. P.; VEIGA, Guilherme (orgs.). *Novos Horizontes do Processo Estrutural*. Londrina: Thoth, 2024. p. 51.

BRASIL. Conselho Nacional de Justiça. *Central de Regulação de Vagas*: Manual para a Gestão Prisional. Coordenação de Luís Geraldo Sant'Ana Lanfredi *et al*. Brasília: Conselho Nacional de Justiça, 2021. Disponível em: https://www.cnj.jus.br/wp-content/uploads/2022/03/manual-central-de-regulacao-de-vagas-1.pdf. Acesso em: 11 fev. 2025.

BRASIL. Conselho Nacional de Justiça. *Recomendação nº 134, de 9 de setembro de 2022*. Dispõe sobre o tratamento dos precedentes no Direito brasileiro. Diário da Justiça eletrônico/CNJ nº 222/2022, 09 set. 2022. p. 2-6. Disponível em: https://atos.cnj.jus.br/files/original19462820220912631f8c94ea0ab.pdf . Acesso em: 09 fev. 2025.

BRASIL. Conselho Nacional de Política Penitenciária e Criminal. *Resolução nº 05*. Dispõe sobre os indicadores para fixação de lotação máxima nos estabelecimentos penais numerus clausus. Brasília, 25. nov. 2016. Disponível em: https://www.gov.br/senappen/pt-br/pt-br/composicao/cnpcp/resolucoes/2016/resolucao-no-5-de-25-novembro-de-2016/view. Acesso em: 11 fev. 2025.

BRASIL. *Lei nº 7.210, de 11 de julho de 1984*. Lei de Execução Penal. Disponível em: https://www.planalto.gov.br/ccivil_03/leis/l7210.htm. Acesso em: 18 jan. 2024.

BRASIL. Supremo Tribunal Federal (Tribunal Pleno). *Súmula Vinculante nº 56*. Brasília, 08. ago. 2016.

BRASIL. Supremo Tribunal Federal (Tribunal Pleno). *Recurso Extraordinário nº 641.320*. Relator Ministro Gilmar Mendes. Brasília, 01. ago. 2016.

BRASIL. Supremo Tribunal Federal (Decisão Monocrática). *Reclamação Constitucional nº 51.888*. Relator Ministro Edson Fachin. Brasília, 16. mar. 2022.

BRASIL. Supremo Tribunal Federal (Tribunal Pleno). *Arguição de Descumprimento de Preceito Fundamental nº 347*. Relator Ministro Marco Aurélio. Redator para o acórdão Ministro Roberto Barroso. Brasília, 19. dez 2023.

BRASIL. Supremo Tribunal Federal (Segunda Turma). *Reclamação Constitucional nº 58.207*. Relator Ministro Edson Fachin. Brasília, 19. ago. 2024.

BRASIL. Supremo Tribunal Federal (Tribunal Pleno). Ação de Descumprimento de Preceito Fundamental nº 347. Arguição de Descumprimento de Preceito Fundamental 347. *Pena Justa* — Plano Nacional para o enfrentamento do Estado de Coisas Inconstitucional nas Prisões Brasileiras. Disponível https://redir.stf.jus.br/estfvisualizadorpub/jsp/consultarprocessoeletronico/ConsultarProcessoEletronico.jsf?seqobjetoincidente=4783560 - eDOC.749. Acesso em: 15 jan. 2025.

BRASIL. Supremo Tribunal Federal (Tribunal Pleno). Ação de Descumprimento de Preceito Fundamental 347. *Pena Justa* — Matriz de Implementação do Plano Nacional para o enfrentamento do Estado de Coisas Inconstitucional nas Prisões Brasileiras. Disponível em: https://redir.stf.jus.br/estfvisualizadorpub/jsp/consultarprocessoeletronico/ConsultarProcessoEletronico.jsf?seqobjetoincidente=4783560 - eDOC.748. Acesso em: 15 jan. 2025.

FALLON JR., Richard H. Legitimacy and the Constitution. *Harvard Law Review*, v. 118, n. 6, p. 1787-1853, abr. 2005. Disponível em: http://www.jstor.org/stable/4093285. Acesso em: 07 fev. 2025.

GLEZER, Rubens; VILHENA, Oscar. A Supremocracia Desafiada. *Revista Estudos Institucionais (REI)*, v. 10, n. 2, p. 248-269, 2024. Disponível em: https://estudosinstitucionais.com/REI/article/view/833. Acesso em: 11 fev. 2025.

LOURENÇO, Haroldo. Precedente judicial como fonte do direito: algumas considerações sob a ótica do novo CPC. *Revista da AGU*, v. 11, n. 33, p. 241-271, 2012. Disponível em: https://revistaagu.agu.gov.br/index.php/AGU/article/view/107. Acesso em: 11 fev. 2025.

NUNES, Jorge A. M. *Segurança jurídica e súmula vinculante*. São Paulo: Saraiva, 2010.

QUEIROZ BARBOZA, Estefânia Maria de. As origens históricas do civil law e do common law. *Revista Quaestio Iuris*, v. 11, nº 3, p. 1456-1486, 2018. Disponível em: https://www.e-publicacoes.uerj.br/quaestioiuris/article/view/29883. Acesso em: 07 fev. 2025.

ROIG, Rodrigo Duque Estrada. *Execução Penal*: teoria crítica. São Paulo: Saraiva, 2018.

TARUFFO, Michele. Precedente e jurisprudência. Trad. Chiara de Teffé. *Civilistica.com*. Rio de Janeiro, a. 3, n. 2, jul./dez. 2014. Disponível em: https://civilistica.emnuvens.com.br/redc/article/view/189. Acesso em: 11 fev. 2025.

VILHENA, Oscar. Supremocracia. *Revista Direito GV*, v. 4, p. 441-463, 2008. Disponível em: https://www.scielo.br/j/rdgv/a/6vXvWwkg7XG9njd6XmBzYzQ/?format=pdf&lang=pt. Acesso em: 11 fev. 2025.

Informação bibliográfica deste livro, conforme a NBR 6023:2018 da Associação Brasileira de Normas Técnicas (ABNT):

ANDRADE, Giovanna Trigueiro Mendes de; REIS, Lívia Kim Philipovsky Schroeder. O papel do STF na gestão do estado de coisas inconstitucional do sistema prisional: reflexões à luz da Reclamação Constitucional nº 58.207. In: SILVA, Christine Oliveira Peter da; GIAMBERARDINO, André Ribeiro; ARRUDA, Desdêmona Tenório B. T.; MACEDO, José Arthur Castillo de; MACHADO FILHO, Roberto Dalledone (coord.). *Ministro Luiz Edson Fachin*: dez anos de Supremo Tribunal Federal. Belo Horizonte: Fórum, 2025. p. 145-164. ISBN 978-65-5518-746-5.

A CONCESSÃO DA ORDEM DE *HABEAS CORPUS* COMO PROTEÇÃO DE DIREITOS FUNDAMENTAIS DOS MENORES INFRATORES: O CASO DO HC COLETIVO Nº 143.988

ILKA M. LINS

Introdução

Desde que tomou posse como Ministro da Suprema Corte brasileira, em 16 de junho de 2015, Luiz Edson Fachin vem primando sua judicatura pela ética, pela hombridade, pela guarda da Constituição Federal e pela proteção dos direitos fundamentais.

Seguindo essas diretrizes, perceptível que, paulatinamente, à medida em que o "assento" tornou-se menos espinhoso, transformou-se também no Ministro que mais concedeu ordem de *habeas corpus* na história do STF. Os números exibidos por dados oficiais coletados diretamente da página oficial do Supremo não me desmentem; ao revés: confirmam o que a advocacia criminal — anos após o auge da Operação pela qual diariamente era lembrado — foi "forçada" a reconhecer. Ao largo de ser um magistrado punitivista, mostrou seu perfil mais progressista e atento ao respeito dos direitos fundamentais e à dignidade da pessoa humana.

Conforme os dados oficiais,[1] de 2015 a janeiro de 2025, o eminente Ministro proferiu 15.620 (quinze mil, seiscentos e vinte) decisões no todo formado pelo coletivo de *habeas corpus* e recursos ordinários em *habeas corpus*. Comprovando a mais recente preferência das defesas pelo manejo do remédio heroico em detrimento da interposição de qualquer recurso – até mesmo o recurso ordinário em *habeas corpus* – para chegar ao juízo *ad quem*, 13.628 (treze mil, seiscentos e vinte oito) foram exaradas no bojo de *habeas corpus*, enquanto 1.992 (um mil, novecentos e noventa e duas) em sede de recurso ordinário.

Desse total, cerca de 10% (dez por cento) foram favoráveis à defesa, isto é, concessivas da ordem pretendida ou providos os recursos, para que a ordem fosse concedida. Muito embora o número possa parecer pequeno, frente ao mar de *writs* que foram apresentados à Suprema Corte ao longo dessa década, consegue atingir um patamar único de concessões, que destoa da grande maioria dos outros Ministros integrantes do STF.

Desse universo de remédios heroicos, seu maior volume é, sem dúvida alguma, de atuação a varejo, é dizer, nos *habeas corpus* individuais, feitos cujas decisões atinjam anseios pertinentes apenas ao próprio paciente/recorrente e sejam extensíveis, de forma direta, no máximo, aos corréus que se enquadrem aos ditames do artigo 580 do Código de Processo Penal — CP. Todavia, há de ressaltar também sua contribuição na judicatura "a atacado", ou seja, quando, de uma única oportunidade, com uma única decisão é possível atingir um universo de pessoas que, embora não nominadas, são facilmente identificáveis, por se encontrarem na situação descrita: o *habeas corpus* coletivo.

A partir de quando a Suprema Corte brasileira derrubou sua própria jurisprudência estabelecida para, em *overruling*, admitir o manejo do *habeas corpus* coletivo, o acolhimento das teses suscitadas ainda é tímido, é bem verdade. Poucos foram os casos admitidos e acolhidos pelo STF.

Em homenagem aos 10 (dez) anos de Edson Fachin como Ministro do Supremo Tribunal Federal, o presente artigo analisa, assim, o julgamento do HC coletivo nº 143.988, sob sua relatoria, e como, com a admissibilidade da via eleita e o exame da questão de fundo, foi possível identificar e buscar corrigir a violação de direitos fundamentais

---

[1] Disponível em: https://transparencia.stf.jus.br/extensions/decisoes/decisoes.html. Acesso em: 14 jan. 2025.

de adolescentes internados em unidades de cumprimento de medidas socioeducativas.

1 Visão abrangente sobre *habeas corpus* coletivo no STF

Até 20 de fevereiro de 2018, a jurisprudência sedimentada na Suprema Corte brasileira era pela inadmissibilidade da impetração de *habeas corpus* coletivo. Com esteio no inciso LXVIII do artigo 5º da Constituição Federal — CF, a compreensão era a de que se tratava de ação mandamental voltada a preservar a liberdade individual de ir e vir, e não coletiva.

Com o julgamento do HC nº 143.641, sob a relatoria do Ministro Ricardo Lewandowski, realizado na referida data, todavia, houve uma verdadeira guinada no entendimento do Tribunal acerca do tema. Isso porque, a despeito da inexistência de previsão constitucional específica, o Supremo Tribunal Federal, representado pela apreciação desse *case*, por sua Segunda Turma, passou a possibilitar a impetração de *habeas corpus* coletivo, como via processual legítima, racional, adequada e isonômica na tutela do direito à liberdade ambulatorial, especialmente quando a pretensão é a tutela jurisdicional de direitos individuais homogêneos. O julgado é ainda paradigmático, não apenas por ter sido o responsável pelo *overruling*, mas também por haver indicado como legitimados à impetração do *habeas corpus* coletivo os mesmos legitimados para o mandado de injunção coletivo, na forma do artigo 12 da Lei nº 13.300/2016.

Desde então, a Segunda Turma já acolheu outros importantes casos, como o HC nº 172.136, sob a batuta do Ministro Celso de Mello, o HC nº 165.704, de relatoria do Ministro Gilmar Mendes, e o HC nº 143.988, relatado pelo Ministro Edson Fachin e objeto deste articulado, a se fazer presumir que o instituto há de ser cada vez mais admitido, sobretudo à vista do contínuo reconhecimento de problemas estruturais existentes no âmbito da justiça criminal.

Cabe ressaltar que, conquanto a Primeira Turma do STF ainda não tenha concedido a ordem em nenhum feito dessa natureza, vem igualmente apresentando contribuições de relevo para a consolidação do tema. Nesse sentido, estabelecido que o *habeas corpus* coletivo não comporta cognoscibilidade quando suas pretensões forem genéricas, não individualizadas e marcadas pela indeterminação dos beneficiários, bem como pela incerteza quanto ao alcance da providência e sem a devida comprovação de homogeneidade entre as situações processuais dos beneficiários. Nesse sentido, por exemplo, foi o expressado no agravo regimental interposto no bojo do HC nº 187.477.

2 O julgamento do HC nº 143.988 e a concessão da ordem como proteção de direitos fundamentais dos menores infratores

Em 17 de maio de 2017, precedendo exatamente um mês para o Ministro Edson Fachin completar seu primeiro biênio como magistrado integrante da mais alta Corte judicial brasileira, a Defensoria Pública do Estado do Espírito Santo protocolou *habeas corpus* em prol de todos os adolescentes internados na Unidade de Internação Regional Norte, daquele Estado, e estava voltada a corrigir alegada superlotação. O manejo da ação coletiva se deu também, portanto, nove meses antes de o Supremo Tribunal Federal passar a admitir ações desse jaez.

Distribuída ao Ministro Edson Fachin, a primeira providência de Sua Excelência não foi rechaçar, de pronto, a impetração, mas sim de solicitar informações à autoridade inquinada coatora. Uma vez integradas ao feito, a Procuradoria-Geral da República — PGR, no entanto, ofertou parecer pela inadmissibilidade do *mandamus*. Seguindo, então, a consolidada jurisprudência da Excelsa Corte, o *writ*, de fato, não foi conhecido. Nada obstante, a impetrante ingressou com agravo regimental.

Agora, amparado com o poderoso precedente estabelecido com o julgamento do HC nº 143.641, pela Segunda Turma, o Ministro Edson Fachin, em 16 de agosto de 2018, reconsiderou a sua decisão primeva e concedeu, em caráter liminar, a ordem requerida pela impetrante, nos itens 1-9, do item 13 da petição inicial, com exceção da fixação de multa, pleiteada no item 8. 9, e, assim, determinou que (i) na Unidade de Internação Regional Norte em Linhares/ES, onde há execução de medida socioeducativa de internação, a delimitação da taxa de ocupação dos adolescentes internos seria de 119%, devendo-se proceder a transferência dos adolescentes sobressalentes para outras unidades que não estejam com capacidade de ocupação superior à taxa média de 119%; (ii) subsidiariamente, caso a transferência não fosse/seja possível, o magistrado deverá atender ao parâmetro fixado no artigo 49, inciso II, da Lei nº 12.594/2012, até que seja atingido o mencionado percentual máximo de ocupação; (iii) na hipótese de impossibilidade de adoção de tais medidas, que houvesse (haja) conversão de medidas de internação em internações domiciliares; (iv) alternativamente, fossem justificadamente adotadas pelo magistrado as diretrizes sucessivas constantes do pedido inicial.

À oportunidade, determinou-se, ainda, que fosse oficiado o Conselho Nacional de Justiça — CNJ, a fim de que informasse a taxa média de ocupação nas unidades de execução de medida socioeducativa de internação dos Estados e que fosse encaminhado o relatório do cadastro nacional de adolescentes em conflito com a lei enviado pelo juízo de direito competente para execução da UNINORTE de Linhares/ES, a partir do ano de 2015. Determinou-se, também, que, no prazo de até 30 (trinta) dias, deveria o juiz da execução para a medida socioeducativa informar, pormenorizadamente, quanto ao cumprimento da decisão.

Antes da apreciação do mérito pelos demais Ministros, no entanto, o Instituto ALANA, o Instituto Brasileiro de Ciências Criminais — IBCCRIM, a Defensoria Pública do Rio de Janeiro, em conjunto com a Defensoria Pública do Estado da Bahia, a Defensoria Pública do Distrito Federal, a Defensoria Pública do Estado do Ceará, a Defensoria Pública do Estado de Pernambuco, a Defensoria Pública do Estado do Rio Grande do Sul, a Defensoria Pública do Estado de São Paulo, a Defensoria Pública do Estado de Tocantins e a Defensoria Pública do Estado de Sergipe, integrantes do GAETS — Grupo de Atuação Estratégica das Defensorias Públicas Estaduais e Distrital nos Tribunais Superiores —, requereram o ingresso no feito, na qualidade de *amici curiae*, o que foi deferido. Posteriormente, foi ainda acolhido o pleito para que fossem estendidos àquelas Unidades da Federação a ordem concedida. Como amigos da Corte, foram ainda admitidos os ingressos da Associação Nacional de Membros do Ministério Público (MP Pró-Sociedade), da Ordem dos Advogados do Brasil – Seção do Estado do Rio de Janeiro, do Ministério Público do Estado do Rio de Janeiro, do Movimento Nacional de Direitos Humanos – MNDH.

Após uma longa instrução do feito, então, em 24 de agosto de 2020, a Turma, por unanimidade, concedeu a ordem, para determinar que as unidades de execução de medida socioeducativa de internação de adolescentes não ultrapassem a capacidade projetada de internação prevista para cada unidade, nos termos da impetração e extensões. Propôs-se, ainda, a observância dos seguintes critérios e parâmetros, a serem observados pelos Magistrados nas unidades de internação que operam com a taxa de ocupação dos adolescentes superior à capacidade projetada: i) adoção do princípio *numerus clausus* como estratégia de gestão, com a liberação de nova vaga na hipótese de ingresso;

ii) reavaliação dos adolescentes internados exclusivamente em razão da reiteração em infrações cometidas sem violência ou grave ameaça à pessoa, com a designação de audiência e oitiva da equipe técnica para o mister; iii) proceder-se à transferência dos adolescentes sobressalentes para outras unidades que não estivessem com capacidade de ocupação superior ao limite projetado do estabelecimento, contanto que em localidade próxima à residência dos seus familiares; iv) subsidiariamente, caso as medidas propostas fossem/sejam insuficientes e essa transferência não seja possível, o Magistrado deverá atender ao parâmetro fixado no artigo 49, inciso II, da Lei nº 12.594/2012, até que seja atingido o limite máximo de ocupação; v) na hipótese de impossibilidade de adoção das referidas medidas, que haja conversão de medidas de internação em internações domiciliares, sem qualquer prejuízo ao escorreito cumprimento do plano individual de atendimento — podendo ser adotadas diligências adicionais de modo a viabilizar o seu adequado acompanhamento e execução; vi) a internação domiciliar poderá ser cumulada com a imposição de medidas protetivas e/ou acompanhada da advertência ao adolescente infrator de que o descumprimento injustificado do plano individual de atendimento ou a reiteração em atos infracionais poderá acarretar a volta ao estabelecimento de origem; vii) a fiscalização da internação domiciliar poderá ser deprecada à respectiva Comarca, nos casos em que o local da residência do interno não coincida com o da execução da medida de internação, respeitadas as regras de competência e organização judiciária; viii) alternativamente, a adoção justificada pelo magistrado de outras diretrizes que entenda adequadas e condizentes com os postulados constitucionais e demais instrumentos normativos.

Por fim, ressaltado que, nas hipóteses de descumprimento, o instrumento é o recurso às instâncias apropriadas, conforme assentado, no ponto, à unanimidade, no HC nº 143.641, de relatoria do Min. Ricardo Lewandowski. E, por derradeiro, em face do interesse público relevante, por entender necessária, inclusive no âmbito do STF, propôs-se à Turma, por analogia ao inciso V do artigo 7º do Regimento Interno do STF — RISTF, a criação de um Observatório Judicial, sobre o cumprimento das internações socioeducativas na forma de comissão temporária, a ser designada pelo Presidente do Supremo Tribunal Federal, para o fim de, à luz do inciso III do artigo 30 do RISTF, acompanhar os efeitos da deliberação deste Tribunal neste caso, especialmente em relação aos dados estatísticos sobre o cumprimento das medidas estabelecidas e o percentual de lotação das unidades de internação, fazendo uso dos relevantes dados coligidos no âmbito do CNJ e dos Tribunais de Justiça estaduais, nos termo do voto do Relator. Não participou do julgamento, porém, o Ministro Celso de Mello.

Ao conceder a ordem, consideraram os Ministros julgadores que os documentos adunados no curso da impetração comprovavam a superação dos limites da taxa de ocupação, relativamente à capacidade projetada em unidades de cumprimento da medida socioeducativa de internação em Estados da Federação. Consideraram, ainda, que, nada obstante em alguns desses Estados tenham sido implementados esforços no sentido de amenizar os graves problemas de ordem estrutural detectados nas unidades de execução de medidas socioeducativas em meio fechado, essas iniciativas estatais não se consubstanciavam justificativas idôneas ou racionais a obstar a inafastabilidade da prestação jurisdicional, no caso concreto, em que se narraram possíveis violações aos direitos fundamentais mais básicos e elementares dos adolescentes internos — não abrangidos pela fixação de medida socioeducativa em meio fechado.

Observou-se, ademais, que, em pesquisa realizada pelo CNJ, chegou-se a um diagnóstico de que a seletividade e a reação estatal aos atos infracionais reproduzem as mesmas variáveis detectadas no sistema prisional brasileiro, sendo mais comuns os atos infracionais contra o patrimônio e o tráfico de drogas. Desse modo, as reentradas e reiterações nos atos infracionais decorrem de múltiplos fatores, especialmente daqueles que potencializam a vulnerabilidade desse público, como o uso e comércio de drogas.[2]

Como corolário, diversamente do que se cogitou nos autos, não se depreendeu influência automática da espécie de medida socioeducativa fixada na multifatorial etiologia da trajetória infracional dos adolescentes e jovens adultos. Dessarte, descabia inferir correlação automática entre as medidas judiciais implementadas com o fim de cessar violações aos direitos dos internos e impactos negativos na segurança pública em função dessas providências.

Ponderou-se, também, que, segundo retratado em estudo feito pelo Conselho Nacional do Ministério Público — CNMP sobre medidas socioeducativas em meio fechado, a dificuldade de assimilação das diretrizes normativas advindas da doutrina da proteção integral e

---

[2] Reentradas e Reiterações Infracionais: Um Olhar sobre os Sistemas Socioeducativo e Prisional Brasileiros.

do seu microssistema regulamentador pela rede de atendimento atinge diretamente os adolescentes internados e arrosta nítidos prejuízos ao atendimento por parte das equipes técnicas, de modo a reclamar "atenção a violência estrutural inerente à superlotação crônica, à falta de pessoal e à manutenção negligente da maioria das unidades de execução da medida socioeducativa de internação".[3]

Reconheceram os Ministros que, no plano normativo, há nítida e incontroversa opção pela inclusão e manutenção dos vínculos comunitários do adolescente que pratica o ato infracional orientada por diretrizes nacionais (CF e Estatuto da Criança e do Adolescente — ECA) e internacionais, das quais o Brasil é signatário, refletidas no Sistema Global e no Sistema Interamericano dos Direitos Humanos (Convenção Internacional sobre os Direitos da Criança, Regras Mínimas das Nações Unidas para Administração da Justiça Juvenil, Regras de Beijing, Regras Mínimas das Nações Unidas para a Proteção dos Jovens Privados de Liberdade). Sob o pálio desse arcabouço, exsurge a doutrina da Proteção Integral.

Nessa direção, anotaram que as políticas públicas direcionadas aos adolescentes, incluídos os internados, devem contemplar medidas que garantam os direitos assegurados pelo ECA, nomeadamente o direito à vida, à saúde, à liberdade, ao respeito, à dignidade, à convivência familiar e comunitária, à educação, à cultura, ao esporte e ao lazer, à profissionalização e à proteção no trabalho. Assim, a medida socioeducativa, principalmente a privação de liberdade, deve ser aplicada somente quando for imprescindível, nos exatos limites da lei e pelo menor tempo possível, pois, ainda quando adequada a infraestrutura da execução dessa medida de internação, há inevitável restrição do direito de liberdade. Logo, a situação aflitiva não deve perdurar além do estritamente necessário à inclusão, desaprovação e responsabilização do adolescente pelo seu ato infracional.

Ressaltaram, então, que, muito embora fossem significativos os esforços projetados ou já implementados, pelos Estados destinatários da ordem que se busca, não se mostrava plausível solução judicial que chancelasse o descumprimento sistemático das regulamentações que visam assegurar proteção aos adolescentes em ressocialização, em especial quando a questão de fundo versada na impetração reflete antigos e

---

[3] Panorama da Execução dos Programas Socioeducativos de Internação e Semiliberdade nos Estados Brasileiros.

persistentes reclamos endereçados contra o Estado brasileiro no âmbito de organismos internacionais.

Observaram que a Corte Interamericana já havia decidido que a interação especial de sujeição estabelecida entre os adolescentes privados de liberdade e os agentes responsáveis pela custódia impõe ao Estado uma série de deveres, a reclamar o implemento de ações e iniciativas estatais com o fim de fortalecer e incentivar nesses internos o desenvolvimento dos seus projetos de vida, os quais não podem ser aniquilados em função da privação de liberdade.

Nessa toada, esses casos contenciosos apontam que a superpopulação nas instituições, somada a outros problemas infraestruturais, tais como, insalubridade, alimentação deficitária, falta de atendimento médico e psicológico, vulnera as normas convencionais, além de fomentar lamentáveis situações de violência e abusos entre os próprios internos, ou entre estes e os funcionários.

Dada a autonomia dogmática do princípio da vedação à proteção insuficiente, ainda que existam clamores ou sentimentos sociais na contramão do que se vem de assentar, pelo que já se expôs, seria inafastável concluir que os deveres estatais de proteção nessa seara não podem ser simplificados, reduzidos e/ou perspectivados como mera exigência de ampliação do rigor e da severidade na imposição e execução das medidas socioeducativas aos adolescentes em conflito com a lei.

Nessa perspectiva, compreenderam que a limitação do ingresso de adolescentes nas Unidades de Internação, em patamar superior à capacidade de vagas projetadas, além de cessar as possíveis violações, previne a afronta aos preceitos normativos que asseguram a proteção integral, densificando as garantias dispostas no artigo 227 da CF, além de fortalecer o postulado de respeito à condição peculiar de pessoa em desenvolvimento. Incidiria, ainda, o princípio da dignidade da pessoa humana, cuja previsão expressa está no artigo 1º, inciso III, da CF, replicado no artigo 124, inciso V, do ECA.

Considerações finais

O acórdão do julgamento em questão transitou em julgado em 25 de setembro de 2020. Nada obstante a própria admissibilidade da via eleita, para o exame da questão de fundo, tenha constituído um marco na jurisprudência da Corte, o julgamento do mérito tornou-se um marco pelo reconhecimento da violação de direitos fundamentais dos adolescentes internados.

O próprio reconhecimento de deficiências estruturais e da ausência de vagas ofertadas em instituições similares para o cumprimento das medidas socioeducativas levou a Suprema Corte brasileira não apenas a colocar luzes na doutrina da proteção integral, como nos princípios da brevidade, excepcionalidade e respeito à condição de pessoa em desenvolvimento.

Para além disso, o julgado mostrou-se imprescindível para destacar a imperiosidade de se observar as diferenças das políticas de atendimento socioeducativo em relação às polícias criminais, os deveres estatais reconhecidos pela Corte Interamericana e os direitos dos adolescentes privados de liberdade a desenvolverem os seus projetos de vida.

Revelou-se, ainda, presente a impossibilidade de o Poder Judiciário eximir-se de sua atuação nas hipóteses de violação iminente ou em curso a direitos fundamentais, sobretudo diante da envergadura do postulado da dignidade da pessoa humana no Estado Democrático de Direito. Tanto assim que, perto de completar 05 (cinco) anos desde o seu julgamento, o feito continuava em curso, a fim de acompanhar o cumprimento da ordem concedida e a observância aos parâmetros e critérios fixados pelos magistrados destinatários.

Referências

AMARAL, Thiago Bottino do. *Habeas corpus nos Tribunais Superiores*: uma análise e proposta de reflexão. Rio de Janeiro: Escolha de Direito do Rio de Janeiro da Fundação Getúlio vargas, 2016.

CALABRICH, Bruno; FISCHER, Douglas; PELELLA, Eduardo (orgs.). *Garantismo penal integral*: questões penais e processuais, criminalidade moderna e aplicação do modelo garantista no Brasil. 4. ed. Porto Alegre: Verbo jurídico, 2017.

FREEDMAN, Eric M. *Habeas corpus*: rethinking the great writ of liberty. New York, USA: New York University Press, 2003.

HEINZE, Eric. *The logic of constitucional rights*. Burlington, USA: Ashgate Publishing Company, 2005.

KIRCHER, Luiz Felipe de Schneider. *Uma teoria dos precedentes vinculantes no processo penal*. Salvador: JusPodivm, 2018.

MACHADO, Bruno Amaral (coord.). *Justiça Criminal e democracia*. 1. ed. São Paulo: Marcial Pons; Brasília: Fundação Escola Superior do Ministério Público do Distrito Federal e Territórios, 2013.

MARMELSTEIN, George. *O Direito fora da caixa*. 3. ed., rev., atual. e ampl. São Paulo: JusPodivm, 2023.

MIRANDA, Pontes de. *História e prática do habeas corpus*. atualizado por Vilson Rodrigues Alves. Campinas: Bookseller, 1999. 2 v.

MITIDIERO, Daniel. *Precedentes*: da persuasão à vinculação. 3. ed., rev., atual. e ampl. São Paulo: Thomson Reuters Brasil, 2018.

MOSSIM, Heráclito Antônio. *Habeas corpus*: antecedentes históricos, hipóteses de impetração, processo, competência e recursos, modelos de petição, jurisprudência atualizada. 9. ed. Barueri, SP: Manole, 2013.

OLIVEIRA, João Rafael de. *Habeas corpus como instrumento formador de precedente vinculante*: proposta para aprimoramento à sua sistemática em Tribunais Superiores. 1. ed. Florianópolis: Emais, 2023.

OLIVEIRA NETO, Emetério Silva de. *Fundamentos do acesso à justiça*: conteúdo e alcance da garantia fundamental. 2. ed. rev., atual. e ampl. Rio de Janeiro: Lumen Juris, 2021.

REBOUÇAS, Sérgio. *Curso de direito processual penal*. 3. ed. rev. ampl. atual. Belo Horizonte, São Paulo: D'Plácido, 2023. 3 v.

SOUSA JUNIOR, José Geraldo de; DANTAS, Arsênio José da Costa *et al* (org.). *Sociedade democrática, direito público e controle externo*. Brasília: Tribunal de Contas da União, 2006.

TRENTO, Simone. *Cortes Supremas diante da prova*. 1. ed. São Paulo: Thomson Reuters Brasil, 2018.

VIAMONTE, Carlos Sanchez. *El Habeas Corpus*: garantia de la libertad. 2. ed. Buenos Aires, Argentina: Perrot, 1956.

ZANETI Jr., Hermes. *O valor vinculante dos precedentes*: teoria dos precedentes normativos formalmente vinculantes. 4. ed. rev. ampl. e atual. Salvador: JusPodivm, 2019.

Informação bibliográfica deste livro, conforme a NBR 6023:2018 da Associação Brasileira de Normas Técnicas (ABNT):

LINS, Ilka M. A concessão da ordem de *habeas corpus* como proteção de direitos fundamentais dos menores infratores: o caso do HC coletivo nº 143.988. In: SILVA, Christine Oliveira Peter da; GIAMBERARDINO, André Ribeiro; ARRUDA, Desdêmona Tenório B. T.; MACEDO, José Arthur Castillo de; MACHADO FILHO, Roberto Dalledone (coord.). *Ministro Luiz Edson Fachin*: dez anos de Supremo Tribunal Federal. Belo Horizonte: Fórum, 2025. p. 165-175. ISBN 978-65-5518-746-5.

FEDERALISMO E DIREITOS FUNDAMENTAIS ESTADUAIS: O CASO DAS SALAS DE DESCOMPRESSÃO — ADI Nº 6317

JOSÉ ARTHUR CASTILLO DE MACEDO

Introdução

Um mês e pouco após o início do ano Judiciário de 2023, em 15 de março, o Plenário do Supremo Tribunal Federal (doravante STF), concluiu o julgamento da ação direta de inconstitucionalidade (ADI) nº 6317. Ela fora proposta pela Confederação Nacional de Saúde — Hospitais, Estabelecimentos e Serviços — CNS em face da Lei nº 17.234/2020 do Estado de São Paulo. A lei estadual questionada em face da Constituição federal obrigava hospitais públicos e privados a criarem salas de descompressão para enfermeiros, técnicos e auxiliares de enfermagem. Tais salas permitem que os funcionários descansem, interajam entre si e possam relaxar do trabalho.

Apesar de a medida ser imediatamente benéfica para o bem-estar desses profissionais de saúde e imediatamente para os pacientes por eles atendidos, no julgamento da ADI nº 6317 prevaleceu, no Plenário da Corte, por 6 votos a 5, o entendimento de que a medida invade competência da União para legislar sobre direito do trabalho. Assim, o relator do caso, Ministro Edson Fachin, que apresento voto pela constitucionalidade da Lei nº 17.324/2020, restou vencido, já que seus argumentos não prevaleceram durante a deliberação do colegiado. Todavia, conforme se verá, e, como diria o relator do caso e homenageado deste texto, ele "restou vencido, mas não convencido" do acerto da decisão à luz do compromisso com a maior proteção aos direitos fundamentais.

O presente texto procurará mostrar que, apesar da aparente simplicidade desse caso, e de outros submetidos à análise do Supremo Tribunal Federal, em que se discute a compatibilidade de atos normativos subnacionais à luz da Constituição da República, subjazem complexidades e oportunidades.

Complexidades a respeito do efetivo funcionamento do federalismo brasileiro da segunda década do século XXI, pois ao repartir competências, atribuindo poder aos entes da federação, a Constituição visa assegurar a proteção dos direitos fundamentais e fomentar a realização dos objetivos fundamentais da República e dos deveres constitucionais. Todavia, não é claro como isso deve ser feito e quais os limites (até onde) cada ente pode agir.

Oportunidades que se apresentam a cada caso de reafirmar as bases constituintes da comunidade política que se denomina República Federativa do Brasil, de reafirmar a cada decisão o compromisso com o Estado democrático de direito, com os direitos fundamentais, com a liberdade efetiva e a idêntica e efetiva igualdade para todos; ou seja, para reafirmar, concretamente, a dignidade de cada pessoa desta comunidade.

Portanto, debates a respeito da repartição constitucional de competências raramente são — se é que um dia foram — somente questões de "meras" inconstitucionalidades formais. São questões *constituintes*, determinantes de posições de poder e *constituintes* de posições sociais, de hierarquias, de pessoas, como sujeitos de direitos e de (im)possíveis sujeições. As forma(lidade)s são relevantes e constituintes do conteúdo.

O presente texto é um estudo de caso sobre o questionamento da constitucionalidade da Lei nº 17.324/2020, na ADI nº 6317. O caso é relevante para o debate a respeito do federalismo na jurisprudência do Supremo Tribuna Federal, não só pelo placar apertado que demonstra que os argumentos a favor da lei do Estado de São Paulo quase convenceram a maioria da Corte. Ele é primoroso para demonstrar algumas das complexas questões que estão implícitas ao se debater a interpretação do regime constitucional de repartição de competências e o exercício concreto desses poderes pelos entes da federação.

Além do recorte desse estudo de caso, que, à moda de um samba de uma nota só fará com que "outras notas vão entrar, mas a base é uma só"; o texto pretende interrogar, como bem ensina o homenageado, em sucessivas aproximações ao objeto da análise, de modo a problematizar o *concreto* e dele extrair ideias, insights e questões para produzir novas reflexões e soluções para os problemas postos, assim como uma melhor compreensão da realidade.

Ao assim proceder, será possível aprofundar pontos que não estão explícitos a um primeiro olhar. Nessas aproximações sucessivas, pretendo apresentar em cada item um nível acima em uma espiral ascendente de abstração e de aprofundamento do tema. O texto está dividido em três partes, com subitens e, ao final, traz algumas considerações finais. Sem mais delongas, vamos ao caso.

1 O caso

O Projeto de Lei nº 292, de 2018, foi proposto em 09 de maio de 2018 pela deputada estadual Analice Fernandes; ele não foi objeto de emendas ou substitutivos e a partir da data 28 de novembro de 2018 tramitou no regime de urgência.[1]

Em 17 de maio de 2018, foi encaminhado à Comissão de Constituição, Justiça e Redação para que fosse analisada a constitucionalidade, legalidade e juridicidade. Em seu Parecer nº 307, de 26 de fevereiro de 2019, a Comissão concluiu pela aprovação da matéria. O parecer foi publicado em 19 de março de 2019.

Em seguida, em 21 de maio de 2019, houve apreciação do Projeto nº 292, quanto ao mérito, pela Comissão de Saúde, a qual emitiu o Parecer nº 411, favorável à proposição. O relator da matéria e redator do parecer, deputado Edmir Chedid, descreveu que:

> entendemos que o projeto merece prosperar, uma vez que a presente proposição tem por finalidade aliviar o estresse das longas e exaustivas jornadas de trabalho dos enfermeiros, técnicos de enfermagem e auxiliares de enfermagem.
>
> A carga de trabalho dos profissionais de saúde abrangidos por esta proposição, além de intensa é psicologicamente desgastante, por isso é fundamental a implantação de estruturas de acolhimento para estes trabalhadores para reduzir o cansaço físico e emocional, bem como proporcionar a interação entre eles.

---

[1] Todas as informações a respeito do trâmite do Projeto de Lei e sobre os pareceres foram extraídas do site da Assembleia Legislativa de São Paulo. Disponível em: https://www.al.sp.gov.br/propositura/?id=1000213252. Acesso em: 25 jan. 2025.

> As salas de descompressão fazem com que os funcionários se desliguem um pouco do trabalho e também compartilhem momentos de descontração ajudando-os a relaxarem. Elas proporcionam um maior contato entre os profissionais, gerando um ambiente de trabalho colaborativo, estimulando a troca de ideias, o trabalho em equipe e aumentando a produtividade.
>
> Outro fator é a melhora na saúde dos trabalhadores, com a diminuição do estresse do dia a dia, um dos principais fatores que desencadeiam a uma série de doenças ou problemas de saúde.

Em 19 de novembro de 2019, foi aprovado na Comissão de Finanças, Orçamento e Planejamento o Parecer nº 1564, de 2019, do deputado Gil Diniz, que nele se afirmou: "não vislumbramos qualquer óbice de natureza financeiro-orçamentária a sua aprovação".

Após a deliberação do Plenário, o projeto de lei foi encaminhado para o autógrafo do Governador, foi publicado e promulgado no dia 03 de janeiro de 2020, com o seguinte teor:

> Art. 1º Os hospitais públicos e privados do Estado ficam obrigados a criar uma sala de descompressão para ser utilizada pelos enfermeiros, técnicos de enfermagem e auxiliares de enfermagem.
> Art. 2º Nos hospitais públicos, a utilização do espaço de descompressão de que trata o artigo 1º deverá ser regulamentada pela Secretaria da Saúde do Estado.
> Art. 3º Esta lei entra em vigor na data de sua publicação.

Em 11 de fevereiro de 2020, foi apresentada ao Supremo Tribunal Federal ação direta de inconstitucionalidade, com pedido de medida cautelar, questionando a Lei nº 17.234 (certidão — eDOC8 do processo), que foi distribuída à relatoria do Ministro Edson Fachin.

Na petição inicial, a Confederação Nacional de Saúde — Hospitais, Estabelecimentos e Serviços — CNS afirmou possuir legitimidade ativa, já que é entidade de classe de âmbito nacional e possui pertinência temática, pois defende os interesses da categoria econômica da área da saúde, que seriam impactados pela criação de obrigação pela norma questionada.

Na petição inicial foram alegadas inconstitucionalidades formais e materiais. A inconstitucionalidade formal consistiria na criação, pela Lei nº 17.234/2020, de obrigações trabalhistas aos empregadores, o que teria desrespeitado a competência da União para legislar sobre direito do trabalho (prevista no dispositivo do art. 22, I da CF).

A inconstitucionalidade material diz respeito à violação ao princípio da legalidade (art. 5º, II, CF), por contrariar a determinação do art. 155, da CLT, que imputa à órgão de âmbito nacional tratar de segurança e medicina do trabalho.[2]

Em seu despacho inicial, o Ministro Edson Fachin adota o rito do artigo 12 da Lei nº 9.8686/1999, o qual prevê o julgamento diretamente do mérito da ação, sem a apreciação da medida cautelar.

A Assembleia Legislativa apresentou informações nas quais sustentou a constitucionalidade do ato normativo estadual impugnado, porquanto teria atuado em exercício de sua competência concorrente, para a proteção e defesa da saúde (art. 24, XII, da CF). Além disso, afirmou que dentre as atribuições do SUS — Sistema Único de Saúde, estão as ações de proteção à saúde do trabalhador e ao meio ambiente do trabalho (art. 200, II e VIII, da CF), o que está especificado na Lei nº 8.080/1990, que regulamenta o SUS.

A Advocacia-Geral da União — AGU aduziu preliminar pelo não conhecimento da ação direta, pois até o momento do seu pronunciamento não havia sido juntado aos autos pela parte autora a cópia do ato normativa contestado. Em relação ao mérito, posicionou-se pela procedência do pedido da ação direta.[3]

Por sua vez, a Procuradoria-Geral da República exarou parecer pela intimação da parte autora para juntada aos autos de cópia do ato normativo questionado e, no mérito, pela procedência do pedido.

---

[2] Conferir: "Art. 155 — Incumbe ao órgão de âmbito nacional competente em matéria de segurança e medicina do trabalho: I — estabelecer, nos limites de sua competência, normas sobre a aplicação dos preceitos deste Capítulo, especialmente os referidos no art. 200; II — coordenar, orientar, controlar e supervisionar a fiscalização e as demais atividades relacionadas com a segurança e a medicina do trabalho em todo o território nacional, inclusive a Campanha Nacional de Prevenção de Acidentes do Trabalho; III — conhecer, em última instância, dos recursos, voluntários ou de ofício, das decisões proferidas pelos Delegados Regionais do Trabalho, em matéria de segurança e medicina do trabalho. BRASIL. *Decreto-Lei nº 5.452, de 1º de maio de 1943*. Aprova a Consolidação das Leis do Trabalho. Diário Oficial da União, Brasília, DF, 09 ago. 1943. Disponível em: https://legislacao.presidencia.gov.br/atos/?tipo=DEL&numero=5452&ano=1943&ato=7da0TWq5kMjpmT218. Acesso em: 03 fev. 2025.

[3] Cf. a ementa da manifestação: "Direito do trabalho. Lei nº 17.234/2020 do Estado de São Paulo, que obriga os hospitais públicos e privados a criar uma sala de descompressão (descanso) para ser utilizada pelos enfermeiros, técnicos de enfermagem e auxiliares de enfermagem. Preliminar. Ausência de juntada de cópia do ato normativo impugnado. Mérito. O diploma estadual sob invectiva, a pretexto de dispor sobre proteção e defesa da saúde, veicula normas sobre direito do trabalho, cuja matéria é de competência privativa da União, nos termos do artigo 22, inciso I, da Lei Maior. Precedentes dessa Suprema Corte. Manifestação pelo não conhecimento da ação direta e, no mérito, pela procedência do pedido formulado pela requerente".

Em 02 de outubro de 2020, o Ministro Edson Fachin determinou a intimação da requerente para proceder à regularização do processo, sob pena de indeferimento da petição inicial (eDOC 21). Houve a juntada do ato normativo impugnado (eDOC 23 e 27) e admissão, na condição de *amici curiae* do Conselho Federal de Enfermagem — COFEN e da Federação Nacional dos Enfermeiros — FNE.[4]

2 Julgamento: razões dos votos e debates

Houve três sessões de julgamento da ADI nº 6317. A primeira, agendada para a Sessão Virtual de 26 de novembro a 3 de dezembro de 2021, foi iniciada, mas, antes de sua conclusão, houve o pedido de destaque do Ministro Alexandre de Moraes, o que transladou o julgamento para o Plenário Presencial (físico/síncrono). O processo foi agendado para a Sessão de 17 de dezembro de 2021 e posteriormente excluído de pauta. Após a ação direta, foi incluída em pauta e teve seu julgamento retomado em 09 de março de 2023. Nas sessões dos dias 9 e 15 de fevereiro de 2023, houve o término do julgamento com a apresentação das razões dos votos e os debates orais que passo a apresentar.

2.1 Razões dos votos — Voto do relator MEF[5]

O voto do relator havia sido apresentado na Sessão Virtual e foi retomado na Sessão presencial do Plenário em 09 de março de 2023. Nele, o Ministro Edson Fachin afasta a preliminar e conhece da ação.

---

[4] A FNE teve seu pedido de admissão como *amicus curiae* deferido excepcionalmente pelo Relator, conforme se pode ler: "Conforme ressaltei na decisão que consta em eDOC 30, em que assentei a relevância da matéria, a admissão do amicus curiae depende também da sua representatividade. A FNE é entidade sindical de segundo grau, representando nacionalmente os profissionais enfermeiros, sendo pertinente sua atuação acerca da normatização das salas de descompreensão como medida de proteção à saúde dos profissionais. No entanto, impende ressaltar a diretriz jurisprudencial do STF segundo a qual o limite temporal para pleito de ingresso no feito como amicus curiae ocorre com a indicação à Pauta do Plenário pelo Ministro Relator da demanda. No particular, isso sucedeu-se em 17.11.2021. Admite-se, de todo modo, em casos excepcionais, o ingresso posterior. É o caso, uma vez que, embora iniciado o julgamento em sessão virtual na data de 26.11.2021, o feito foi retirado de pauta após destaque do ministro Alexandre de Moraes. Assim, não há prejuízo com a admissão posterior, podendo o amicus curiae ora admitido apresentar memoriais escritos aos ministros da Corte e, eventualmente, sustentação oral por ocasião do reinício do julgamento. Assim, defiro o ingresso".

[5] Fazendo jus a uma prática burocrática recorrente, qual seja, a de criar siglas ou acrônimos, os sistemas do STF e parte dos seus servidores — p.ex., seus assessores, costumam designar os Ministros por siglas, por isso MEF: Ministro Edson Fachin.

Quanto ao mérito, delimitou a controvérsia constitucional da seguinte forma:

> *cinge-se a saber se o legislador estadual*, ao determinar a criação de uma sala de descompressão para ser utilizada pelos enfermeiros, técnicos de enfermagem e auxiliares de enfermagem, nos hospitais públicos e privados do Estado, *invadiu a competência privativa da União para legislar sobre direito do trabalho*, visto não ter havido delegação legislativa aos Estados. (grifos nossos)

Edson Fachin principiou o voto com algumas descrições a respeito do regime constitucional de repartição de competências previsto na Constituição. Segundo sua visão, a repartição de competências é fundamental para que haja a realização do federalismo cooperativo previsto e para que o funcionamento harmônico das competências legislativas e executivas realizem os fundamentos (art. 1º) e objetivos (3º) da Constituição da República. Reconheceu, também, a competência da União prevista no art. 22, I, da CF para legislar sobre direito do trabalho, sendo possível aos Estados legislar sobre questões específica das matérias, desde que haja delegação por meio de lei complementar da União.

Contudo, o relator entendeu que não se tratava de lei a respeito de direito do trabalho, mas do exercício, pelo Estado, de regulação da política pública de saúde. Para tanto, em interessante diálogo com o Poder Legislativo estadual, apresentou como fundamento de sua interpretação as razões apresentadas na Comissão de Saúde da Assembleia Legislativa de São Paulo.[6] No caso, haveria o exercício legítimo da competência concorrente. Em seguida, assentou ponto relevante:

> O exercício da competência da União *em nenhum momento diminui a competência dos demais entes da federação.* Entendo que a competência suplementar estadual para dispor sobre a proteção à saúde incide no caso concreto, permitindo ao Estado de São Paulo produzir norma que obrigue sua rede hospitalar a garantir a saúde física e mental de seus profissionais. (grifos nossos)

Em seguida, oferece cinco razões para justificar o regular exercício da competência para a proteção da saúde e, por isso, a improcedência da ação direta de inconstitucionalidade.

---

[6] Conferir citação acima do trecho do Parecer no Item a respeito do caso.

Ao apresentar a primeira razão, anotou que "desde o início da grave crise sanitária e humanitária do vírus Corona, cujo impacto foi especialmente sentido pelos profissionais de saúde favorecidos pela norma impugnada", tem favorecido interpretação do federalismo cooperativo que concede mais valor à proteção dos direitos fundamentais na divisão vertical das competências. Nesse sentido, destacou os votos não só da ADI nº 6341, mas também das ADIs nº 6423, 6493 e 6575.

A segunda diz respeito a algo pouco debatido na Corte, uma *deferência a favor dos legislativos estaduais*, pois em suas palavras: "tenho insistido sobre o fato de que, em situações de densa incerteza normativa quanto à capitulação de medidas legislativas dentro de zonas limítrofes de competências, é preciso respeitar a posição adotada pelos Poderes Legislativos estaduais".

A terceira seria a tendência "a superar o aspecto meramente formal do princípio da prevalência do interesse e nele reconhecer um conteúdo material", o que pode ser identificado nos procedentes que procuraram dar uma resposta constitucionalmente adequada à crise da COVID-19. A essa tendência, aduz a orientação hermenêutica que tem defendido, praticamente, desde a sua chegada na Corte a respeito da *presumption against preemption*.[7] Segundo ela:

> apenas quando a lei federal ou estadual claramente indicar, de forma necessária, adequada e razoável, que os efeitos de sua aplicação excluem o poder de complementação que detêm os entes menores (*clear statement rule*), seria possível afastar a presunção de que, no âmbito regional, determinado tema deve ser disciplinado pelo ente maior.

A quarta versa sobre a interpretação a ser dada aos incisos do II e VII do art. 200 da Constituição da República, os quais prescrevem a competência do SUS para executar as ações de vigilância sanitária e epidemiológica, assim como as de saúde do trabalhador e colaborar na proteção do meio ambiente, incluído o do trabalho. Explica que o SUS foi regulado pela Lei nº 8.080/1990, a qual prevê (art. 4º) que as ações prestadas por todos os entes da federação e suas respectivas instituições. Portanto, no caso, depreende-se que a Assembleia Legislativa se limitou a densificar o direito fundamental à saúde, previsto nos artigos 6º e 196 da CF, sem incorrer em desacordo com a disciplina estabelecida pela regulação federal.

---

[7] Conferir o voto vogal do Recurso Extraordinário nº 197.704 e na ADI nº 3165.

Por fim, a quinta razão, corolário da anterior, afasta a incidência do art. 155 da CLT, porquanto tal disposição não esgota a competência para definição de normas de saúde do trabalhador. Entendeu que a menção a órgão nacional no art. 155 da CLT não assegurou reserva da administração para tratar do tema, tampouco engendrou violação à legalidade. Como política de saúde, a lei editada não viola o princípio da legalidade.

Por tais razões, não há, pois, ofensa à repartição constitucional de competências ou inconstitucionalidade a ser reconhecida. Portanto, ele julga improcedente o pedido da ação direta, para declarar a constitucionalidade a Lei nº 17.234/2020, do Estado de São Paulo.

2.2 Votos e votação: proximidades e divergências

Na sessão de julgamento do dia 09 de março de 2023, ocorrera debate em Plenário com o início do voto do Ministro Alexandre de Moraes, que inaugurou a divergência. Na mesma sessão ele foi acompanhado pelo Ministro André Mendonça. De acordo com o voto de ambos os Ministros, ainda que bem-intencionada, a lei estadual viola a competência da União para legislar sobre direito do trabalho. O julgamento foi suspenso e houve continuidade na semana seguinte, no dia 15 de março.

Nessa segunda sessão de julgamento presencial, houve a continuidade dos debates e a apresentação do voto dos demais ministros, em ordem de antiguidade: Ministro Kassio Nunes Marques acompanhou a divergência; em seguida, o Ministro Barroso acompanhou o voto do relator, os Ministros Luiz Fux, Ricardo Lewandowski e Cármen Lúcia manifestaram-se pela procedência parcial do pedido, pois entendiam que a Lei nº 17.234/2020 poderia ser aplicada aos hospitais estaduais do Estado de São Paulo. Os Ministros Dias Toffoli e Gilmar Mendes acompanharam a divergência. E a Ministra presidente Rosa Weber acompanhou a divergência do Ministro Alexandre de Moraes.

Portanto, ao final, seis Ministros formaram a maioria da Corte para julgar procedente o pedido para declarar a lei inconstitucional, isto é, Ministros Alexandre de Moraes, André Mendonça, Kassio Nunes, Rosa Weber, Dias Toffoli e Gilmar Mendes. A parcial procedência obteve três votos, Ministros Luiz Fux, Cármen Lúcia e Ricardo Lewandowski e a total improcedência dois, o do Ministro Barroso e do relator, Edson Fachin.

Em síntese, a posição da maioria afirmou, como razão principal, a competência da União para legislar sobre direito do trabalho, a qual, conforme os votos dos Ministros Alexandre de Moraes, André Mendonça e Gilmar Mendes, é confirmada pela interpretação da Constituição e das disposições da CLT, especialmente o art. 155. Além disso, o Ministro André Mendonça apresenta razões a respeito da organização do SUS, prevista na Lei nº 8.080/1990 e sobre o possível vício de iniciativa de se considerar que a Lei nº 17.324/2020 deve reger os hospitais públicos estaduais.

Os ministros alinhados à parcial procedência, Luiz Fux, Cármen Lúcia e Ricardo Lewandowski afirmaram que a lei questionada é constitucional se interpretada que a regulamentação disciplina somente os hospitais públicos estaduais. Excluídos, portanto, os hospitais públicos federais e estaduais no território do Estado, assim como os hospitais privados; pois, para o Ministro Lewandowski, isso implicaria em legislar sobre outra competência da União: direito civil.

2.3 Debates: zona cinzenta e "mais trabalho ou mais saúde"

A apresentação de algumas das ideias expressas nos debates permite explicitar algumas das complexidades do caso que ainda não foram tratadas. Conforme se verá, o caso é aparentemente simples e as complexidades que a ele subjazem vão além da diferença de 6 votos a 5.

Ao iniciar a sua antecipação do voto, em 09 de março de 2023, o Ministro Alexandre de Moraes afirmou que todos concordavam com as premissas a respeito da importância das regras constitucionais de repartição de competências. A discussão, diz ele, é saber "se essa questão se trata de Direito do Trabalho — competência privativa da União (art. 22, I) — ou se ela se trata, como defendeu Sua Excelência, o eminente Relator, de proteção e defesa da saúde — (art. 24, XII)". Prossegue afirmando que se está diante de uma "norma mista", que não é um debate a respeito da inconstitucionalidade material e que "em pese a boa intenção" poderia o legislador estadual estabelecer isso?[8] Consoante essa

---

[8] "quando, de um lado, no art. 21, I, além da questão trabalhista, no art. 21, XIV, é competência privativa da União organizar, manter e executar a inspeção de trabalho; no art. 22, I, Direito do Trabalho, e, no art. 24, XII, as normas gerais sobre proteção e defesa, segurança e medicina do trabalho? Essa norma poderia ser considerada uma norma específica, tirando a questão trabalhista, tirando a questão de disciplina sobre segurança e medicina

linha de raciocínio, somente a União poderia legislar porque é norma de direito do trabalho (art. 22, I), que está a regular relações de trabalho, cuja competência para "organizar, manter e executar a inspeção do trabalho" é da União (art. 21, XXIV, CF).

Após tal manifestação, o Ministro Ricardo Lewandowski pede um aparte e afirma: "Ouvi com atenção o voto do Ministro Edson Fachin, agora ouço Vossa Excelência, e realmente estamos em uma zona cinzenta. Penso que a norma aqui combatida pode ser dividida em dois aspectos". E passa a discorrer sobre a questão, pois, do enunciado do art. 1º, o Ministro Lewandowski extraiu duas normas. De um lado, uma norma aplicável aos hospitais públicos. Para esclarecer seu argumento, questiona o Ministro Alexandre:

> será que, no nosso estado, a Assembleia Legislativa local não poderia estabelecer que o Hospital das Clínicas, hospital referência na América Latina, ou o Hospital do Servidor Público tivessem uma sala de descompressão? Ou, por exemplo, na época do auge da epidemia da covid-19, não poderia estabelecer que esses hospitais e outros hospitais públicos tivessem uma sala de triagem para os pacientes, onde fossem examinados os mais graves, separando os mais graves dos menos graves?

De outro lado, há, todavia, os hospitais privados. A Assembleia Legislativa, ao legislar sobre tal tema, estaria incursionando no âmbito da segurança e medicina do trabalho. Em relação a esse ponto, questionou: "Supondo que essas salas não fossem criadas nos hospitais privados, os prejudicados, os enfermeiros, recorreriam a quem, a que órgão? À Justiça do Trabalho. Eles entrariam com mandado de segurança? Não, teriam que reclamar perante a Justiça do Trabalho". Em razão disso, não verificaria "inconstitucionalidade chapada", mas em relação aos hospitais privados, quiçá houvesse uma ofensa à livre iniciativa.

Ao que, o Ministro Luiz Fux acrescentou: "não há nenhum óbice federal a que um estado seja um laboratório de experiência dessas salas de descompressão, máxime São Paulo, que tem uma medicina muito atuante".

Em resposta aos apartes, o Ministro Alexandre reafirmou que não haveria inconstitucionalidade material, porém, haveria outra

---

do trabalho? Cada estado poderia legislar como bem entendesse, não só especificamente sobre a questão da sala de descompressão, mas sobre outras questões relacionadas à segurança e medicina do trabalho, não só de enfermeiros, técnicos de enfermagem e auxiliares, mas de todas as outras profissões?"

inconstitucionalidade formal, uma vez que: "lei de iniciativa parlamentar estabelecendo obrigações ao Poder Executivo na construção de hospitais, na organização de hospitais. Já admitimos algumas hipóteses desde que não houvesse gasto, mas, aqui, há gasto".

Além do debate sobre o vício de iniciativa, que seria retomado no voto do Ministro André Mendonça, o Ministro Alexandre bem sintetizou a "zona cinzenta" descrita pelo Ministro Lewandowski: "Mais trabalho ou mais saúde? Mais relação de trabalho ou mais questão de saúde? É complexo".

Por sua vez, a presidente, Ministra Rosa Weber, trouxe ao debate a decisão proferida em 2022 na Primeira Turma em sede agravo regimental no recurso extraordinário (RE nº 1.363.861 Agr) em face do acórdão do Tribunal de Justiça da Justiça do Distrito Federal, o qual julgou procedente a ação direta em face da Lei distrital nº 6.814/2021 que previa a implementação de salas de descanso, com sanitários e chuveiros, em hospitais públicos e privados, para enfermeiros, técnicos de enfermagem e auxiliares de enfermagem. Afirmou que a norma distrital "regrava mais" que a estadual paulista. Para ela, "nada impede que aqui se tenha outro olhar, não há nenhum impedimento. A mim, com todo o respeito, embora se tratando de uma zona gris, trilhei, na compreensão desse caso, o mesmo raciocínio do Ministro Alexandre".

Em discordância com a maioria que se formava o relator, Ministro Edson Fachin reforçou um ponto já destacado em sua fundamentação:

> Vamos partir do pressuposto, com o qual não estou de acordo no voto, que a competência seja privativa da União em matéria de trabalho. Essa lei estadual tutela a saúde do trabalhador. Não há lei federal sobre essa matéria. Estamos premiando a inação da União e, de algum modo, levando prejuízo à saúde dos trabalhadores que estão sendo beneficiados com uma lei estadual, no mínimo em espaço público, como disse o Ministro Ricardo Lewandowski, com legitimidade para comparecer o parlamento estadual nessa espacialidade. É isso que me desconforta: onde a União não legislou, impedir que o Estado legisle para concretizar um direito social. É uma solução que, a rigor, se afasta do programa normativo da própria Constituição. Essa é só uma observação que eu faria.

Especificados os pontos principais do debate, é possível empreender a análise sobre o que foi dito e o não dito até o momento.

3 O dito e o não dito

Até o presente momento deste texto, concentrei-me em apresentar o contexto de aprovação da Lei estadual nº 17.324/2020, a contestação da sua constitucionalidade pela ação direta de inconstitucionalidade nº 6317, as razões apresentadas na fundamentação dos votos e os debates ocorridos em Plenário. Cabe-me agora relacionar aquilo que foi dito (e escrito), com o que não (está) dito, mas que subjaz a esse debate ou que transcende ele.

O ponto central da controvérsia dos autos foi bem sintetizado pela expressão "zona cinzenta", ou, como apresentou a Ministra Rosa Weber, a zona gris. Ela é explicitada na frase do Ministro Alexandre de Moraes: "Realmente a questão é saúde do trabalhador, medicina do trabalho. Mais trabalho ou mais saúde? Mais relação de trabalho ou mais questão de saúde? É complexo". Trata-se de definir se a lei deve ser lida à luz da competência privativa da União do art. 22, I ou da competência concorrente da União e dos Estados, nos termos do art. 24, XII, ambas da Constituição da República.

Mais do que definir porque a fundamentação e o resultado defendido pelo Ministro Edson Fachin é, ao meu modo de ver, o mais adequado à luz da Constituição, gostaria de apresentar algumas questões que demandam comentários e maiores desenvolvimentos.

A primeira delas subjaz às expressões "zona cinzenta", ou "zona gris". O debate escancara um ponto pouco e mal debatido na jurisprudência da Corte e na literatura especializada sobre federalismo: qual é o critério para interpretar os conflitos a respeito do regime constitucional de repartição de competências? Ainda que haja consenso a respeito do critério. Outra questão, mais específica, é escancarada neste caso: como definir o *âmbito material* de regulação de cada competência prevista nos enunciados dos dispositivos constitucionais. Vale dizer, nas palavras do Ministro Alexandre de Moraes: "Mais trabalho ou mais saúde? Mais relação de trabalho ou mais questão de saúde?".

Em outro texto apresentei a descrição do caráter politicamente constitutivo de tais questões.[9] Responder a elas são tarefas que demandam desenvolvimento da literatura técnica (teórico-dogmática) e da

---

[9] MACEDO, José Arthur Castillo de. Quando os direitos transbordam: direitos fundamentais estaduais e transfederalismo. In: SGARBOSSA, Luis Fernando; ARAÚJO, Marcelo Labanca. *Direitos Fundamentais Estaduais e constitucionalismo subnacional.* Recife: Publius, 2022.

jurisprudência do Supremo Tribunal Federal. Nesse sentido, aquilo que não foi dito no debate merece desenvolvimentos. Porém, há que se reconhecer que o está dito contribui para um refinamento nos argumentos, na compreensão das complexidades emergentes do exercício (i)legítimo das competências constitucionais pelos entes subnacionais. Ademais, a respeito da atuação dos entes subnacionais surgem também outras questões pouco debatidas na jurisprudência do STF e no âmbito acadêmico.

Primeiro, como deve se dar o diálogo e as interpretações feitas pelo órgão de cúpula e Tribunal Constitucional da União (STF) e os Tribunais locais (em sede recurso extraordinário interposto em face de ação direta de inconstitucionalidade estadual ou distrital), de um lado, e, do outro, como deve se dar o diálogo do STF com os parlamentos estaduais, distrital e locais? Essa questão traz antigas e novas questões. Por exemplo, há literatura recente que debate o uso e as avaliações que a jurisdição constitucional faz dos prognósticos legislativos. Além disso, qual deve ser o peso das razões apresentadas nos parlamentos, seja nas Comissões das casas legislativas, seja em Plenário, como fez o Ministro Edson Fachin? Dado o histórico como proeminente professor de direito civil, não me parece que a proposta seja a retomada da tão criticada intenção do legislador subnacional.[10] Mas, ainda que fosse, há vozes não desprezíveis que apontam para a renovação deste debate tradicional.[11]

Segundo, há um esforço sistemático – reconhecido neste julgamento pelo Min. André Mendonça – do Ministro Edson Fachin de consolidar critérios para orientar a interpretação do regime constitucional de repartição de competências. Nesse sentido, o Ministro Fachin atua para a construção de uma *doctrine* no sentido dado pelos estadunidenses às construções jurisprudenciais da Suprema Corte. A respeito desta temática, ainda não foi adequadamente debatida tanto na jurisprudência da Corte, como em sede doutrinário dois dos critérios apresentados no voto: i) a ideia de que se deve maximizar as competências para que haja

---

[10] KELSEN, Hans. *Teoria Pura do Direito*. Trad.: João Baptista Machado. São Paulo: Martins Fontes, 2006; FERRAZ Jr., Tercio Sampaio. *Introdução ao Estudo do Direito*: Técnica, Decisão, Dominação. 6. ed. São Paulo: Atlas, 2010; NINO, Carlos Santiago. *Introducción al análisis del derecho*. 2. ed. 14. reimp. Buenos Aires: Astrea, 2007.

[11] Em defesa: ALEXANDER, Larry. Tudo ou nada? As intenções das autoridades e a autoridade das intenções. In: MARMOR, Andrei. *Direito e Interpretação*. Trad.: Luís Carlos Borges. São Paulo: Martins Fontes, 2000. p. 537- 608; retomando parcela da crítica tradicional a intenção do legislador e com novos argumentos: WALDRON, Jeremy. A intenção dos legisladores e a legislação não-intencional. In: MARMOR, Andrei. *Direito e Interpretação*. Trad.: Luís Carlos Borges. São Paulo: Martins Fontes, 2000. p. 495-536.

a máxima e mais adequada proteção dos direitos humanos e fundamentais previstos na Constituição ou decorrentes dos tratados internacionais de direitos humanos; e, ii) a avaliação dos critérios propostos e da defesa de uma *"presumption* against preemption",[12] seja pela forma como é desenvolvida pela Suprema Corte nos Estados Unidos, seja pela lente do direito constitucional comparado e pela (im)possibilidade e importar tal critério para interpretar a repartição de competências e os conflitos à luz da Constituição brasileira.

Por fim, chega a ser curioso o fato de que pouco se avançou na discussão do tema das salas de descompressão em termos de debate a respeito da tutela estadual de direitos fundamentais estaduais e do papel dos Poderes Judiciário (da União e do Estado) e Legislativo na tutela de tais direitos, bem como na busca de sua máxima efetividade.[13]

O STF tem um encontro marcado com tais temas, em futuros casos. Não obstante, parece-me que uma boa diretriz hermenêutica foi traçada pelo relator do caso e homenageado do texto: "onde a União não legislou, impedir que o Estado legisle para concretizar um direito social. É uma solução que, a rigor, se afasta do programa normativo da própria Constituição".

Considerações finais: à guisa de homenagem

O caso da sala de descompressão é um caso interessante, não só para demonstrar a construção jurisprudencial do federalismo pelo STF, nem por ser um bom exemplo de defesa de uma interpretação original, renovada e comprometida com a Constituição tal qual defendida pelo Ministro Edson Fachin desde que foi empossado na Corte, há dez anos.

Ele é interessante para demonstrar como casos aparentemente simples a respeito da interpretação do regime constitucional de repartição de competências podem ir muito além de "meras"

---

[12] Sobre a preemption no direito estadunidense: BLOCK, Susan Low; JACKSON, Vicki C. *Federalism*: A reference Guide to the United States Constitution. Santa Barbara: Praeger, 2013; CHEMERINSKY, Erwin. *Constitutional Law*: Principles and policies. Seventh edition. 2023.

[13] Cf.: ARAÚJO, Marcelo Labanca; MEYER, Emilio Peluso Neder. Direitos Fundamentais Estaduais no Brasil: um debate necessário. In: SGARBOSSA, Luis Fernando; ARAÚJO, Marcelo Labanca. *Direitos Fundamentais Estaduais e constitucionalismo subnacional*. Recife: Publius, 2022; MACEDO, José Arthur Castillo de. Quando os direitos transbordam: direitos fundamentais estaduais e transfederalismo. In: SGARBOSSA, Luis Fernando; ARAÚJO, Marcelo Labanca. *Direitos Fundamentais Estaduais e constitucionalismo subnacional*. Recife: Publius, 2022.

inconstitucionalidade formais. Deles podem surgir diversas e complexas questões constitucionais que envolvem a distribuição de poder, a proteção de direitos fundamentais e realização da democracia, como se pode ver em alguma extensão neste caso, especialmente tendo em vista que se discutia a proteção de categoria vulnerável e superexplorada da área da saúde.

Nele também ficou explicitado o reconhecimento pelos próprios pares, pelo esforço, como Ministro da Corte, em defesa de uma compreensão do federalismo adequado ao desenho constitucional de 1988, com intuito de realizar os objetivos fundamentais da República, de proteger os direitos fundamentais e assegurar a democracia. Nesse sentido, do acórdão em comento, colho a manifestação do Ministro Dias Toffoli para quem: "o Ministro Luiz Edson Fachin tem sido sempre uma vertente preponderante na insistência sobre competências maiores para os entes da federação estadual, distrital e municipal, que formam a nossa União". Para o Ministro Roberto Barroso:

> A jurisprudência do Supremo, tradicionalmente, sempre fora uma jurisprudência centralizadora.
>
> Mais recentemente, nos últimos anos, em grande parte pela atuação empenhada, reiterada e meritória do Ministro Luiz Edson Fachin, flexibilizamos algumas dessas posições centralizadoras, notadamente nas questões envolvendo direito do consumidor e proteção ao consumidor. Houve uma clara oscilação na jurisprudência do Supremo, em prol de mais autonomia estadual em questões que se situavam na linha de fronteira com a proteção do consumidor ou que, em alguma medida, pudessem ser enquadradas como tal.

Cabe a mim, que pude acompanhar a trajetória do Ministro homenageado, primeiro na condição de estudante (de graduação e de pós-graduação), depois como professor e pesquisador de direito constitucional, e agora como assessor, a gratidão pela oportunidade, pelos diálogos, pelo exemplo de trabalho, zelo, dedicação e ética com o serviço público e com a coisa pública. Essa singela contribuição, em aproximações sucessivas, partindo do concreto, com críticas, mas com aberturas a novos questionamentos, é um modo de render, *a suo modo*, a minha homenagem.

Referências

ALEXANDER, Larry. Tudo ou nada? As intenções das autoridades e a autoridade das intenções. In: MARMOR, Andrei. *Direito e Interpretação*. Trad.: Luís Carlos Borges. São Paulo: Martins Fontes, 2000. p. 537- 608.

ARAÚJO, Marcelo Labanca; MEYER, Emilio Peluso Neder. Direitos Fundamentais Estaduais no Brasil: um debate necessário. In: SGARBOSSA, Luis Fernando; ARAÚJO, Marcelo Labanca. *Direitos Fundamentais Estaduais e constitucionalismo subnacional*. Recife: Publius, 2022.

BRASIL. *ADI nº 6317*. Tribunal Pleno. Ação Direta de Inconstitucionalidade 6317/DF. Relator: Min. Edson Fachin. Redator para o acórdão: Min. Alexandre de Moraes. Brasília, 07 jun. 2023. Disponível em: https://portal.stf.jus.br. Acesso em: 20 jan. 2025.

BRASIL. *Constituição da República Federativa do Brasil de 1988*. Promulgada em 5 de outubro de 1988. Diário Oficial da União, Brasília, DF, 05 out. 1988. Disponível em: https://www.planalto.gov.br/ccivil_03/constituicao/constituicao.htm. Acesso em: 25 jan. 2025.

BRASIL. *Decreto-Lei nº 5.452, de 1º de maio de 1943*. Aprova a Consolidação das Leis do Trabalho. Diário Oficial da União, Brasília, DF, 09 ago. 1943. Disponível em: https://legislacao.presidencia.gov.br/atos/?tipo=DEL&numero=5452&ano=1943&ato=7da0TWq5kMjpmT218. Acesso em: 03 fev. 2025.

BLOCK, Susan Low; JACKSON, Vicki C. *Federalism*: A reference Guide to the United States Constitution. Santa Barbara: Praeger, 2013.

CHEMERINSKY, Erwin. *Constitutional Law*: Principles and policies. Seventh edition. 2023.

DWORKIN, Ronald. *Law's Empire*. Cambridge: Harvard, 1986.

FERRAZ Jr., Tercio Sampaio. *Introdução ao Estudo do Direito*: Técnica, Decisão, Dominação. 6. ed. São Paulo: Atlas, 2010.

JACKSON, Vicki C. *Constitutional Engagement in a Transnational Era*. Cambridge: Oxford, 2013.

KELSEN, Hans. *Teoria Pura do Direito*. Trad.: João Baptista Machado. São Paulo: Martins Fontes, 2006.

MACEDO, José Arthur Castillo de. *Encruzilhadas do Federalismo*: transfederalismo, cooperação, constitucionalismo e democracia. Tese (Doutorado em Direito) — Programa de Pós-graduação em Direito. Curitiba: Universidade Federal do Paraná, 2018.

MACEDO, José Arthur Castillo de. Quando os direitos transbordam: direitos fundamentais estaduais e transfederalismo. In: SGARBOSSA, Luis Fernando; ARAÚJO, Marcelo Labanca. *Direitos Fundamentais Estaduais e constitucionalismo subnacional*. Recife: Publius, 2022.

NINO, Carlos Santiago. *Introducción al análisis del derecho*. 2. ed. 14. reimp. Buenos Aires: Astrea, 2007.

TUSHNET, Mark. *The Constitution of the United States of America*: A Contextual Anelysis. Second Edition. Oxford and Portland: Hart, 2015.

WALDRON, Jeremy. A intenção dos legisladores e a legislação não-intencional. In: MARMOR, Andrei. *Direito e Interpretação*. Trad.: Luís Carlos Borges. São Paulo: Martins Fontes, 2000. p. 495-536.

Informação bibliográfica deste livro, conforme a NBR 6023:2018 da Associação Brasileira de Normas Técnicas (ABNT):

MACEDO, José Arthur Castillo de. Federalismo e direitos fundamentais estaduais: o caso das salas de descompressão — ADI nº 6317. In: SILVA, Christine Oliveira Peter da; GIAMBERARDINO, André Ribeiro; ARRUDA, Desdêmona Tenório B. T.; MACEDO, José Arthur Castillo de; MACHADO FILHO, Roberto Dalledone (coord.). *Ministro Luiz Edson Fachin*: dez anos de Supremo Tribunal Federal. Belo Horizonte: Fórum, 2025. p. 177-194. ISBN 978-65-5518-746-5.

PLOT TWIST NO HC Nº 246.965/STF: ENTRE O ACASO E A JUSTIÇA, UM NOVO ENREDO À LUZ DA JUSTIÇA RESTAURATIVA

LÍVIA KIM PHILIPOVSKY SCHROEDER REIS

PAULA CRISTINA PIAZERA NASCIMENTO

Introdução

O presente artigo reconstitui parte da trajetória de dois Edsons até o momento em que seus caminhos se cruzam.

O primeiro é o Ministro Edson Fachin, homenageado nesta coletânea comemorativa por seus dez anos de magistratura constitucional. Nascido em 08 de fevereiro de 1958 no distrito de Rondinha, em Passo Fundo, Rio Grande do Sul, mudou-se com a família para Toledo, Paraná, aos dois anos de idade. Por sua longa trajetória nesse Estado, define-se como paranaense. Renomado jurista e humanista de reconhecimento internacional, integra o Supremo Tribunal Federal.

O segundo é Edson Francelino, nascido no mesmo ano, em 16 de dezembro de 1958. É viúvo, trabalha como funileiro e reside no bairro Sacomã, na periferia de São Paulo. Foi condenado a sete anos de reclusão, em regime fechado, pela prática do crime de tráfico de drogas, em processo julgado pela justiça estadual de São Paulo. Em 29 de outubro de 2024, obteve decisão favorável no *Habeas Corpus* nº 246.965, concedido pela Segunda Turma do STF, que o absolveu definitivamente da acusação.

Neste estudo, analisamos um capítulo breve, mas representativo, da atuação do primeiro Edson na magistratura constitucional e um episódio marcante da trajetória do segundo. Os caminhos dos dois Edsons se encontram no julgamento do HC nº 246.965, ponto de partida de nosso artigo.

Em seguida, reconstituiremos os eventos fáticos e processuais que levaram à condenação de Edson Francelino sob a óptica de um recurso narrativo amplamente utilizado na literatura e no cinema: o *plot twist*. A expressão, quando separada em seus elementos originais da língua inglesa, pode ser compreendida como a junção de *plot* (enredo) e *twist* (reviravolta ou revirar). Em sua literalidade, a expressão traduz com precisão a proposta deste artigo: promover a reviravolta de um enredo.

Nossa intenção é explorar como a abordagem da justiça restaurativa poderia recontar e ressignificar a história do acusado, assim como os procedimentos processuais que o acompanharam. A partir dessa perspectiva, buscamos responder à seguinte questão: **como poderia ter sido diferente?**

1 Relato do caso e o julgamento do HC nº 246.965 no Supremo Tribunal Federal

O ponto de partida de uma história que teve uma reviravolta pode ser narrado de forma linear ou retrospectiva, a depender da ênfase pretendida. Optamos por iniciar pelo desfecho para destacar a possibilidade de que a justiça, ainda que tardia, pode ser realizada.

A trajetória de Edson Francelino foi profundamente impactada por Edson Fachin. Mas como definir a perspectiva adotada pelo Ministro ao levar à apreciação da Segunda Turma um caso emblemático de seletividade penal, propondo, em seu voto como relator, a correção da ilegalidade? Talvez a melhor forma de compreender sua motivação seja recorrer às suas próprias palavras:

> Nada na Constituição autoriza a tolerar o sofrimento que a discriminação impõe. Toda pessoa tem o direito de viver em uma sociedade sem preconceitos. Toda pessoa deve ser protegida contra qualquer ato que atinja sua dignidade. A dignidade da pessoa humana não pode ser invocada de forma retórica, como grande guarda-chuva acolhedor de qualquer argumento em razão de sua amplitude ou comprimento. É preciso ser exato: a dignidade da pessoa humana não é vagueza abarcadora

de argumentos e posições de todo lado. Ao contrário, e por refutação a isso, é preciso dar sentido e concretude a esse princípio inerente aos sujeitos e fundante de nosso Estado.[1]

Foi, portanto, com esse olhar que o Ministro Edson Fachin julgou o caso de Edson Francelino, reconhecendo nele um reflexo das desigualdades estruturais que permeiam o sistema penal brasileiro. Um reflexo concreto, cuja correção estava em suas mãos.

Em 29 de outubro de 2024, o Ministro Edson Fachin levou a julgamento presencial pela Segunda Turma do Supremo Tribunal Federal o que passamos a chamar "caso Edson Francelino". A exposição dos fatos foi concisa, mas impactante:

> O réu, pessoa negra de 65 anos, estava em via pública, em bairro periférico, em frente a um imóvel usado para armazenar drogas, quando foi abordado pela polícia. Em sua posse, não foram encontradas armas, anotações, dinheiro em espécie, utensílios de tráfico, nem objeto que sugerisse atuação como segurança ou olheiro do imóvel. Desde o primeiro momento, negou qualquer vínculo com o local. Em depoimento, os policiais mencionaram que ele não demonstrou surpresa ao ver a viatura, tampouco apresentou fala contraditória, tentou fugir ou aparentou nervosismo durante a abordagem; no entanto, por ter passagem por tráfico, decidiram levá-lo à Delegacia.[2]

A prisão decorreu, portanto, de uma frágil conjectura policial aliada ao fato de estar no local errado, no momento errado. Foi essa combinação que levou Edson Francelino a ser conduzido até a residência apontada, por denúncia anônima, como depósito de entorpecentes. Desde o início, refutou ser proprietário do imóvel ou ter relação com a droga apreendida. No entanto, sua palavra e a ausência de provas concretas foram insuficientes para afastar a presunção de culpa. Na lógica da seletividade penal, a equação já estava montada: um homem negro parado em frente a um imóvel associado ao tráfico de drogas só poderia estar envolvido de alguma forma. A condução à delegacia foi apenas a formalização desse pré-julgamento.

---

[1] BRASIL. Supremo Tribunal Federal (Tribunal Pleno). *Mandado de Injunção* nº 4.733/DF. Relator Ministro Edson Fachin. Brasília, 13. jun. 2019. p. 40.

[2] BRASIL. Supremo Tribunal Federal (Segunda Turma). *Habeas Corpus* nº 246.965/SP. Relator Ministro Edson Fachin. Brasília, 09. dez 2024. p. 8.

O voto do Ministro Edson Fachin principiou por destacar a rapidez incomum da tramitação processual e a necessidade de contextualizar esse fator sob uma perspectiva constitucional. Assim, relatou:

> embora a denúncia tenha sido proposta recentemente, em 29.11.2023, o processo foi rapidamente julgado pelo juízo de 1º grau, pelo Tribunal de Justiça de São Paulo e pelo Superior Tribunal de Justiça, com o trânsito em julgado certificado em 25.06.2024.[3]

Essa observação não era meramente cronológica, mas um indicativo da conclusão que estava no porvir. O trecho já prenunciava como a celeridade processual pode, em determinadas circunstâncias, comprometer garantias fundamentais. Esse ponto foi aprofundado pelo Ministro Fachin ao contextualizar:

> cumpre rememorar que, como corolário ao princípio da presunção de inocência, compete exclusivamente ao órgão de acusação o ônus de comprovar, de forma inequívoca, a materialidade e autoria do crime narrado na denúncia não cabendo ao acusado, portanto, o dever de provar sua inocência.
>
> Contudo, a condução açodada da investigação e da instrução processual gerou lacunas que não podem ser colmatadas em favor da acusação, construindo-se uma condenação com base em conjecturas.[4]

Desde a perspectiva de Edson Francelino, um senhor de 66 anos, os onze meses de prisão foram um tempo excessivamente longo. No entanto, analisando a tramitação do caso, desde o prisma processual e de burocracias envolvidas, percebe-se um trâmite processual acelerado e irrefletido.

Em menos de um ano, o caso passou por diversas instâncias e foi analisado por pelo menos 12 autoridades, todas mantendo a prisão: 1- O Delegado lavrou a prisão e requereu a conversão em preventiva; 2- O Ministério Público de São Paulo ofereceu denúncia; 3- A juíza instruiu a ação penal e condenou o réu; 4- O Tribunal de Justiça de São Paulo, em decisão unânime de três desembargadores, manteve a condenação; 5- O Superior Tribunal de Justiça, em Turma de cinco

---

[3] BRASIL. Supremo Tribunal Federal (Segunda Turma). *Habeas Corpus nº 246.965/SP*. Relator Ministro Edson Fachin. Brasília, 09. dez 2024. p. 7.

[4] BRASIL. Supremo Tribunal Federal (Segunda Turma). *Habeas Corpus nº 246.965/SP*. Relator Ministro Edson Fachin. Brasília, 09. dez 2024. p. 9.

ministros, negou *habeas corpus* por unanimidade; 6- A Procuradoria-Geral da República, ao oficiar no STF, se manifestou pela denegação da ordem. Mesmo após sucessivas análises, nenhuma das instâncias questionou a fragilidade da condenação.

Além disso, outro aspecto fundamental ressaltado pelo Ministro Fachin em seu voto foi a condução da fase instrutória pela magistrada de primeiro grau. O vídeo da audiência, disponibilizado pelo advogado de Edson Francelino na petição inicial, permitiu aos Ministros do Supremo uma análise direta da produção da prova, revelando as nuances do julgamento. Ficou evidente um desequilíbrio processual significativo: a magistrada, em afronta ao artigo 212 do Código de Processo Penal, atuou de maneira ostensiva na inquirição do réu e das testemunhas, com perguntas incisivas, tom de voz impositivo e constantes interrupções, deixando transparecer sua adesão antecipada à tese acusatória. O voto do Ministro Fachin enfatizou, no ponto, que a magistrada assumiu um papel preponderante na formulação das perguntas às testemunhas de acusação e defesa, comprometendo a imparcialidade exigida pelo sistema acusatório.

A conclusão pela manifesta afronta ao princípio da presunção de inocência e ausência de provas a lastrear a condenação de Edson Francelino foi acompanhada à unanimidade pela Segunda Turma. A completa inadequação da instrução processual foi enfatizada de forma eloquente pelo Ministro Gilmar Mendes, que, em seu voto, apontou:

> Após exame pormenorizado dos autos, tenho que o caso concreto enseja não apenas o cabimento do habeas corpus substitutivo de revisão criminal, como também a concessão da ordem, tendo em vista a constatação de manifestas ilegalidades.(...)
>
> O modus operandi questionado neste habeas corpus não apenas desrespeita o precedente desta Corte, mas é inequívoco exemplo de trabalho policial mal feito, com repercussões inevitáveis para o êxito da investigação e para toda a ação penal. Basta observar que, a partir da busca dos policiais, não se sabe, ao fim e ao cabo quem é o proprietário da casa invadida (...). O paciente era um completo desconhecido da equipe da Polícia Civil e apenas foi conduzido à Delegacia porque, nas palavras da testemunha policial ouvida em juízo, tinha passagens por tráfico de drogas. (...)
>
> Como se vê, o réu foi condenado apenas com base nos depoimentos dos policiais civis - nada esclarecedores quanto ao domínio do imóvel e à vinculação do réu às drogas -, em ilações sobre a honestidade dos agentes públicos e em escancarada inversão do ônus da prova. Todas as perguntas não respondidas pela investigação e pelo Ministério Público foram imputadas ao réu, em flagrante violação ao princípio da presunção

de inocência, do qual decorre diretamente o ônus exclusivo da acusação de comprovar, acima de qualquer dúvida razoável, a materialidade e a autoria do crime descrito na denúncia. Desse modo, em face da não comprovação da autoria do delito pelo Ministério Público, a absolvição do acusado é medida que se impõe, nos termos do art. 386, inciso VII, do Código de Processo Penal.[5]

Também ressaltando a manifesta afronta ao princípio da presunção de inocência, considerou o Ministro Nunes Marques que as provas trazidas aos autos não permitiam concluir pela autoria atribuída a Edson Francelino:

> Como se sabe, as acusações penais não se presumem demonstradas, incumbindo exclusivamente a quem acusa o ônus da prova concernente aos elementos constitutivos do pedido (autoria e materialidade do fato delituoso)
>
> (...) Na espécie, entendo, na linha adotada pelo eminente Relator, que o órgão acusador não reuniu provas aptas a formar, para além de qualquer dúvida razoável, um juízo de certeza necessário à condenação, nem mesmo um lastro probatório mínimo de autoria delitiva suficientes para formalizar uma acusação criminal, notadamente quanto à ligação da droga apreendida no imóvel em questão ao ora paciente, que, "desde o primeiro momento, negou qualquer vínculo com o local", conforme consta do voto de Sua Excelência.[6]

Após a exposição do caso concreto e os detalhes de seu julgamento, emerge uma questão fundamental: por que réus como Edson Francelino permanecem invisíveis ao sistema de justiça?

O grande volume de processos em tramitação e a tendência à automatização das decisões são apontados como fatores que comprometem a individualização das decisões no âmbito penal. No entanto, para além desse problema estrutural, outros elementos devem ser considerados.

Primeiramente, é impossível ignorar o impacto da cor da pele no sistema de justiça. Os dados e estudos organizados no recém-publicado Protocolo para Julgamento com Perspectiva Racial, elaborado pelo CNJ, corroboram essa constatação. Segundo o documento, uma

---

[5] BRASIL. Supremo Tribunal Federal (Segunda Turma). *Habeas Corpus nº 246.965/SP*. Relator Ministro Edson Fachin. Brasília, 09. dez 2024. p. 16 -24.
[6] BRASIL. Supremo Tribunal Federal (Segunda Turma). *Habeas Corpus nº 246.965/SP*. Relator Ministro Edson Fachin. Brasília, 09. dez 2024. p. 35.

pesquisa conduzida nacionalmente pela Defensoria Pública do Estado do Rio de Janeiro identificou que a decretação da prisão preventiva ocorreu em 60% dos casos de reconhecimento fotográfico equivocado realizados pela polícia, e que, em 83% dessas ocorrências, os indivíduos erroneamente identificados eram pessoas negras. Esses dados evidenciam de forma irrefutável a seletividade do sistema penal e o impacto do racismo estrutural na justiça criminal.[7]

Embora o enfrentamento dessa grave e complexa questão não seja o objeto central do presente artigo, seria uma omissão – ou até mesmo um reducionismo – deixar de problematizar: se Edson Francelino fosse um homem branco, residente em uma área nobre, teria sido conduzido para acompanhar uma diligência em uma casa que alegou não lhe pertencer, depois levado à Delegacia e, por fim, mantido preso com base em contexto probatório tão frágil? Sua prisão teria perdurado por quase um ano, sem que um membro do Ministério Público alertasse, sem que um magistrado percebesse, sem que um delegado questionasse, sem que um advogado conseguisse demonstrar que seu lugar não era ali?

Além disso, outro ponto fundamental — este sim objeto de análise aprofundada adiante — é a ausência de uma escuta ativa do acusado, e completa desconsideração do contexto social e comunitário em que estava inserido. Embora a versão do acusado constasse formalmente tanto do boletim de ocorrência quanto da sentença condenatória, em nenhum momento ela foi considerada com a seriedade necessária.

A rapidez incomum do julgamento pelas instâncias ordinárias não refletiu um compromisso com a justiça, mas sim uma reafirmação automática de um sistema que falha em reconhecer suas próprias distorções.

A decisão do Ministro Fachin, nesse ponto, não apenas corrigiu uma ilegalidade processual, mas também evidenciou a necessidade urgente de uma atuação judicial mais atenta às desigualdades estruturais. Além disso, sinalizou a importância de explorar abordagens alternativas para lidar com casos criminais.

No próximo tópico, exploramos um desses caminhos alternativos: a justiça restaurativa. Ao trazer novas perspectivas, buscamos

---

[7] BRASIL. Conselho Nacional de Justiça. *Protocolo para Julgamento com Perspectiva Racial*. Brasília: Conselho Nacional de Justiça, 2024. 190 p. Disponível em: https://www.cnj.jus.br/wp-content/uploads/2024/11/protocolo-para-julgamento-com-perspectiva-racial-2. Acesso em: 13. fev. 2025.

contribuir para um modelo mais efetivo e humanizado de concretização da justiça criminal.

2 A justiça restaurativa como abordagem aos conflitos criminais

Embora aparentemente recente em solo brasileiro, o movimento de implementação da Justiça Restaurativa no mundo ocorre desde a década de 1970, tendo os Estados Unidos da América e Canadá como países pioneiros de práticas restaurativas. Hoje, diversos outros países também possuem um sistema de Justiça Restaurativa implementado, como a Bélgica, Nova Zelândia, Austrália, Inglaterra, África do Sul, Colômbia, Chile, Portugal e outros.

Internacionalmente, a Organização das Nações Unidas (ONU) regulamentou as práticas restaurativas na justiça criminal em 1999, incentivando a adoção das metodologias de Justiça Restaurativa pelos Estados-membros, especialmente após a edição da Resolução nº 12/2002, intitulada *Princípios Básicos para o Uso de Programas de Justiça Restaurativa em Matéria Criminal*.[8] As diretrizes estabelecidas são legais e institucionais, fornecendo uma base sólida para a implementação desses programas em diferentes países.

No Brasil, a Justiça Restaurativa, assim como em outras nações, surgiu na prática. Oficialmente, começou em meados de 2004, com a implantação de três projetos-piloto: em São Caetano do Sul/SP, em Porto Alegre/RS e no Distrito Federal. Na sequência, outras propostas se desenvolveram ao longo dos anos em diversas áreas, com experiências bem-sucedidas.

Ganhou especial alcance no cenário jurídico com a adoção da Política Nacional de Justiça Restaurativa, instituída pela Resolução nº 225/2016 do Conselho Nacional de Justiça (CNJ),[9] em completo alinhamento ao compromisso crescente com a construção de sociedades mais justas e pacíficas, tal como enunciado no ODS nº 16 da Agenda 2030 da ONU.[10]

---

[8] Organização das Nações Unidas (ONU). *Resolução nº 2002/2012* — Princípios Básicos para o Uso de Programas de Justiça Restaurativa em Matéria Criminal. Disponível em: https://www.un.org/en/ecosoc/docs/2002/resolution%202002-12.pdf. Acesso em: 18 jan. 2025.

[9] BRASIL. Conselho Nacional de Justiça. *Resolução nº 225, de 31 de maio de 2016*. Disponível em: https://atos.cnj.jus.br/atos/detalhar/2289. Acesso em: 15 jan. 2025.

[10] Objetivo 16: "promover sociedades pacíficas e inclusivas para o desenvolvimento sustentável, proporcionar o acesso à justiça para todos e construir instituições eficazes,

Seguindo o contexto global, o CNJ previu expressamente princípios primordiais das práticas restaurativas: reparação dos danos; atendimento às necessidades de todos os envolvidos; informalidade, voluntariedade, empoderamento, consensualidade e a confidencialidade. Dentre os *considerandos*, há expressa referência de que,

> diante da complexidade dos fenômenos conflito e violência, devem ser considerados, não só os aspectos relacionais individuais, mas também, os comunitários, institucionais e sociais que contribuem para seu surgimento, estabelecendo-se fluxos e procedimentos que cuidem dessas dimensões e promovam mudanças de paradigmas, bem como, provendo-se espaços apropriados e adequados.

Apesar do termo *justiça* na nomenclatura, a Justiça Restaurativa não se confunde com o sistema judicial. Bem pelo contrário, tem seu nascedouro nas comunidades, nas vivências das aldeias, nas formas como esses coletivos se reuniam para tratar dos conflitos que ali surgiam. Embora atualmente vários países tenham inserido a Justiça Restaurativa como um braço auxiliar do sistema multiportas de acesso ao Judiciário, por ele não pode — e nem deve — ser apropriado, sob o risco de perder justamente aquele que é o cerne da sua existência: o protagonismo dos envolvidos e a presença da comunidade.

Antes de apresentar uma conceituação sobre o que é Justiça Restaurativa, é importante ressaltar que não há uma unanimidade quanto à sua definição. Isso porque, como já mencionado, sua origem remonta aos povos originários e, dessa forma, sua sistematização leva em conta igualmente o contexto cultural, histórico e social de cada país.

Basicamente, esses modelos dividem-se em duas correntes: Purista e Maximalista. A corrente Purista foca na realização de práticas restaurativas em si, identificando Justiça Restaurativa apenas se há processo restaurativo ativo, com a aplicação da metodologia estruturada. Já a corrente Maximalista amplia a moldura da Justiça Restaurativa, pois prioriza o resultado da reparação de danos ao invés da necessidade de existência de um processo restaurativo.

Por conta dessa visão ampliada, os doutrinadores da corrente maximalista entendem presente a Justiça Restaurativa ainda quando não

---

responsáveis e inclusivas em todos os níveis". Organização das Nações Unidas (ONU). *Transformando Nosso Mundo*: A Agenda 2030 para o Desenvolvimento Sustentável. 2020. Disponível em: https://brasil.un.org/sites/default/files/2020-09/agenda2030-pt-br.pdf. Acesso em: 19 jan. 2025.

aplicada uma metodologia específica, como os círculos de construção de paz, as conferências de grupos familiares, os encontros vítima-ofensor etc. Logo, para eles, essa concepção de Justiça Restaurativa permite que se reconheçam atuações que, apesar de não seguirem um rito específico de um método restaurativo, adotem os princípios, valores e diretrizes fundamentais da Justiça Restaurativa.

Nessa linha, podemos entender a Justiça Restaurativa como uma forma de resolução de conflitos que se concentra no protagonismo e na responsabilização dos envolvidos, reparação dos danos causados e restauração das relações entre as partes. Ela contrasta com a justiça retributiva, que foca na apuração de um culpado e na punição dos ofensores.

Howard Zehr, em sua célebre obra *Trocando as Lentes*, expôs as diferenças entre as lentes retributiva e restaurativa por meio do seguinte quadro comparativo:

Justiça Retributiva	Justiça Restaurativa
1. O crime é definido pela violação da lei.	1. O crime é definido pelo dano à pessoa e ao relacionamento (violação do relacionamento).
2. Os danos são definidos em abstrato.	2. Os danos são definidos concretamente.
3. O crime está numa categoria distinta dos outros danos.	3. O crime está reconhecidamente ligado a outros danos e conflitos.
4. O Estado é a vítima.	4. As pessoas e os relacionamentos são as vítimas.
5. O Estado e o ofensor são as partes no processo.	5. A vítima e o ofensor são as partes no processo.
6. As necessidades e direitos das vítimas são ignorados.	6. As necessidades e direitos das vítimas são a preocupação central.
7. As dimensões interpessoais são irrelevantes.	7. As dimensões interpessoais são centrais.
8. A natureza conflituosa do crime é velada.	8. A natureza conflituosa do crime é reconhecida.
9. O dano causado ao ofensor é periférico.	9. O dano causado ao ofensor é importante.
10. A ofensa é definida em termos técnicos, jurídicos.	10. A ofensa é compreendida em seu contexto total: ético, social, econômico e político.

Fonte: Zehr, 2008, p. 189-190.

Em meados dos anos 70, Nils Christie refletiu sobre a forma como o sistema penal opera predominantemente em todo o mundo, ressaltando a ideia de que o Estado – personificado na figura do(a) magistrado(a) – apropria-se de conflitos que, em essência, não lhe pertencem. O Estado, ao tomar para si a responsabilidade de solucionar tais disputas, acaba por distanciar as partes diretamente envolvidas do processo de resolução, centralizando o poder de decisão em detrimento de uma abordagem mais participativa e comunitária. No famoso artigo *Conflict as Property*,[11] Christie argumenta que essa apropriação dos conflitos sociais ocorre por meio da conversão em processos judiciais, tratados de maneira burocrática e despersonalizada, o que intensifica a desigualdade social e a marginalização dos mais vulneráveis. Ao retirar dos indivíduos a possibilidade de gerir seus próprios conflitos, o sistema penal reforça dinâmicas de exclusão e perpetua a concentração do poder decisório nas mãos do Estado.

Assim, o modelo retributivo, centrado na punição do ofensor, não adentra às necessidades da vítima e demais envolvidos, e nem mesmo trata as causas profundas do conflito judicializado. Limita-se à superficialidade do evento, ao que interessa apenas para fins de subsunção à norma. Como resultado, as pessoas diretamente relacionadas ao evento perdem a oportunidade de resolver o conflito em toda a sua extensão, de forma profunda e autêntica.

Ainda nesse sentido, ao dissertar sobre o *dogma da substitutividade*, Taís Schilling Ferraz enfatiza a falha do sistema retributivo ao reduzir a complexidade das relações humanas às questões que interessam ao direito sem antever ou se preocupar com as ramificações do fato danoso, pressupondo, de forma prepotente — para não dizer igualmente omissa — que sua atuação bastará para encerrar o conflito judicializado:

> Ao entregar a um terceiro imparcial, dotado de jurisdição, a solução de um litígio, os interessados, cientes da vedação ao exercício arbitrário das próprias razões, assumem, no mínimo, três suposições: a) não foram capazes, por meio do diálogo, de resolver seu próprio conflito; b) o juiz deverá decidir quem tem razão, assegurando direitos; c) essa solução deverá ser justa e fundamentada e eliminará o conflito. (...)

---

[11] CHRISTIE, Nils. Conflicts as property. *The British Journal of Criminology*, London, v. 17, n. 1, p. 1-15, 1977. Disponível em: https://criminologiacabana.wordpress.com/wp-content/uploads/2015/10/nils-christie-conflicts-as-property.pdf. Acesso em: 20 jan. 2025.

Paradoxalmente, a experiência vai provar o contrário em grande parte das oportunidades. O ser, na vida real, tende a prevalecer sobre o dever ser, quando se trata da aceitação de soluções adjudicadas. O vencido, ainda que se submeta à decisão, nunca é convencido, dificilmente reconhece que seu direito não era melhor que o do outro, ou que tinha responsabilidade por encontrar a melhor alternativa de solução.

O conflito, ainda que traduzido para algo de que o direito pudesse se ocupar, permaneceu ativo, latente, porque não foi verdadeiramente tratado. A racionalidade para a decisão, embora fosse necessária, era insuficiente para dar a verdadeira atenção a esse conflito. As emoções, as dores, as dificuldades, os seus reais determinantes, não encontraram espaço para serem verbalizadas ou escutadas.

A percepção paulatina dessas inconsistências produziu o incômodo necessário para que se passasse a questionar e a reconhecer que os pressupostos que até então sustentaram a forma substitutiva de prestar jurisdição não ofereceriam resposta adequada a uma grande quantidade de conflitos, e que a exclusividade da pena, enquanto essência da ação do Estado diante de um crime, seria insuficiente para produzir paz, reparação e efeitos preventivos.[12]

Como reação a esse modelo superficial e insuficiente, as práticas restaurativas têm se mostrado uma ferramenta determinante para a compreensão das violências estruturais subjacentes. Por meio de perguntas, é possível estimular que os próprios envolvidos identifiquem e apresentem suas reais necessidades decorrentes do evento danoso, bem como estabeleçam o que precisa ser feito para reparar e para prevenir que aconteça novamente.

Como aponta Zehr,[13] enquanto na justiça retributiva as perguntas norteadoras circulam o passado, a apuração da culpa e qual a intensidade da punição (*Que lei foi violada? Que fez isso? Qual pena ele merece?*), na justiça restaurativa o foco é o futuro, a solução do problema é central, e a restauração e reparação são a norma (*Quem sofreu o dano? Quais são as suas necessidades? Quem tem obrigação de supri-las? Quais as causas? Quem tem interesse na situação? Qual o processo apropriado para envolver os interessados no esforço de tratar das causas e corrigir a situação?*).

---

[12] FERRAZ, Taís Schilling. Justiça Restaurativa: as bases de uma mudança de paradigma. In: ALMEIDA, Vânia Hack de *et al* (org.). *Justiça Restaurativa*: perspectivas a partir da Justiça Federal. Porto Alegre: Tribunal Regional Federal da 4ª Região, 2022. p. 45-46. Disponível em: https://www.trf4.jus.br/trf4/upload/editor/2022/apb17_livro_jr_trf4.pdf. Acesso em: 10 jan. 2025.

[13] ZEHR, Howard. *Trocando as lentes*: Justiça Restaurativa para o nosso tempo. Tradução de Tônia Van Acker. São Paulo: Palas Athena, 2008. p. 215 e 241.

A existência de espaços cooperativos e inclusivos é essencial para práticas restaurativas, pois é neles que se estabelece um processo justo, no qual haverá um compartilhamento de saberes e poder. Isso não significa que as autoridades (sejam judiciais, policiais etc.) precisem dispor do poder constitucional que lhes foi atribuído, mas sim que a construção da melhor solução para o caso será feita "com" o outro, e não apenas "para" ou "contra" o outro.

Note-se que, quando falamos desses espaços de colaboração, estamos trazendo luz às diversas possibilidades de aplicação da Justiça Restaurativa, ainda que externas a um processo judicial. Essa concepção maximalista, acima já citada, foi concretizada pelo CNJ no art. 1º. §1º, V, da Res. nº 225/16, ao prever o conceito de *enfoque restaurativo*, definindo-o como qualquer forma de abordagem diferenciada, desde que priorizados os quatro pilares centrais: reparação de danos, levantamento das necessidades legítimas das partes, participação dos envolvidos e da comunidade em sentido *lato* e compartilhamento de responsabilidades e obrigações.

A reparação de dano vai além do material, abrangendo prejuízos emocionais, psíquicos, comunitários e sociais. Por sua vez, as necessidades legítimas referem-se ao que é necessário para reparar o dano em relação a todos os envolvidos, seja direta ou indiretamente atingidos.

Já na participação do envolvido e da comunidade, leva-se em consideração as redes de relacionamento das partes afetadas pelo conflito, abrangendo todos que, ainda que de forma indireta, tenham sido por ele impactados, como familiares, amigos e vizinhos. Essa comunidade é chamada a participar ativamente nas sessões, seja como apoio de alguém diretamente envolvido, seja como vítima reflexa, passando igualmente pelo processo de internalização, compreensão e assunção de responsabilidades e obrigações.

Nos processos criminais, a inclusão da comunidade não deve ser vista apenas como um meio de proporcionar ao envolvido uma melhor compreensão do impacto do evento danoso. Deve-se também considerar sua relevância para evitar o efeito criminogênico que decorre de crimes não assimilados por completo em uma determinada sociedade. Um exemplo que ilustra essa perspectiva foi trazido pelo Ministro Edson Fachin no julgamento da ADPF nº 635. Em seu voto,[14] citou estudo

---

[14] BRASIL. Supremo Tribunal Federal (Tribunal Pleno). *Arguição de Preceito Fundamental nº 635*. Relator Ministro Edson Fachin. Brasília, 05. fev. 2025. Voto disponível em: https://www.conjur.com.br/2025-fev-05/fachin-propoe-medidas-de-controle-da-atividade-policial-e-reducao-da-letalidade-no-rio/. Acesso em: 14. fev. 2025.

econométrico que analisou a letalidade policial no Estado do Rio de Janeiro, demonstrando que, estatisticamente, "uma morte adicional provocada por policiais está, em média, associada a um aumento de 1,6% nos homicídios dolosos no mês subsequente",[15] sendo observada correlação positiva apenas com a apreensão de drogas e armas.

Esse fenômeno evidencia um efeito amplificador no cometimento de crimes, frequentemente ignorado quando o indivíduo é julgado e processado sem a devida consideração do contexto social e da comunidade em que inserido.[16] Dessa forma, a participação da comunidade na aplicação do sistema de justiça, conforme propõe a Justiça Restaurativa, não deve ser interpretada como um simples abrandamento da resposta estatal ao crime, mas como uma estratégia essencial a prevenção de novos delitos.[17] Ao atuar diretamente na recomposição dos vínculos e na construção de um ambiente social mais equilibrado, a Justiça Restaurativa não apenas favorece a responsabilização do envolvido, mas também fortalece o papel da coletividade na manutenção da segurança e da justiça.[18]

Como último pilar, o compartilhamento de responsabilidades se inspira na *Teoria das Janelas da Disciplina Social* de McCold e Wachtel,[19]

---

[15] MONTEIRO, J.; FAGUNDES, E.; GUERRA, J. Letalidade policial e criminalidade violenta. *Revista de Administração Pública*, v. 54, n. 6, p. 1777-1778, 2020.

[16] Nadine Neves Faria sintetiza o antagonismo entre a justiça retributiva e a restaurativa ao destacar que a principal diferença entre elas está na capacidade apenas desta última de promover uma análise das reais possibilidades de transformação da visão ideológica do crime, deslocando o foco da violação à lei para a violação às relações humanas (FARIA, Nadine Neves. *Da (im)possibilidade da justiça restaurativa no Brasil*: A institucionalização ou a deformação de um modelo crítico ao sistema de justiça criminal. São Paulo: Dialética, 2024. p. 92).

[17] Nesse sentido, recorremos novamente à ZEHR: "A justiça restaurativa é um processo que visa a envolver, na medida do possível, aqueles que têm participação em um delito específico e a identificar e abordar coletivamente os danos, necessidades e obrigações, a fim de curar e esclarecer as coisas o melhor possível" (ZEHR, Howard. *The little book of restorative justice*. Intercourse: Good books, 2002. p. 37).

[18] Nesse ponto, remetemos o leitor à tabela apresentada na doutrina de Scuro Neto e Pereira, que compara a Justiça Retributiva (JR) e a Justiça Restaurativa (JR), destacando a diferença na ênfase dada à comunidade. Segundo os autores, enquanto na Justiça Retributiva a pena é considerada eficiente quando a ameaça de punição previne o crime, na Justiça Restaurativa a punição, por si só, não é suficiente para modificar comportamentos e, muitas vezes, acaba por desagregar comunidades e relações interpessoais. Além disso, os autores apontam que, no modelo retributivo, a comunidade permanece marginalizada, sendo representada apenas de forma abstrata pelo Estado. Já na Justiça Restaurativa, a comunidade assume um papel ativo, contribuindo para a reconstrução dos vínculos sociais e para a promoção de soluções mais justas e efetivas (SCURO NETO, Pedro. *Manual de Sociologia Geral e Jurídica*. São Paulo: Saraiva, 2000. p. 5-6).

[19] MCCOLD, Paul; WACHTEL, Ted. Restorative Justice in Everyday Life. In: STRANG, H.; BRAITHWAITE, J. *Restorative Justice and Society*. Cambridge: Cambridge University Press, 2001.

combinando controle e apoio para disciplinar e responsabilizar, sendo a janela restaurativa a que busca equilibrar altos níveis nos dois parâmetros:

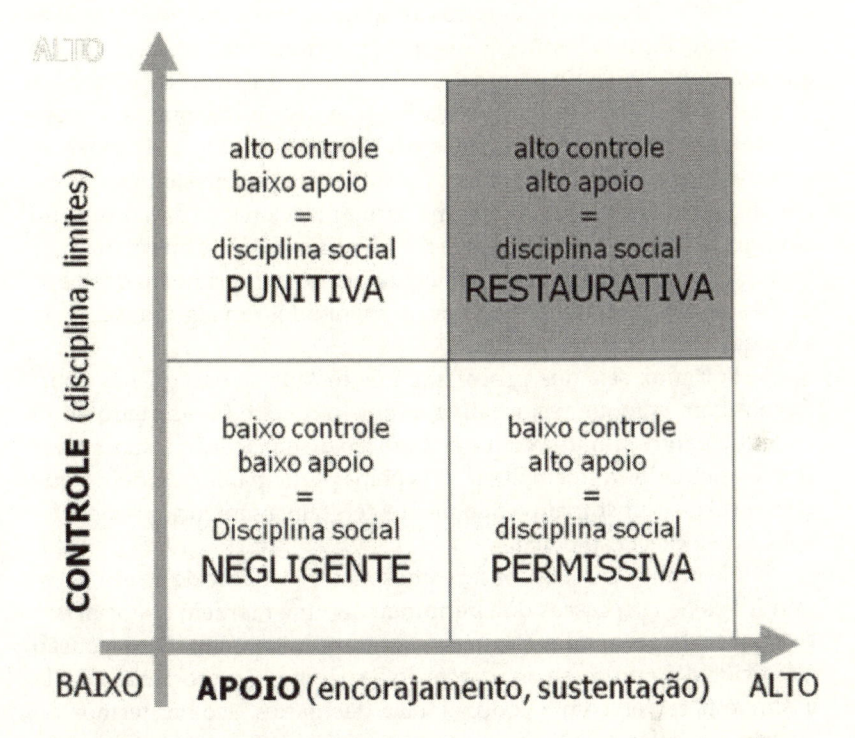

	baixo apoio	alto apoio
alto controle	disciplina social **PUNITIVA**	disciplina social **RESTAURATIVA**
baixo controle	Disciplina social **NEGLIGENTE**	disciplina social **PERMISSIVA**

CONTROLE (disciplina, limites) — APOIO (encorajamento, sustentação)

Adaptado de McCold; Wachtel, 2001.

Na janela punitiva, própria do sistema retributivo, fixam-se apenas limites e exigências ao comportamento do ofensor, mas não se oferta apoio ou incentivo a uma efetiva mudança de comportamento. Esta janela é, na maioria das vezes, incapaz de contribuir com a efetiva assunção de responsabilidade pelo dano, uma vez que o ofensor, atuando de forma meramente passiva, não se envolve e nem se conecta com a dor do outro. Por essa razão, não raras vezes ouvimos de condenados do sistema criminal a expressão *"já paguei o que devia"*, referindo-se exclusivamente à pena imposta, sem qualquer alusão aos efeitos deletérios do crime cometido.

Diametralmente diversa, a janela restaurativa fundamenta-se em altos níveis de apoio e controle. O comportamento do ofensor é fortemente reprovado e ainda assim é acolhido e sustentado, não reduzindo o sujeito apenas ao ato praticado. O objetivo central é estimular todos os participantes (ofensor, vítima e comunidade) a encontrar meios para readequar o comportamento por intermédio de apoio efetivo que propicie autorresponsabilização e cooperação mútua na construção da solução.

Por fim, para que a Justiça Restaurativa efetivamente encontre meios para atuação concreta, é primordial a formação de redes de apoio a depender do caso concreto. Essas redes podem ser pessoas específicas ou instituições de alguma forma relacionadas à natureza do conflito abordado ou às dificuldades identificadas pelos participantes e que possam, em alguma medida, auxiliar no cumprimento das obrigações assumidas ou até amparar os envolvidos em alguma seara da vida que esteja desguarnecida.

Portanto, seja nos procedimentos restaurativos, seja nas abordagens com enfoque restaurativo, o objeto do que foi acertado entre os participantes culmina com a elaboração de um acordo restaurativo, com combinados a serem atendidos pelos participantes. A ideia é que esses acordos substituam ou ao menos reflitam a sentença a ser proferida, ou na execução penal.

Na prática criminal, observamos maior aceitação de acordos restaurativos nos processos que permitem alguma margem negocial nas condições da pena, tal como ocorre na transação penal, na suspensão condicional do processo ou no acordo de não persecução penal. Ainda assim, é possível, com a concordância das partes, acolher termos do acordo em outros casos de maior gravidade, de forma a refletir, por exemplo, no *quantum* da reprimenda, no montante da reparação de danos e até mesmo no modo de execução de eventual pena imposta.[20]

3 Revisão crítica: o *plot twist* no HC 249.965: como seria se...

Voltemos ao caso específico de Edson Francelino e repensemos como seu processo poderia ser ressignificado a partir da lente da Justiça Restaurativa.

---

[20] Como consta do art. 1º, §2º, da Res. 225/16 do CNJ: "A aplicação de procedimento restaurativo pode ocorrer de forma alternativa ou concorrente com o processo convencional, devendo suas implicações ser consideradas, caso a caso, à luz do correspondente sistema processual e objetivando sempre as melhores soluções para as partes envolvidas e a comunidade".

Primeiramente, rememoramos que estamos a tratar de um suposto caso de tráfico de drogas, crime que, devido às restrições legais vigentes, ultrapassa os limites para a adoção de institutos processuais de natureza negocial. De todo modo, conforme apresentado no tópico anterior, a Política Nacional de Justiça Restaurativa, estabelecida pelo Conselho Nacional de Justiça por meio da Resolução nº 225/16, concebe, para além das hipóteses das práticas restaurativas vinculadas a processos judiciais, a aplicação de abordagens com enfoque restaurativo, ainda que na forma de atuação dos diversos atores envolvidos desde o início da judicialização de um evento danoso.[21]

Partindo dos princípios e valores da Justiça Restaurativa, poderíamos conceber um cenário alternativo em que, já na fase de custódia, os agentes de segurança e do sistema de justiça adotassem uma abordagem ampliada, buscando ouvir diferentes perspectivas, incluindo a de vizinhos e familiares de Edson Francelino. Esse olhar mais abrangente reforçaria a ideia de que o Estado, embora centralizador da resolução de conflitos, não pode, de forma isolada e sem o apoio da comunidade, garantir um desfecho verdadeiramente justo e eficaz.

Durante o processo judicial, justamente por conta da determinação do CNJ para implementação de programas de Justiça Restaurativa pelos Tribunais, Edson Francelino poderia ser acolhido e acompanhado pelo Centro de Justiça Restaurativa instalado, com a sua inclusão em projetos em andamento. Há diversas experiências concretas de aplicação de práticas restaurativas entre pessoas privadas de liberdade, que contribuem para o fortalecimento da autoestima, a reaproximação dos laços familiares e a construção de uma rede de cooperação entre os detentos, atenuando os efeitos destrutivos do encarceramento.

Ao longo das audiências, tanto a magistrada quanto o promotor, adotando uma postura mais empática e atenta ao contexto do caso, poderiam ouvir Edson e os demais envolvidos com um olhar que ultrapassasse a mera apuração dos fatos, considerando também as

---

[21] Nesse sentido: "As práticas restaurativas informais são aquelas que ocorrem naturalmente no dia a dia, sem seguir uma estrutura específica nem ser conduzidas por um facilitador treinado. Essas práticas podem ocorrer em qualquer ambiente,(...). Utilizam como base o diálogo baseado em declarações afetivas e CNV (comunicação não violenta), as perguntas restaurativas (que são perguntas abertas, não culpabilizantes e sem julgamentos implícitos) e a escuta empática, sincera e genuína (é o perguntar com legítimo interesse na expressão do outro)". PINTO, Catarina Volkart; GRAHL, Carla de Sampaio. *Guia para realização de reuniões com enfoque restaurativo [livro eletrônico]*. Porto Alegre: Tribunal Regional Federal da 4ª Região, 2023. p. 19. Disponível em: https://www.trf4.jus.br/trf4/upload/editor/2023/mff28_apb17_guia_jr_2023--1-.pdf. Acesso em: 10 jan. 2025.

circunstâncias que os cercam. Poderiam questionar fatores e o contexto que antecedeu ao ocorrido, quais medidas poderiam ser tomadas para corrigir ou reparar a situação, bem como entender o que as partes estariam dispostas a fazer para modificar aquela realidade no futuro. Nesse momento, eventuais encaminhamentos necessários, tanto para Edson quanto para os demais participantes, poderiam ser adotados com base nas necessidades identificadas durante a audiência.

Em juízo, Edson Francelino relatou que, no dia da prisão, estava a caminho da casa da filha para visitar seu neto recém-nascido. Ao longo da investigação e do processo judicial, contudo, essa filha nunca foi ouvida. Não se sabe se, de alguma forma, foi impactada pela situação do pai, se a prisão abalou a relação de confiança entre eles — especialmente considerando que ele já havia sido condenado por tráfico de drogas no passado — ou se ela poderia desempenhar algum papel, tanto no desfecho do processo judicial quanto em sua reinserção social. Práticas restaurativas poderiam auxiliar na compreensão dessas questões, promovendo um espaço para reconstrução de vínculos e direcionamento de ações que atendessem às necessidades identificadas.

Ainda durante a instrução, em paralelo ao processo criminal, poderiam ser realizadas práticas que impactassem a comunidade local, com a participação de Edson Francelino e de sua filha, a fim de que fossem trabalhados os reflexos do tráfico naquela comunidade, inclusive com acionamento de instituições relacionadas às necessidades apuradas, tal como segurança pública.

Como já apontado, depois de onze meses preso ao longo do processo criminal, Edson Francelino somente foi solto quando sua condenação foi anulada pelo Supremo Tribunal Federal. Nesse instante, foi devolvido ao convívio social sem qualquer amparo, como se a retomada de sua vida pudesse retroagir à data de sua prisão. No momento em que Edson passa a ser um egresso do sistema prisional, poderiam ser adotadas práticas restaurativas para auxiliar sua transição entre o cárcere e a liberdade, minimizando os impactos do tempo em que esteve preso. Além da reaproximação familiar, medidas voltadas ao reposicionamento profissional e fortalecimento de vínculos sociais, poderiam ter sido promovidas, garantindo um retorno mais estruturado e menos vulnerável à exclusão social.

Mas imaginemos que ele tivesse cometido o delito. Que Edson Francelino fosse realmente um traficante, responsável pelo ponto de venda de drogas na região. Vamos além... vamos pensar que ele fosse confesso e que a sentença condenatória fosse lastreada em robusto material probatório. Ainda assim, o que poderia ser feito pela Justiça Restaurativa?

Como alertado no tópico anterior, as práticas restaurativas operam, dentre outros pilares, com a responsabilização dos envolvidos. Tal dado não se confunde com assunção de culpa ou dolo, tal como ocorre na confissão de um crime. Está relacionado ao reconhecimento dos fatos e à percepção da parte que lhe toca quanto à medida de sua contribuição para a ocorrência e para o que pode ser feito para reparar ou restaurar.

Assim, o processo judicial de Edson Francelino poderia ser suspenso, com a derivação do caso para a Justiça Restaurativa, a fim de que as práticas trabalhassem o conflito posto para além do crime praticado, envolvendo familiares, amigos e até entidades cujo campo de atuação tivesse alguma relação com o tráfico de drogas. Eventual acordo restaurativo poderia refletir na sentença, seja reduzindo a pena, substituindo-a pelas condições fixadas no acordo ou até mesmo facilitando a sua forma de execução.

E ainda que a pena viesse a ser imposta nos moldes penais, já na fase de execução penal, as práticas restaurativas igualmente encontram espaço, inclusive promovendo uma real conexão entre o fato praticado pelo ofensor e a pena a ele imposta. Diversas são as boas experiências espalhadas pelos Tribunais nas quais, a partir de um acordo restaurativo já na fase de execução penal, as penas impostas são readequadas na sua forma de cumprimento, gerando inclusive maior engajamento pelo ofensor, haja vista a sua participação ativa.

Embora no caso concreto o crime imputado a Edson Francelino — tráfico de drogas — não tenha uma vítima específica, o *Manual sobre Programas de Justiça Restaurativa da ONU* orienta a utilização da figura da vítima substituta ou sub-rogada, desempenhado por um representante que consiga "atuar em seu nome, transmitir as suas necessidades e trazer a perspectiva da vítima" ou "vítimas de crimes semelhantes, mas não relacionados, para entender melhor o tipo de dano que causaram às suas vítimas e processar a sua experiência junto com outros ofensores".[22]

---

[22] Organização das Nações Unidas (ONU). *Manual sobre Programas de Justiça Restaurativa*. 2. ed. 2020. p. 37. Disponível em: https://www.unodc.org/documents/justice-and-prison-reform/Portugues_Handbook_on_Restorative_Justice_Programmes_-_Final.pdf. Acesso em: 17 jan. 2025.

Sobre o tema, Cristina de Albuquerque Vieira ressalta a importância do cuidado quando da definição de quem assumirá o papel da vítima, ponderando que não se considerem os critérios definidos dogmaticamente pela teoria do bem jurídico protegido, mas se vá além, voltando os "olhos para as pessoas indiretamente afetadas ou até mesmo para outras nem subsidiariamente protegidas pelo legislador".[23] Logo, em casos de tráficos de drogas, poderíamos trabalhar com usuários, ONGs e até coletivos da comunidade que tratem da temática.

Enfim que, diante dos possíveis cenários acima expostos — os quais não se esgotam em si — a Justiça Restaurativa apresenta uma larga gama de possibilidades para aplicação de suas matrizes, não restringindo sua adoção a uma fase processual ou metodologia específica. Embora seja mais perceptível quando adotada em um procedimento restaurativo, com a presença de facilitadores e todas as etapas e instrumentos próprios de cada metodologia, nada obsta que os diversos atores do sistema judicial, sensíveis aos primados da Justiça Restaurativa, exerçam suas funções permeados por esse novo olhar, de modo a conferir um tratamento mais adequado, humanista e inclusivo.

Considerações finais

Ao longo de uma década na magistratura constitucional, quantas vidas foram impactadas pelas decisões do Ministro Edson Fachin? O exercício da jurisdição, especialmente na mais alta Corte do país, vai além da aplicação normativa: redefine destinos, influencia estruturas sociais e reafirma princípios fundamentais. Cada julgamento não é apenas um ato técnico-jurídico, mas um marco que pode significar justiça ou perpetuação de desigualdades.

A justiça não pode ser um jogo de sorte, em que o desfecho depende do acaso. No HC nº 246.965, Edson Francelino teve uma reviravolta processual favorável porque seu caso cruzou com a atuação do Ministro Edson Fachin. No entanto, o acesso a um julgamento justo não deveria depender de encontros fortuitos.

A Justiça Restaurativa surge como um caminho para ressignificar processos e romper com estruturas que tornam o sistema seletivo. Ninguém comete um delito sem um contexto subjacente. O desafio

---

[23] VIEIRA, Cristina de Albuquerque. *Justiça Restaurativa aplicada à criminalidade federal*. Londrina: Thoth, 2024. p. 195.

está em compreender o que gerou a conduta, quais necessidades estavam em jogo e como a resposta estatal pode ir além da punição para promover reintegração.

O Direito, desde sua formação acadêmica, fomenta um modelo competitivo, no qual a vitória de uma parte significa necessariamente a derrota da outra. Esse enfoque fortalece um sistema retributivo, voltado à punição, e não à reconstrução do tecido social rompido. A crença de que a punição por si só impede a reincidência é uma falácia que, no fundo, serve a interesses que mantêm desigualdades e mecanismos de controle social.

Para que a Justiça Restaurativa funcione, é necessário tempo e conexão entre os envolvidos. O atual modelo processual, com sua lógica de produtividade e celeridade, raramente permite que as partes se ouçam e construam juntas a melhor solução para o caso. Um Judiciário mais estruturado deve garantir um "tempo justo" ao processo e formar operadores do Direito nos princípios restaurativos, não para que atuem como facilitadores, mas para que tenham ferramentas que possibilitem um atendimento mais humanizado, com escuta ativa e respeito à fala de todos os envolvidos.

Uma mudança de paradigma se faz urgente. E se, desde a formação em Direito, o enfoque fosse humanista, privilegiando o diálogo e a construção coletiva de soluções, em vez do modelo adversarial no qual um lado perde e o outro ganha? E se todos, como sociedade, pudessem sair ganhando, fortalecendo o senso de comunidade e pertencimento?

A quem interessa manter esse sistema excludente e disfuncional? O que sustenta sua permanência?

A adoção dos princípios restaurativos é uma proposta para esse novo olhar sobre as relações interpessoais, essencial para promover uma justiça mais equitativa, focada não na punição, mas na verdadeira resolução dos conflitos e na restauração do tecido social.

Transformar o Poder Judiciário em um espaço que acolhe essas práticas não é apenas desejável, mas fundamental para a construção de uma sociedade mais justa e inclusiva.

Referências

BRASIL. Conselho Nacional de Justiça. *Resolução nº 225, de 31 de maio de 2016*. Disponível em: https://atos.cnj.jus.br/atos/detalhar/2289. Acesso em: 15 jan. 2025.

BRASIL. Conselho Nacional de Justiça. *Protocolo para Julgamento com Perspectiva Racial*. Brasília: Conselho Nacional de Justiça, 2024. 190 p. Disponível em: https://www.cnj.jus.

br/wp-content/uploads/2024/11/protocolo-para-julgamento-com-perspectiva-racial-2. Acesso em: 13. fev. 2025.

BRASIL. Supremo Tribunal Federal (Tribunal Pleno). *Mandado de Injunção nº 4.733/DF*. Relator Ministro Edson Fachin. Brasília, 13. jun. 2019. p. 40.

BRASIL. Supremo Tribunal Federal (Segunda Turma). *Habeas Corpus nº 246.965/SP*. Relator Ministro Edson Fachin. Brasília, 09. dez 2024. p. 7.

BRASIL. Supremo Tribunal Federal (Tribunal Pleno). *Arguição de Preceito Fundamental nº 635*. Relator Ministro Edson Fachin. Brasília, 05. fev. 2025. Voto disponível em: https://www.conjur.com.br/2025-fev-05/fachin-propoe-medidas-de-controle-da-atividade-policial-e-reducao-da-letalidade-no-rio/. Acesso em: 14 fev. 2025.

CHRISTIE, Nils. Conflicts as property. *The British Journal of Criminology*, London, v. 17, n. 1, p. 1-15, 1977. Disponível em: https://criminologiacabana.wordpress.com/wp-content/uploads/2015/10/nils-christie-conflicts-as-property.pdf. Acesso em: 20 jan. 2025.

FARIA, Nadine Neves. *Da (im)possibilidade da justiça restaurativa no Brasil*: A institucionalização ou a deformação de um modelo crítico ao sistema de justiça criminal. São Paulo: Dialética, 2024.

FERRAZ, Taís Schilling. Justiça Restaurativa: as bases de uma mudança de paradigma. In: ALMEIDA, Vânia Hack de *et al* (org.). *Justiça Restaurativa*: perspectivas a partir da Justiça Federal. Porto Alegre: Tribunal Regional Federal da 4ª Região, 2022. p. 44-58. Disponível em: https://www.trf4.jus.br/trf4/upload/editor/2022/apb17_livro_jr_trf4.pdf. Acesso em: 10 jan. 2025.

GIAMBERARDINO, André Ribeiro. *Crítica da pena e justiça restaurativa*: a censura além da punição. 2. ed. São Paulo: Tirant lo Blanch, 2022.

MARMELSTEIN, George. *Testemunhando a injustiça*: a ciência da prova testemunhal e das injustiças inconscientes. São Paulo: Editora Juspodivm, 2022.

MCCOLD, Paul; WACHTEL, Ted. Restorative Justice in Everyday Life. In: STRANG, H.; BRAITHWAITE, J. *Restorative Justice and Society*. Cambridge: Cambridge University Press, 2001.

MONTEIRO, J.; FAGUNDES, E.; GUERRA, J. Letalidade policial e criminalidade violenta. *Revista de Administração Pública*, v. 54, n. 6, 2020.

Organização das Nações Unidas (ONU). *Resolução nº 2002/2012* — Princípios Básicos para o Uso de Programas de Justiça Restaurativa em Matéria Criminal. Disponível em: https://www.un.org/en/ecosoc/docs/2002/resolution%202002-12.pdf. Acesso em: 18 jan. 2025.

Organização das Nações Unidas (ONU). *Manual sobre Programas de Justiça Restaurativa*. 2. ed. 2020. Disponível em: https://www.unodc.org/documents/justice-and-prison-reform/Portugues_Handbook_on_Restorative_Justice_Programmes_-_Final.pdf. Acesso em: 17 jan. 2025.

Organização das Nações Unidas (ONU). *Transformando Nosso Mundo*: A Agenda 2030 para o Desenvolvimento Sustentável. 2020. Disponível em: https://brasil.un.org/sites/default/files/2020-09/agenda2030-pt-br.pdf. Acesso em: 19 jan. 2025.

PINTO, Catarina Volkart; GRAHL, Carla de Sampaio. *Guia para realização de reuniões com enfoque restaurativo [livro eletrônico]*. Porto Alegre: Tribunal Regional Federal da 4ª Região, 2023. Disponível em: https://www.trf4.jus.br/trf4/upload/editor/2023/mff28_apb17_guia_jr_2023--1-.pdf. Acesso em: 10 jan. 2025.

PRANIS, Kay. *Processos circulares de construção de paz*. Tradução de Tônia Van Acker. São Paulo: Palas Athena, 2010.

ROSENBERG, Marshall B. *Comunicação não violenta*: técnicas para aprimorar relacionamentos pessoais e profissionais. Tradução de Mário Vilela. São Paulo: Ágora, 2021.

RIBOLI, Eduardo Bolsoni. Um "tribunal orientado para a vítima": o minimalismo de Nils Christie e as suas contribuições à justiça restaurativa. *Revista Brasileira de Direito Processual Penal*, [S. l.], v. 5, n. 1, p. 253-298, 2019. DOI: 10.22197/rbdp.v5i1.203. Disponível em: https://revista.ibrasp.com.br/RBDPP/article/view/203. Acesso em: 08 fev. 2025.

SANTOS, Guilherme Augusto Martins. *Práticas restaurativas no judiciário*: institucionalização e lócus de implantação. 1. ed. Curitiba: Appris, 2019.

SCURO NETO, Pedro. *Manual de Sociologia Geral e Jurídica*. São Paulo: Saraiva, 2000.

TOEWS, Barb. *Justiça Restaurativa para pessoas na prisão*: construindo as redes de relacionamento. Tradução de Ana Sofia Schmidt de Oliveira. São Paulo: Palas Athena, 2019.

VIEIRA, Cristina de Albuquerque. *Justiça Restaurativa aplicada à criminalidade federal*. Londrina: Thoth, 2024.

ZEHR, Howard. *Justiça Restaurativa*. ed. ampl. e atual. Trad. Tônia Van Acker. São Paulo: Palas Athena, 2015.

ZEHR, Howard. *Trocando as lentes*: Justiça Restaurativa para o nosso tempo. Tradução de Tônia Van Acker. São Paulo: Palas Athena, 2008.

Informação bibliográfica deste livro, conforme a NBR 6023:2018 da Associação Brasileira de Normas Técnicas (ABNT):

REIS, *Lívia Kim* Philipovsky Schroeder; NASCIMENTO, Paula Cristina Piazera. *Plot twist* no HC nº 246.965/STF: entre o acaso e a justiça, um novo enredo à luz da justiça restaurativa. In: SILVA, Christine Oliveira Peter da; GIAMBERARDINO, André Ribeiro; ARRUDA, Desdêmona Tenório B. T.; MACEDO, José Arthur Castillo de; MACHADO FILHO, Roberto Dalledone (coord.). *Ministro Luiz Edson Fachin*: dez anos de Supremo Tribunal Federal. Belo Horizonte: Fórum, 2025. p. 195-217. ISBN 978-65-5518-746-5.

ACESSO À JUSTIÇA E CUSTAS JUDICIAIS NA JURISPRUDÊNCIA DO SUPREMO TRIBUNAL FEDERAL: CONTRIBUIÇÃO DO MINISTRO EDSON FACHIN EM 10 ANOS NO STF

LUCAS BEVILACQUA

ANDRESSA PAIVA

Introdução

Ao longo de uma década de judicatura do Ministro Edson Fachin no Supremo Tribunal Federal, constatou-se uma preocupação genuína, desde sua posse, com o acesso à Justiça.

O Ministro Edson Fachin, que egresso dos quadros da Advocacia Pública e privada, trouxe nesses dez anos de atuação no Supremo Tribunal Federal importantes contribuições à garantia ao acesso à Justiça, com destaque para a relatoria de algumas Ações Diretas de Inconstitucionalidade cujo objeto de controle eram leis estaduais regentes de custas judiciais a obstar o acesso à justiça.

O parâmetro constitucional de controle foi de compreensão automática ao relator que no curso de sua vida acadêmica e profissional sempre zelou pela defesa e proteção dos Direitos Fundamentais; cônscio do importante mister constitucional do Poder Judiciário na garantia desses.

Nesse cenário, o presente ensaio, ao reportar alguns dos julgados relatados pelo Ministro Edson Fachin, representa uma singela homenagem diante de sua magnífica contribuição à jurisprudência constitucional no que concerne à garantia fundamental do acesso à Justiça! Vida longa ao Ministro!

A partir dessas premissas, o presente artigo pretende analisar as custas judiciais sob uma perspectiva de garantia constitucional do acesso à justiça e, simultaneamente, uma análise prospectiva da cobrança de custas judiciais como um instrumento de indução comportamental no atual cenário de macrolitigância.[1]

Nesse contexto, o presente ensaio expõe as razões de decidir adotadas pelo Ministro-Relator quando do julgamento das Ações Diretas de Inconstitucionalidade (ADIs) nº 5612 e nº 7063, ajuizadas em face de leis de custas judiciais dos Estados de São Paulo e Rio de Janeiro, respectivamente.

Em uma segunda parte, o presente ensaio realiza uma discussão em torno da cobrança de custas Judiciais como um instrumento a moldar condutas dos jurisdicionados, identificando as resistências políticas e sociais em torno da matéria evidenciada, o que por sua vez indica o quanto a cobrança de custas judiciais necessita de um prognóstico sistemático como política judiciária.

1 Acesso à justiça e as custas judiciais na jurisprudência do Supremo Tribunal Federal

Entre os estudos mundialmente reconhecidos, o Projeto Florença permitiu a consolidação das ondas renovatórias italianas que enaltece a universalização da tutela jurisdicional e o acesso à justiça.[2]

A primeira onda renovatória destaca a assistência judiciária gratuita (AJG) aos necessitados[3] que, ao lado da Defensoria Pública, assegura isenção das custas judiciais; o que encontra respaldo, inclusive, na doutrina do Direito Tributário diante da ausência de capacidade

---

[1] VILAR, Natália Ribeiro Machado. *Comportamento litigioso*: como a neurociência, a psicologia e a economia explicam o excesso de processos no Brasil. São Paulo: Foco, 2021.
[2] Cf. CAPPELLETTI, Mauro; GARTH, Bryant. *Acesso à justiça*. Tradução de Ellen Gracie Nothfleet. Porto Alegre: Sérgio Antonio Fabris Editor, 1988.
[3] CAPPELLETTI, Mauro; GARTH, Bryant. *Acesso à justiça*. Tradução de Ellen Gracie Nothfleet. Porto Alegre: Sérgio Antonio Fabris Editor, 1988. p. 17.

contributiva (art. 145, §1º), princípio constitucional que também é aplicável à espécie tributária taxa.[4]

Durante muitos anos, vigorou debate acadêmico e jurisprudencial quanto à natureza jurídica das custas judiciais: preço público ou taxa. Dúvida não há tratar-se de contraprestação diante da prestação do serviço público jurisdicional de caráter essencial, na medida em que garantia do acesso à justiça.[5]

É justamente a essencialidade, aliada à indivisibilidade e universalidade, que está a determinar tratar-se de serviço público que deva ser custeado mediante a espécie tributária: taxa. A "taxa judiciária", segundo clássica doutrina do Direito Tributário, é aquela exigida para processamento de feitos e para realizações de atos e prestações de serviços à justiça, tais como processamento de causas, alvarás, atos lavrados por serventuários, certidões etc.[6]

Desde o julgamento da Ação Direta de Inconstitucionalidade nº 5612, o Ministro Edson Fachin assumiu importante posição na garantia do acesso à justiça no âmbito do Supremo Tribunal Federal (STF), particularmente no que respeita à proporcionalidade na cobrança das custas judiciais.

O debate jurisprudencial no STF sobre a matéria encontra marco em julgado de relatoria do Ministro Moreira Alves, que classifica as despesas judiciárias que sustentam às custas do serviço forenses, quanto a sua natureza jurídica, em duas espécies: taxa judiciária e custas em sentido estrito.[7]

Por ocasião do julgamento da ADI nº 5612, sob relatoria do Ministro Edson Fachin, buscou-se tratar a inconstitucionalidade da majoração de taxas judiciais e demais aspectos relacionados a sua cobrança a partir dos parâmetros de controle do direito fundamental ao acesso à justiça e do princípio da proporcionalidade.

Conforme esta posição, restou uma vez mais definido que a natureza jurídica das custas judiciais previstas nas leis impugnadas

---

[4] ZILVETI, Fernando Aurélio. *Princípios de direito tributário e a capacidade contributiva*. São Paulo: Quartier Latin, 2005. p. 171.
[5] SUPREMO TRIBUNAL FEDERAL (STF). *Ação Direta de Inconstitucionalidade nº 1926*. Relator Ministro Sepúlveda Pertence e Representação nº 1077/RJ — Relator: Ministro Moreira Alves, Diário da Justiça, Poder Judiciário, Brasília, DF, 28 set. 1984.
[6] MORAES, Bernardo Ribeiro de. *Doutrina e prática das taxas*. São Paulo: Editora Revista dos Tribunais, 1976.
[7] SUPREMO TRIBUNAL FEDERAL (STF). *Agravo de Instrumento AI-ED nº 309.883*, Relator: Ministro Moreira Alves.

veiculam espécie tributária taxa; sujeitando-as ao regime jurídico tributário em que inserto os princípios da proporcionalidade, capacidade contributiva e vedação ao confisco.

A partir dessas premissas, o Ministro Edson Fachin fixou entendimento no sentido de que as custas judiciais devem "guardar referibilidade com a prestação do serviço público e divisível referente à Administração da Justiça".[8]

Importante debate travado nessa ação foi a eficácia dos princípios do acesso à justiça, da ampla defesa, da vedação ao efeito confiscatório dos tributos e de proibição de utilização de taxa com o fim meramente fiscal. Este último é evidenciado principalmente no que diz respeito à necessária submissão do aspecto quantitativo da hipótese de incidência do tributo a limites da razoabilidade e da proporcionalidade.[9]

Em voto magistral, o Ministro Fachin parte da premissa da autonomia do Poder Judiciário e a função das custas no custeio do Sistema de Justiça, devendo as taxas judiciárias guardar proporcionalidade como instrumento, inclusive, de garantia da autonomia financeira judiciária.[10]

Simultaneamente, o Ministro Fachin constrói argumentos chaves em torno do acesso à justiça e devido processo legal como direito fundamentais; alçando-os como importantes parâmetros de controle das custas judiciais. Essas premissas preconizam a acessibilidade igualitária à ordem jurídica, a produção de resultados materiais justos, assim como a liberdade e o patrimônio como bens jurídicos garantidos.

Inegável o caráter de incremento econômico do custo para litigar, o que pode vir a representar óbice substancial ao compromisso de tutela jurisdicional efetiva por grande parte dos sujeitos que adentram a justiça.

Relatório do Conselho Nacional de Justiça (CNJ) revela que, embora o custo de litigar seja frequentemente discutido, ele não é o principal desafio de gestão do Poder Judiciário.[11]

---

[8] *Ibidem*, 2020.
[9] SUPREMO TRIBUNAL FEDERAL (STF). *Ação Direta de Inconstitucionalidade nº 5612*. Relator: Min. Edson Fachin. Origem: Distrito Federal. Processo eletrônico público. Número Único: 0059820-02.2016.1.00.0000. Órgão Julgador: Plenário. Lista: 233-2020. 2020. Disponível em: https://portal.stf.jus.br/processos/detalhe.asp?incidente=5076697. Acesso em: 21 jan. 2025.
[10] *Ibidem*, 2020.
[11] BRASIL, Conselho Nacional da Justiça (CNJ). Disponível em: https://www.cnj.jus.br/wp-content/uploads/2023/05/diagnosticos-das-custas-processuais-v2-2023-05-05.pdf. Acesso em 15 fev. 2025.

Os desafios centrais envolvem o "estoque processual", congestionamento, produtividade e a resolução de litígios de massa.[12] Essa realidade destaca uma particularidade do sistema jurídico brasileiro em comparação com outros países, considerando elevada litigiosidade, onde as custas judiciais podem ser instrumentos de regulação comportamental dos jurisdicionados.

A partir da premissa de que as custas judiciais correspondem à espécie tributária taxa, sujeitando-se, portanto, às limitações constitucionais ao poder de tributar, impende destacar que embora legítimo seu emprego como instrumento de indução comportamental dos jurisdicionados, deve haver observância das garantias constitucionais do acesso à justiça.[13]

É nesse sentido que vem à tona o princípio da progressividade tributária, como subprincípio da capacidade contributiva. Em seu voto, Ministro Edson Fachin defende que as custas judiciais, além da função arrecadatória, tem por presentes as finalidades de promoção de justiça distributiva e a igualdade entre os cidadãos.[14]

Não passa despercebido no voto do Ministro Fachin o princípio da vedação ao confisco (art. 150, IV). Para o homenageado, tal princípio representa importante parâmetro de controle das custas judiciais, veiculando critério a ser observado tanto pelo legislador, quanto pelos magistrados na concessão dos benefícios da AJG, sobretudo, diante da subjetividade na sua concessão.[15]

Por ocasião do julgamento da Ação Direta de Inconstitucionalidade (ADI) nº 7063/RJ, que impugnava dispositivos da lei de custas judiciais do Estado do Rio de Janeiro, o Ministro Edson Fachin fixou importante entendimento a assegurar o acesso à justiça.

A controvérsia em questão diz respeito a instituição de uma "dobragem" de custas para litigantes "contumazes", onde se questiona uma potencial ofensa ao princípio constitucional do acesso à justiça, pois permitiria que o próprio Tribunal definisse o número de processos que um jurisdicionado poderia exercer, além da condição de multa em 100% para aqueles que deixassem de pagar as custas.

---

[12] *Ibidem*, 2020.
[13] *Ibidem*, 2020.
[14] *Ibidem*, 2020.
[15] VILAR, Natália Ribeiro Machado. *Comportamento litigioso*: como a neurociência, a psicologia e a economia explicam o excesso de processos no Brasil. São Paulo: Foco, 2021. p. 49.

De maneira similar ao abordado no voto da ADI nº 5612, o Ministro Edson Fachin retoma a temática do acesso à justiça sob a esfera das custas judiciais na ADI nº 7063, levantando-se inicialmente a premissa da autonomia do Poder Judiciário, a função das custas no custeio do Sistema de Justiça, a proporcionalidade das taxas judiciárias e a necessidade de referibilidade delas.

De acordo com o Ministro Edson Fachin, a imposição de custos deve respeitar os princípios fundamentais, na qual se encontram contemplados o próprio acesso à justiça e ao devido processo legal. Nesse sentido, ainda que os tribunais tenham o direito de instituir tais cobranças, é imperativo que não estabeleçam barreiras que restrinjam ou dificultem o acesso dos cidadãos ao Poder Judiciário.

O princípio da progressividade tributária também se destaca na discussão da ADI nº 7063, uma vez que o voto reconhece a constitucionalidade da fixação de custas mais elevadas para demandas de alto valor econômico e grande complexidade técnica, desde que exista proporcionalidade entre o montante exigido e o custo do serviço jurisdicional prestado.

Diante disso, a jurisprudência do Supremo Tribunal Federal ganha relevância com a menção à Súmula nº 667, que estabelece: "viola a garantia constitucional de acesso à jurisdição a taxa judiciária calculada sem limite sobre o valor da causa". Assim, consolida-se o entendimento de que a base de cálculo das taxas forenses deve estar vinculada ao valor da causa, desde que respeite a correlação com o custo do serviço prestado e preveja limites mínimo e máximo para as alíquotas.

Por fim, o Ministro Edson Fachin ressalta o conflito existente na matéria, especialmente no que se refere à necessidade de fixação de normas gerais de competência da União. Isso porque a ausência de uma lei federal explícita que estabeleça diretrizes nacionais para a fixação de custas forenses permite que cada estado-membro da federação determine os valores conforme seu próprio modelo, resultando em discrepâncias na atuação do Judiciário e impondo obstáculos ao pleno acesso à justiça pelos jurisdicionados.

Pesquisa realizada no âmbito do CNJ, há mais de uma década atrás, já revelava que uma distorção desigual no sistema na medida em que alguns estados adotam tabelas de faixas de cobrança proporcionalmente mais elevadas para causas de valores mais baixos, e bem menos onerosas para as causas de valores mais altos, o que representa, na realidade, uma regressividade:

conclui-se que muitas vezes há uma política regressiva na fixação de custas, que oneram os mais pobres e afetam, em menor grau, os mais ricos. A regressividade foi constatada mais frequentemente nas UFs que adotam a cobrança por meio de faixas de valores e que atualmente representam 62,9% das 27 Unidades da Federação. Talvez uma migração geral para a cobrança por meio de percentual sobre o valor da causa seja mais razoável. Das 6 UFs que adotam esse modelo, duas estão entre as que cobram valores mais baixos no comparativo nacional (São Paulo e Santa Catarina). É verdade que Maranhão e Tocantins também adotam a cobrança proporcional, mas seus percentuais estão superiores à média (em torno de 2,5%) e que parecem se revelar excessivos. Pode-se depreender, portanto, que as políticas estaduais privilegiam os jurisdicionados mais ricos e, de certa forma, reproduzem as desigualdades sociais existentes. Ressalta-se, por oportuno, que a parcela mais abastada da população já conta com maior vantagem nas suas relações judiciais em relação à classe menos favorecida, pois podem pagar melhores advogados, têm acesso mais facilitado a informações e detêm maior nível de esclarecimento a respeito de seus direitos. O atual modelo de custas vigente no país em nada contribui para melhorar essa realidade e até parece atuar no sentido de agravá-la.[16]

2 Cenário atual das custas judiciais na pamprocessualidade

Diante do cenário de elevada litigância e considerada morosidade do Poder Judiciário em promover respostas céleres às demandas judicializadas, cada vez mais complexas, há alguns anos o processo civil encontra-se em reforma na Europa continental.[17] Novos conceitos e práticas antigas desafiam o diálogo entre tradição e movimento.

Fenômeno esse que se repete em nosso país que, em alguma medida, reproduz traços culturais, sobretudo, da Itália: bacharelismo crescente aliado à "(...)hiperlitigiosidade brasileira que leva em conta o comportamento humano e o sistema de incentivos dos atores processuais".[18]

---

[16] BRASIL, CONSELHO NACIONAL DA JUSTIÇA. Disponível em: https://www.cnj.jus.br/wp-content/uploads/2012/04/relatorio%20pesquisas%20custas%20judiciais_julho_260710.pdf. Acesso em: 15 fev. 2025.
[17] CAPONI, Remo. Modelli e riforme del processo di cognizione in Europe. *Revista da Faculdade de Direito da UFMG*, Belo Horizonte, n. 77, p. 367-386, jul./dez. 2022.
[18] Cf. VILAR, Natália Ribeiro Machado. *Comportamento litigioso*: como a neurociência, a psicologia e a economia explicam o excesso de processos no Brasil. São Paulo: Foco, 2021.

Na tentativa de conter a crescente litigiosidade na justiça civil, a Itália implementou a *mediação obrigatória e negociação assistida (ADRs)* como requisitos para a judicialização, que recebeu algumas críticas, considerando eventual mitigação à inafastabilidade do Poder Judiciário mediante a instituição de novos requisitos de prejudicialidade ao acesso à Justiça.[19]

Remo Caponi, professor titular da Faculdade de Direito de Florença, sustenta com segurança que a introdução de tais requisitos não represente de *per se* uma mitigação ao acesso ao Poder Judiciário, na medida em que tais instrumentos representam uma *otimização* da prestação jurisdicional *lato sensu*.

Diante da inviabilidade material da garantia do amplo acesso ao Poder Judiciário, condiciona-se, por medida de *eficiência*, a prestação jurisdicional aos requisitos prévios de métodos alternativos de resolução de conflitos (ADRs); o que encontra fundamento na proporcionalidade que, por sua vez, tem como consectário a *pamprocessualidade*.[20]

A partir dessa mesma perspectiva, entende-se que a fixação de custas judiciais mais elevadas para demandas de alta complexidade, a exemplo dos conflitos fiscais tributários, pode representar um modo de alcance de eficiência na prestação jurisdicional.[21]

O cenário diagnosticado pelo CNJ, aliado ao Diagnóstico das Custas Judiciais,[22] reclama a adoção de uma política judiciária nacional com vistas à promover uma harmonização das leis estaduais de cobrança de custas judiciais, de modo a evitar que as desigualdades sejam agravadas a partir da sanha arrecadatória de algumas unidades federativas.

A primeira questão que torna explícita as discrepâncias no tratamento das cobranças de custas judiciais no judiciário são os *diferentes modelos de cobrança*.

---

[19] MAIA, Renata Vieira. Mediação obrigatória e negociação assistida na Itália- uma alternativa para mediação no Brasil? *Revista da Faculdade de Direito da UFMG*, Belo Horizonte, n. 82, p. 261-290, jan./jun. 2023.
[20] CAPONI, Remo. Il principio di proporzionalità nella giustiza civille: prime note sistematiche. *Rivista Trimestrale di Diritto e Procedura Civile*, 2011. Disponível em: https://flore.unifi.it/handle/2158/790355#. Acesso em: 13 jul. 2024.
[21] Cf. ALFF, Hanna. *Gestão Judiciária e técnicas do processo agregado*. Londrina: Thot, 2021.
[22] CONSELHO NACIONAL DE JUSTIÇA (CNJ). *Diagnóstico do contencioso judicial tributário brasileiro*: relatório final de pesquisa. Brasília: CNJ, 2022. p. 272-273. Disponível em: https://www.cnj.jus.br/wp-content/uploads/2022/02/relatorio-contencioso-tributario-final-v10-2.pdf. Acesso: 15 fev. 2022.

Na Justiça Federal, por exemplo, a cobrança é feita com base no valor da causa, obtendo como base patamares máximos e mínimos.[23] O Supremo Tribunal Federal (STF) e o Superior Tribunal de Justiça (STJ), por sua vez, estipulam valores fixos para as ações, que independem o valor da causa.[24] Além disso, há casos em que não há custas iniciais, sendo estas cobradas ao término da ação ou recurso, como ocorre na Justiça do Trabalho.

A Justiça Estadual apresenta um cenário ainda mais diverso no tratamento das custas judiciais. Cerca de 29% dos tribunais estabelecem quantias iniciais fixas para faixas de valores das causas. Outros 30% cobram as custas com base em um percentual do valor da causa, geralmente definindo valores mínimos e máximos. Os 41% restantes adotam modelos híbridos, ou seja, combinam a determinação de quantias fixas para faixas de valores das causas com a cobrança de um percentual pré-definido, aplicável a partir de determinado valor da causa, ou ainda, estabelecem diferentes percentuais conforme a faixa de valores.[25]

A questão das custas recursais também apresenta diferenças significativas entre diferentes tribunais. Cerca de 56% dos tribunais estaduais estabelecem valores fixos para as custas recursais. Outros 30% determinam essas custas com base em um percentual do valor da causa. Aproximadamente 7% adotam um modelo em que, para intervalos específicos do valor da causa, há um valor fixo de custas. Por fim, 7% adotam um modelo híbrido, que combina a aplicação de valores fixos para determinadas faixas de valores da causa com a cobrança de um percentual adicional, incidente a partir de um valor específico.[26]

Esse breve panorama torna explícita a problemática latente que decorre das cobranças das custas judiciais no âmbito do Poder Judiciário brasileiro, de modo que se demonstra um ambiente propício para a escolha dos tribunais pelo jurisdicionado de maneira estratégica, uma vez que a depender do modelo de cobrança, geram-se determinados incentivos e desincentivos na litigância de ações e recursos.

A discrepância na cobrança de custas é perceptível ao comparar o Tribunal de Justiça do Distrito Federal e Territórios (TJDFT), que possui

---

[23] CONSELHO NACIONAL DE JUSTIÇA (CNJ). *Diagnósticos das custas processuais praticadas nos tribunais*. Brasília: CNJ, 2023.
[24] *Ibidem*, p. 11.
[25] *Ibidem*, 2023, p. 12.
[26] *Ibidem*, 2023, p. 12.

valor máximo de custas de R$599,25, e o Tribunal de Justiça do Estado de Goiás (TJGO) que possui o valor máximo de custas de R$50.000,00.[27] Este caso demonstra com clareza a discrepância no tratamento das custas judiciais já mencionada, tendo em vista a possibilidade de incentivos ao ingresso de ações no Distrito Federal que poderiam ser propostas no Estado do Goiás, devido ao baixo custo.[28]

Como destaca a doutrina, a taxa judiciária pode ser um mecanismo eficaz para controlar o excesso de litígios, especialmente por parte daqueles que, já cientes de suas baixas chances de êxito, optam por entrar com ações judiciais. Dessa forma, reconhece-se sua função extrafiscal, pois, ao ser aplicada, ela pode induzir comportamentos sociais considerados desejáveis.[29]

Outra questão identificada por meio de diagnósticos do Poder Judiciário anteriores e que permanece vigente é a desproporcionalidade entre o valor cobrado a título de despesas iniciais e os indicadores socioeconômicos das unidades da Federação. Isso resulta em uma maior oneração do jurisdicionado em regiões com piores indicadores sociais. Além disso, observa-se uma despesa recursal muito inferior às despesas iniciais, o que cria incentivos para a litigância recursal.[30]

3 As custas judiciais como instrumento de política judiciária

No que concerne tentativas de resolução e resistências em cima da problemática da cobrança de custas judiciais no âmbito do Poder Judiciário brasileiro, denota-se algumas iniciativas.

Em primeiro lugar, destaca-se iniciativa do Conselho Nacional de Justiça (CNJ) de relatoria do Conselheiro Jefferson Luís Kravchychyn no Procedimento de Controle Administrativo (PCA) no 0004149-54.2009.2.00.0000, que propõe a realização de estudos técnicos por um grupo

---

[27] *Ibidem*, 2023, p. 15.
[28] *Ibidem*, 2023, p. 16.
[29] NUNES, Cleucio Santos. Controvérsias sobre taxa judiciária e o financiamento dos fundos de modernização do Poder Judiciário. *Cadernos Jurídicos da Escola Paulista da Magistratura*, São Paulo, a. 21, n. 54, p. 23, abr./jun. 2020. Disponível em: https://www.tjsp.jus.br/download/EPM/Publicacoes/CadernosJuridicos/ii.2_controv%C3%A9rsias_sobre_taxa_judici%C3%A1ria.pdf?d=637312996114594298. Acesso em: 25 fev. 2025.
[30] CONSELHO NACIONAL DE JUSTIÇA (CNJ). *Diagnósticos das custas processuais praticadas nos tribunais*. Brasília: CNJ, 2023.

de trabalho *objetivando a apresentação de parâmetros para a cobrança de custas e despesas processuais*.[31]

Alega-se alto grau de disparidades observado nas 27 unidades da federação, ensejando a necessidade de uma atuação do CNJ, a fim de estabelecer linhas gerais com o fito de orientar que os Estados passem a adotar modelos de cobrança de custas mais adequadas que atuem como meio facilitador do acesso à justiça.[32]

Diante desse contexto, a Comissão de Eficiência Operacional e Gestão de Pessoas assume o grupo de trabalho com ampla participação de Conselheiros do CNJ, magistrados e técnicos dos Tribunais pátrios, representantes da Ordem dos Advogados do Brasil, Ministério Público e Defensoria Pública, além dos servidores do Departamento de Pesquisas Judiciárias, atuando, de forma conjunta com os Tribunais de Justiça.

Existiam alguns pressupostos já definidos antes do início da atuação do grupo de trabalho, estes eram: a) carência de uniformidade nos conceitos, critérios, modelos de custas judiciais; b) discrepância dos valores cobrados nas diversas unidades federativas; c) falta de transparência da legislação relativa a essa matéria; d) políticas regressivas na fixação de custas em alguns Estados, de modo a onerar em grau maior as classes econômicas inferiores; e) distorção entre valores praticados na 1ª e na 2ª instância.[33]

Resultado das deliberações do grupo, elaborou-se versão do anteprojeto acordado, em respeito ao artigo 24, IV da Constituição Federal, que prevê que a edição de lei nacional aplicável a todo o País sobre custas dos serviços forenses competente à União.

O primeiro parâmetro estabelecido foi a incidência das custas judiciais sobre o valor da causa em três fases distintas do processo: no momento da distribuição; como preparo da apelação, do agravo, do recurso adesivo e dos embargos infringentes, e nos processos da competência originária do tribunal; e ao ser proposta a execução.

Define-se normativamente que nas fases de distribuição e na de execução, o percentual sobre *o valor da causa não pode exceder a 2%*, e nas demais fases como de preparo da apelação, do agravo, do recurso

---

[31] CONSELHO NACIONAL DE JUSTIÇA (CNJ). Parâmetros para cobrança de custos e despesas pessoais. *Revista de Direito Administrativo*, Rio de Janeiro, v. 269, p. 365, maio/ago. 2015.

[32] *Ibidem*, p. 365.

[33] CONSELHO NACIONAL DE JUSTIÇA (CNJ). *Perfil da fixação de custas judiciais no Brasil e análise comparativa da experiência internacional*. Brasília, DF: Departamento de Pesquisas Judiciárias (DPJ), 2010.

adesivo e dos embargos infringentes, e nos processos da competência originária do tribunal, o percentual sobre *o valor da causa não poderá exceder a 4%*. A soma desses percentuais, por sua vez, não pode ultrapassar o percentual de 6% e devem ser ajustados anualmente pelo INPC — Índice Nacional de Preços ao Consumidor, do IBGE.[34]

Além disso, algumas outras normativas são dispostas no anteprojeto, como o fato do preparo, nos pedidos condenatórios, ser calculado com base no valor fixado na sentença, se líquido e certo; caso contrário, aplica-se o mínimo previsto. Para ações gerais e medidas urgentes sem reflexo econômico imediato, as custas seguem tabela própria do Tribunal. Já nos processos de partilha, o valor é proporcional aos bens envolvidos, respeitando um teto máximo. No caso de litigantes em litisconsórcio com mais de dez autores, pode haver custos adicionais.

Ademais, os processos paralisados por mais de um ano por negligência geram cobrança de até 2% do valor da causa. No que tange as ações penais, o anteprojeto define que o condenado pagará custas ao final, limitadas a R$24.880,00, corrigidos anualmente.[35]

Quanto aos *casos de isenção*, além dos agravos retidos e contra decisões denegatórias de recursos extraordinário, especial, dos Juizados Especiais e da Fazenda Pública serem isentos de custas na primeira instância, o anteprojeto abrange ações como *habeas corpus*, ações de alimentos de baixo valor e processos da infância e juventude. Também estabelece a forma de pagamento das custas, incluindo possibilidade de parcelamento e diferimento em casos específicos.[36]

Por fim, determina-se que a arrecadação deve ser fiscalizada pelos tribunais, com prestação de contas e publicação anual das tabelas de custas em que o CNJ supervisionará o cumprimento da norma, e os tribunais devem adaptar suas regras a ela dentro de prazos específicos.[37]

Apesar do alto grau de especificidade nas sugestões contidas no anteprojeto elaborado no âmbito do CNJ, essa iniciativa não prosperou.

Outra iniciativa de relevante menção é o anteprojeto de lei ordinária de custas da justiça federal que decorreu do Relatório Final da Comissão de Juristas, e que foi responsável, dentre outras proposições

---

[34] CONSELHO NACIONAL DE JUSTIÇA (CNJ). Parâmetros para cobrança de custos e despesas pessoais. *Revista de Direito Administrativo*, Rio de Janeiro, v. 269, p. 368, maio/ago. 2015.
[35] *Ibidem*, p. 368-373.
[36] *Ibidem*, p. 368-373.
[37] *Ibidem*, p. 368-373.

legislativas, *dispor sobre as custas devidas à União, na Justiça Federal de primeiro e segundo graus.*[38]

O PL nº 2.489/2022 estabelece diretrizes para a arrecadação, isenções e destinação das custas judiciais, de modo que a cobrança deve ser realizada conforme tabela anexa e regulamentação do Conselho da Justiça Federal, incluindo a possibilidade de pagamento eletrônico e parcelado. O valor das custas deve variar entre um mínimo de R$372,22 e um máximo de R$37.222,00. Para determinados atos, como ação penal originária, mandado de segurança e ações cíveis, as custas correspondem a 1% do valor da causa, respeitando os limites mínimo e máximo. Nos Juizados Especiais Federais, a tabela fixa o teto das custas em R$18.611,00.[39]

Há que se falar nas *hipóteses de isenção, como entes públicos, beneficiários da justiça gratuita e autores de ações coletivas.* O não pagamento pode gerar inadimplência e inscrição em dívida ativa. A norma também prevê restituição de valores pagos indevidamente, conforme regulamento específico.

Destaca-se também, a criação do *Fundo de Inovação, Modernização, Reaparelhamento e Aperfeiçoamento da Justiça Federal da União com o intuito de abranger o produto da arrecadação das custas judiciais,* e sujeito à auditoria do Tribunal de Contas da União. Os recursos arrecadados seriam distribuídos da seguinte forma: 30% destinados igualitariamente entre todos os Tribunais Regionais Federais; 10% repartidos de maneira igualitária entre todas as Seções Judiciárias; e os 60% restantes alocados proporcionalmente aos valores arrecadados no âmbito de cada Tribunal Regional Federal e de cada Seção Judiciária.

Além disso, o saldo financeiro positivo, apurado anualmente em balanço, seria transferido para o exercício seguinte, a crédito do próprio fundo. Os bens adquiridos com os recursos provenientes do fundo seriam incorporados ao patrimônio da Justiça Federal de 1º e 2º

---

[38] BRASIL. Senado Federal. *Ato do Presidente do Senado n. 1, de 11 de março de 2022.* Institui Comissão de Juristas responsável pela elaboração de anteprojetos de proposições legislativas que dinamizem, unifiquem e modernizem o processo administrativo e tributário nacional. Diário do Senado Federal: seção 1, Brasília, DF, 11 mar. 2022.

[39] BRASIL. *Parecer nº, de 2024.* Da Comissão Temporária Interna para examinar os anteprojetos apresentados no âmbito da Comissão de Juristas responsável pela elaboração de anteprojetos de proposições legislativas que dinamizem, unifiquem e modernizem o processo administrativo e tributário nacional (CTIADMTR), sobre o Projeto de Lei nº 2.489, de 2023, que dispõe sobre as custas devidas à União, na Justiça Federal de primeiro e segundo graus e dá outras providências. Relator: Senador Efraim Filho. Brasília, 2024. p. 6.

graus, conforme sua respectiva destinação, garantindo a modernização e a eficiência do sistema judiciário.

No entanto, em 5 de junho, o projeto que regularizava o pagamento de *custas devidas pela Justiça Federal à União* foi considerado inconstitucional pelo relator e mais uma tentativa de regulamentação das custas judiciais no âmbito do Poder Judiciário brasileiro foi frustrada.[40]

4 Proposições para a cobrança de custas judiciais

Diante das tentativas frustradas de normatização da cobrança de custas judiciais, como as propostas apresentadas pelo Conselho Nacional de Justiça, e pela Comissão de Juristas no âmbito do Congresso Nacional, denota-se que a questão se mantém fragmentada. Criam-se incentivos estratégicos para litigância em determinadas jurisdições, penalizando economicamente os jurisdicionados em contextos socioeconômicos menos favorecidos.

A ausência de uniformidade não apenas compromete o princípio da isonomia, como também perpetua a ineficiência do sistema judiciário ao estimular a interposição de recursos excessivos e a morosidade processual.

Tendo em vista a proposição de medidas que possam efetivamente solucionar alguns dos problemas abordados ao longo deste artigo, considera-se essencial um novo esforço coordenado para reformular a política de custas judiciais, promovendo um modelo mais equitativo, transparente e alinhado aos princípios constitucionais de acesso à justiça e eficiência administrativa.

Somente por meio de uma abordagem integrada entre os tribunais, o CNJ, o Legislativo e demais atores do sistema de justiça, será possível avançar na construção de um regime de custas que equilibre a necessidade de financiamento do Judiciário com a proteção do direito fundamental ao acesso à justiça.

---

[40] Comissão de reforma dos processos administrativo e tributário conclui trabalho. *Agência Senado*, 13 jun. 2024. Disponível em: https://www12.senado.leg.br/noticias/materias/2024/06/13/comissao-de-reforma-dos-processos-administrativo-e-tributario-conclui-trabalho#:~:text=Um%20terceiro%20texto%2C%20o%20PL,foi%20considerado%20inconstitucional%20pelo%20relator. Acesso em: 14 de fev. 2025.

Considerações Finais

A análise da política de custas judiciais no Brasil revela um cenário marcado por desigualdades regionais, complexidade normativa e desafios para a efetivação do pleno acesso à justiça. Como reiterado ao longo do artigo, a ausência de uma regulamentação nacional uniforme tem gerado distorções no sistema judiciário, dificultando o equilíbrio entre a necessidade de financiamento dos tribunais e a garantia de que os custos do processo não se tornem um obstáculo ao exercício da jurisdição.

Frente a esse contexto, as iniciativas do CNJ e os debates no Congresso Nacional demonstram um reconhecimento da importância da reforma do modelo atual. No entanto, a resistência institucional e as divergências entre os tribunais estaduais e federais têm impedido avanços concretos.

Nesse cenário, inevitável a judicialização de tais matérias perante o STF que deve empreender resposta assertiva com vistas a garantir o acesso à justiça e redução das disparidades regionais e desigualdades sociais.

A atuação do ministro Edson Fachin se destaca quando se discute a defesa do acesso à justiça como um direito fundamental. O ministro, reiteradas vezes, reconhece que as custas judiciais não podem servir como um mecanismo de exclusão social. Enfatiza, também, a necessidade de garantir que as barreiras financeiras não impeçam os cidadãos, sobretudo os mais vulneráveis, de recorrer ao Judiciário para a defesa de seus direitos. O posicionamento do Ministro Edson Fachin reforça a importância de uma política de custas mais equitativa, que promova a inclusão e reduza as desigualdades no acesso à tutela jurisdicional.

Referências

ALFF, Hanna. *Gestão Judiciária e técnicas do processo agregado*. Londrina: Thot, 2021.

BRASIL. *Parecer nº, de 2024*. Da Comissão Temporária Interna para examinar os anteprojetos apresentados no âmbito da Comissão de Juristas responsável pela elaboração de anteprojetos de proposições legislativas que dinamizem, unifiquem e modernizem o processo administrativo e tributário nacional (CTIADMTR), sobre o Projeto de Lei nº 2.489, de 2023, que dispõe sobre as custas devidas à União, na Justiça Federal de primeiro e segundo graus e dá outras providências. Relator: Senador Efraim Filho. Brasília, 2024. p. 6.

BRASIL. Senado Federal. *Ato do Presidente do Senado n. 1, de 11 de março de 2022*. Institui Comissão de Juristas responsável pela elaboração de anteprojetos de proposições legislativas que dinamizem, unifiquem e modernizem o processo administrativo e tributário nacional. Diário do Senado Federal: seção 1, Brasília, DF, 11 mar. 2022.

CAPONI, Remo. Il principio di proporzionalità nella giustiza civille: prime note sistematiche. *Rivista Trimestrale di Diritto e Procedura Civile*, 2011. Disponível em: https://flore.unifi.it/handle/2158/790355#. Acesso em: 13 jul. 2024.

CAPONI, Remo. Modelli e riforme del processo di cognizione in Europe. *Revista da Faculdade de Direito da UFMG*, Belo Horizonte, n. 77, p. 367-386, jul./dez. 2022.

CAPPELLETTI, Mauro; GARTH, Bryant. *Acesso à justiça*. Tradução de Ellen Gracie Nothfleet. Porto Alegre: Sérgio Antonio Fabris Editor, 1988.

Comissão de reforma dos processos administrativo e tributário conclui trabalho. *Agência Senado*, 13 jun. 2024. Disponível em: https://www12.senado.leg.br/noticias/materias/2024/06/13/comissao-de-reforma-dos-processos-administrativo-e-tributario-conclui trabalho#:~:text=Um%20terceiro%20texto%2C%20o%20PL,foi%20considerado%20inconstitucional%20pelo%20relator. Acesso em: 14 de fev. 2025.

CONSELHO NACIONAL DE JUSTIÇA (CNJ). *Diagnósticos das custas processuais praticadas nos tribunais*. Brasília: CNJ, 2023.

CONSELHO NACIONAL DE JUSTIÇA (CNJ). *Diagnóstico do contencioso judicial tributário brasileiro*: relatório final de pesquisa. Brasília: CNJ, 2022. p. 272-273. Disponível em: https://www.cnj.jus.br/wp-content/uploads/2022/02/relatorio-contencioso-tributario-final-v10-2.pdf. Acesso: 15 fev. 2022.

CONSELHO NACIONAL DE JUSTIÇA (CNJ). Parâmetros para cobrança de custos e despesas pessoais. *Revista de Direito Administrativo*, Rio de Janeiro, v. 269, p. 365-417, maio/ago. 2015.

CONSELHO NACIONAL DE JUSTIÇA (CNJ). *Perfil da fixação de custas judiciais no Brasil e análise comparativa da experiência internacional*. Brasília, DF: Departamento de Pesquisas Judiciárias (DPJ), 2010.

MAIA, Renata Vieira. Mediação obrigatória e negociação assistida na Itália- uma alternativa para mediação no Brasil? *Revista da Faculdade de Direito da UFMG*, Belo Horizonte, n. 82, p. 261-290, jan./jun. 2023.

MORAES, Bernardo Ribeiro de. *Doutrina e prática das taxas*. São Paulo: Editora Revista dos Tribunais, 1976.

NUNES, Cleucio Santos. Controvérsias sobre taxa judiciária e o financiamento dos fundos de modernização do Poder Judiciário. *Cadernos Jurídicos da Escola Paulista da Magistratura*, São Paulo, a. 21, n. 54, p. 91-115, abr./jun. 2020. Disponível em: https://www.tjsp.jus.br/download/EPM/Publicacoes/CadernosJuridicos/ii.2_controv%C3%A9rsias_sobre_taxa_judici%C3%A1ria.pdf?d=637312996114594298. Acesso em: 25 fev. 2025.

SUPREMO TRIBUNAL FEDERAL (STF). *Ação Direta de Inconstitucionalidade nº 5612*. Relator: Min. Edson Fachin. Origem: Distrito Federal. Processo eletrônico público. Número Único: 0059820-02.2016.1.00.0000. Órgão Julgador: Plenário. Lista: 233-2020. 2020. Disponível em: https://portal.stf.jus.br/processos/detalhe.asp?incidente=5076697. Acesso em: 21 jan. 2025.

SUPREMO TRIBUNAL FEDERAL (STF). *Ação Direta de Inconstitucionalidade nº 7063*. Relator: Min. Edson Fachin. Origem: Rio de Janeiro. Processo eletrônico público. Número Único: 0112600-06.2022.1.00.0000. Órgão Julgador: Plenário. Lista: 206-2022. 2022. Disponível em: https://portal.stf.jus.br/processos/detalhe.asp?incidente=6329417. Acesso em: 21 jan. 2025.

SUPREMO TRIBUNAL FEDERAL (STF). *Ação Direta de Inconstitucionalidade nº 1926*. Relator Ministro Sepúlveda Pertence e Representação nº 1077/RJ — Relator: Ministro Moreira Alves, Diário da Justiça, Poder Judiciário, Brasília, DF, 28 set. 1984.

SUPREMO TRIBUNAL FEDERAL (STF). *Agravo de Instrumento AI-ED nº 309.883*, Relator: Ministro Moreira Alves.

VILAR, Natália Ribeiro Machado. *Comportamento litigioso*: como a neurociência, a psicologia e a economia explicam o excesso de processos no Brasil. São Paulo: Foco, 2021.

ZILVETI, Fernando Aurélio. *Princípios de direito tributário e a capacidade contributiva*. São Paulo: Quartier Latin, 2005.

Informação bibliográfica deste livro, conforme a NBR 6023:2018 da Associação Brasileira de Normas Técnicas (ABNT):

BEVILACQUA, Lucas; PAIVA, Andressa. Acesso à justiça e custas judiciais na jurisprudência do Supremo Tribunal Federal: contribuição do Ministro Edson Fachin em 10 anos no STF. In: SILVA, Christine Oliveira Peter da; GIAMBERARDINO, André Ribeiro; ARRUDA, Desdêmona Tenório B. T.; MACEDO, José Arthur Castillo de; MACHADO FILHO, Roberto Dalledone (coord.). *Ministro Luiz Edson Fachin*: dez anos de Supremo Tribunal Federal. Belo Horizonte: Fórum, 2025. p. 219-235. ISBN 978-65-5518-746-5.

POR UM DIREITO PROCESSUAL CIVIL INDÍGENA? ENSAIO SOBRE A NECESSIDADE DE RELEITURA CONSTITUCIONAL E CONVENCIONAL DAS REGRAS PROCESSUAIS DO "ESTATUTO DO ÍNDIO" (LEI Nº 6.001/1973)

LUIZ HENRIQUE KRASSUSKI FORTES

SAMUEL RODRIGUES DE MIRANDA NETO

A primeira década do Ministro Edson Fachin no Supremo Tribunal Federal é oportunidade para celebrar sua honrosa trajetória e, simultaneamente, responder à necessidade cidadã de avaliar, de maneira crítica, o exercício do poder. A conclusão à qual chegamos é de que se está diante de uma referência *inspiradora*.

Nós, enquanto povo, confiamos ao Tribunal, a sua função precípua e mais importante: guardar a nossa Constituição, marco político, jurídico e civilizatório de um país que não se conforma em ser pequeno.

Em outras palavras, prometemos a nós mesmos a meta de erradicar a pobreza e a marginalização, reduzindo as desigualdades sociais e regionais. Igualmente, nos dispusemos a construir e desenvolver uma sociedade livre, justa e solidária, capaz de promover o bem de todos sem qualquer forma de preconceito e discriminação.

Esse compromisso fundamental, convite público e privado à sua diária concretização à luz da realidade, alicerçou-se sob as rochas sólidas da dignidade da pessoa humana, da cidadania, do pluralismo político e dos valores sociais do trabalho e da livre iniciativa. O exercício da soberania por um povo *ousado* e *fraterno*.

Velar por esse compromisso plural não é tarefa fácil. Torna-se ainda mais difícil diante do fervor implacável de forças destrutivas, que ciclicamente emergem ao enxergar tentadores atalhos fora de nosso pacto constitucional.

Ao longo dos últimos dez anos da prática jurisdicional de S. Exa., não foram poucos os desafios desse quilate. Ao arrostá-los, porém, não se viu nem o cinismo, tampouco a "apatia das pessoas virtuosas", como bem capturou a pena de Yeats.[1] Ao contrário, ao atuar no STF e no Tribunal Superior Eleitoral, o Ministro Fachin reafirmou a sua confiança nas instituições democráticas e na legalidade constitucional, testemunho de um exercício sóbrio da judicatura, permeado pela *alteridade*, que faz do dissenso esperança.

Em tempos de inquietações democráticas, o equilíbrio virtuoso entre rigor técnico e sensibilidade para *ouvir e falar* colheu no diálogo a virtude máxima do pluralismo. Emerge, assim, o *modo de trabalho* de S. Exa., não totalizante, capaz de dar vida aos versos mais desafiadores do poema coletivo que é a nossa Constituição.

Como recentemente destacou o Ministro Fachin, é preciso ter "firmeza e serenidade" para enfrentar a vida da prestação jurisdicional, "canteiro de obras ruidoso e controverso", entregando confiança aos cidadãos ao falar "nos autos e pelos comportamentos".[2]

---

[1] Ao render justas homenagens ao Ministro Teori Zavascki, o Ministro Edson Fachin, registrou que "a imagem mais intimorata da cena brasileira poderia advir de um poema ('A Segunda Vinda') de William Butler Yeats: 'Falta aos melhores toda convicção enquanto os piores/Estão cheios de apaixonada intensidade'. Ao trazer a coragem da poesia para analisar o desafio de nosso tempo, o Ministro Fachin revela uma prática forjada no enlace de razão e sensibilidade, de alguém que não apenas *entende* e *sente*, mas *vive* a potência da arte para traduzir a rica condição humana em palavras. Nesse sentido, declamou que "avesso a esse barbarismo corrente" e à "massiva disseminação de embustes" por mentes totalitárias que "põem em marca a demolição das instituições democráticas", o Ministro Teori "vestia à perfeição a toga da 'gravitas' inerente à magistratura". Assim como o Ministro Teori, afirmamos, sem medo de errar, que o Ministro Fachin também é "composto da mesma matéria que cimenta as garantias fundamentais aos direitos e deveres da vocação do Estado democrático". *Cf.* FACHIN, Luiz Edson. A presença de Teori. *Portal Jota*, 19 jan. 2021. Disponível em: https://www.jota.info/artigos/a-presenca-de-teori. Acesso em: 10 jan. 2025.

[2] FACHIN, Luiz Edson. Mensagem a novos juízes às portas de 2025: se a magistratura não chamar para si o dever de dar o exemplo pelo comportamento teremos irremediavelmente falhado. *Portal Jota*, 16 dez. 2024. Disponível em: https://www.jota.info/artigos/mensagem-a-novos-juizes-as-portas-de-2025. Acesso em: 10 jan. 2025.

A atuação de S. Exa. tem sido essencial para o STF guardar, de modo firme e incansável, as pontes que nos unem. Que o marco da linha narrativa da primeira década do Ministro Fachin inspire a todos a continuar a entoar, com coragem, os versos de liberdade e solidariedade que ecoam das grandes promessas de nossa Constituição.

Introdução

De início, é preciso destacar que não se desconhece a diferença linguística geralmente atribuída às expressões *Direito Indígena* — como a normatividade multifacetada emergente das organizações sociais indígenas — e *Direito Indigenista*, entendido como as normas jurídicas produzidas pela comunidade não indígena para tratar de temas afeitos aos direitos indígenas.

Quando se fala na necessidade de um *Direito Processual Indígena*, como no título do presente ensaio, tem-se uma escolha deliberada, voltada para acentuar uma compreensão metodológica, isto é, a necessidade de adequação do direito processual às especificidades do direito material *indigenista* e *indígena*. De um olhar atento que, capturando as nuances e complexidades da tensão imanente entre *Direito Indígena e Indigenista*, dê também vida ao *Processo Civil*, à luz do paradigma constitucional e convencional da autodeterminação.[3]

Assim, o presente ensaio enfrenta algumas possibilidades da releitura constitucional e convencional das regras processuais especiais previstas no Estatuto do Índio (EDI), a partir de três diferentes *fronts*: (i) legitimidade, (ii) participação adequada no processo estatal de decisão e, por fim, (iii) utilização de instrumentos processuais típicos de prerrogativas da Fazenda Pública em juízo, dando maior concretude à letra do art. 61 do EDI, que estende aos "interesses do patrimônio indígena" tanto os "privilégios" da Fazenda Pública, quanto às suas "ações especiais".[4]

---

[3] A doutrina destaca a escassez bibliográfica sobre o estudo dos direitos indígenas no Brasil, além das dificuldades jurisprudenciais decorrentes da mudança do paradigma constitucional anterior — de um direito indigenista integracionista, refletido no Estatuto do Índio (*sic*) — para a compreensão constitucional vigente, que tem como norte hermenêutico a autodeterminação. Nesse sentido, VITORELLI, Edilson. *Estatuto do Índio*: Lei 6.001/1973. 3. ed. Salvador: JusPodivm, 2016. p. 23-24.

[4] EDI, art. 61: "São extensivos aos interesses do Patrimônio Indígena os privilégios da Fazenda Pública, quanto à impenhorabilidade de bens, rendas e serviços, ações especiais, prazos processuais, juros e custas".

1 Direito indígena em juízo

Como adiantado, no marco do Estado Constitucional, não é adequado pensar o direito processual de forma dissociada do direito material a que ele se propõe a servir. Em outras palavras, deve-se sempre partir das necessidades que emergem de sua conformação, para oferecer técnicas processuais capazes de outorgar a sua efetiva tutela.[5]

Dessa forma, antes mesmo de discutir a emergência de se pensar em um "Direito Processual Indígena", convém rememorar, conquanto brevemente, algumas das especificidades e agudizações que permeiam, de forma ampla, o Direito Indígena em nosso país, a fim de que possamos olhar para as suas particularidades quando *em juízo*.

Como é sabido, as controvérsias envolvendo os povos indígenas vêm ganhando destaque na esfera pública e no cenário jurídico muitas vezes em razão não da afirmação e reconhecimento dos direitos assegurados constitucionalmente e na ambiência infralegal (convenções internacionais e leis federais), mas sim pelo seu avesso. Ao invés de políticas públicas de implementação das promessas constitucionais, subsiste um angustiante quadro de violação reiterada a direitos fundamentais[6] da população indígena.

Dessa forma, para além das discussões doutrinárias e debates nos tribunais, a faceta mais clara que emerge quando se pensa em Direito Indígena é uma verdadeira luta de raízes históricas travada por

---

[5] Na lição clássica de Marinoni, "o princípio da inafastabilidade garante a tutela adequada à realidade de direito material, ou seja, garante o procedimento, a espécie de cognição, a natureza do provimento e os meios executórios adequados às peculiaridades da situação de direito substancial. Para que exista direito à adequada tutela jurisdicional é necessária a preordenação de formas processuais adequadas à tutela dos direitos". *Cf.* MARINONI, Luiz Guilherme. *Novas Linhas do Processo Civil.* 4. ed. São Paulo: Malheiros, 2000. p. 204.

[6] Pense-se, aqui, na grave crise humanitária que tomou conta dos noticiários nacionais nos últimos anos sobre os yanomami, em precária situação de vulnerabilidade: "As cenas e informações que nos chegam de Roraima chocam pelo grau de sofrimento e indignidade que revelam: velhos e crianças com seus ossos à vista devido à desnutrição; pessoas com dificuldades de andar ou mesmo se levantar por falta de forças; mortes evitáveis às centenas; corrupção transversal de agentes do Estado; violência com requintes de crueldade cometida por garimpeiros e grileiros de terra; poluição de rios e matas; disseminação de doenças decorrente do garimpo ilegal e desmatamento; ausência ou precarização da ação estatal no campo da saúde etc.". AITH, Fernando. Tragédia dos yanomamis em Roraima revela abismo entre dever estatal e realidade: é preciso fazer valer o que a Constituição estabelece há décadas para proteção da saúde indígena. *Portal Jota,* 03 fev. 2023. Disponível em: https://www.jota.info/opiniao-e-analise/colunas/coluna-fernando-aith/tragedia-dos-yanomamis-em-roraima-revela-abismo-entre-dever-estatal-e-realidade-03022023. Acesso em: 10 jan. 2025.

tais comunidades na busca de sua afirmação e proteção *plena* perante a sociedade e o Estado brasileiro.

Dada a essencialidade e o caráter básico de muitas dessas reivindicações, trata-se de embates até mesmo difíceis de serem apreendidos em toda a sua complexidade por pessoas não indígenas. Nesse cenário, os povos indígenas aparecem quase que como esquecidos pelas promessas de nosso Estado de Direito Constitucional e Democrático.

Perceba-se, portanto, que as comunidades indígenas lutam não somente por seus direitos sobre terras de ocupação ancestral, ou pelo acesso a políticas públicas básicas, mas por sua própria existência, por meio de atos suscetíveis à leitura pelas lentes da resistência a uma miríade de violações físicas, culturais, econômicas, psicológicas e espirituais.

É nesse quadro que se inserem as presentes reflexões as quais propõem a necessidade de se consolidar um arcabouço processual *interpretativo* voltado a maximizar a tutela dos direitos indígenas a partir da premissa de sua autodeterminação.

Tem-se, assim, um vetor extraído da Constituição da República de 1988 e da Convenção nº 169 da Organização Internacional do Trabalho (OIT), antagônico ao regime curatelar vigente no marco constitucional anterior e que, por consequência, norteou a edição, interpretação e aplicação majoritária do EDI, tanto em suas regras materiais, quanto processuais.

Assim, faz-se oportuna a harmonização entre tais campos normativos — Constituição, Direito Internacional dos Direitos Humanos e Direito Processual — mediante a reinterpretação da disciplina processual da Lei nº 6.001/1973, de modo a garantir a adequada tutela ao direito material indígena.

1.1 Direito Indígena, em sua matriz constitucional e convencional

Como adiantado, o EDI, editado na vigência da ordem constitucional anterior, reflete uma visão integracionista, cujo objetivo principal era, sob perspectiva da sociedade não indígena, a agregação e aculturamento dos povos indígenas.

A partir disso, o diploma estabelecia a classificação dos indígenas em *integrados, em integração* e *não integrados*. Para a leitura que se consolidou sobre o estatuto, esses dois últimos grupos (*em integração* e *não integrados*) seriam os principais destinatários do regramento legal, reputados como civilmente incapazes, sob a tutela da Fundação Nacional dos Povos Indígenas[7] — FUNAI.[8]

Nesse cenário, ao rechaçar os costumes, as crenças e a cultura dos povos indígenas, tal panorama normativo, ao fim e ao cabo, implicava o apagamento de tais grupos. É dizer, buscava-se eliminar sua "condição peculiar", ainda que o art. 1º da Lei nº 6.001/1973, ao menos na *letra* da lei, pretendesse timidamente, em seu parágrafo único, resguardar as tradições desses grupos.

No plano internacional, e durante a primeira metade do século XX — contexto histórico-social bastante tributário ao colonialismo —, a Organização Internacional do Trabalho (OIT) abraçou o tema das "populações indígenas" como uma de suas preocupações.

Assim, após a sua fundação em 1919, a OIT concentrou-se na "eliminação da exploração dos trabalhadores nativos", avançando, posteriormente, no tratamento mais amplo das condições de vida dos povos indígenas, com a Convenção sobre Populações Indígenas e Tribais, de 1957, a qual abordava assuntos que variavam desde a terra até saúde e educação.[9]

A Convenção nº 107/1957, porém, foi alvo de críticas porque tinha como pressuposto quase uma ideia de inutilidade social dos indígenas *não integrados*. Assim como a Lei nº 6.001/1973 revelava um *contexto* normativo que tinha no integracionismo sua ideia central.

Em meados dos anos de 1980, a OIT daria os primeiros passos para efetivamente revisitar os paradigmas informadores da proteção normativa dos indígenas no plano internacional,[10] aprovando, em 1989,

---

[7] Lei nº 14.600/2023, art. 58: "A Fundação Nacional do Índio (Funai), autarquia federal criada pela Lei nº 5.371, de 5 de dezembro de 1967, passa a ser denominada Fundação Nacional dos Povos Indígenas (FUNAI)".

[8] "A Fundação Nacional dos Povos Indígenas (FUNAI) é o órgão indigenista oficial do Estado brasileiro. Criada por meio da Lei nº 5.371, de 5 de dezembro de 1967, vinculada ao Ministério dos Povos Indígenas, é a coordenadora e principal executora da política indigenista do Governo Federal. Sua missão institucional é proteger e promover os direitos dos povos indígenas no Brasil". FUNAI. *Institucional*. Disponível em: https://www.gov.br/funai/pt-br/acesso-a-informacao/institucional/Institucional. Acesso em: 10 jan. 2025.

[9] *Cf.* DHIR, Rishabh Kumar *et al*. *Implementing the ILO Indigenous and Tribal Peoples Convention No. 169*: towards an inclusive, sustainable and just future. Genebra: Publications Production Unit of the ILO, 2019. p. 32.

[10] "No bojo da revolução social e cultural que ocorreu em quase todo o mundo nas décadas de 1960 e 1970, os povos indígenas e tribais também despertaram para a realidade de suas origens étnicas e culturais e, consequentemente, para seu direito de serem diferentes sem deixarem de ser iguais. (...) A própria Convenção nº 107, até então considerada um marco histórico no processo de emancipação social dos povos indígenas, passou a ser criticada

a Convenção nº 169 OIT, incorporada ao direito brasileiro mediante a edição do Decreto nº 5.051/2004,[11] e cuja premissa fundamental está na *autodeterminação*, concepção da qual emanam vários direitos, dentre eles, o direito à terra, cultura, educação e seguridade social, cunhados, sempre, com olhar atento para a valorização das diferenças.

O contraste entre as normas é nítido: vê-se, agora, o distanciamento do paradigma de incorporação ao ordenamento do grupo dominante, passando-se à valorização da diversidade, em suas dimensões étnica e multicultural.

É dizer, o escopo da tutela normativa dos indígenas deixa de ser a proteção lastreada na pressuposta incapacidade civil desses indivíduos, passando a sobrelevar o efetivo planejamento e a consecução de políticas públicas que resguardem sua identidade cultural, assegurando-lhes meios adequados de participação nos processos decisórios institucionais.

Nesse mesmo espírito, a Constituição de 1988 cristalizou um novo olhar sobre o direito indigenista no ordenamento brasileiro, também rompendo com o paradigma integracionista. Em razão disso, não é difícil perceber que a Lei nº 6.001/1973, em considerável parte, não foi recepcionada pela nova ordem constitucional.[12]

Com efeito, a par da preocupação com a questão possessória das terras tradicionalmente ocupadas pelos indígenas, destacou-se, a nível constitucional, a organização social, os costumes, línguas, crenças e

---

por suas tendências integracionistas e paternalistas, fato admitido pelo próprio Comitê de Peritos que, em 1986, considerou-a obsoleta e sua aplicação inconveniente no mundo moderno. Sensível a essas críticas e atento às rápidas transformações sociais do mundo atual, o Conselho de Administração incluiu uma proposta de revisão da Convenção nº 107 na pauta das Conferências Internacionais do Trabalho de 1988 e 1989, com vistas a garantir a preservação e sobrevivência dos sistemas de vida dos povos indígenas e tribais e sua ativa e efetiva participação no planejamento e execução de projetos que lhes dissessem respeito". RAMOS, Christian; ABRAMO, Laís. Introdução. In: MENDES, Renato; FORTUNA, Thais (Organização Internacional do Trabalho). RAMOS, Christian; ABRAMO, Laís. Introdução. In: MENDES, Renato; FORTUNA, Thais (Organização Internacional do Trabalho). *Convenção nº 169 sobre povos indígenas e tribais e Resolução referente à ação da OIT*. Brasília: OIT, 2011. p. 6-8.

[11] A Convenção nº 169 da OIT sobre Povos Indígenas e Tribais, adotada em Genebra, em 27 de junho de 1989; aprovada pelo Decreto Legislativo nº 143, de 20 de junho de 2002; depositado o instrumento de ratificação junto ao Diretor Executivo da OIT em 25 de julho de 2002; entrada em vigor internacional em 05 de setembro de 1991, e, para o Brasil, em 25 de julho de 2003, nos termos de seu art. 38; e promulgada em 19 de abril de 2004, atualmente consta como do Decreto nº 10.088/2019, nos termos de seu art. 2º, LXXII.

[12] Os exemplos são os mais variados, mas se pode ver como o próprio art. 1º do EDI, que estabelece o propósito de "integrar" os "silvícolas", "progressiva e harmoniosamente, à comunicação nacional".

tradições de tais povos originários. Logo, para a Constituição, deve-se reconhecer aos índios "o direito à diferença, ou seja, o direito de serem índios e de assim permanecerem".[13] Nesse quadro, depreende-se que o legislador constituinte abraçou a autodeterminação e a afirmação cultural, conferindo-lhes a um só tempo capacidade civil e processual.[14]

A tutela processual dos direitos indígenas foi prevista, de forma específica, *em dois dispositivos constitucionais, dos quais eflui a inequívoca superação da situação de incapacidade processual que antes lhes fora imposta.*

O primeiro deles é o art. 129, V, CF, o qual estabelece a defesa judicial dos interesses das populações indígenas como função institucional do Ministério Público. O segundo, o art. 232, estabelece que "os índios, suas comunidades e organizações são partes legítimas para ingressar em juízo em defesa de seus direitos e interesses, intervindo o Ministério Público em todos os atos do processo".

Em reforço à moldura constitucional, a Convenção nº 169 da OIT, em sua primeira parte ("Política Geral"), consagra o dever estatal de desenvolver ações voltadas à proteção dos direitos dos povos indígenas, assegurando, dentre outras, medidas que garantam a plena efetividade de seus direitos, nos moldes outorgados pela legislação nacional, observados os seus costumes e tradições (art. 2º).

Ainda, o diploma internacional determina o estabelecimento de meios adequados à participação livre nas decisões em instituições efetivas ou organismos administrativos que lhes sejam concernentes (art. 6º).

Exsurge, assim, uma matriz constitucional e convencional a fundamentar a existência de um *microssistema de tutela processual indígena*, o qual, por ter base em uma virada paradigmática, qual seja, da autodeterminação e afirmação sociocultural dos povos indígenas, é diametralmente oposta ao modelo paternalista e integracionista anterior, inclusive quanto a normas de caráter *processual*.

---

[13] VITORELLI, Edilson. *Estatuto do Índio*: Lei 6.001/1973. 3. ed. Salvador: JusPodivm, 2016. p. 46.

[14] Nesse sentido, interpretando o art. 5º do EDI, Vitorelli afirma que, como regra: "(...) os índios podem exercer seus direitos e cumprir suas obrigações na ordem civil independentemente de assistência, tutela ou de pedido de liberação do regime tutelar. Apenas os indígenas que mostrarem total incapacidade para compreensão da língua ou da cultura da sociedade envolvente, e, por essa razão, sofram limitações que dificultem ou inviabilizem a prática dos atos civis e políticos, terão assistência do órgão competente, que é a FUNAI. Essa assistência, entretanto, é um auxílio material, que não se confunde com a consideração do índio como incapaz". *Ibidem*, p. 71.

1.2 Processo Civil à serviço do Direito Indígena: a busca pela técnica processual adequada à tutela efetiva do direito material indígena

Como se pode perceber até aqui, há um conjunto de normas *materiais* que implicam um olhar especialmente atento para o estudo do direito processual quando o direito indigenista, ou indígena, é levado à discussão em juízo.

Seja porque é preciso adequar e fazer leitura "de acordo com à Constituição" de dispositivos normativos pensados para uma realidade paradigmática absolutamente distinta,[15] seja por imposição do próprio direito fundamental de ação, a partir dos elementos que constituem o direito ao devido processo legal ou, na belíssima dicção de Marinoni, Arenhart e Mitidiero, o direito fundamental ao processo justo.

Afinal, não há, no marco do Estado Constitucional, uma compreensão que se limite apenas ao enlace entre direito material e processo, mas, sim, um raciocínio mais sofisticado: "é preciso partir dos direitos, passar pelas necessidades, para então encontrar as formas capazes de atendê-las".[16]

Dito em outras palavras, o direito processual deve ser capaz de prestar técnicas processuais idôneas à prestação de formas de tutela adequadas à necessidade de proteção que o direito material exija. Ou seja, "o processo deve se estruturar de maneira capaz de permitir a prestação das formas de tutela prometidas pelo direito material", devendo "haver uma relação de adequação" entre as "tutelas dos direitos e as técnicas processuais".[17]

O olhar de onde se parte neste ensaio, portanto, é da necessidade de se ler o processo civil de modo a mais viabilizar a técnica processual adequada à da tutela dos direitos reconhecidos e prometidos aos indígenas pela Constituição Brasileira.

---

[15] Sobre a interpretação de acordo com a Constituição, ver KRASSUSKI FORTES, Luiz Henrique. Interpretação conforme e interpretação de acordo com a Constituição: precedentes do STJ e controle difuso de constitucionalidade. In: *I Congresso Internacional de Direito Constitucional e Filosofia Política (2015) Belo Horizonte. O funcionamento da corte constitucional*: A interpretação constitucional, as práticas argumentativas, a Teoria do Direito e o comportamento judicial. Belo Horizonte: Initia Via, 2014. p. 156-170.
[16] MARINONI, Luiz Guilherme; ARENHART, Sérgio Cruz; MITIDIERO, Daniel. *Curso de Processo Civil*: Teoria do Processo Civil. São Paulo: RT, 2015. 1 v. p. 290.
[17] *Ibidem*, p. 291.

2 Caminhos para a releitura constitucional e convencional das regras processuais do "Estatuto do Índio" (Lei nº 6.001/1973)

A mudança paradigmática empreendida pela Constituição nos fundamentos do Direito Indígena impõe uma releitura não apenas das regras materiais previstas no Estatuto do Índio, mas também daquelas de cunho processual.

Além disso, considerando a densidade das disposições da Convenção nº 169 da OIT, sem dúvida, abonadoras de direitos humanos próprios dos povos indígenas, cabe igualmente proceder ao controle de convencionalidade dos atos estatais correlatos ao tema.[18]

Como adiantado na introdução, é o que se passa a fazer, a partir dos elementos: (i) legitimidade, (ii) participação adequada no processo estatal de decisão e (iii) utilização de instrumentos processuais típicos de prerrogativas da Fazenda Pública em juízo. Confira-se, iniciando pela legitimidade.

Com efeito, o "Estatuto do Índio" (sic) trata da "Defesa das Terras Indígenas", estabelecendo, em seu Capítulo V, as balizas infraconstitucionais gerais para a tutela processual dos direitos coletivos e individuais dos indígenas. O ponto é normatizado nos arts. 35 a 37 do Diploma, que dispõem:

> Art. 35. Cabe ao órgão federal de assistência ao índio a defesa judicial ou extrajudicial dos direitos dos silvícolas e das comunidades indígenas.
>
> Art. 36. Sem prejuízo do disposto no artigo anterior, compete à União adotar as medidas administrativas ou propor, por intermédio do Ministério Público Federal, as medidas judiciais adequadas à proteção da posse dos silvícolas sobre as terras que habitem.

---

[18] Sobre o controle de convencionalidade, ver MAZZUOLI, Valerio de Oliveira. *O controle jurisdicional da convencionalidade das leis*. 4. ed. São Paulo: RT, 2016. De acordo com Caio Paiva e Thimotie Heeman, o controle de convencionalidade encontra fundamento normativo nos arts. 1.1, 2º e 29 da Convenção Americana de Direito Humanos, assim como nos arts. 26 e 27 da Convenção de Viena sobre o Direito dos Tratados, os quais preveem, em síntese, respectivamente, a obrigação estatal de desenvolvimento de práticas dirigidas à observância dos direitos convencionais, a necessidade de interpretação das leis domésticas, a obrigação de as autoridades permitirem o amplo gozo e exercício dos direitos convencionais, os princípios da boa-fé, efeito útil e *pacta sunt servanda*, assim como a proibição de invocar o direito interno como justificativa para o descumprimento dos tratados PAIVA, Caio; HEEMAN, Thimotie Aragon. *Jurisprudência internacional de direitos humanos*. 3. ed. Belo Horizonte: Boa Esperança/MG, 2020. p. 181-182.

Parágrafo único. Quando as medidas judiciais previstas neste artigo forem propostas pelo órgão federal de assistência, ou contra ele, a União será litisconsorte ativa ou passiva.

Art. 37. Os grupos tribais ou comunidades indígenas são partes legítimas para a defesa dos seus direitos em juízo, cabendo-lhes, no caso, a assistência do Ministério Público Federal ou do órgão de proteção ao índio.

Observa-se, de pronto, a atribuição da FUNAI para a defesa judicial e extrajudicial das comunidades indígenas, previsão concatenada com a superada ideia de incapacidade civil.

Tinha-se, pois, à época da edição do diploma, verdadeira curatela imputada a essa autarquia, atualmente vinculada ao Ministério dos Povos Indígenas.[19] Não obstante, parece-nos que tal disposição, longe de ser prontamente tida por não ser recepcionada pela ordem constitucional, merece o filtro de uma interpretação de acordo com a Constituição.

Isso porque existe um interesse social intrínseco à proteção desses grupos o qual decorre da própria Constituição, quando destaca sua defesa em juízo como uma das funções institucionais do Ministério Público. Lembre-se, por oportuno, que as funções institucionais do *Parquet* estão diretamente relacionadas à defesa da ordem jurídica, do regime democrático e dos direitos indisponíveis. Além disso, há o dever estatal de estabelecer medidas aptas à máxima efetividade dos direitos indígenas, como se extrai da cláusula material de abertura do art. 5º, §2º, CF, e da Convenção/OIT nº 169.

Assim, estando em jogo interesse constitucional e social, a legitimidade da FUNAI, nos moldes do art. 35 da Lei nº 6.001/1973, não necessariamente sucumbiu diante da Constituição de 1988; ao revés, legitimação concorrente para a atuação em juízo para a defesa dos interesses indígenas: das próprias comunidades, do Ministério Público, e da FUNAI.[20]

---

[19] Lei nº 14.600/2023, art. 42: "Constituem áreas de competência do Ministério dos Povos Indígenas: I — política indigenista; II — reconhecimento, garantia e promoção dos direitos dos povos indígenas; III — defesa, usufruto exclusivo e gestão das terras e dos territórios indígenas; IV — bem viver dos povos indígenas; V — proteção dos povos indígenas isolados e de recente contato; e VI — acordos e tratados internacionais, especialmente a Convenção nº 169 da Organização Internacional do Trabalho (OIT), adotada em 27 de junho de 1989, quando relacionados aos povos indígenas".

[20] Vale registrar aqui a crítica, pertinente, de Vitorelli, quanto à Portaria/AGU nº 839/2010: "Ocorre que a referida Portaria, em uma técnica algo maquiavélica de edição, disse em que atuam os advogados da União, para deixar subentendido aquilo em que tal corpo

Tal compreensão ganha especial relevo quando se leva em conta a existência dos grupos isolados — que, na perspectiva da autodeterminação, devem assim permanecer —, contexto no qual a atuação especializada da FUNAI, inclusive em juízo, é não apenas pertinente, mas materialmente imprescindível, dada a sensibilidade do quadro fático.

Avançando na disciplina, a Lei nº 6.001/1973 prevê, no art. 36, a competência da União para, "por intermédio do Ministério Público Federal", propor as medidas judiciais voltadas à proteção da posse das terras indígenas, estabelecendo, ainda, o litisconsórcio necessário, ativo ou passivo, em relação a ela.

Sob as lentes da Constituição de 1988, a atuação da União nas lides envolvendo o esbulho ou invasão de terras indígenas, dar-se-á por meio da Advocacia-Geral da União, consoante o art. 131, CF.[21] Quanto ao art. 37 do EDI, o dispositivo, ao legitimar as comunidades indígenas para a defesa de seus direitos em juízo, ganhou robusto reforço com o art. 232 da Constituição. Sublinha-se, portanto, a necessidade de uma filtragem dos dispositivos que valorize a *agência* dos indígenas.

Quanto à participação adequada no processo estatal de decisão, por sua vez, é preciso destacar que essa não se limita apenas ao âmbito administrativo, mas também judicial. Assim, a construção de uma ambiência dialógica já é, ao menos no plano legislativo infraconstitucional, um comando normativo no direito indigenista.

Longe de propositura puramente teórico-dogmática, o ponto transparece quer a questão seja vista pelo prisma da legitimação, de

---

jurídico não atuará, ou seja, para dizer, sem amparo legal, que os advogados em exercício junto à FUNAI não atuarão em causas de direitos individuais indígenas, exceto se se tratarem de "índios isolados ou de recente contato" (art. 52). Assim, a atuação jurídica da FUNAI, que é o órgão de contato cotidiano entre os índios e a população, fará apenas a defesa coletiva desses — a qual, aliás, já é tarefa do Ministério Público, de modo que há evidente super posição — e dos direitos individuais dos índios considerados isolados. Nos demais casos "o indígena deverá ser encaminhado à Defensoria Pública da União ou dos Estados. Em síntese, sem qualquer amparo legal, o Advogado-Geral da União determinou que os direitos indígenas devem cair na 'vala comum' dos necessitados, que não podem constituir advogado. O AGU revogou, por portaria, o art. 35 do Estatuto do Índio, que é claro ao afirmar que os órgãos federais devem atuar na defesa dos direitos dos índios (silvícolas, na redação da lei) e das comunidades, ou seja, tanto em matéria individual quanto coletiva, tanto em relação a direitos indisponíveis quanto disponíveis". VITORELLI, Edilson. *Estatuto do Índio*: Lei 6.001/1973. 3. ed. Salvador: JusPodivm, 2016. p. 211-212.

[21] CF, art. 131: "A Advocacia-Geral da União é a instituição que, diretamente ou através de órgão vinculado, representa a União, judicial e extrajudicialmente, cabendo-lhe, nos termos da lei complementar que dispuser sobre sua organização e funcionamento, as atividades de consultoria e assessoramento jurídico do Poder Executivo".

índole constitucional (e infraconstitucional pela intervenção da FUNAI, estabelecida no EDI), quer, ainda, pelo art. 6º da Convenção nº 169 da OIT, o qual cristaliza do direito de consulta livre, prévia e informada. Confira-se o inteiro teor desse último dispositivo normativo, com destaques acrescentados:

> Artigo 6º
> 1. Ao aplicar as disposições da presente Convenção, os governos deverão:
>
> a) consultar os povos interessados, mediante procedimentos apropriados e, particularmente, através de suas instituições representativas, cada vez que sejam previstas medidas legislativas ou administrativas suscetíveis de afetá-los diretamente;
>
> b) estabelecer os meios através dos quais os povos interessados possam participar livremente, pelo menos na mesma medida que outros setores da população e em todos os níveis, *na adoção de decisões em instituições efetivas* ou organismos administrativos *e de outra natureza responsáveis pelas políticas e programas que lhes sejam concernentes;*
>
> c) estabelecer os meios para o pleno desenvolvimento das instituições e iniciativas dos povos e, nos casos apropriados, *fornecer os recursos necessários para esse fim.*
>
> 2. As consultas realizadas na aplicação desta Convenção deverão ser efetuadas com boa fé e de maneira apropriada às circunstâncias, com o objetivo de se chegar a um acordo e conseguir o consentimento acerca das medidas propostas.

Perceba-se, portanto, que, não obstante os destinatários mais óbvios do art. 6º da Convenção sejam os Poderes Executivo e Legislativo — ou seja, a sua finalidade pareça ser a de assegurar a participação dos indígenas no âmbito de tais funções estatais —, a alínea "b" do item 1, ao falar no estabelecimento de "meios através dos quais os povos interessados possam participar livremente na adoção de decisões em instituições efetivas", tanto em "organismos administrativos" quanto em organismos "de outra natureza", se "responsáveis pelas políticas e programas que lhes sejam concernentes", convida-nos a pensar no Judiciário na qualidade de destinatário da norma.

Afinal, em razão da inafastabilidade e definitividade elencadas como características ínsitas à jurisdição estatal, não é incomum que ali se defina efetivamente o *resultado* decisório das políticas e programas públicos concernentes aos indígenas. Não fosse o bastante, o art. 12 da Convenção possui regramento específico sobre a participação quanto à proteção contra a violação de seus direitos. Confira-se:

Artigo 12

Os povos interessados deverão ter proteção contra a violação de seus direitos, e poder iniciar procedimentos legais, *seja pessoalmente*, seja mediante os seus organismos representativos, para assegurar o respeito efetivo desses direitos. Deverão ser adotadas medidas para garantir que os membros desses povos possam compreender e se fazer compreender em procedimentos legais, facilitando para eles, se for necessário, intérpretes ou outros meios eficazes.

De outro lado, voltando ao emblemático exemplo das populações indígenas isoladas, é possível constatar que a cooperação e o diálogo processual poderão instrumentalizar o alcance da melhor prestação jurisdicional, compatibilizando, nessa hipótese, a ausência direta dos interessados no processo com o resguardo de sua especial condição.

Vale adicionar, ademais, que o Estado brasileiro reconhece a existência de uma ordem jurídica própria das comunidades indígenas, não estatal, quando a Constituição de 1988 salvaguarda, no art. 231, o reconhecimento da sua ordem social, costumes e tradições.

A Convenção nº 169 da OIT, afinada com a sobredita previsão constitucional, enuncia a necessidade de compatibilização da legislação "comum", emanada do poder estatal, com as normas consuetudinárias indígenas:

Artigo 8º

1. Ao aplicar a legislação nacional aos povos interessados deverão ser levados na devida consideração seus costumes ou seu direito consuetudinário.

2. Esses povos deverão ter o direito de conservar seus costumes e instituições próprias, desde que eles não sejam incompatíveis com os direitos fundamentais definidos pelo sistema jurídico nacional nem com os direitos humanos internacionalmente reconhecidos. Sempre que for necessário, deverão ser estabelecidos procedimentos para se solucionar os conflitos que possam surgir na aplicação deste principio.

3. A aplicação dos parágrafos 1 e 2 deste Artigo não deverá impedir que os membros desses povos exerçam os direitos reconhecidos para todos os cidadãos do país e assumam as obrigações correspondentes.

Artigo 9º

1. Na medida em que isso for compatível com o sistema jurídico nacional e com os direitos humanos internacionalmente reconhecidos, deverão ser respeitados os métodos aos quais os povos interessados recorrem tradicionalmente para a repressão dos delitos cometidos pelos seus membros.

2. As autoridades e os tribunais solicitados para se pronunciarem sobre questões penais deverão levar em conta os costumes dos povos mencionados a respeito do assunto.

Como se vê, ao menos no âmbito normativo, a virada paradigmática quanto à agência e participação dos indígenas na formulação e implementação do direito que diretamente lhes afeta é assegurada.

No entanto, vale o alerta de Vitorelli de que, em razão do "desconhecimento da cultura indígena", as questões que aportarão no Poder Judiciário ainda podem revelar despreparo para equacionar a necessidade "[d]a compreensão da diversidade cultural que exige a aplicação do direito nesses casos", além de ser, como regra geral, um poder "bastante resistente à realização de perícias antropológicas, que poderiam auxiliar nessa intermediação cultural".[22]

Quanto ao ponto, a essência flexível e participativa do Código de Processo Civil vigente convida, em razão da abertura para a plasticidade e adequação procedimentais necessárias, que o julgador, pelas formas possíveis e adequadas à especificidade do litígio, busque a informação do juízo sobre a cultura jurídica indígena, alcançando, assim, a prestação jurisdicional mais consonante possível com os interesses e a preservação das tradições dos povos indígenas.

Assentados tais aspectos processuais concernentes à legitimação e participação, sublinhamos, por fim, a importante previsão estampada no art. 61 da Lei nº 6.001/1973, a qual estende "(...) aos interesses do Patrimônio Indígena os privilégios da Fazenda Pública, quanto à impenhorabilidade de bens, rendas e serviços, ações especiais, prazos processuais, juros e custas".

Vale dizer que o diploma, de rigor, estende algo que já era assegurado à FUNAI, por força do art. 11 da Lei nº 5.371/1967 ("São extensivos à Fundação e ao Patrimônio Indígena os privilégios da Fazenda Pública, quanto à impenhorabilidade de bens, rendas e serviços, prazos processuais, ações especiais e executivas, juros e custas").

O texto legal, quando da sua edição, traduzia a instrumentalização da perspectiva curatelar, assegurava privilégio fazendário àqueles imbuídos do "ônus" de defender judicialmente os interesses de sujeitos (tidos à época como incapazes). Hoje, porém, pode ser lido

---

[22] VITORELLI, Edilson. *Estatuto do Índio*: Lei 6.001/1973. 3. ed. Salvador: JusPodivm, 2016. p. 77.

como uma prerrogativa própria dos povos indígenas, titulares plenos de seus direitos, tanto no plano substancial (posse) quanto processual (capacidade processual).

Dessa maneira, sua interpretação e aplicação recomendam uma maior amplitude, de modo a conferir a essas comunidades todo o arsenal processual próprio da Fazenda Pública, podendo incluir, no extremo, até mesmo, o procedimento da suspensão de segurança estabelecido no art. 4º da Lei nº 8.437/1992.[23]

Perceba-se que, longe de representar um privilégio imotivado, a utilização do instrumento pode revelar medida consonante ao interesse público inerente à proteção indígena estabelecida pelos arts. 231 e 232 da CF, outorgando maior capacidade defensiva diante de hipóteses potencialmente causadoras de grave lesão à ordem, à saúde, à segurança etc. das comunidades indígenas, densificando a legitimidade — e a capacidade — estampadas textualmente no art. 232 da Constituição.[24]

Nesse espírito, sublinhamos a expressão "patrimônio indígena" — a qual, pela letra da lei, seria fator limitador da incidência do regime processual fazendário —, conceituada pelo art. 39 do "Estatuto do Índio", nos seguintes termos:

> Art. 39. Constituem bens do Patrimônio Indígena:
>
> I — as terras pertencentes ao domínio dos grupos tribais ou comunidades indígenas;

---

[23] Defendemos que a suspensão de segurança está compreendida na definição de "ações especiais" fazendárias. Isso porque, conquanto não se desconheça a linha intelectiva segundo a qual o pedido de suspensão tenha cariz administrativo-político, "(...) não restam dúvidas de que o pedido de suspensão constitui, ele mesmo, uma espécie de tutela provisória, voltada a subtrair da decisão a sua eficácia antes do trânsito em julgado" (CUNHA, Leonardo Carneiro da. *A Fazenda Pública em Juízo*. 19. ed. Rio de Janeiro: Forense, 2022. p. 626). Em outras palavras, é possível até mesmo vislumbrar sua autonomização, na linha de novos instrumentos processuais do CPC/2015, como a tutela antecipada ou tutela cautelar antecedentes, levando diretamente ao Tribunal revisor, por meio de decisão de seu presidente, a cognição sobre conflitos dotados de alta relevância e possível impacto. Ademais, sobressai das hipóteses de cabimento do instrumento (*i.e.* ofensa à ordem pública, segurança, saúde e economia), sua vocação para a tutela especial de interesses públicos primários (VENTURI, Elton. *Suspensão de liminares e sentenças contrárias ao Poder Público*. São Paulo: RT, 2005. p. 46-60) e de natureza difusa (*e.g.* STJ, Corte Especial, AgInt na SLS nº 2.228/RJ, Rel. Min. Laurita Vaz, julgado em 19.12.2018, DJe 07.03.2019).

[24] Lembre-se aqui da vedação à concessão de interditos possessórios na hipótese do art. 19 do EDI, estabelecida textualmente em seu parágrafo 2º. A interpretação preconizada ao art. 61, abarcando no conceito de "ações especiais" eventual suspensão de liminar constitui importante reforço à proteção processual pretendida pela Constituição às terras tradicionalmente ocupadas pelos índios.

II — o usufruto exclusivo das riquezas naturais e de todas as utilidades existentes nas terras ocupadas por grupos tribais ou comunidades indígenas e nas áreas a eles reservadas;

III — os bens móveis ou imóveis, adquiridos a qualquer título.

Há, ainda, uma definição negativa no art. 41, que exclui "as terras de exclusiva posse ou domínio do índio (sic) ou silvícola (sic), individualmente considerado, e o usufruto das respectivas riquezas naturais e utilidades" (inciso I), e "a habitação, os móveis e utensílios domésticos, os objetos de uso pessoal, os instrumentos de trabalho e os produtos da lavoura, caça, pesca e coleta ou do trabalho em geral dos silvícolas (sic)" (inciso II).

Perceba-se que, quanto a esse dispositivo, em especial seu inciso I, o embate entre a *Teoria do Indigenato* e a *Teoria do Fato Indígena* seguia aberto até 2023, não obstante o STF tivesse adotado essa última concepção no caso Raposa Serra do Sol na Pet nº 3.388.[25]

Dada a ausência de caráter vinculante a esta decisão, a Corte reconheceu a repercussão geral da matéria no RE nº 1.017.365, tema 1.031 da repercussão geral.[26] No mérito, houve grande participação da sociedade civil e dos povos indígenas (diálogo externo), e amplo debate entre os Ministros em seus votos (diálogo interno), inclusive no estabelecimento das teses de julgamento. Ao final, o Supremo Tribunal Federal fixou os seguintes entendimentos, pertinentes às presentes reflexões:

> (...) II — A posse tradicional indígena é distinta da posse civil, consistindo na ocupação das terras habitadas em caráter permanente pelos indígenas, nas utilizadas para suas atividades produtivas, nas imprescindíveis à preservação dos recursos ambientais necessários a seu bem-estar e nas necessárias a sua reprodução física e cultural, segundo seus usos, costumes e tradições, nos termos do §1º do artigo 231 do texto constitucional;
>
> III — A proteção constitucional aos direitos originários sobre as terras que tradicionalmente ocupam independe da existência de um marco temporal em 05 de outubro de 1988 ou da configuração do renitente

---

[25] STF. Tribunal Pleno, Pet 3388, Rel. Min. Carlos Ayres Britto, julgado em 19.03.2009, DJe 24.09.2009 e STF. Tribunal Pleno, Pet 3388 ED, Rel. Min. Luís Roberto Barroso, julgado em 23.10.2013, DJe 03.02.2014. Para um resumo completo do posicionamento da Corte e individual de cada ministro no julgamento em questão, ver VITORELLI, Edilson. *Estatuto do Índio*: Lei 6.001/1973. 3. ed. Salvador: JusPodivm, 2016.

[26] STF. Tribunal Pleno, RE 1017365 RG, Rel. Min. Edson Fachin, julgado em 21.02.2019, DJe 10.04.2019.

esbulho, como conflito físico ou controvérsia judicial persistente à data da promulgação da Constituição; (...)

IX — O laudo antropológico realizado nos termos do Decreto nº 1.775/1996 é um dos elementos fundamentais para a demonstração da tradicionalidade da ocupação de comunidade indígena determinada, de acordo com seus usos, costumes e tradições, na forma do instrumento normativo citado;

X — As terras de ocupação tradicional indígena são de posse permanente da comunidade, cabendo aos indígenas o usufruto exclusivo das riquezas do solo, dos rios e lagos nelas existentes; (...)

XIII — Os povos indígenas possuem capacidade civil e postulatória, sendo partes legítimas nos processos em que discutidos seus interesses, sem prejuízo, nos termos da lei, da legitimidade concorrente da FUNAI e da intervenção do Ministério Público como fiscal da lei.[27]

Houve, no entanto, reação do Congresso Nacional, com a edição da Lei nº 14.701/2023, restabelecendo a *Teoria do Fato Indígena* e a *Tese do Marco Temporal*. Isso levou a uma nova rodada de ajuizamento de ações constitucionais — ADC nº 87, ADI nº 7.582, ADI nº 7.583, ADI nº 7.586 e ADO nº 86 —, que seguem tramitando. Até dezembro de 2024, foram realizadas 14 audiências por uma comissão especial criada pelo relator, Ministro Gilmar Mendes, para discutir a Lei do Marco Temporal.[28]

De todo modo, quanto à interpretação do art. 39 e 41 do EDI para fins de extensão das prerrogativas fazendárias aos interesses do *Patrimônio Indígena, vale o alerta de que o próprio art. 23 do EDI*[29] *já apontava para a compreensão segundo a qual o conceito de posse indígena é diverso daquele previsto na legislação civil, como* reconheceu o STF agora em precedente vinculante. Em realidade, é possível verificar sua enorme plasticidade em razão de cada grupo indígena, seus costumes tradicionais, vivências etc.

---

[27] STF. Tribunal Pleno, RE 1017365, Rel. Min. Edson Fachin, julgado em 27.09.2023, DJe 14.02.2024.

[28] STF encerra semestre com avanços em debates e propostas sobre Lei do Marco Temporal: ao todo, comissão especial designada pelo ministro Gilmar Mendes realizou 14 audiências em que se discutiu desde a jurisprudência sobre o marco temporal a sugestões de alterações na legislação em vigor. *STF Notícias*, 19 dez. 2024. Disponível online em: https://noticias.stf.jus.br/postsnoticias/stf-encerra-semestre-com-avancos-em-debates-e-propostas-sobre-lei-do-marco-temporal/. Acesso em: 10 jan. 2025.

[29] EDI, art. 23: "Considera-se posse do índio ou silvícola a ocupação efetiva da terra que, de acordo com os usos, costumes e tradições tribais, detém e onde habita ou exerce atividade indispensável à sua subsistência ou economicamente útil".

Nesse cenário, para além do estudo específico do arcabouço processual do "Estatuto do Índio" (sic), convém sempre ressaltar a necessidade de se buscar o que o Código de Processo Civil em vigor pode oferecer quanto à tutela dos direitos indígenas em juízo de forma mais ampla.

Assim, no mínimo, é possível enxergar nessas três esferas (*legitimidade, participação* e *prerrogativas processuais*), abertura a uma interpretação que esteja em maior consonância com as promessas constitucionais de proteção material dos indígenas.

3 Aportes ao direito processual indígena na jurisprudência do Supremo Tribunal Federal (STF) e da Corte Interamericana de Direitos Humanos (CIDH)

A jurisprudência do Supremo Tribunal Federal vem firme ao encontro da plena capacidade processual dos indígenas, como axioma norteador da defesa de seus direitos em juízo.

Na Ação Rescisória nº 2.750, ajuizada pela Comunidade Indígena do Povo de Kaingang de Toldo Boa Vista, sob a relatoria da Ministra Rosa Weber, o Pleno do STF referendou a medida cautelar concedida, para suspender os efeitos da coisa julgada operada sobre decisão anulatória de demarcação de terra indígena.

No julgamento, finalizado em agosto de 2020, além da reafirmação da legitimidade *ad causam* das comunidades indígenas, sublinhou-se a *obrigatoriedade de sua citação nessas ações, sob pena de nulidade*. Confira-se os termos da ementa do julgado, com destaques pertinentes acrescentados:

TUTELA DE URGÊNCIA EM AÇÃO RESCISÓRIA. EXCEPCIONALIDADE DA MEDIDA. SUSPENSÃO DOS EFEITOS DE ACORDÃO PROFERIDO EM AÇÃO ANULATÓRIA DE DEMARCAÇÃO DE TERRA INDÍGENA. PLEITO DA COMUNIDADE INDÍGENA AFETADA JUSTIFICADO NA AUSÊNCIA DE SUA CITAÇÃO NO PROCESSO ANULATÓRIO. DEBATE SOBRE A LEGITIMIDADE DA COMUNIDADE INDÍGENA. LIMINAR REFERENDADA. ART. 21, V, DO RISTF. Tutela de urgência visando a suspensão dos efeitos de acórdão proferido em ação anulatória de procedimento demarcatório de terra indígena. *Alegação de legitimidade da comunidade indígena para ingressar em Juízo, fundada no art. 232 da Constituição Federal, art. 37 da Lei nº 6.001/73, art. 2º, 1 2, "a", da Convenção nº 169 da OIT sobre Povos Indígenas e Tribais e art. 2º, § 3º, do Decreto nº 1.775/96, e da necessidade de integrar o processo que buscou a anulação da demarcação de sua terra*. Presentes os requisitos legais para a concessão da tutela de urgência. Medida liminar referendada.[30]

Idêntica orientação foi encampada no julgamento da AR nº 2.686 AgR, de relatoria do Min. Luiz Fux, julgada em abril do ano seguinte. Na ocasião, o STF deu provimento ao agravo para determinar o prosseguimento de rescisória anteriormente inadmitida, cujo objeto é a desconstituição de coisa julgada firmada em ação anulatória processo administrativo demarcatório de interesse da Comunidade Indígena Guyrakorá.

No caso, a Corte constatou, mais uma vez, o cerceamento de defesa da comunidade indígena diretamente interessada, em razão da ausência de citação e, com fundamento no direito fundamental de acesso à justiça e no reconhecimento da personalidade jurídica dos povos indígenas, admitiu a possibilidade de prosseguimento da rescisória. O julgado foi assim ementado:

> AGRAVO INTERNO NA AÇÃO RESCISÓRIA. ALEGAÇÃO DE VIOLAÇÃO A LITERAL DISPOSIÇÃO DE NORMA JURÍDICA, OCORRÊNCIA DE ERRO DE FATO E OFENSA À COISA JULGADA. AÇÃO QUE PRETENDE RESCINDIR DECISÃO PROFERIDA EM RECURSO ORDINÁRIO EM MANDADO DE SEGURANÇA QUE DECLAROU NULO O PROCESSO ADMINISTRATIVO DE DEMARCAÇÃO DE TERRAS INDÍGENAS ESTABELECIDO EM PORTARIA DO MINISTÉRIO DA JUSTIÇA. ALEGADA AUSÊNCIA DE CITAÇÃO DA COMUNIDADE INDÍGENA PREJUDICADA E DE INTIMAÇÃO DO MINISTÉRIO PÚBLICO FEDERAL. AGRAVO INTERNO AO QUAL SE DÁ PROVIMENTO.
>
> 1. A sensibilidade das razões alegadas no agravo e da matéria de fundo revelam a necessidade de transcurso da ação com a promoção da citação dos réus.
>
> 2. Agravo regimental provido para determinar o prosseguimento da ação rescisória.[31]

Como se pode ver até aqui, chama atenção o fato de o STF ter enfrentado a questão em mais de uma oportunidade e em sede de ação

---

[30] STF. Tribunal Pleno, AR 2.750 MC-Ref, Relatora Min. Rosa Weber, julgado em 31.08.2020, DJe 28.09.2020.
[31] STF. Tribunal Pleno, AR 2.686 AgR, Rel. Luiz Fux, julgado em 08.04.2021, DJ 30.04.2021.

rescisória — instrumento processual vinculado a uma jurisprudência bastante restritiva quanto ao seu cabimento.

Esse fato revela o reconhecimento, ainda que tardio, de uma possível desconexão entre as decisões judiciais rescindendas e o devido processo legal em matéria de direito indígena, em suas dimensões procedimentais e substanciais.

Em especial por se tratar de demandas judiciais nas quais é questionada a idoneidade de processos administrativos demarcatórios, reflexo do enraizamento da visão — a ser efetivamente superada — de que os indígenas não gozariam de capacidade civil e processual.

Dos julgados destacados, podemos extrair a compreensão da existência de litisconsórcio passivo necessário nos processos judiciais envolvendo os interesses das comunidades indígenas, intelecção confirmada no julgamento da Questão de Ordem no RE nº 1.006.916 AgR, o qual envolve, assim como a já mencionada AR nº 2.750, o Povo Indígena Kaingang de Toldo da Boa Vista.

No caso, à vista da ausência de citação da referida comunidade, o STF reconheceu a nulidade dos atos processuais praticados na ação demarcatória, corroborando, mais uma vez, a capacidade material e processual indígena, da qual decorre a admissão de ingresso da coletividade no feito.

Da perspectiva puramente curatelar, testemunha-se a virada paradigmática que enxerga as comunidades indígenas como *atores* de sua história e, assim, necessários sujeitos processuais:

> QUESTÃO DE ORDEM EM AGRAVO REGIMENTAL EM RECURSO EXTRAORDINÁRIO. LEGITIMIDADE DA COMUNIDADE INDÍGENA. LITISCONSÓRCIO PASSIVO NECESSÁRIO. AUSÊNCIA DE CITAÇÃO. NULIDADE DOS ATOS PROCESSUAIS DECORRENTES DA AUSÊNCIA DE CITAÇÃO. DETERMINAÇÃO DO RETORNO DOS AUTOS À ORIGEM PARA PROSSEGUIMENTO DA AÇÃO, COM O DEVIDO INGRESSO NO FEITO. I — A questão dos autos, de forma inequívoca, alcança interesse da requerente, Comunidade Indígena Kaingang de Toldo da Boa Vista, devendo a mesma integrar o polo passivo da relação processual. Dessa forma, a ausência de citação da requerente para ingressar no feito acarreta a nulidade de todos os atos processuais posteriores. II — Questões relativas à legalidade de procedimentos demarcatórios de terras indígenas admitem o ingresso no feito dos representantes das respectivas comunidades indígenas como litisconsortes. III — Questão de ordem que se resolve com a decretação de nulidade dos atos processuais decorrentes da ausência de citação da

Comunidade Indígena Kaingang de Toldo da Boa Vista, com o retorno dos autos à origem para prosseguimento da ação, com o seu ingresso no feito.[32]

O panorama jurisprudencial consubstancia um claro avanço em relação à mera imposição de intervenção do Ministério Público Federal nessas ações, sob pena de nulidade, orientação há muito sedimentada no Superior Tribunal de Justiça, à luz do já mencionado art. 37 da Lei nº 6.001/1973 (*e.g.*: STJ, Primeira Turma, REsp nº 660.225/PA, Rel. Min. Teori Zavascki, julgado em 04.03.2008; SSTJ, Primeira Turma, REsp nº 934.844/AM, Rel. Min. Luiz Fux, julgado em 19.10.2010). Tem-se, assim, reforço à tutela dos povos indígenas pela consagração de sua capacidade processual.

De outro lado, vale destacar que o desrespeito à garantia do devido processo legal dos povos indígenas, notadamente o direito à razoável duração do processo, foi um dos fundamentos para a condenação do Estado Brasileiro, por unanimidade, perante a Corte Interamericana de Direitos Humanos, em fevereiro de 2018, no caso "Comunidade Indígena Xurucu vs. Brasil".[33]

Fruto de denúncia encaminhada à CIDH em abril de 2016, foi a primeira controvérsia envolvendo indígenas brasileiros na jurisdição contenciosa desse tribunal, e teve como tônica a demora na demarcação das terras do povo Xurucu e dos processos judiciais correlatos, ocasionando danos à integridade pessoal dos membros da comunidade (o procedimento administrativo de reconhecimento, titulação, demarcação e delimitação, iniciado em 1998, foi concluído apenas em 2005).

O cenário fático, relativamente ao andamento de duas ações ajuizadas por ocupantes não indígenas das terras objeto da demarcação, foi assim delineado na sentença:

> 81. A respeito da ação de reintegração de posse iniciada em março de 1992, a sentença de 17 de julho de 1998 foi objeto de recurso do MPF, da FUNAI, do Povo Indígena Xucuru e da União (par. 75 supra). A Apelação Civil nº 1718199-PE (número original 99.05.35132-9) foi negada em

---

[32] STF. Segunda Turma, RE 1.006.916 AgR-QO, Rel. Min. Ricardo Lewandowski, julgado em 13.03.2023, DJ 05.05.2023.

[33] Corte Interamericana de Direitos Humanos, Caso *Comunidade Indígena Xurucu vs. Brasil* (2018). Disponível em: https://www.corteidh.or.cr/docs/casos/articulos/seriec_346_por.pdf. Acesso em: 02 jun. 2023.

segunda instância no Tribunal Regional Federal da 5ª Região (doravante denominado "TRF-5"), em 24 de abril de 2003.

82. A FUNAI e a União apresentaram um Recurso Especial ao STJ e esse órgão negou o recurso e confirmou a sentença do TRF-5, em 6 de novembro de 2007. A União e a FUNAI interpuseram uma série de embargos de declaração e de agravos de instrumento junto ao STJ, entre 2007 e 2012. Esses recursos foram negados, com exceção de um embargo de declaração da União, oposto em 8 de fevereiro de 2010, que teve decisão favorável em 10 de maio de 2011.

83. A Sentença da ação de reintegração de posse adquiriu força de coisa julgada em 28 de março de 2014.

84. Em 10 de março de 2016, a FUNAI interpôs uma ação rescisória para anular a sentença por descumprimento do direito ao contraditório e ampla defesa. A decisão do Tribunal Regional Federal sobre essa ação continua pendente e a disputa por essa parcela de 300 hectares do território do Povo Indígena Xucuru não teve solução definitiva.

85. Em contrapartida, em fevereiro de 2002, Paulo Pessoa Cavalcanti de Petribu e outros interpuseram a ação ordinária nº 0002246-51.2002.4.05.8300 (número original 2002.83.00.002246-6), solicitando a anulação do processo administrativo de demarcação dos seguintes imóveis localizados no território identificado como parte da terra indígena Xucuru: Fazenda Lagoa da Pedra, Ramalho, Lago Grande e sítios Capim Grosso e Pedra da Cobra. Os autores da ação alegaram que a demarcação deveria ser anulada porque não haviam sido pessoalmente notificados para apresentar objeções ao processo administrativo.

86. Em 1º de junho de 2010, a 12ª Vara Federal de Pernambuco decidiu, em primeira instância, que a ação ordinária era parcialmente procedente, excluindo a União como parte demandada e determinando que os autores tinham o direito de receber indenização da FUNAI, no montante de R$1.385.375,86. A FUNAI e a União recorreram da sentença junto ao Tribunal Regional da 5ª Região, que reformou a decisão de primeira instância em 26 de julho de 2012. Nessa decisão o TRF-5 reconheceu a União como parte do processo, reconheceu vícios no processo de demarcação do território indígena Xucuru, mas não declarou a nulidade em virtude da gravidade dessa medida, mas determinou o pagamento de indenização por "perdas e danos" a favor dos demandantes. Em 7 de dezembro de 2012, a FUNAI interpôs um recurso especial junto ao STJ e um recurso extraordinário junto ao STF. As decisões do STJ e do STF continuam pendentes.[34]

---

[34] Corte Interamericana de Direitos Humanos, Caso *Comunidade Indígena Xurucu vs. Brasil* (2018). Disponível em: https://www.corteidh.or.cr/docs/casos/articulos/seriec_346_por.pdf. Acesso em: 02 jun. 2023.

Assim, à época da prolação da sentença, essas demandas já tramitavam há mais de 12 e 20 anos, respectivamente, o que, consoante consignado pela CIDH, "constitui uma ameaça permanente ao direito à propriedade coletiva, em consequência da falta de solução oportuna dessas duas ações em um prazo razoável", a ensejar a responsabilização do Brasil, com fundamento na violação das garantias e da proteção judicial, estampadas nos arts. 8.1 e 25 do Pacto de São José da Costa Rica.

O Direito Internacional dos Direitos Humanos revela que o julgamento em tempo adequado e razoável de controvérsias em direitos indígenas ostenta ainda maior peso do que aquele verificado nos processos judiciais envolvendo outros casos conflitivos, porquanto o transcurso do tempo é reconhecido como determinante para a própria sobrevivência das populações indígenas, especialmente no contexto de conflitos agrários.

Tem-se, portanto, no âmbito jurisprudencial interno e internacional, o reconhecimento de notas próprias do direito indígena em juízo, densificando o devido processo atento aos contornos particulares da agudização da realidade indígena e seus desafios no contato com a normatividade indigenista.

É preciso, portanto, estar atento para um núcleo de garantias que informam a leitura e interpretação dos dispositivos normativos de caráter processual, a fim de atender as condições e necessidades da proteção especial dos povos indígenas, diante de uma intensa e multisecular vulnerabilização.

Conclusão

Como se buscou evidenciar, toda leitura que hoje se faça sobre o direito indígena perpassa os axiomas da autodeterminação e afirmação desse grupo historicamente vulnerabilizado.

É igualmente induvidosa a dificuldade de superar concepções, estruturalmente arraigadas na sociedade brasileira, as quais podem inviabilizar a efetiva *agência* dos povos indígenas, tributária de um processo de construção nacional feito, não raro, à custa de sua *alteridade* e *dignidade*.

Nesse contexto, o direito processual comporta a compreensão de um microssistema de tutela indígena em juízo, verdadeiro Direito Processual Indígena, sensível à missão de concretizar a normatividade prometida aos povos indígenas pela Constituição e, assim, reconhecer, a um só tempo, (i) a legitimidade dos povos indígenas para estar em juízo *para além da perspectiva curatelar*, (ii) o seu direito robustecido à participação, inclusive em âmbito judicial, e (iii) uma leitura *ampliativa* do cardápio de prerrogativas processuais asseguradas pelo EDI.

Referências

AITH, Fernando. Tragédia dos yanomamis em Roraima revela abismo entre dever estatal e realidade: é preciso fazer valer o que a Constituição estabelece há décadas para proteção da saúde indígena. *Portal Jota*, 03 fev. 2023. Disponível em: https://www.jota.info/opiniao-e-analise/colunas/coluna-fernando-aith/tragedia-dos-yanomamis-em-roraima-revela-abismo-entre-dever-estatal-e-realidade-03022023. Acesso em: 10 jan. 2025.

CUNHA, Leonardo Carneiro da. *A Fazenda Pública em Juízo*. 19. ed. Rio de Janeiro: Forense, 2022.

DHIR, Rishabh Kumar *et al*. *Implementing the ILO Indigenous and Tribal Peoples Convention No. 169*: towards an inclusive, sustainable and just future. Genebra: Publications Production Unit of the ILO, 2019.

FACHIN, Luiz Edson. A presença de Teori. *Portal Jota*, 19 jan. 2021. Disponível em: https://www.jota.info/artigos/a-presenca-de-teori. Acesso em: 10 jan. 2025.

FACHIN, Luiz Edson. Mensagem a novos juízes às portas de 2025: se a magistratura não chamar para si o dever de dar o exemplo pelo comportamento teremos irremediavelmente falhado. *Portal Jota*, 16 dez. 2024. Disponível em: https://www.jota.info/artigos/mensagem-a-novos-juizes-as-portas-de-2025. Acesso em: 10 jan. 2025.

FUNAI. *Institucional*. Disponível em: https://www.gov.br/funai/pt-br/acesso-a-informacao/institucional/Institucional. Acesso em: 10 jan. 2025.

KRASSUSKI FORTES, Luiz Henrique. Interpretação conforme e interpretação de acordo com a Constituição: precedentes do STJ e controle difuso de constitucionalidade. In: *I Congresso Internacional de Direito Constitucional e Filosofia Política (2015) Belo Horizonte. O funcionamento da corte constitucional*: A interpretação constitucional, as práticas argumentativas, a Teoria do Direito e o comportamento judicial. Belo Horizonte: Initia Via, 2014.

MARINONI, Luiz Guilherme. *Novas Linhas do Processo Civil*. 4. ed. São Paulo: Malheiros, 2000.

MARINONI, Luiz Guilherme; ARENHART, Sérgio Cruz; MITIDIERO, Daniel. *Curso de Processo Civil*: Teoria do Processo Civil. São Paulo: RT, 2015. 1 v.

MAZZUOLI, Valerio de Oliveira. *O controle jurisdicional da convencionalidade das leis*. 4. ed. São Paulo: RT, 2016.

PAIVA, Caio; HEEMAN, Thimotie Aragon. *Jurisprudência internacional de direitos humanos*. 3. ed. Belo Horizonte: Boa Esperança/MG, 2020.

RAMOS, Christian; ABRAMO, Laís. Introdução. In: MENDES, Renato; FORTUNA, Thais (Organização Internacional do Trabalho). *Convenção nº 169 sobre povos indígenas e tribais e Resolução referente à ação da OIT*. Brasília: OIT, 2011.

STF encerra semestre com avanços em debates e propostas sobre Lei do Marco Temporal: ao todo, comissão especial designada pelo ministro Gilmar Mendes realizou 14 audiências em que se discutiu desde a jurisprudência sobre o marco temporal a sugestões de alterações na legislação em vigor. *STF Notícias*, 19 dez. 2024. Disponível online em: https://noticias.stf.jus.br/postsnoticias/stf-encerra-semestre-com-avancos-em-debates-e-propostas-sobre-lei-do-marco-temporal/. Acesso em: 10 jan. 2025.

VENTURI, Elton. *Suspensão de liminares e sentenças contrárias ao Poder Público*. São Paulo: RT, 2005.

VITORELLI, Edilson. *Estatuto do Índio*: Lei 6.001/1973. 3. ed. Salvador: JusPodivm, 2016.

Informação bibliográfica deste livro, conforme a NBR 6023:2018 da Associação Brasileira de Normas Técnicas (ABNT):

FORTES, Luiz Henrique Krassuski; MIRANDA NETO, Samuel Rodrigues de. Por um direito processual civil indígena? Ensaio sobre a necessidade de releitura constitucional e convencional das regras processuais do "Estatuto do Índio" (Lei nº 6.001/1973). In: SILVA, Christine Oliveira Peter da; GIAMBERARDINO, André Ribeiro; ARRUDA, Desdêmona Tenório B. T.; MACEDO, José Arthur Castillo de; MACHADO FILHO, Roberto Dalledone (coord.). *Ministro Luiz Edson Fachin*: dez anos de Supremo Tribunal Federal. Belo Horizonte: Fórum, 2025. p. 237-262. ISBN 978-65-5518-746-5.

A DIMENSÃO DINÂMICA DO CONCEITO DE FUNÇÃO SOCIAL DA PROPRIEDADE

MATHEUS DE ANDRADE BUENO

1 O histórico olhar eminentemente patrimonialista do Poder Judiciário sobre o direito de propriedade

A falta de acesso à terra e à moradia digna constituem questões históricas e estruturais da realidade brasileira. Entre outros fatores, decorrem de uma série de práticas oligárquicas que promoveram a concentração de propriedades em favor de uma reduzida parcela da população mediante a exclusão de uma imensidão de pessoas em condição de vulnerabilidade.

Nesse sentido, o mais recente Censo Agropecuário, realizado em 2017, revela que

> (…) cerca de apenas 1% dos proprietários de terra controlam quase 50% da área rural do país. Em contrapartida, os estabelecimentos com áreas menores a 10 hectares (cada hectare equivale a um campo de futebol) representam metade das propriedades rurais, mas representam apenas 2% da área total.[1]

---

[1] INSTITUTO TRICONTINENTAL DE PESQUISA SOCIAL. *Reforma agrária popular e a luta pela terra no Brasil*. Dossiê n. 27, 2020.

Com efeito, a situação fundiária do Brasil é marcada por diversos passos dirigidos a fenômenos de concentração de terras. Desde as capitanias hereditárias, passando pelo regime das sesmarias, pela Lei de Terras de 1850[2] e pelo Código Civil de 1916, de viés eminentemente patrimonialista.

Mais do que isso, a manutenção de um paradigma de concentração fundiária associa-se ao prolongamento de práticas coloniais que extraem da submissão de grupos vulneráveis o cerne da estrutura econômica e das relações sociais que gravitam em torno da terra.

É nesse sentido que se afirma que a abolição da escravatura foi seguida da persistência de práticas de exclusão social, agora não pautadas na coerção direta dos seres humanos, e sim da apropriação de terras, performando o que se chamou de "cativeiro da terra":

> O país inventou a fórmula simples da coerção laboral do homem livre: se a terra fosse livre, o trabalho tinha que ser escravo; *se o trabalho fosse livre, a terra tinha que ser escrava*. *O cativeiro da terra é a matriz estrutural e histórica da sociedade que somos hoje.*[3]

Esse cenário de concentração fundiária foi instituído historicamente por forças políticas e sociais dominantes. Adicionalmente, a má distribuição da terra no Brasil foi insistentemente chancelada por um Poder Judiciário cuja atuação sempre se revelou pautada em uma visão distorcida do direito de propriedade, concebido de forma limitada a um viés eminentemente patrimonialista.

Não por coincidência, o Poder Judiciário brasileiro foi historicamente integrado por representantes de grupos dominantes que instituíram esse modelo. Em última análise, conscientemente ou não, tais atores institucionais passaram a funcionar como instrumento da preservação de um direito de propriedade patrimonialista e, muitas vezes, dissociado da sua função socioambiental.

---

[2] Nessa linha: "A Lei nº 601/1850, ao instituir a compra e venda como sistema aquisitivo da propriedade, retirou dessa possibilidade a grande parcela da população, especialmente a população negra. As permanências históricas dessa exclusão da terra se refletem numa profunda desigualdade, que tem não só dimensão de classe, como também de gênero e raça" (QUINTANS, Mariana Trotta Dallalana; TAVARES, Ana Claudia Diogo; VIEIRA, Fernanda Maria da Costa. A resolução 510/2023 do CNJ e a Comissão Regional de Soluções Fundiárias do TRF2: novas possibilidades para os movimentos sociais de luta por terra e moradia? *Revista Confluências*, Niterói, v. 25, n. 3, p. 141-162, ago./dez. 2023b).

[3] MARTINS, José de Souza. *O cativeiro da terra*. São Paulo: Contexto, 2010. p. 288.

Sob o enfoque da influência entre a composição do Poder Judiciário e os obstáculos à consecução do projeto constitucional de construção de uma sociedade mais livre, justa e solidária, confira-se:

> Essas *elites proprietárias de terras mandavam seus filhos para a Universidade de Coimbra, em Portugal, para estudar direito, e eles voltavam para constituir o escalão superior das profissões políticas e jurídicas*, tanto no Brasil pré como no pós-independência. Atuando como juízes, legisladores, políticos, administradores e chefes de Estado, essas elites comandavam as legislaturas, dominavam governos e tribunais locais, editavam leis para fomentar seus interesses, manipulavam regulamentações de heranças, obtinham concessões adicionais de forma sub-reptícia usando parentes distantes, arranjavam casamentos e invadiam terras devolutas ou disputadas. Resumindo, elas *aprenderam como complicar o sistema jurídico em seu proveito*.[4]

De fato, o olhar do operador do Direito permite visualizar uma maior tendência do Poder Judiciário à tutela patrimonial do direito de propriedade, com medidas de urgência tomadas com brevidade. Essa mesma urgência, contudo, não se observa, ao menos não com a mesma proporção, na proteção de outros interesses, inclusive coletivamente tuteláveis, como o direito à moradia e à reforma agrária.

Ademais, não se trata de elucubração ou simples impressão retirada do senso comum. Ao revés, a análise do fluxo judicial é revelador e confirmador de diversas dessas inferências, visto que:

> (...) as pesquisas sobre a atuação do poder judiciário em conflitos possessórios urbanos e rurais no Brasil apontam que *majoritariamente a magistratura brasileira apenas se centra no debate sobre o título de propriedade, não analisando a função social e o direito à moradia adequada*
>
> As pesquisas apontam para a existência de um olhar patrimonialista e proprietário dos magistrados ao julgar as ações envolvendo a questão possessória com *grande celeridade em conceder liminares de reintegração de posse e despejo contra ocupações realizadas pelas famílias de baixa renda*.[5]

---

[4] HOLSTON, James. *Cidadania insurgente*: disjunções da cidadania e da modernidade no Brasil. São Paulo: Companhia das Letras, 2013. p. 166.

[5] QUINTANS, Mariana Trotta Dallalana; TAVARES, Ana Claudia Diogo; VIEIRA, Fernanda Maria da Costa. Campo jurídico, direito à moradia digna e ADPF 828. *Revista de Estudos Constitucionais*, Brasília, v. 3, n. 1, p. 283-322, jan./jun. 2023a.

Nessa mesma linha, Rafael de Acypreste, embora adotando como recorte de estudo as disputas travadas em ambiente urbano, ao examinar o fluxo processual de diversas ações possessórias propostas contra o Movimento dos Trabalhadores Sem Teto, verificou a visão individualista e patrimonialista do Poder Judiciário ao apreciar questões possessórias, geralmente equacionadas tão somente a partir de um perspectiva do direito de propriedade, sem análise escorreita e aprofundada de elemento legitimador associado à função social:

> O "direito à moradia concessivo" demonstra que a propriedade, ao menos de caráter urbano, está restrita a uma fundamentação individualista, cujo direito fundamental à propriedade se desenrola de maneira absoluta. Esse fenômeno levanta *dúvidas acerca da eficácia normativa da pluralidade de leituras do direito à propriedade a partir de uma visão pluralista e condizente com a chamada "despatrimonialização" do Direito Civil.*
>
> (...)
>
> Porém, depreende-se da análise que as questões aprofundam essa característica e que *o silêncio das decisões sobre a função social da propriedade, elemento legitimador do uso, talvez ocorra porque esse não é um debate realizado pelos magistrados e tem relação apenas indireta com as formas prévias de aquisição da propriedade. Como, nas decisões, se debatem mais as questões referentes à propriedade, há aqui uma possível motivação para que haja mais referências à alienação do que à função social da propriedade. Deixa-se de lado o debate acerca da posse, para concentrar-se na proteção da propriedade.*[6]

É nesse contexto que Sara da Nova Quadros Cortes, ao analisar o discurso judicial em conflitos de terras, reconhece uma espécie de *in dubio pro* latifúndio ou i*n dubio pro status quo*.[7]

Nem mesmo a pandemia de Covid-19 foi suficiente para neutralizar esse viés patrimonialista do Poder Judiciário frente ao equacionamento de demandas possessórias e afetas ao direito de propriedade.

---

[6] ACYPRESTE, Rafael de. *Ações de reintegração de posse contra o Movimento dos Trabalhadores Sem Teto*: dicotomia entre propriedade e direito à moradia. 2016. 145 f. Dissertação (Mestrado em Direito) — Faculdade de Direito, Universidade de Brasília, Brasília, 2016. Disponível em: http://icts.unb.br/jspui/handle/10482/20264. Acesso em: 21 mar. 2025.

[7] CORTES, Sara da Nova Quadros. *Análise do discurso judicial nos conflitos por terra referentes a desapropriações para fins de reforma agrária e ações possessórias*: in dubio pro "proprietário"? 2017. 461 f. Tese (Doutorado em Ciências Sociais) — Faculdade de Filosofia e Ciências Humanas, Universidade Federal da Bahia, Salvador, 2017. Disponível em: https://ppgcs. ufba.br/sites/ppgcs.ufba.br/files/sara_da_nova_quadros_cortes.pdf. Acesso em: 21 mar. 2025.

A Campanha Despejo Zero estima que, durante a pandemia de Covid-19, o Brasil registrou um aumento de 333% do número de famílias despejadas. Apenas entre março e agosto de 2020, mais de 6 mil famílias teriam ficado desabrigadas. Ao todo,[8] "pelo menos 19.875 famílias foram despejadas ou removidas de suas casas em plena pandemia e outras 93.485 famílias estão ameaçadas de perder suas casas".[9]

Como se verá adiante, as medidas de despejo realizadas na pandemia de Covid-19 foram enfrentadas pelo Supremo Tribunal Federal, especialmente por meio do julgamento da ADPF nº 828, de relatoria do Min. Luís Roberto Barroso e, em seguida, pela edição, via Conselho Nacional de Justiça (CNJ), da Resolução nº 510/2023.

Tal precedente, contudo, embora inegavelmente relevante, não inaugura no Tribunal a discussão da funcionalização do direito de propriedade. Primeiro, em razão de que se trata de pronunciamento da Corte após mobilização organizada da sociedade civil na temática da luta pela invenção de direitos. Segundo, pelo fato de que a Corte já havia explicitado, em oportunidades anteriores, entendimentos focados no prestígio à função social da propriedade.

Dessa forma, e considerando que a jurisprudência deve ser íntegra, estável e coerente (art. 926, CPC), revela-se que o precedente emanado do Tribunal Pleno no âmbito da ADPF nº 828 guarda consonância com pronunciamentos anteriores da própria Corte, os quais desempenham o relevante papel de expressar o romance em cadeia que deve caracterizar a atividade jurisprudencial.

Mais do que isso, direitos conquistados representam sempre resultados provisórios, na medida em que passíveis de constantes embates e novas discussões.[10] É nesse sentido, por exemplo, que Ailton Krenak compreende a Constituição como um "território de disputa", na medida em que a promulgação do texto constitucional não produz

---

[8] Ao tempo da propositura da ADPF nº 828, ajuizada em 15.04.2021, segundo dados informados pela Campanha Despejo Zero, cerca 9.156 famílias foram despejadas e 64.546 estavam sob risco de despejo (DANTAS FILHO, Alexandre Lúcio. *Um estudo sobre a consagração da Resolução n 510/2023 do CNJ e suas limitações jurídicas*. 2023. 93 f. Monografia. (Graduação em Direito) — Natal, 2023.

[9] CAMPANHA DESPEJO ZERO. *Fique em casa! Mas que casa? O desmonte das políticas habitacionais, os despejos na pandemia, e a unificação da luta pela vida no campo e na cidade da Campanha Despejo Zero*. Disponível em https://www.campanhadespejozero.org/publicacoes.

[10] FLORES, Joaquim Herrera. *A (re)invenção dos direitos humanos*. Florianópolis: Fundação Boiteux, 2009.

uma *paz de cemitério*,[11] e sim uma arena de controvérsias sobre posições interpretativas, sentidos e efetivação do projeto constitucional.

É nesse campo que se afirma que o direito "é sendo",[12] traduzindo o caráter vivo e dinâmico dos embates jurídicos.

> Estendendo esse fio, abre a rua hoje, possibilidades para uma participação democrática, inscrita em projeto de efetivo protagonismo, mediado por estratégias de exercício emancipatório da cidadania e construção de um poder popular? Não há respostas *a priori*, senão a constatação de que se descortina um campo de disputa, que abre o espaço histórico para a ação política que tende a se realizar como projeto de sociedade e de direito.[13]

É nessa arena de embates jurídicos, institucionais, políticos e sociais que se estabelece, de modo dinâmico, a delimitação do conceito de função social da propriedade.

Diversos são os atores envolvidos nesse processo de construção de sentidos, interpretações e efetivação do projeto constitucional. Adiante, passa-se à análise de alguns posicionamentos colegiados do Supremo Tribunal Federal, liderados pelo Min. Luiz Edson Fachin, e que contribuíram para uma melhor densificação dinâmica da função social do direito de propriedade.

2 Os precedentes de relatoria do Min. Edson Fachin e a funcionalização do direito de propriedade

Na esfera acadêmica, o Min. Edson Fachin leciona que o Direito Civil sofreu uma "virada de Copérnico", sobretudo após a promulgação da Constituição da República de 1988, na medida em que foi constitucionalizado, desvinculado do patrimônio e socializado.

---

[11] PAIXÃO, Cristiano; CARVALHO NETTO, Menelick de. Entre Permanência e Mudança: reflexões sobre o conceito de Constituição. In: MOLINARO, Carlos Alberto; MILHORANZA, Mariângela Guerreiro; PORTO, Sérgio Alberto (coords.). *Constituição, jurisdição e processo*: estudos em homenagem aos 55 anos da Revista Jurídica. Sapucaia do Sul: Notadez, 2007. p. 99.

[12] LYRA FILHO, Roberto. *O que é Direito*. 15. reimpr. 17. ed. São Paulo: Ed. Brasiliense, 2006. p. 11.

[13] SOUSA JUNIOR, José Geraldo de; LEONEL JÚNIOR, Gladstone. *A luta pela constituinte e a reforma política no Brasil*: caminhos para um "constitucionalismo achado na rua". Direito & Práxis. Rio de Janeiro: UERJ, jun. 2017. 8 v.

Dessa forma, a propriedade e o proprietário perderam o papel de centralidade nesse ramo da ciência jurídica, dando lugar principal à pessoa. De tal modo que o Direito Civil, antes centrado em aspectos meramente patrimoniais, passou a conferir maior foco ao direito do "ser", da personalidade e da existência humana.

Com efeito, a força normativa irradiante da Constituição Federal de 1988 provocou alterações disruptivas em todo o ordenamento jurídico infraconstitucional, acarretando a releitura do direito ordinário sob as lentes e enfoque da dimensão objetiva da dignidade da pessoa humana.

Essa filtragem constitucional mostra-se presente em todos os ramos do direitos. Entretanto, na espacialidade do direito civil, essa alteração parece operar de modo ainda mais evidente, forte na guinada da centralidade existencial que passa a se sobrepor aos critérios meramente patrimoniais.

Mais do que isso, até mesmo as questões patrimoniais são revisitadas, mediante um processo de humanização do patrimônio. É nesse contexto, inclusive, que o Min. Edson Fachin traça as linhas essenciais do Estatuto Jurídico do Patrimônio Mínimo.

Trata-se de um patrimônio mínimo indispensável a uma vida digna do qual, em hipótese alguma, pode ser desapossada, e cuja proteção está acima do interesse dos credores:

> Trata-se de um patrimônio mínimo mensurado consoante parâmetros elementares de uma vida digna e do qual não pode ser expropriada ou desapossada. Por força desse princípio, independente de previsão legislativa específica instituidora dessa figura jurídica, e, para além de mera impenhorabilidade como abonação, ou inalienabilidade como gravame, sustenta-se existir essa imunidade juridicamente inata ao ser humano, superior aos interesses dos credores.[14]

Importante ter em mente que, nessa ordem de ideias, há uma funcionalização do patrimônio em benefício da dignidade humana, e não o inverso, reforçando o caráter central das questões existenciais em relação a aspectos meramente econômicos.

Evidencia-se, portanto, a "diferença entre patrimônio e propriedade, a fim de deslocar o *locus* das preocupações do direito para

---

[14] FACHIN, Luiz Edson. *Estatuto Jurídico do Patrimônio Mínimo*. 2. ed. Rio de Janeiro: Renovar, 2006. p. 1.

centrá-las na pessoa concreta, abandonando a postura patrimonialista vigente".[15]

Cabe enfatizar, ainda, que, nas palavras do Min. Edson Fachin, o "mínimo não é menos nem é ínfimo. É um conceito apto à construção do razoável e do justo ao caso concreto, aberto, plural e poroso ao mundo contemporâneo".

É assim que, segundo aponta o Min. Edson Fachin, a propriedade e a sua função social são significantes cujos significados são permanentemente densificados dada a sua porosidade, revelando sempre a necessária mediação do legislador e do intérprete.

Essa densificação é operada a partir da realidade e de sua contextualização histórico-temporal. É nessa linha que se afirma que "o grau de complexidade hoje alcançado pelo instituto da propriedade deriva da complexidade das relações sociais".[16]

É nessa esfera que o Min. Edson Fachin reconhece o caráter dinâmico do conceito de propriedade, em contraposição ao conceito estático derivado de posições individualistas:

> A função social da propriedade corresponde a limitação fixadas no interesse público e tem por finalidade instituir um conceito dinâmico de propriedade em substituição ao conceito estático, representando uma projeção da reação anti-individualista. O fundamento da função propriedade é eliminar da propriedade privada o que há de eliminável.[17]

Importante realçar que a titularidade do direito de propriedade não deixa de ser privada. Mas passa a sofrer influência crucial do interesse social, o qual lhe confere limite e impulso e, remontando à Constituição de Weimar, sublinha a compreensão de que a propriedade obriga.[18] A assertiva de que a "propriedade obriga", inclusive, é sempre relembrada e realçada nos pronunciamentos jurisdicionais do Min. Edson Fachin.

Sob o enfoque da vocação do direito de propriedade como fonte criadora de deveres positivos, confira-se:

---

[15] Ibidem, p. 44.
[16] FACHIN, Luiz Edson. *A função social da posse e a propriedade contemporânea*. Porto Alegre: Sergio Antonio Fabris Editor, 1988. p. 18.
[17] Ibidem, p. 19.
[18] ARONNE, Ricardo. *Por uma nova hermenêutica dos direitos reais limitados*: das raízes aos fundamentos contemporâneos. Rio de Janeiro: Renovar, 2001. p. 100.

(...) o princípio da função social da propriedade impõe ao proprietário – ou a quem detém o poder de controle, na empresa – *o dever de exercê-lo em benefício de outrem e, não apenas, de não o exercer em prejuízo de outrem.* Isso significa que a função social da propriedade atua como *fonte de imposição de comportamentos positivos* – prestação de fazer, portanto, e não, meramente, de não fazer – ao detentor do poder que deflui da propriedade.[19]

Estabelecidas essas premissas gerais, sobretudo a partir das lições acadêmicas desenhadas pelo Min. Edson Fachin e demais expoentes da temática, incumbe destacar alguns precedentes de lavra de Sua Excelência nos quais a visão, antes acadêmica, passou a repercutir na espacialidade da jurisdição constitucional.

No âmbito do ARE nº 908144 AgR, Rel. Min. Edson Fachin, com julgamento virtual finalizado pela Segunda Turma em 16 de agosto de 2018, a Corte reconheceu a possibilidade, em tese, da demolição de residências construídas irregularmente em áreas de proteção ambiental.

Entretanto, no mesmo julgamento, a Segunda Turma, liderada pelo Min. Edson Fachin, enfatizou que é razoável exigir do poder público a adoção de medidas que possam mitigar as consequências de tais demolições, realçando ainda que a proteção de direitos fundamentais, como o direito à moradia, não constitui poder discricionário do gestor público, ao qual cabe a escolha tão somente do modo de sua implementação.

Assim, a compreensão colegiada firmou-se no sentido de que a proteção ambiental deve ser aferida numa perspectiva socioambiental, não superlativando aspectos econômicos ou até mesmo ambientais de modo dissociado dos demais comandos constitucionais.

Essa compreensão ficou ainda mais explícita na espacialidade da ADI nº 5547, Rel. Min. Edson Fachin, com julgamento virtual finalizado pelo Tribunal Pleno em 21 de setembro de 2020.

Na oportunidade, discutia-se a constitucionalidade da Resolução CONAMA nº 458/2013 a qual estabelece procedimento específico para licenciamento ambiental em assentamentos de reforma agrária. O voto condutor, de lavra do Min. Edson Fachin, escrutinou os diversos pilares jurídicos da proteção ambiental, notadamente lançando luz sobre os princípios da prevenção e da precaução. Em seguida, apontou Sua Excelência:

---

[19] GRAU, Eros. *A Ordem Econômica na Constituição de 1988 (interpretação e crítica).* 5. ed. São Paulo: Malheiros, 2000. p. 259.

Porém, esses parâmetros não são os únicos a nortear a interpretação constitucional da norma, especialmente vocacionada aos assentamentos de reforma agrária. É que *a proteção ambiental não está separada de outros preceitos constitucionais, dos quais se destaca para a solução da questão a função social da propriedade*, prevista no art. 5º, XXIII, e no art. 170, III, artigo que no inciso VI também prevê a defesa do meio ambiente:

(...)

É assim que *a eticidade que informa a questão não se limita aos princípios ambientais, mas também deve beber na sociabilidade a que se destina a propriedade*, a qual, na Constituição de 1988, tem regime protetivo qualificado:

Adicionalmente, sublinhou:

Veja-se que também aqui a Constituição *alinhou à socialidade da propriedade a preservação do meio ambiente a ratificar esse amálgama inexorável.*

Tem-se, portanto, já há alguns anos que *a função social da propriedade rural é compreendida em um espectro mais amplo: função socioambiental da propriedade rural*, de maneira a conformar no instituto essa *multiplicidade de deveres*.

É nesse sentido que se afirma que a "unidade constitucional que promove a justiça social ao tempo em que protege o meio ambiente deve reverberar por todo o ordenamento", de modo que:

(...) é equívoco equiparar abstratamente a criação de um projeto de assentamento a um empreendimento ou atividade poluidora ou potencialmente poluidora, desconsiderando as especificidades que envolvem a sua criação no âmbito da política de reforma agrária.

A solução encontrada pela Corte direciona-se a não considerar o projeto de assentamento em si um empreendimento potencialmente poluidor, cabendo o controle ambiental às *atividades* desempenhadas pelos assentados, conciliando, em certa medida, as facetas ambiental, econômica e social que compõem o desenvolvimento sustentável.

Na mesma linha, na ADI nº 6957, Rel. Min. Edson Fachin, com julgamento virtual finalizado pelo Tribunal Pleno em 16 de dezembro de 2022, ficou assentado a conformidade jurídica de ocupação de unidade de conversão de proteção integral por comunidades tradicionais, reforçando a noção de que a proteção ambiental deve ser aferida numa perspectiva socioambiental.

No ARE nº 1.038.507, em julgamento virtual concluído pelo Tribunal Pleno em 18 de dezembro de 2020, discutiu-se a impenhorabilidade da pequena propriedade rural, inclusive sob a perspectiva do estatuto jurídico do patrimônio mínimo.

Duas questões, em síntese, foram debatidas: i) a possibilidade de persistência de impenhorabilidade em caso de multiplicidade de pequenas propriedades, desde que contíguas e que a área total não descaracterizasse a pequena propriedade; ii) a (in)disponibilidade da impenhorabilidade.

Prevaleceu, mesmo com divergência, a compreensão do Min. Edson Fachin, na linha da impenhorabilidade, concluindo-se pela indisponibilidade em razão de que se trata de instrumento jurídico a tutelar o estatuto jurídico do patrimônio mínimo, ainda que as dívidas tenham sido contraídas no interesse da exploração da própria pequena propriedade.

Há, portanto, uma expressiva valorização da Corte do componente social e funcional do direito de propriedade, em detrimento do interesse meramente patrimonial de credores.

Mais recentemente, o Tribunal Pleno debruçou-se sobre a ADI nº 3.865, de lavra do Min. Edson Fachin, com julgamento concluído em 1º de setembro de 2023. Na oportunidade, a Corte reconheceu a função social e o caráter produtivo da propriedade como requisitos simultâneos para impedir desapropriação para fins de reforma agrária. Conjugou-se, portanto, a funcionalização social e a propriedade produtiva.

A distinção entre produtividade e função social da propriedade não é nova. A esse respeito, já se afirmou que:

> A produtividade é um elemento da função social da propriedade rural. Não basta, porém, ser produtiva para que ela seja tida como cumpridora do princípio. Se ela produz, mas de modo irracional, inadequado, descumprindo a legislação trabalhista em relação a seus trabalhadores, evidentemente que está longe de atender à sua função social.[20]

Dessa forma, forçoso reconhecer que a "exigência de cumprimento da função social é também aplicável à propriedade produtiva". O Min. Edson Fachin, novamente demonstrando coerência entre as atividades acadêmicas e judicantes, afirmou:

---

[20] SILVA, José Afonso. *Comentário Contextual à Constituição*. 8. ed. São Paulo: Malheiros, 2012. p. 762.

Quando, por honroso convite, contribuí para a atualização do livro de Direitos Reais escrito por Orlando Gomes, fiz registrar que a Constituição de 1988 passou a ver na funcionalização da propriedade sua própria justificação, ou ainda, como indiquei em outro texto, que a função social corresponde à formulação contemporânea da legitimação do título que encerra a dominialidade.

(...)

É precisamente na noção de que "a propriedade obriga" que se traduz a função social. E obriga no sentido de que os proprietários são copartícipes na tarefa de concretizar os objetivos fundamentais da República.

O Tribunal Pleno, partindo da plurissignificação do texto constitucional, concluiu pela validade da opção do legislador que, exigindo a funcionalização social da propriedade, "exige, para a aplicação da cláusula de insuscetibilidade de desapropriação para fins de reforma agrária, a função social e o caráter produtivo da propriedade como requisitos simultâneos".

Como se vê, há uma gama de pronunciamentos colegiados emanados do Supremo Tribunal Federal, conduzidos pelo Min. Edson Fachin, e que rumam para o prestígio da função social como legitimador normativo do direito de propriedade. Mais do que isso, trata-se de uma função social que busca examinar de modo conjunto os aspectos sociais, econômicos e ambientais e que, sobretudo, enfatiza a multiplicidade de deveres que caracteriza o direito de propriedade, à luz do projeto constitucional estabelecido sobretudo com o advento da Constituição da República de 1988.

É a partir do encadeamento de tais precedentes, inclusive, que se alicerça a compreensão do Tribunal Pleno explicitada no contexto do julgamento da ADPF nº 808, de relatoria do Min. Luís Roberto Barroso, com o Min. Edson Fachin compondo a corrente majoritária.

Com efeito, a compreensão da Corte, ao exigir que remoções coletivas forçadas sejam previamente submetidas ao crivo de Comissões de Soluções Fundiárias, não apenas permite respostas melhores que simples despejos sumários, como também tende a efetivar, de fato, o acesso à justiça de grupos vulnerabilizados, na medida em que:

> (...) o acesso à justiça para uma grande parcela da população considerada vulnerável tanto economicamente, quanto social e culturalmente, não se dá por uma atuação ativa no plano processual, *esses grupos sociais*

são introduzidos no sistema de justiça como pólos passivos, réus das ações de reintegração e despejos.[21]

O pronunciamento do Tribunal Pleno ensejou a edição da Res. nº 510/2023, pelo Conselho Nacional de Justiça. Há, portanto, um movimento direcionado a reduzir os aspectos negativos do exercício do direito de propriedade já descritos neste trabalho e que revelam um Poder Judiciário tradicionalmente comprometido com a tutela de um direito de propriedade concebido sob um viés excessivamente patrimonial.

O potencial da nova sistemática processual é tamanho que a Confederação da Agricultura e Pecuária (CNA) ajuizou a ADI nº 7425, distribuída ao Min. Edson Fachin, cujo objeto de controle de constitucionalidade é precisamente a Resolução editada pelo CNJ como desdobramento do julgamento da Corte no âmbito da ADPF nº 828.

A ação aguarda desfecho, de modo que o Supremo Tribunal Federal terá nova oportunidade para debruçar-se sobre o tema e, especialmente, revisitar a envergadura constitucional e dinâmica do direito de propriedade.

Conclusão

O Min. Edson Fachin apresenta sólida trajetória acadêmica focada na humanização do direito patrimonial, incluindo os aspectos de constitucionalização e filtragem constitucional do direito civil.

Ao ser confrontado com essas temáticas na espacialidade judicante, o Min. Edson Fachin, em diversas oportunidades, liderou a compreensão colegiada da Corte no sentido do prestígio à função social da propriedade, afastando-se de um viés meramente patrimonialista e até mesmo de compreensões ambientais dissociadas de aspectos sociais e econômicos.

Os diversos precedentes de lavra de Sua Excelência inspiram, motivam e fundamentam outros pronunciamentos da própria Corte, a qual deve guardar o dever de autorreferência. Mais do que isso, há demanda distribuída e submetida à análise do Min. Edson Fachin e na qual, espera-se, a funcionalização do direito de propriedade poderá ser,

---

[21] QUINTANS, Mariana Trotta Dallalana; TAVARES, Ana Claudia Diogo; VIEIRA, Fernanda Maria da Costa. Campo jurídico, direito à moradia digna e ADPF 828. *Revista de Estudos Constitucionais*, Brasília, v. 3, n. 1, p. 283-322, jan./jun. 2023a.

mais uma vez, examinada pelo Tribunal Pleno à luz do projeto constitucional desenhado pela Constituição Cidadã.

Referências

ACYPRESTE, Rafael de. *Ações de reintegração de posse contra o Movimento dos Trabalhadores Sem Teto*: dicotomia entre propriedade e direito à moradia. 2016. 145 f. Dissertação (Mestrado em Direito) — Faculdade de Direito, Universidade de Brasília, Brasília, 2016. Disponível em: http://icts.unb.br/jspui/handle/10482/20264. Acesso em: 21 mar. 2025.

ARONNE, Ricardo. *Por uma nova hermenêutica dos direitos reais limitados*: das raízes aos fundamentos contemporâneos. Rio de Janeiro: Renovar, 2001.

CAMPANHA DESPEJO ZERO. *Fique em casa!* Mas que casa? O desmonte das políticas habitacionais, os despejos na pandemia, e a unificação da luta pela vida no campo e na cidade da Campanha Despejo Zero. Disponível em https://www.campanhadespejozero.org/publicacoes.

CORTES, Sara da Nova Quadros. *Análise do discurso judicial nos conflitos por terra referentes a desapropriações para fins de reforma agrária e ações possessórias*: in dubio pro "proprietário"? 2017. 461 f. Tese (Doutorado em Ciências Sociais) — Faculdade de Filosofia e Ciências Humanas, Universidade Federal da Bahia, Salvador, 2017. Disponível em: https://ppgcs.ufba.br/sites/ppgcs.ufba.br/files/sara_da_nova_quadros_cortes.pdf. Acesso em: 21 mar. 2025.

DANTAS FILHO, Alexandre Lúcio. *Um estudo sobre a consagração da Resolução n 510/2023 do CNJ e suas limitações jurídicas*. 2023. 93 f. Monografia. (Graduação em Direito) — Natal, 2023.

FACHIN, Luiz Edson. *A função social da posse e a propriedade contemporânea*. Porto Alegre: Sergio Antonio Fabris Editor, 1988.

FACHIN, Luiz Edson. *Estatuto Jurídico do Patrimônio Mínimo*. 2. ed. Rio de Janeiro: Renovar, 2006.

FLORES, Joaquim Herrera. *A (re)invenção dos direitos humanos*. Florianópolis: Fundação Boiteux, 2009.

GRAU, Eros. *A Ordem Econômica na Constituição de 1988 (interpretação e crítica)*. 5. ed. São Paulo: Malheiros, 2000.

HOLSTON, James. *Cidadania insurgente*: disjunções da cidadania e da modernidade no Brasil. São Paulo: Companhia das Letras, 2013.

INSTITUTO TRICONTINENTAL DE PESQUISA SOCIAL. *Reforma agrária popular e a luta pela terra no Brasil*. Dossiê n. 27, 2020.

LYRA FILHO, Roberto. *O que é Direito*. 15. reimpr. 17. ed. São Paulo: Ed. Brasiliense, 2006.

MARTINS, José de Souza. *O cativeiro da terra*. São Paulo: Contexto, 2010.

PAIXÃO, Cristiano; CARVALHO NETTO, Menelick de. Entre Permanência e Mudança: reflexões sobre o conceito de Constituição. In: MOLINARO, Carlos Alberto; MILHORANZA, Mariângela Guerreiro; PORTO, Sérgio Alberto (coords.). *Constituição, jurisdição e processo*: estudos em homenagem aos 55 anos da Revista Jurídica. Sapucaia do Sul: Notadez, 2007. p. 97-109.

QUINTANS, Mariana Trotta Dallalana; TAVARES, Ana Claudia Diogo; VIEIRA, Fernanda Maria da Costa. Campo jurídico, direito à moradia digna e ADPF 828. *Revista de Estudos Constitucionais*, Brasília, v. 3, n. 1, p. 283-322, jan./jun. 2023a.

QUINTANS, Mariana Trotta Dallalana; TAVARES, Ana Claudia Diogo; VIEIRA, Fernanda Maria da Costa. A resolução 510/2023 do CNJ e a Comissão Regional de Soluções Fundiárias do TRF2: novas possibilidades para os movimentos sociais de luta por terra e moradia? *Revista Confluências*, Niterói, v. 25, n. 3, p. 141-162, ago./dez. 2023b.

SILVA, José Afonso. *Comentário Contextual à Constituição*. 8. ed. São Paulo: Malheiros, 2012.

SOUSA JUNIOR, José Geraldo de; LEONEL JÚNIOR, Gladstone. *A luta pela constituinte e a reforma política no Brasil*: caminhos para um "constitucionalismo achado na rua". Direito & Práxis. Rio de Janeiro: UERJ, jun. 2017. 8 v.

Informação bibliográfica deste livro, conforme a NBR 6023:2018 da Associação Brasileira de Normas Técnicas (ABNT):

BUENO, Matheus de Andrade. A dimensão dinâmica do conceito de função social da propriedade. In: SILVA, Christine Oliveira Peter da; GIAMBERARDINO, André Ribeiro; ARRUDA, Desdêmona Tenório B. T.; MACEDO, José Arthur Castillo de; MACHADO FILHO, Roberto Dalledone (coord.). *Ministro Luiz Edson Fachin*: dez anos de Supremo Tribunal Federal. Belo Horizonte: Fórum, 2025. p. 263-277. ISBN 978-65-5518-746-5.

O DECIDIDO E O CONSTRUÍDO EM 10 ANOS DE JURISDIÇÃO CONSTITUCIONAL NO STF

MIGUEL GUALANO DE GODOY
STEPHANIE UILLE GOMES DE GODOY

1 Decisões que constroem e caminhos que se cruzam

O Ministro Luiz Edson Fachin cumpre neste ano 10 (dez) anos como Ministro do Supremo Tribunal Federal e tem deixado nele suas marcas. Porém, o que marca mesmo é que as suas marcas não são personalistas, ainda que sempre individualizáveis, e mostram como um percurso que leve a sério a jurisdição constitucional do STF se faz com profundidade teórica, rigor normativo e coerência decisória. Não nos escapa que a postura é outro elemento bastante singular do Min. Fachin, mas deixaremos para tratar dela em outro momento. Por ora, cabe neste texto chamar a atenção para outras marcas que têm feito a diferença.

Este artigo aborda duas decisões do Ministro Fachin que chamaram a atenção. A primeira foi a audiência pública realizada no âmbito da ADPF nº 635 sobre a letalidade policial no Estado do Rio de Janeiro. Essa é uma decisão importante porque trouxe para o debate vozes que gritam, e não são ouvidas. Mais do que isso, é uma decisão que contou com retificação do próprio Ministro quando se deu conta de que havia excluído quem deveria ser incluído como partícipe do processo da ADPF nº 635. É, assim, pois, uma decisão que mostra um acerto na realização da audiência e nas correções que podem e devem ser feitas ao longo de um processo.

A segunda decisão abordada é o voto conjunto proferido pelo Ministro Fachin juntamente com o Ministro Gilmar Mendes nas ADI's nº 2.943, nº 3.309 e nº 3.318, sobre a possibilidade de investigação criminal realizada pelo Ministério Público sem a participação da polícia. Essa é uma decisão (um voto) importante porque chama a atenção para as possibilidades de uma atuação eminentemente colegiada, deliberativa, cooperativa, entre os Ministros do Supremo Tribunal Federal. Se o STF do nosso tempo é marcado por decisões monocráticas e atuações individuais dos Ministros que muitas vezes emparedam o Plenário da Corte, a prolação de um voto conjunto mostra como existem possibilidades e caminhos colegiados, deliberativos e cooperativos a serem seguidos.

Esses são casos cujas atuações do Ministro Fachin foram decisivas para a construção do entendimento do STF sobre os temas em julgamento. Ambos os temas são sensíveis, pois lidam com direitos fundamentais, as formas de fazê-los concretos e também com o papel das instituições policiais e do Ministério Público. São decisões que colocam em evidência sua vocação democrática, republicana e, apesar do significativo lapso temporal que as distancia, mostram seu compromisso significativo com a abertura à escuta, com o diálogo e com a deliberação.

Ambos os casos, para além de guardarem um aspecto comum relevante na matéria de fundo, qual seja, a delimitação dos contornos do exercício da atividade investigativa do Ministério Público, traduzem um modo de atuação jurisdicional que têm na troca republicana de argumentos e na abertura dialógica ao convencimento seu aspecto fundamental. E essa é uma característica presente também na prática cotidiana do Ministro Fachin em seu Gabinete.

O autor e a autora deste artigo possuem profissões e atuações diversas no que diz respeito ao STF, suas decisões e em relação ao Ministro Fachin. Porém, nós dois compartilhamos admiração e carinho imensos pelo Ministro Fachin, afinal ambos vimos da mesma *alma mater* — a Universidade Federal do Paraná (UFPR) e enxergamos nele um horizonte de mirada de profundidade teórica e rigor normativo. Mais do que isso, nós dois — nos seus devidos e diferentes momentos — pudemos auxiliar o Ministro na construção deste caminho que vem sendo feito há 10 (dez) anos.

É um prazer e uma alegria podermos olhar para nosso Professor Titular da UFPR, nosso Ministro do STF e enxergar nesses 10 (dez) anos de jurisdição constitucional algumas decisões, votos, que mostram as possibilidades positivas e construtivas de que tanto precisamos no Poder Judiciário em geral e no Supremo Tribunal Federal em particular.

2 A audiência pública sobre letalidade policial no Estado do Rio de Janeiro e a ADPF nº 635

Em abril de 2021, o STF concluiu a sua 32ª Audiência Pública. O tema dessa audiência foi a redução da letalidade policial no Estado do RJ, discutida e pedida no âmbito da ADPF nº 635, de relatoria do Ministro Luiz Edson Fachin.

A audiência pública da ADPF nº 635 foi importante e impactante.

Importante pela forma como a audiência foi convocada e estruturada. A decisão de convocação previu oitivas na cidade do Rio Janeiro, o que acabou não acontecendo em razão da pandemia de COVID-19. A decisão também estabeleceu, quando de sua convocação, dez questões-chave como pontos de partida,[1] envolvendo, desde logo,

---

[1] A decisão de convocação, proferida em 17 de dezembro de 2020, previu: "Assento que, aqueles que forem habilitados a participar da referida audiência pública deverão, como pré-requisito para sua atuação, trazer respostas a perguntas por ora preambulares abaixo elencadas, à luz da área específica de competência, sem prejuízo das demais contribuições que queiram trazer ao debate.
1 — Quais práticas e protocolos de atuação, internos e externos, deveriam ser alterados pela adoção de parâmetros de justiça procedimental, como, por exemplo, a exigência da proporcionalidade? Qual é o papel dos valores e da ética da corporação em incentivar ou desincentivar a adoção desses parâmetros?
2 — Deveriam as forças de segurança reconhecer sua eventual responsabilidade nas injustiças estruturais da sociedade brasileira, particularmente as práticas racistas e discriminatórias?
3 — De que forma é possível ampliar a transparência das ações de segurança pública? Quais protocolos devem ser publicizados? Quais devem ser mantidos sob sigilo?
4 — Em quais situações o emprego de violência física deve ser absolutamente vedado?
5 — Quais são os dados que amparam a realização da operações policiais? Qual o impacto do uso da violência na percepção sobre a legitimidade da atuação das operações policiais?
6 — Qual é o perfil das pessoas que integram as forças de segurança no Estado do Rio de Janeiro? Qual é o contingente disponível? Quão diversas são as forças de segurança? Como
ampliar a diversidade nesses órgãos?
7 — Qual é o papel do financiamento da União? Quais programas deveria ela adotar? Como a União deveria incentivar a adoção de parâmetros de atuação menos violentos de forma a
contribuir para redução efetiva da letalidade policial?
8 — Como preparar o Ministério Público para conduzir as investigações criminais? Qual dos órgãos de perícia no auxílio ao Ministério Público? ADPF 635 / RJ
9 — Quais são as evidências que fundamentam a obrigatoriedade de utilização de câmeras corporais pelos policiais? Há evidências em cidades brasileiras? Como estimar o impacto do uso dessas tecnologias no Estado do Rio de Janeiro?

o próprio ministro e deixando nítidas as suas preocupações e os seus questionamentos.

Quanto à estruturação da audiência pública, ela previu a participação direta dos afetados, de pessoas e grupos das comunidades atingidas pelas operações policiais com alto índice de letalidade. A audiência previu ainda espaço e tempo para debates, diálogos. Criar essa possibilidade, com espaço e tempo, é permitir que a audiência seja mais do que uma instância meramente informativa, e seja, também, uma instância deliberativa.

A audiência pública foi impactante porque deu voz aos que não têm voz. Deu visibilidade a quem geralmente fica ofuscado por lágrimas e estatísticas. Nesse sentido, um dos destaques do movimento de vítimas é a Iniciativa Direito à Memória e Justiça Racial, ligada à Baixada Fluminense. Mas não só. Participaram também outros movimentos e coletivos: Coletivo Papo Reto, Movimento Parem de nos Matar, Redes da Maré, Mães da Baixada Fluminense, Comunidades e movimentos contra a violência, entre outros.

O destaque é relevante porque os depoimentos, as narrativas, mostram a vida (e morte) concreta dos nossos concidadãos contados por eles próprios.

Um detalhe não menos importante: alguns desses participantes, por exemplo, o Coletivo Papo Reto, o movimento Mães de Manguinhos, o Coletivo Fala Akari, quase não puderam integrar a ADPF nº 635. Eles requereram sua participação como *amici curiae* na ADPF, mas tiveram seu pedido inicialmente negado pelo Ministro Fachin. Como se sabe, o STF desde 2018 vem proferindo decisões em que não admite recurso contra decisão que indefere pedido de participação como *amicus curiae*. Esse entendimento é controverso, normativamente e institucionalmente. Porém, era o entendimento ainda prevalecente naquele momento. Diante da negativa, pediram reconsideração da decisão de indeferimento, apontando como e por que deveriam ser ouvidos. E o ministro Fachin, sensível aos apelos, não só reconsiderou sua decisão, como ainda reconheceu a necessidade da oitiva direta como contribuição válida e relevante, pois são esses coletivos, movimentos, que têm experiências, conhecimentos, vivências, sobre os temas da

---

10 — Quais são as demandas não atendidas de recursos humanos, técnicos e financeiros das forças de segurança no Estado do Rio de Janeiro?"
Íntegra da decisão disponível em: https://www.stf.jus.br/arquivo/cms/audienciasPublicas/anexo/ADPF_635_Despacho_Convocatorio.pdf. Acesso em: 18 nov. 2024.

ADPF nº 635. Afinal, eles são sujeitos dos fatos – convém lembrar: violência e letalidade policial.

A audiência pública não foi unilateral ou unidirecional. Também foram ouvidos os integrantes das forças de segurança do Estado, que puderam relatar e as dificuldades que enfrentam nesse modo de agir e operar do Estado.

Essa inclusão de pessoas, movimentos, coletivos, entidades, forças policiais — uma participação efetiva e em sentido amplo, e não de modo seletivo — é um passo extremamente importante para chamar todos os afetados pelas operações a participarem do processo decisório.

Houve ainda a participação do Ministro Gilmar Mendes, que esteve presente na abertura da audiência pública e dos trabalhos iniciais. A participação de outros Ministros em audiências públicas é sempre bem-vinda. E há formas variadas de participação possível: estar presente é, sem dúvidas, a principal. Porém, interagir previamente com o Ministro Relator ou elaborar questões complementares são exemplos de como é possível um Ministro se engajar na audiência pública convocada por um par.

De todo modo, o que se vê é que a audiência pública da ADPF nº 635 dá sequência a outras iniciativas e decisões do Ministro Luiz Edson Fachin de fazer desse instrumento um espaço de abertura e democratização da jurisdição constitucional. Nesta audiência específica da ADPF nº 635, além disso, também um lócus de participação dos afetados e ainda um espaço de diálogo, discussão e deliberação. Uma audiência que, convocada por um ministro, deve afetar todo o Tribunal. Afinal, os depoimentos, as narrativas, os estudos, estão agora registrados e documentados. Integram a ADPF nº 635, impõem um ônus decisório aos ministros, compõem a história do próprio Supremo.

Uma audiência que fez história pela forma, pelo conteúdo e pelas vozes e visibilidades que tomaram parte no processo decisório do STF e no STF. Uma decisão de um ministro, mas o acerto de todo o Tribunal até aqui.

Da audiência pública em 2021 para cá, a ADPF nº 635 ouviu e debateu o tema com afinco, com diversos e diferentes atores. E chegou ao momento de seu julgamento em fevereiro de 2025, quando o Ministro Fachin proferiu seu voto. Um longo voto, mas que partiu e incluiu exatamente boa parte de tudo o que foi dito, ouvido e discutido na audiência pública.

Fazer audiência pública mobiliza tempo, trabalho comprometido, energia. Lidar com seus resultados também. Porém, faz toda a diferença. Não à toa o voto proferido pelo Min. Fachin não se eximiu de enfrentar as complexidades do tema e os apontamentos feitos na audiência pública e posteriormente por escrito. Foi assim, e só assim, que se chegou ao conjunto de argumentos e definições propostos, por exemplo: a avaliação minuciosa do Plano de redução de letalidade policial apresentado pelo Estado do Rio de Janeiro; a estipulação de medidas objetivas que permitam o controle efetivo (*accountability*) das operações policiais, com respectivo compartilhamento de dados, notadamente com o Ministério Público; a ratificação da determinação de utilização de câmeras corporais; a determinação de observância do uso excepcional da força; o aprimoramento dos meios de proteção de saúde mental dos agentes das forças policiais; a promoção de medidas para autonomia das perícias e a proposta de criação de um Comitê de Acompanhamento interinstitucional a ser coordenado pelo Ministério Público com vice-coordenação atribuída à Defensoria Pública, dentre outras medidas.

E não só. Tão logo proferido o voto de teor tão substantivo, o Ministro Presidente Luís roberto Barroso explicitou que, por indicação do próprio Ministro Fachin (Relator do caso), o julgamento seria suspenso, a fim de que os Ministros pudessem deliberar adequadamente com o fito de buscar consensos e propiciar, tanto quanto possível, uma decisão *per curiam* da Corte. Até a data de conclusão deste artigo, o julgamento não havia sido retomado.

3 O voto conjunto no julgamento sobre os poderes investigatórios do Ministério Público nas ADI's nº 2.943, nº 3.309 e nº 3.318

O Supremo Tribunal Federal terminou no dia 02 de maio de 2024 o julgamento em que definiu os parâmetros para que o Ministério Público instaure procedimentos investigatórios criminais por iniciativa própria, mesmo que em concorrência com a polícia. O poder investigatório do Ministério Público sempre foi reconhecido pelo Supremo Tribunal Federal e a questão já havia sido pacificada em 2015, quando do julgamento do tema 184 da Repercussão Geral. A matéria, todavia, voltou ao Supremo, mas agora para dispor sobre os limites a que esse poder de investigação do MP deve estar submetido.

O STF decidiu que o Ministério Público pode instaurar investigações de ofício, mas deve obrigatoriamente comunicar o juízo competente sobre a instauração da investigação, suas prorrogações e o seu término. Além disso, o STF impôs ao MP os mesmos prazos para a investigação estabelecidos às Polícias no inquérito policial, e caso haja necessidade de prorrogação da investigação, o MP deverá requerer justificadamente a prorrogação. O STF também estabeleceu que a instauração ou não de procedimento investigatório pelo MP nos casos de envolvimento de agentes policiais deve ser motivada. Por fim, o Supremo decidiu que as perícias técnicas devem gozar de autonomia funcional, técnica e científica na realização dos seus laudos.

O tema estava pendente de julgamento há anos e era objeto de três Ações Diretas de Inconstitucionalidade — ADIs nº 2.943, nº 3.309 e nº 3.318 — que questionavam dispositivos da Lei Complementar nº 75/1993, da Lei Orgânica Nacional do MP (Lei nº 8.625/1993) e ainda da Lei Orgânica do MP-MG. Os processos tramitaram lentamente ao longo do tempo, mas encontraram um terreno fértil no início de 2024. E justamente na dualidade que marca as idas e vindas dos julgamentos que transitam entre o Plenário Virtual e o Plenário físico do STF.

O Ministro Relator das ADIs, Edson Fachin, incluiu as ADIs para julgamento pelo Plenário Virtual e lançou seu voto favorável à autonomia investigatória do MP. No entanto, no curso do julgamento, o ministro Gilmar Mendes abriu divergência e, em seguida, houve pedido de destaque, o que zerou o julgamento e levou o caso para apreciação pelo Plenário físico do STF. Foi mantido apenas o voto do Ministro Ricardo Lewandowski, que havia acompanhado o Ministro Relator Edson Fachin, mas também já havia se aposentado da Corte. O julgamento foi então retomado, no Plenário Físico, no dia 25 de abril e só terminou na sessão seguinte, em 02 de maio, com a definição das cinco teses que conformaram os parâmetros para a investigação própria pelo Ministério Público.

Em outros casos, a sistemática de inclusão de julgamento no Plenário Virtual, abertura de divergência, pedido de destaque, manutenção ou desprezo de voto já proferido por ministro que em seguida se aposentou, poderia sugerir qualquer heterodoxia. No entanto, neste caso sobre os limites da investigação autônoma do MP, os movimentos decisórios abriram vias para a conformação de um julgamento muito mais deliberativo e com uma colegialidade cooperativa tão desejada quanto rara no STF. Não à toa o julgamento foi unânime.

Os Ministros do STF demonstraram não apenas a dedicação de cada um sobre o tema, como se empenharam em, conjuntamente, chegar a bom termo sobre cada elemento, limite, prazo, que deveria compor o enquadramento normativo da investigação de ofício realizada pelo Ministério Público.

O passo inicial desse virtuoso julgamento deliberativo e colegiado foi a apresentação de voto conjunto dos Ministros Edson Fachin e Gilmar Mendes. A primeira vez que isso ocorreu foi em 2023, quando os Ministros Luís Roberto Barroso e Gilmar Mendes apresentaram voto conjunto sobre o piso salarial da enfermagem. A iniciativa agora foi repetida, num tema sensível como o dos parâmetros para investigação de ofício pelo Ministério Público. A apresentação de voto conjunto nunca é fácil. É preciso diálogo entre os Ministros, alinhamento de posições, afinamento de itens e refinamento do que constitui divergências. E, neste caso, convém lembrar, o Ministro Relator Edson Fachin inicialmente apresentou um voto no Plenário Virtual que foi confrontado por voto divergente do Ministro Gilmar Mendes. Ou seja, para saírem de votos diversos e chegarem a um voto conjunto, houve deliberação interna entre eles. Trocaram ideias, intercambiaram argumentos, abriram mão, de lado a lado, de itens ou elementos, para chegarem a uma posição unívoca. E ainda engajaram o restante do Tribunal na empreitada. Para que a votação fosse unânime, os demais Ministros também deram suas contribuições para o refinamento da posição do STF e explicitação da tese.

As duas sessões de julgamento foram extremamente deliberativas, com intervenções dos Ministros, ora gerais, ora pontuais, para acréscimos ou correções dos argumentos de fundamentação e definição objetiva e clara das teses. Os Ministros Flávio Dino e Alexandre de Moraes tiveram contribuições importantes, chamando a atenção para correções dos argumentos e dos elementos que comporiam as teses que foram construídas e prolatadas ao final do julgamento. Ambos também conformaram suas posições sobre o tema ao longo do julgamento, mostrando como é possível que diferentes posições sobre o tema possam congregar elementos e fundamentos comuns em prol da construção de uma opinião da Corte.

Este julgamento do Supremo Tribunal Federal sobre os parâmetros dos poderes investigatórios do MP foi importante porque mostrou como é possível que Ministros tão diferentes em suas posições e posturas atuem de forma deliberativa e cooperativa entre si, a ponto de apresentarem um voto conjunto. Mais do que isso, Ministros puderam e conseguiram envolver seus pares numa empreitada deliberativa e construtiva. Não se assistiu a defesas de votos ou de posições, majoritários ou vencidos, mas vontade e empenho na construção de uma decisão colegiada substantiva, que se fundasse nos consensos e mitigasse os dissensos, para que houvesse uma decisão forte e clara do Tribunal sobre o tema.

O Ministro Presidente Luís Roberto Barroso foi atento e cuidadoso com o Tribunal e com seus pares na condução das duas sessões de julgamento. O Ministro Relator Edson Fachin foi um verdadeiro timoneiro da construção da solução. O então Ministro divergente Gilmar Mendes foi dinâmico e diligente ao se engajar na correção que pretendia do voto do relator e ao buscar, agora, erigir voto conjunto. Os demais Ministros foram exemplares ao se colocarem como partícipes ativos e cooperativos dessa construção da decisão do Tribunal.

O processo de julgamento a que se assistiu e a definição final das teses deixou nítido como é possível que, a despeito das profundas diferenças existentes entre os Ministros, o Tribunal se engaje numa formação colegiada, com atuação deliberativa onde se busca a construção do melhor argumento e a definição de teses claras e objetivas que expressem uma consistente opinião da Corte.

É preciso reconhecer e elogiar quando o Supremo e seus Ministros acertam. E não há ocasião melhor do que a celebração da construção de um caminho perene e consistente nos últimos 10 anos.

4 O decidido e o construído

Neste artigo abordamos duas decisões do Ministro Luiz Edson Fachin que fazem parte da construção de seu caminho no exercício da jurisdição constitucional do STF. O decidido constrói, pois, o caminho. Esse caminho, através do que foi decidido, vem sendo marcado pelo rigor normativo e também pela atuação decisória deliberativa e colegiada do Ministro Fachin. Uma audiência pública aberta, ampla e plural mostra o rigor com as exigências e demandas de uma jurisdição constitucional radicalmente democrática – ainda que isso tenha que implicar na reconsideração sobre quem deve ser admitido e ouvido num processo complexo como o da ADPF nº 635 sobre letalidade policial no Estado do Rio de Janeiro. Um voto conjunto no Plenário físico do STF (depois de dois votos diferentes e divergentes entre si), mostra a busca por uma atuação deliberativa, cooperativa e colegiada. Mais do que isso, mostra como é possível construir e encontrar convergências onde até então só parecia haver divergências.

Esses casos e decisões não foram aqui ressaltados à toa. Eles exprimem a esperança realista, concreta, de que é sim possível um Supremo

Tribunal Federal rigoroso, aberto, plural, democrático, deliberativo, cooperativo e colegiado. E o Ministro Fachin é e tem sido nesses 10 anos um construtor permanente dessa realidade esperançada.

Informação bibliográfica deste livro, conforme a NBR 6023:2018 da Associação Brasileira de Normas Técnicas (ABNT):

GODOY, Miguel Gualano de; GODOY, Stephanie Uille Gomes de. O decidido e o construído em 10 anos de jurisdição constitucional no STF. In: SILVA, Christine Oliveira Peter da; GIAMBERARDINO, André Ribeiro; ARRUDA, Desdêmona Tenório B. T.; MACEDO, José Arthur Castillo de; MACHADO FILHO, Roberto Dalledone (coord.). *Ministro Luiz Edson Fachin*: dez anos de Supremo Tribunal Federal. Belo Horizonte: Fórum, 2025. p. 279-288. ISBN 978-65-5518-746-5.

IMUNIDADE PARLAMENTAR

PAULO MARCOS DE FARIAS

ANDREAS EISEL

Introdução

O direito penal é um sistema de normas composto por regras e exceções. As regras são estabelecidas nos tipos que descrevem as condutas proibidas e obrigatórias e, dessa forma, definem os crimes comissivos e omissivos. As exceções estão previstas em dispositivos que especificam em quais casos alguém pode praticar uma conduta típica e não ser punido pelo fato.

Cada exceção, portanto, deve ter um fundamento próprio que justifica a não punição do sujeito naquele caso específico, e esse fundamento orienta a interpretação do sentido de cada exceção para a definição de seu conteúdo e a delimitação de seu alcance.

Por exemplo, as causas excludentes de ilicitude do exercício regular de direito e do estrito cumprimento de dever legal têm um fundamento técnico jurídico que decorre da estrutura sistêmica do direito e que consiste no princípio da não contradição. Esse princípio orienta o conteúdo da norma permissiva, visando evitar que o Direito proíba e, também, permita, a realização da mesma conduta nas mesmas circunstâncias, o que impossibilitaria ao sujeito saber o que seria lícito ou ilícito.[1]

---

[1] BOBBIO, Norberto. *Teoria dell'ordinamento giuridico*. Torino: Giappicheli, 1960. p. 80-83.

A causa extintiva da punibilidade consistente na prescrição justifica-se na inexistência de necessidade da pena, pois se considera que o tempo deva elidir o potencial preventivo da aplicação de uma sanção que incida em um contexto histórico que já tenha superado o significado social do fato.[2]

Já a excludente de culpabilidade decorrente da inexigibilidade de uma conduta diversa fulcra-se em um juízo valorativo que avalia os comportamentos exigíveis ou não das pessoas em suas relações recíprocas, com base em critérios éticos.[3]

Neste artigo será analisado o fundamento e alcance de uma dessas exceções. Trata-se da imunidade parlamentar estabelecida no art. 53, *caput*, da Constituição Federal, o qual estabelece:

> *Os Deputados e Senadores são invioláveis, civil e penalmente, por quaisquer de suas opiniões, palavras e votos.*

Como se vê, a norma exclui a incidência das consequências jurídico-penais de fatos típicos que correspondam a delitos contra a honra (calúnia, injúria e difamação), quando as condutas respectivas tenham sido praticadas por parlamentares.

Porém, o alcance dessa regra não é absoluto, uma vez que é delimitado pelos fundamentos que justificam a existência da própria exceção. Esses limites foram objeto do julgamento do INQ nº 4.088/DF, em decisão proferida em 1º.12.2015 pela Primeira Turma do Supremo Tribunal Federal, cujo acórdão é da relatoria do eminente ministro Edson Fachin.

No aludido julgamento foram especificados relevantes aspectos formais e materiais relativos ao âmbito da imunidade parlamentar.

Com relação ao aspecto material, o julgado delimitou qual é o conteúdo das ofensas abrangido pela exceção.

No que tange ao aspecto formal, descreveu em quais locais e mediante quais instrumentos a ofensa proferida possa ocorrer sem configurar um fato punível.

---

[2] EISELE, Andreas. *A punibilidade no conceito de delito.* Salvador: Juspodivm, 2019. p. 247-259.
[3] FRANK, Reinhard. *Sobre la estructura del concepto de culpabilidad.* Trad. ABOSO, Gustavo Eduardo; LÖW, Tea. Buenos Aires: BdeF, 2000. p. 39; FREUDENTHAL, Berthold. *Culpabilidad y reproche en el derecho penal.* Trad. GUZMÁN DALBORA, José Luis. Buenos Aires: BdeF, 2006. p. 75-85; GOLDSCHMIDT, James. *La concepción normativa de la culpabilidad.* Trad. GOLDSCHMIDT, Margarethe de; NÚÑEZ, Ricardo C. Buenos Aires: BdeF, 2002. p. 104-105.

O fundamento de todas essas especificações baseia-se na própria razão da existência da imunidade parlamentar, porque é esse elemento que confere sentido à norma.

Pretende-se apresentar o fundamento da existência da imunidade parlamentar, seguida de uma análise do conteúdo e limites de tal imunidade, nos termos do acórdão proferido no julgamento do INQ nº 4.088/DF.

1 O caso concreto

Um senador da república ofendeu um ex-presidente da república por meio de uma publicação postada na rede social Facebook.

Além de classificá-lo como um "bandido", indicou a prática de comportamentos pretéritos que corresponderiam a crimes e outras atitudes consideradas inadequadas pelo autor da publicação e, ainda, afirmou que seu antagonista teria determinadas intenções nocivas para o país.

O ofendido apresentou queixa-crime, imputando ao ofensor a prática dos crimes de calúnia, injúria e difamação, alegando que as ofensas não estariam albergadas pela imunidade parlamentar porquanto teriam sido proferidas fora do recinto do parlamento e os fatos seriam dissociados do exercício do mandato legislativo.

2 A questão controvertida

No caso, não se discutiu se as ofensas configurariam ou não os fatos típicos definidos nos arts. 139, 140 e 141 do Código Penal. Essa classificação não foi necessária para a análise dos aspectos controvertidos da discussão, pois seu âmbito resultou restrito à análise de questões preliminares.

O que foi objeto de exame no julgamento foi a amplitude da imunidade parlamentar.

O aspecto formal controvertido consiste na relevância jurídica do fato de as ofensas terem sido proferidas dentro do recinto parlamentar ou fora dele.

O aspecto material, por sua vez, tem por objeto o conteúdo das ofensas e consiste na relevância jurídica de se tratar de assunto relacionado ou não à atividade parlamentar.

O critério a ser empregado para a solução dessas questões tem como referência o fundamento da imunidade parlamentar. Por esse motivo, antes da análise das questões tratadas no julgado é relevante especificar a motivação que orientou essa aferição, para conferir sentido à exposição.

3 O fundamento da imunidade parlamentar

A imunidade parlamentar é uma garantia atribuída a determinados representantes do povo para que eles possam cumprir o seu mandato de forma eficiente.

Isso porque a atividade no parlamento tem como conteúdo essencial o debate de ideias, abrangendo a defesa de determinadas propostas e a crítica de posições contrárias. Em tal debate, portanto, não é incomum que as discussões fiquem acaloradas e que algum dos contendores ultrapasse eventual limite, seja porque considera que seu antagonista esteja mentindo ou porque não confia na honestidade do seu propósito.

Para isso, o sujeito pode se referir ao seu adversário mediante adjetivos ofensivos, assim como também pode indicar condutas antiéticas ou ilícitas anteriores e intenções de práticas de comportamentos futuros das mesmas naturezas.

Apesar de tal atitude poder ser considerada deselegante e até moralmente inadequada, em determinados contextos pode configurar um recurso necessário para a exposição da desonestidade do propósito do opositor.

Ao lado disso, entre as funções dos parlamentares também se insere a fiscalização dos atos do executivo (art. 109, X, da CF) e a investigação de atos ilícitos (art. 58, §3º da CF), sendo que entre as atribuições dos senadores ainda existe o julgamento de agentes políticos por crimes de responsabilidade (art. 52, I, da CF).

Logo, nessa atuação não é raro que o parlamentar impute a alguém a prática de atos ilícitos e se dirija a tal pessoa com o emprego de adjetivos correspondentes ao comportamento imputado, o que certamente terá também conotação ofensiva.

Em ambos os casos o exercício da atividade parlamentar poderia ser prejudicado, e provavelmente o seria, se o sujeito somente pudesse referir a prática de atos ilícitos quando dispusesse de provas suficientes para demonstrar a veracidade da afirmação, e não lhe fosse permitido indicar a pessoa que está criticando mediante adjetivos fortes.

Destarte, a impunidade parlamentar é estabelecida para garantir ao parlamentar o pleno exercício de seu mandato, com ampla liberdade para se expressar sobre os temas que digam respeito à política do Estado, à atividade legislativa e à Administração Pública, mesmo que suas palavras possam soar ofensas a terceiros.

Aníbal Bruno explica a finalidade que fundamenta esse instituto, especificando que ele: "procura assegurar aos membros do Congresso Nacional a necessária independência e segurança".[4]

A proteção jurídica a quem exerce atividade parlamentar é estabelecida para viabilizar o questionamento da lisura das práticas adotadas no tratamento de temas de interesse público nos atos administrativos e atividades legislativas, sem o risco de responsabilização pessoal pelos questionamentos apresentados. Em síntese, o fundamento da imunidade parlamentar é a garantia da eficiência no exercício da própria atividade parlamentar.

Ressalta o voto do ministro Edson Fachin:

> Os parlamentares possuem, portanto, imunidade material no exercício da unção. Trata-se de prerrogativa constitucional que visa a assegurar a independência dos representantes do povo e, consequentemente, reforçar a democracia, na medida em que lhes é assegurada a liberdade de expressão e manifestação de pensamento no exercício de suas atividades.

Não se trata de um privilégio pessoal do parlamentar, mas sim de um instrumento disponível àqueles que representam o povo no parlamento para que essa representação possa ser realizada de forma eficiente.

Temos uma categoria instituída *"propter officium"* (nas palavras do ministro Edson Fachin). Ou seja, um recurso estabelecido em razão do cargo e não da pessoa.

Logo, é uma garantia atribuída aos detentores de mandato de representação popular para que possam exercer suas funções de forma plena, o que é um requisito para a existência, funcionamento e exercício da democracia.

Neste sentido, apesar de a garantia ser atribuída ao parlamentar, seu conteúdo protege a própria população que ele representa, pois qualquer empecilho à livre manifestação acarreta um cerceamento à representação política da parcela da população.

É a partir dessa perspectiva teleológica que o conteúdo, alcance e limites da imunidade parlamentar devem ser interpretados.

---

[4] BRUNO, Aníbal. *Direito Penal*. Parte geral. 3. ed. Rio de Janeiro: Forense, 1967. 1 t. p. 250.

4 Histórico do instituto no Brasil

Antes da análise das características da imunidade parlamentar será apresentado um histórico do seu desenvolvimento no Brasil, o que facilitará a identificação de sua natureza e correspondente relação direta com a democracia.

A Constituição do Império (1824) não previa a imunidade parlamentar, o que se mostrava coerente com o regime absolutista estabelecido pelo Imperador, no qual não se considerava que os deputados e senadores pudessem se expressar sem restrições e controle.

Dita norma somente foi instituída pela Constituição da República (1891), cujo art. 19 estabeleceu que: "Os Deputados e Senadores são invioláveis por suas opiniões, palavras e votos no exercício do mandato".

Portanto, a instauração do regime republicano implicou o reconhecimento da relevância da garantia de livre expressão aos parlamentares.

A imunidade parlamentar foi mantida na Constituição de 1934, cujo art. 31 previa, de forma mais específica, que: "Os Deputados são invioláveis por suas opiniões, palavras e votos no exercício das funções do mandato".

Porém, a Constituição de 1937, que definiu o Estado Novo e estabeleceu o regime ditatorial de Getúlio Vargas, excluiu o instituto do ordenamento jurídico ao dispor, em seu art. 43, que: "Só perante a sua respectiva Câmara responderão os membros do Parlamento nacional pelas opiniões e votos que, emitirem no exercício de suas funções; não estarão, porém, isentos de responsabilidade civil e criminal por difamação, calúnia, injúria, ultraje à moral pública ou provocação pública ao crime".

De fato, uma das medidas inerentes ao regime ditatorial é a restrição à liberdade de manifestação dos parlamentares, e isso foi estabelecido no Estado Novo.

Com o restabelecimento da democracia, na Constituição de 1946 a norma foi reintroduzida no direito nacional pelo art. 44, que tinha o seguinte conteúdo: "Os Deputados e Senadores são invioláveis no exercício do mandato, por suas opiniões, palavras e votos".

A imunidade parlamentar manteve-se na Constituição de 1967 nos mesmos termos, uma vez que o texto de seu art. 34 repetia a disposição anterior contida na Carta de 1946: "Os Deputados e Senadores são invioláveis no exercício do mandato, por suas opiniões, palavras e votos".

Porém, com o advento da Emenda Constitucional nº 1 de 1969, promulgada pela Junta Militar composta pelos Ministros da Marinha de Guerra (Almirante Augusto Hamann Rademaker Grünewald), do Exército (General Aurélio de Lyra Tavares) e da Aeronáutica Militar (Brigadeiro Márcio de Souza e Mello) durante o recesso parlamentar decretado pelo Ato Complementar nº 38, de 13 de dezembro de 1968, a imunidade parlamentar novamente foi excluída do direito brasileiro. Normatizava o art. 32 desse ato: "Os deputados e senadores são invioláveis, no exercício do mandato, por suas opiniões, palavras e votos, salvo nos casos de injúria, difamação ou calúnia, ou previstos na Lei de Segurança Nacional".

A imunidade parlamentar volta a ser reintroduzida, embora de forma limitada, pela Emenda Constitucional nº 11 de 1978, que alterou a redação do art. 32 da Emenda Constitucional nº 1
de 1969 nos seguintes termos: "Os deputados e senadores são invioláveis no exercício do mandato, por suas opiniões palavras e votos salvo no caso de crime contra a Segurança Nacional".

Com o advento da restauração da plena democracia, a Constituição Federal de 1988 restabelece a regra no ordenamento jurídico sem qualquer ressalva em seu art. 53, cuja redação original dispunha que: "Os Deputados e Senadores são invioláveis por suas opiniões, palavras e votos".

Posteriormente, a Emenda Constitucional nº 35 de 2001, que definiu a redação atual do art. 53 da Constituição Federal, introduziu a ressalva de que a inviolabilidade abrange "quaisquer" das opiniões, palavras e votos dos parlamentares, esclarecendo, portanto, a ampla abrangência da norma.

Logo, procurou-se ampliar a liberdade de expressão dos parlamentares para que eles possam representar plenamente o povo e exercitar de forma ampla e irrestrita sua atividade política.

É interessante notar que a imunidade parlamentar somente foi plena nos períodos em que os regimes de governo tiveram características democráticas. Ela não existiu no período imperial e foi extinta durante os tempos ditatoriais.

Assim, a análise do histórico da imunidade parlamentar no Brasil demonstra que a instituição, eficácia e o pleno reconhecimento dessa garantia pelas instituições do Estado é característica dos regimes políticos democráticos e um instrumento necessário ao regular funcionamento da democracia.

5 O limite material da imunidade

Apesar de o texto do art. 53, *caput*, da Constituição Federal ressalvar expressamente que os parlamentares: "são invioláveis, civil e penalmente, por *quaisquer* de suas opiniões, palavras e votos", no julgado em exame ratificou-se a jurisprudência já consolidada na Suprema Corte que limita o âmbito da exclusão da punibilidade do fato somente às ofensas proferidas e imputações realizadas no exercício da atividade parlamentar.[5]

Em síntese, somente as opiniões, palavras e votos externados em razão da atividade política de representação do povo é que são abrangidas pela norma que visa garantir a liberdade e segurança do parlamentar para o amplo e eficaz exercício dessa atividade. Portanto, a garantia abrange apenas as manifestações que tenham relação com o exercício das atividades parlamentares.

Heleno Fragoso esclarece esse limite ao afirmar que: "a inviolabilidade, por óbvio, não abriga manifestações do parlamentar alheias à sua atividade como membro do Legislativo".[6]

Tal aspecto foi expressamente ressaltado no voto do ministro Edson Fachin, ao esclarecer que:

> A imunidade material conferida aos parlamentares não é uma prerrogativa absoluta. Restringe-se a opiniões e palavras externadas, dentro ou fora do recinto do Congresso Nacional, mas *no* ou *em razão* do exercício do mandato.

Destarte, as ofensas particulares não estão abrangidas nessa finalidade que fundamenta a existência da norma elisiva da responsabilidade penal. Por exemplo, se um parlamentar ofende um motorista no trânsito porque ele realizou alguma manobra indevida, tal discussão não detém relação alguma com sua atividade política, pois se restringe a questões pessoais e privadas do detentor do cargo parlamentar. Como essa ofensa não foi proferida em razão da atividade parlamentar, não está abrangida pela imunidade.

---

[5] *STF – Inq nº 3677* – Rel. Min. Cármen Lúcia, j. 27.03/.2014; *STF – Inq nº 2915* – Rel. Min. Luiz Fux, j. 09.05.2013; *STF – Inq nº 3215* – Rel. Min. Días Toffoli, j. 04.04.2013; *STF – Inq nº 2874 AgR* – Rel. Min. Celso de Mello, j. 20.06.2012; *STF – Inq nº 2674* – Rel. Min. Carlos Britto, j. 26.11.2009; *STF – Inq nº 2282* – Rel. Min. Marco Aurélio, j. 30.06.2006; *STF – Inq nº 1344* – Rel. Min. Sepúlveda Pertence, j. 07.08.2003.

[6] FRAGOSO, Heleno Cláudio. *Lições de Direito Penal*. 16. ed. Rio de Janeiro: Forense, 2004. p. 155-113.

De fato, a imunidade parlamentar não se trata de um privilégio pessoal do sujeito que detém o cargo político, mas sim de uma garantia instrumental conferida a quem realiza a atividade de representação popular. É o sujeito que é imune em decorrência das características do fato, e não o fato que é imune em decorrência das características do sujeito.

É verdade que a definição de qual ofensa será ou não considerada pertinente com a atividade parlamentar provavelmente será uma questão polêmica, porque envolve a aferição de situações fáticas cujas particularidades não podem ser previamente delimitadas.

Isso inclusive ficou evidenciado no julgamento do próprio INQ nº 4.088/DF, em que o ministro Marco Aurélio apresentou voto divergente da maioria porque considerou que não existia nexo suficiente entre a manifestação ofensiva e o exercício do mandato parlamentar.

De todo modo, independentemente da solução atribuída ao caso concreto, o certo é que essa polêmica é uma característica comum, e mesmo algo inerente, à classificação de qualquer aspecto fático em uma determinada categoria valorativa. A eventual existência de divergência sobre a classificação de algum fato decorrente de diferentes valorações realizadas por diferentes intérpretes não invalida o valor do critério a ser adotado para a classificação.

O importante é que haja um critério definido de forma clara para que possa ser aplicado à situação concreta e justificado racionalmente na espécie analisada. No caso o critério classificatório é a relação da ofensa com a atividade parlamentar, e esse critério está suficientemente determinado.

Ademais, o ministro Edson Fachin especifica a racionalidade interpretativa a ser adotada na dúvida. Ele considerou que, devido à relevância da imunidade parlamentar para assegurar o normal funcionamento da democracia, eventual incerteza sobre a classificação da ofensa como um exercício da atividade parlamentar ou não deve ser resolvida em favor do parlamentar. A concepção foi externada da seguinte maneira:

> perfilho do entendimento segundo o qual, naquelas situações limítrofes, onde não esteja perfeitamente delineada a conexão entre a atividade parlamentar e as ofensas supostamente irrogadas a pretexto de exercê-la, mas que igualmente não se possa, de plano, dizer que exorbitam do exercício do mandato, a regra da imunidade deve prevalecer.

Portanto, apesar da possibilidade de divergências interpretativas sobre a natureza das ofensas proferidas por um parlamentar em alguma situação concreta, o critério reitor geral a ser aplicado para a definição do âmbito da imunidade deve ser a consideração de a conduta ter sido praticada com a finalidade, sentido ou natureza político-parlamentar, ou se tratar de mero comportamento privado e de cunho pessoal do sujeito.

Com base nesse critério, estabelece-se a restrição material do âmbito da imunidade às ofensas proferidas em razão do exercício da atividade política parlamentar, o que é um limite do conteúdo material da norma.

6 A amplitude formal da imunidade

A atividade parlamentar é dinâmica e não é exercida somente dentro do recinto do parlamento. Os congressistas realizam atividades externas de cunho essencialmente político e o fato dessas não serem executadas no local em que formalmente desempenham suas funções não afeta sua natureza parlamentar.

Ou seja, a natureza parlamentar da atividade não é definida pelo local onde ela é realizada, mas sim pelo seu conteúdo. Portanto, as eventuais ofensas proferidas fora do parlamento também são abrangidas pela imunidade parlamentar. Tal decorre do fato de que o fundamento que justifica a existência da norma não se altera em razão do ambiente onde a atividade parlamentar se dá.

De fato, grande parte da atividade política do parlamentar é praticada em locais distintos do parlamento. Em seus contatos com a população, entidades representativas de setores econômicos e grupos sociais, assim como órgãos e agentes do Estado, o parlamentar debate temas políticos, relacionados com seu mandato, em inúmeros ambientes externos.

Além disso, o parlamentar ainda concede entrevistas aos mais variados meios de comunicação e divulga pronunciamentos de iniciativa própria no âmbito da internet por meio de redes sociais. Todas essas manifestações também podem ser relacionadas com o exercício de seu mandato.

Aliás, a internet tem sido utilizada cada vez mais na atividade política devido a seu baixo custo, liberdade de manifestação e autonomia de divulgação, e foi exatamente este o meio empregado pelo parlamentar para proferir as ofensas objeto do INQ nº 4.088/DF.

Repisamos, este tem sido o meio mais empregado pelos agentes políticos para se comunicarem com a população e divulgarem suas ideias e atividades e, também, para apresentarem suas críticas a comportamentos que consideram inadequados.

É mediante as redes sociais que os políticos conseguem falar diretamente com a população e estabelecer um diálogo sem intermediários. Por esse motivo, a internet provavelmente tenha se tornado a maior plataforma de expressão política da atualidade e, consequentemente, o *locus* em que ocorre a maioria das discussões dessa natureza e consequentes polêmicas.

Portanto, a característica de as ofensas terem sido proferidas fora do recinto parlamentar ou mesmo mediante qualquer meio de comunicação não afeta sua natureza política. Para a definição da abrangência da imunidade parlamentar, não importa onde tenham sido proferidas as ofensas, mas sim o seu conteúdo, natureza e finalidade.

O entendimento já se encontrava consolidado na jurisprudência do Supremo Tribunal Federal e foi referendado no julgamento do INQ nº 4.088/DF.[7]

Conclusões

A decisão proferida no julgamento do INQ nº 4.088/DF consolida o entendimento da Suprema Corte sobre o conteúdo e abrangência da imunidade parlamentar definida no art. 53, *caput*, da Constituição Federal.

Trata-se de uma imunidade material instituída em razão do cargo parlamentar que visa garantir seu pleno exercício e a eficiência na representação popular, garantindo aos mandatários do povo o amplo exercício da livre expressão para a defesa dos interesses da população e consequente exercício da democracia durante a legislatura.

Por se tratar de uma imunidade estabelecida devido à atividade desempenhada, não abrange fatos que não tenham relação com o exercício dessa atividade.

Nada obstante, como a imunidade é de natureza material, abrange qualquer manifestação de conteúdo político expressada no exercício de atividade política, independentemente de onde tais manifestações tenham sido externadas.

---

[7] STF – *Inq nº 2840 AgR* – Rel. Min. Cármen Lúcia, j. 09.05.2013; STF – *Inq nº 2874 AgR* – Rel. Min. Celso de Mello, j. 20.06.2012; STF – *Inq nº 1958* – Rel. Min. Carlos Velloso, j. 29.10.2005; STF – *Inq nº 2036* – Rel. Min. Ayres Britto, j. 23.06.2004; STF – *Inq nº 1944* – Rel. Min. Ellen Gracie, j. 21.11.2003; STF – *Inq nº 1920 AgR* – Rel. Min. Marco Aurélio, j. 15.10.2003.

Referências

BOBBIO, Norberto. *Teoria dell'ordinamento giuridico*. Torino: Giappicheli, 1960.

BRUNO, Aníbal. *Direito Penal*. Parte geral. 3. ed. Rio de Janeiro: Forense, 1967. 1 t.

EISELE, Andreas. *A punibilidade no conceito de delito*. Salvador: Juspodivm, 2019.

FRAGOSO, Heleno Cláudio. *Lições de Direito Penal*. 16. ed. Rio de Janeiro: Forense, 2004.

RANK, Reinhard. *Sobre la estructura del concepto de culpabilidad*. Trad. ABOSO, Gustavo Eduardo; LÖW, Tea. Buenos Aires: BdeF, 2000.

FREUDENTHAL, Berthold. *Culpabilidad y reproche en el derecho penal*. Trad. GUZMÁN DALBORA, José Luis. Buenos Aires: BdeF, 2006.

GOLDSCHMIDT, James. *La concepción normativa de la culpabilidad*. Trad. GOLDSCHMIDT, Margarethe de; NÚÑEZ, Ricardo C. Buenos Aires: BdeF, 2002.

Informação bibliográfica deste livro, conforme a NBR 6023:2018 da Associação Brasileira de Normas Técnicas (ABNT):

FARIAS, Paulo Marcos de; EISEL, Andreas. Imunidade parlamentar. In: SILVA, Christine Oliveira Peter da; GIAMBERARDINO, André Ribeiro; ARRUDA, Desdêmona Tenório B. T.; MACEDO, José Arthur Castillo de; MACHADO FILHO, Roberto Dalledone (coord.). *Ministro Luiz Edson Fachin*: dez anos de Supremo Tribunal Federal. Belo Horizonte: Fórum, 2025. p. 289-300. ISBN 978-65-5518-746-5.

O DIREITO À RETIFICAÇÃO DE REGISTRO CIVIL DOS TRANSGÊNEROS: AVANÇOS E DESAFIOS APÓS A DECISÃO DO STF NA ADI Nº 4275

PEDRO FERREIRA

Introdução

Em que pese o direito ao nome seja fundamental para a promoção de maior dignidade e inclusão social dos transgêneros, a possibilidade de retificação do registro civil no Brasil permaneceu, por muitos anos, envolta em incertezas jurídicas e exigências burocráticas que dificultavam o acesso a esse direito fundamental.

Apenas em 2018 ocorreu um avanço significativo acerca do direito ao nome, quando o Supremo Tribunal Federal (STF) garantiu a possibilidade de alteração de nome e gênero no registro civil sem a necessidade de cirurgia de transgenitalização ou comprovação médica e psicológica, tornando o processo mais acessível por meio da via administrativa. Nessa perspectiva, o problema central desta pesquisa consiste em analisar em que medida o direito à retificação de registro civil tem sido efetivamente garantido no Brasil após a decisão do STF, na Ação Direta de Inconstitucionalidade (ADI) nº 4275.

Na primeira seção, busca-se destacar a importância da retificação do registro civil para pessoas transgênero, bem como a relação entre o uso do nome social e a realidade de cidadania precária enfrentada por essa população. Em seguida, apresenta-se uma síntese do entendimento do STF sobre o tema e do ato normativo do Conselho Nacional de Justiça (CNJ), que estabeleceu sua regulamentação. Por fim, serão analisados os dados do estudo "Diagnóstico sobre o acesso à retificação de nome e gênero de travestis e demais pessoas trans no Brasil", conduzido pela Associação Nacional de Travestis e Transexuais (ANTRA). Este texto pretende, assim, contribuir para a compreensão da efetividade da decisão do STF e da regulamentação do CNJ, destacando seus impactos e desafios. A partir dessa análise, busca-se evidenciar os avanços alcançados e as lacunas ainda existentes, oferecendo subsídios para futuras reflexões e aprimoramentos na garantia dos direitos das pessoas transgênero no Brasil.

1 A cidadania precária dos transgêneros

O nome, por constituir um elemento essencial para a identificação e reconhecimento no meio social, desempenha um papel fundamental na construção da identidade do indivíduo. Para além de ser um marcador distintivo, reflete expectativas culturais e sociais, estando historicamente vinculado à noção binária de gênero — masculino ou feminino — e, consequentemente, servindo como instrumento para reforçar a denominada "performatividade de gênero". Esse termo, cunhado por Judith Butler, evidencia que o gênero é "performativamente produzido e imposto pelas práticas reguladoras da coerência do gênero".[1]

Nesse contexto, a partir da noção de performatividade de gênero, pode-se afirmar que o nome não apenas identifica, mas também produz e reforça o gênero, que não se configura como uma característica intrínseca ou essencial do sujeito, mas sim como um constructo social continuamente moldado e reiterado por normas e práticas regulatórias.

Sob essa ótica, pessoas trans[2] são frequentemente obrigadas a conviver com um prenome e uma indicação de gênero no registo civil que não correspondem à sua identidade de gênero. Tal discrepância acarreta a violação constante da sua identidade, sujeitando-as a

---

[1] BUTLER, Judith. *Problemas de gênero*: feminismo e subversão da identidade. Tradução de Renato Aguiar. Rio de Janeiro: Civilização Brasileira, 2003. p. 48.

[2] Para fins deste estudo, o termo "pessoa trans" será empregado como sinônimo de "pessoa transgênero".

situações vexatórias e constrangedoras.³ Diante desse contexto, torna-se imperativo que haja a possibilidade de retificação do registro civil, de modo a adequá-lo à identidade de gênero do indivíduo transgênero.⁴ Apesar de a indiscutível relevância do direito à retificação do registo civil para pessoas trans, a matéria não foi regulamentada pelo Poder Legislativo. No Poder Judiciário, até a decisão do Supremo Tribunal Federal (STF) sobre a temática, com efeito *erga omnes*, proferida em março de 2018, havia uma significativa divergência jurisprudencial acerca do tema. Enquanto alguns magistrados e tribunais autorizavam a retificação do nome e do gênero, outros indeferiam⁵ ambos os pedidos ou permitiam apenas a alteração do prenome.

A morosidade e a incerteza associadas ao processo de retificação do registo civil resultaram, no Brasil, na criação de um instituto inédito no panorama internacional: o nome social.⁶ Esse termo representa "uma forma, ainda que rudimentar, de reconhecimento da identidade da pessoa e de promoção de sua dignidade; trata-se de um nome de facto, ainda não plenamente reconhecido pelo direito".⁷ Em termos mais informais, o nome social pode ser definido como um "nome de guerra".⁸

---

³   DIAS, Maria Berenice. *Homoafetividade e direitos LGBTI*. 7. ed. rev., atual. e ampl. São Paulo: Revista dos Tribunais, 2016. p. 227.
⁴   Evidencia-se que que nem todas as pessoas trans têm o desejo de retificar seu nome e/ou gênero no registro civil e essa escolha não invalida a sua identidade como transgênero.
⁵   A principal razão para a improcedência dos pedidos estava associada à exigência da realização da cirurgia de transgenitalização, sob o argumento de que somente esse procedimento seria capaz de conferir segurança e caráter definitivo à identidade de gênero do requerente. Acerca dessa exigência, o Ministro Luiz Edson Fachin sustenta que: "Não parece adequado, dentro do ponto de vista constitucional da dignidade da pessoa humana, tornar a cirurgia condição *sine qua non* para a mudança de nome e sexo, pois, se assim fosse, de algum modo o sujeito sofreria uma violação a um direito. Se não aceitar realizar a cirurgia terá seu direito ao nome e identidade negados, se fizer a cirurgia para que então possa ter reconhecido seu direito ao nome e sexo, terá seu direito ao corpo agredido. (...) É inadmissível impor a uma parcela da sociedade que tenham que fazer uma opção entre direitos fundamentais". FACHIN, Luiz Edson. O corpo do registro no registro do corpo: mudança de nome e sexo sem cirurgia de redesignação. *Revista Brasileira de Direito Civil*, v. 1, n. 1, p. 55, 2014.
⁶   BENTO, Berenice. Nome social para pessoas trans: cidadania precária e gambiarra legal. *Contemporânea – Revista de Sociologia da UFSCar*, São Carlos, v. 4, n. 1, p. 166, jan./jun. 2014.
⁷   BAHIA, Carolina Medeiros; CANCELIER, Mikhail Vieira de Lorinzi. Nome social: direito da personalidade de um grupo vulnerável ou arremedo de cidadania? *Revista Húmus*, Maranhão, v. 7, n. 19, p. 117, 2017.
⁸   CIDADE, Maria Luiza Rovaris. *Nomes (im)próprios*: Registro civil, norma cisgênera e racionalidade do Sistema Judiciário. Dissertação (Mestrado em Psicologia) – Programa de Pós-Graduação do Instituto de Psicologia da Universidade Federal do Rio de Janeiro, Rio de Janeiro, 2016. p. 78.

Quanto à regulamentação do uso do nome social, evidencia-se a Portaria nº 1.820, de 13 de agosto de 2009, que permitiu o seu uso no âmbito do Sistema Único de Saúde (SUS).[9] Destaca-se também a Instrução Normativa RFB nº 1.718, de 18 de julho de 2017, que passou a permitir a inclusão desse nome nos registros do Cadastro de Pessoas Físicas (CPF).[10] No contexto educacional, merece menção a Portaria nº 33, de 17 de janeiro de 2018, emitida pelo Ministério da Educação, que regulamentou a utilização do nome social nos registros escolares da educação básica, desde que solicitado pelos responsáveis legais, no caso de estudantes menores de 18 anos.[11] Por fim, destaca-se o Decreto nº 8.727, de 2016, que regulamentou o uso do nome social no âmbito da Administração Pública Federal direta, autárquica e fundacional.[12]

A partir dos exemplos acima, percebe-se que o direito ao uso do nome social assegura às pessoas transgênero o reconhecimento de sua identidade em determinadas instituições, contribuindo para a redução de constrangimentos em espaços como escolas, serviços públicos de saúde e setores da Administração Pública federal direta, autárquica e fundacional. No entanto, é fundamental que o respeito ao nome dessa população seja garantido de forma ampla e irrestrita em todos os contextos sociais, o que somente é possível ocorrer com a possibilidade de retificar o registro civil.

Nesse sentido, embora a possibilidade de utilização do nome social represente um avanço na tentativa de mitigar a dissonância entre identidade de gênero e registro civil, tal medida não garante o reconhecimento integral do nome da pessoa trans. Percebe-se, então, que

---

[9] BRASIL. *Portaria nº 1.820, de 13 de agosto de 2009*. Dispõe sobre os direitos e deveres dos usuários da saúde. Diário Oficial da União, Brasília, DF, 14 ago. 2009. Disponível em: http://conselho.saude.gov.br/ultimas_noticias/2009/01_set_carta.pdf. Acesso em: 10 jan. 2025.

[10] BRASIL. *Instrução Normativa RFB nº 1.718, de 18 de julho de 2017*. Altera a Instrução Normativa RFB nº 1.548, de 13 de fevereiro de 2015, que dispõe sobre o Cadastro de Pessoas Físicas (CPF). Diário Oficial da União, Brasília, DF, 20 jul. 2017. Disponível em: http://legislacaoemgeral.blogspot.com/2017/07/instrucao-normativa-rfb-n-17182017.html. Acesso em: 10 jan. 2025.

[11] BRASIL. *Portaria nº 33, de 17 de janeiro de 2018*. Dispõe sobre normas no âmbito do Ministério da Educação. Diário Oficial da União, Brasília, DF, 18 jan. 2018a. Disponível em: http://www.abmes.tv.br/arquivos/legislacoes/Port-MEC-33-2018-01-17.pdf. Acesso em: 10 jan. 2025.

[12] BRASIL. *Decreto nº 8.727, de 28 de abril de 2016*. Dispõe sobre o uso do nome social e o reconhecimento da identidade de gênero de pessoas travestis e transexuais no âmbito da administração pública federal direta, autárquica e fundacional. Diário Oficial da União, Brasília, DF, 29 abr. 2016. Disponível em: http://www.planalto.gov.br/ccivil_03/_Ato2015-2018/2016/Decreto/D8727.htm. Acesso em: 10 jan. 2025.

se trata de uma inclusão paradoxal na qual os sujeitos excluídos são formalmente inseridos apenas para continuarem marginalizados. Essa realidade reflete o conceito de "cidadania precária", formulado por Berenice Bento, o qual designa contextos em que a aprovação de leis voltadas às populações marginalizadas – incluindo excluídos econômicos e dissidentes sexuais e de gênero – ocorre de forma fragmentada e insuficiente, sem promover mudanças estruturais significativas. Assim, o reconhecimento do nome social evidencia a lentidão, omissão e ineficácia das ações estatais na garantia da dignidade humana das pessoas trans.[13]

Apenas em 2018 ocorreu um avanço significativo acerca do direito ao nome, quando o STF decidiu acerca do tema. Nesse contexto, na próxima seção, serão examinados tanto o entendimento do STF sobre essa questão quanto o ato normativo do Conselho Nacional de Justiça (CNJ), que estabeleceu sua regulamentação.

2 A decisão do STF e a sua regulamentação pelo CNJ

Em 21 de julho de 2009, a Procuradora-Geral da República, Deborah Macedo Duprat de Britto Pereira, ingressou com a ADI nº 4275, solicitando a interpretação constitucional do artigo 58 da Lei nº 6.015/73.[14] Seu objetivo era que o nome social de pessoas transexuais fosse reconhecido como um apelido público notório, possibilitando, dessa forma, a alteração do nome civil e da indicação de gênero no registro civil, sem a exigência de cirurgia de transgenitalização.[15]

Ocorre que, em fevereiro de 2018, em razão de memorial protocolado pelo Grupo de Advogados pela Diversidade Sexual e de Gênero (GADvS) e pela Associação Brasileira de Lésbicas, Gays, Bissexuais, Travestis, Transexuais e Intersexuais (ABGLT), o debate foi ampliado, deixando de se limitar apenas à questão da exigência de cirurgia de transgenitalização. Passou-se a discutir também sobre a possibilidade de dispensa de laudos médicos e de ação judicial para a retificação de

---

[13] BENTO, 2014, *passim*.
[14] Art. 58, da Lei nº 6.015/73. "O prenome será definitivo, admitindo-se, todavia, a sua substituição por apelidos públicos notórios".
[15] BRASIL. Supremo Tribunal Federal. *Ação Direta de Inconstitucionalidade nº 4275*. Requerente: Procuradoria-Geral da República. Relator: Min. Marco Aurélio Mello. Redator: Min. Luiz Edson Fachin. Diário da Justiça Eletrônico, Brasília, DF, 08 mar. 2018b. Disponível em: https://redir.stf.jus.br/estfvisualizadorpub/jsp/consultarprocessoeletronico/ConsultarProcessoEletronico.jsf?seqobjetoincidente=2691431. Acesso em: 10 jan. 2025.

nome e gênero.[16] A petição baseou-se na Opinião Consultiva nº OC 24/17 da Corte Interamericana de Direitos Humanos (Corte IDH), a qual estabeleceu que:

Os Estados devem garantir que as pessoas interessadas na retificação da anotação do gênero ou, se este for o caso, às menções do sexo, em mudar seu nome, adequar sua imagem nos registros e/ou nos documentos de identidade, em conformidade com a sua identidade de gênero autopercebida, possam recorrer a um procedimento ou um trâmite: a) enfocado na adequação integral da identidade de gênero autopercebida; b) baseado unicamente no consentimento livre e informado do requerente, sem exigir requisitos como certificações médicas e/ou psicológicas ou outras que possam ser irrazoáveis ou patológicas; c) deve ser confidencial. Além disso, mudanças, correções ou adequações nos registros e nos documentos de identidade não devem refletir mudanças de acordo com a identidade de gênero; d) deve ser expedito e, na medida do possível, deve ser gratuito, e e) *não deve exigir a acreditação de operações cirúrgicas e/ou hormonais. O procedimento que melhor se adapta a estes elementos é o procedimento ou trâmite materialmente administrativo ou cartorial*[17] (grifos nossos).

No mês seguinte à apresentação do memorial, a Suprema Corte, por maioria de votos, decidiu pela procedência da ADI nº 4275, reconhecendo o direito à retificação do nome e do gênero de pessoa transgênero diretamente no cartório, sem a exigência de cirurgia de transgenitalização, tratamentos hormonais ou qualquer outro procedimento de natureza patologizante, nos termos da divergência do Ministro Luiz Edson Fachin, redator do acórdão.[18]

O voto magistralmente proferido pelo Ministro Luiz Edson Fachin destacou-se pela profundidade e clareza com que abordou os fundamentos jurídicos e constitucionais da matéria, estruturando-se em três premissas fundamentais. A primeira estabeleceu que o direito à igualdade, livre de discriminações, inclui a identidade ou expressão de gênero. A segunda afirmou que a identidade de gênero constitui uma manifestação essencial da personalidade humana, cabendo ao Estado

---

[16] *Ibidem*, n.p.
[17] CORTE INTERAMERICANA DE DIREITOS HUMANOS (Corte IDH). *Opinião Consultiva nº OC-24/17*. Identidade de gênero, e igualdade e não discriminação a casais do mesmo sexo. San José, 24 nov. 2017. Disponível em: https://www.corteidh.or.cr/docs/opiniones/seriea_24_por.pdf. Acesso em: 11 jan. 2025.
[18] BRASIL, 2018, n.p.

apenas o papel de reconhecê-la, jamais de constitui-la. Por fim, a terceira premissa sustentou que a identidade de uma pessoa não deve ser objeto de prova, e que o Estado não pode condicionar sua expressão a qualquer tipo de exigência procedimental.[19]

Destaca-se, ainda, a sólida fundamentação jurídica, alicerçada na Constituição Federal e em tratados internacionais, adotada pelo Ministro Luiz Edson Fachin em seu voto, que reforça a centralidade dos direitos humanos e fundamentais.

No âmbito constitucional, o Ministro baseou sua argumentação no princípio da dignidade da pessoa humana, previsto no artigo 1º, inciso III, da Constituição Federal, bem como nos direitos à intimidade, à vida privada, à honra e à imagem, consagrados no artigo 5º, inciso X.[20]

Além disso, o Ministro invocou o artigo 5º, §2º, que assegura a incorporação de direitos e garantias previstos em tratados internacionais. Nessa perspectiva, recorreu ao Pacto de São José da Costa Rica para reforçar a necessidade de proteção da identidade de gênero como expressão da personalidade e da dignidade humana. Assim, enfatizou o direito ao nome, garantido no artigo 18 do Pacto, como elemento essencial da identidade pessoal, bem como o direito ao reconhecimento da personalidade jurídica, assegurado no artigo 3. Ademais, fundamentou seu voto no artigo 7.1 do Pacto, que protege a liberdade pessoal, e no artigo 11.2, que resguarda os direitos à honra e à dignidade. Ao estabelecer essa base normativa abrangente, o Ministro consolidou uma interpretação que alinha o ordenamento jurídico brasileiro às normas internacionais de direitos humanos, reafirmando o compromisso do Estado com a promoção da igualdade e da autodeterminação das pessoas transgênero.[21]

Outro ponto relevante no voto do Ministro Luiz Edson Fachin, apoiado pela maioria dos ministros, foi a substituição do termo "transexual" pelo termo "transgênero". Essa alteração se deve, em grande parte, a uma questão de fato levantada pela Professora Maria Berenice Dias durante o julgamento da ADI nº 4275, em 22 de dezembro de 2017. Em apoio à proposta, o GADvS e a ABGLT, em 10 de fevereiro de 2018, apresentaram memorial que destacou a importância do uso do termo "transgênero", pois este abrange não apenas transexuais, mas

---

[19] *Ibidem*, n.p.
[20] *Ibidem*, n.p.
[21] *Ibidem*, n.p.

também travestis, garantindo maior inclusão e adequação às diversas identidades de gênero.[22]

Desta forma, a adoção do termo "transgênero" pelo STF representou um avanço significativo na promoção dos direitos das pessoas trans, reconhecendo juridicamente a diversidade de identidades de gênero e fortalecendo a proteção e visibilidade desse grupo.

Nessa perspectiva, além de assegurar o direito à retificação do registro civil para pessoas transgênero, a decisão da Suprema Corte também reconheceu direitos historicamente reivindicados por essa população, como o direito à autodeterminação da identidade de gênero e à igualdade sem qualquer forma de discriminação. Para mais, ao adotar o termo transgênero, o STF reconheceu a diversidade de identidades de gênero, uma vez que passou a incluir as travestis. Trata-se, portanto, de um marco jurisprudencial para a comunidade trans, pois não apenas garante um direito essencial (retificação de registro civil), mas também representa uma mudança de paradigma nas normas sociais e legais que regem a identidade de gênero no Brasil.

Após a decisão da ADI nº 4275, coube ao CNJ regulamentá-la, o que foi feito por meio do Provimento nº 73, publicado em 28 de junho de 2018. Esse provimento estabeleceu, em âmbito nacional, as diretrizes para a averbação da alteração do prenome e do gênero nos registros de nascimento e casamento de pessoas transgênero nos cartórios de registro civil de pessoas naturais.[23]

No entanto, em 30 de agosto de 2023, o Provimento foi revogado pelo Provimento nº 149/2023, que instituiu o Código Nacional de Normas da Corregedoria Nacional de Justiça — Foro Extrajudicial (CNN/CN/CNJ-Extra). Apesar da revogação, a maior parte de seu conteúdo foi preservada no novo ato normativo.[24]

Nesse Provimento, o CNJ estabeleceu que a retificação do registro civil deve fundamentar-se, primordialmente, no exercício da autonomia

---

[22] *Ibidem*, n.p.
[23] BRASIL. Conselho Nacional de Justiça. *Provimento nº 73, de 28 de junho de 2018c*. Dispõe sobre a averbação da alteração do prenome e do gênero nos assentos de nascimento e casamento de pessoa transgênero no Registro Civil das Pessoas Naturais. Diário da Justiça Eletrônico, Brasília, DF, 29 jun. 2018. Disponível em: http://www.cnj.jus.br/busca-atos-adm?documento=3503. Acesso em: 12 jan. 2025.
[24] BRASIL. Conselho Nacional de Justiça. *Provimento nº 149, de 30 de agosto de 2023*. Institui o Código Nacional de Normas da Corregedoria Nacional de Justiça — Foro Extrajudicial (CNN/CN/CNJ-Extra). Diário da Justiça Eletrônico, Brasília, DF, 04 set. 2023. Disponível em: https://www.cnj.jus.br. Acesso em: 12 jan. 2025.

da pessoa transgênero, sendo suficiente a manifestação de sua vontade para a alteração, sem a exigência de comprovações adicionais, como laudos médicos ou a realização de cirurgia de transgenitalização. Assim, qualquer indivíduo com 18 anos ou mais adquiriu o direito de requerer a retificação diretamente em cartório de registro civil de pessoas naturais, desde que apresente a documentação exigida no art. 518, §6º, do Provimento nº 149/2023 do CNJ.[25]

Embora a decisão do STF e a regulamentação do CNJ representem um avanço significativo, elas, por si sós, não asseguram que o direito à retificação do registro civil diretamente em cartório esteja sendo efetivamente garantido. Assim, na próxima seção, será analisada a efetividade dessas diretrizes, verificando se estão sendo devidamente cumpridas e se, de fato, contribuíram para a desburocratização do procedimento de mudança de nome e gênero.

3 Os efeitos da decisão do STF e da regulamentação do CNJ

Nesta seção, serão analisados os efeitos da decisão do Supremo Tribunal Federal e do ato normativo do CNJ a partir dos dados da pesquisa "Diagnóstico sobre o acesso à retificação de nome e gênero de travestis e demais pessoas trans no Brasil", conduzida pela Associação Nacional de Travestis e Transexuais (ANTRA).[26]

A pesquisa da ANTRA surge como uma resposta da sociedade civil organizada — composta por movimentos sociais, coletivos e organizações não governamentais — diante da ausência de dados governamentais sobre a retificação do registro civil de pessoas trans. Essa lacuna revela a falta de iniciativa do Estado na implementação de políticas públicas que assegurem não apenas o direito à retificação, mas também o acompanhamento da efetividade desse direito, o monitoramento de eventuais abusos cometidos pelos cartórios e a destinação adequada de recursos materiais e humanos para garantir seu pleno exercício.[27]

---

[25] *Ibidem*, n.p.
[26] Essa rede nacional, atuante há mais de 20 anos, dedica-se à promoção da cidadania e à defesa dos direitos das pessoas trans no Brasil.
[27] ASSOCIAÇÃO NACIONAL DE TRAVESTIS TRANSEXUAIS (ANTRA). *Diagnóstico sobre o acesso à retificação de nome e gênero de travestis e demais pessoas trans no Brasil*. Brasília: Distrito Drag, 2022.

O estudo estruturou-se por meio de um questionário com 43 perguntas, sendo 41 de respostas fechadas e duas abertas, permitindo uma combinação de dados quantitativos e qualitativos. A participação foi voluntária, e o formulário ficou disponível entre os dias 5 e 23 de abril de 2022. No total, foram validadas 1.642 respostas, das quais 631 pessoas haviam realizado a retificação do registro civil, enquanto 1.011 ainda não haviam feito a alteração.[28]

De início, a pesquisa realizada pela ANTRA investigou se os cartórios exigiam alguma comprovação documental adicional, como laudos médicos ou psicológicos, para a realização da retificação do registro civil. Entre as pessoas que já concluíram o procedimento de mudança do registro civil, 20 participantes (4%) relataram que foram exigidos esses documentos.[29] Essa imposição configura um grave e evidente descumprimento à decisão do STF na ADI nº 4275, que, conforme já mencionado, estabeleceu que a retificação do registro civil deve basear-se exclusivamente na manifestação da vontade da pessoa transgênero, sendo expressa ao afirmar que a identidade de uma pessoa não deve ser submetida a qualquer tipo de prova e que o Estado não pode impor exigências procedimentais que condicionem ou limitem sua autodeterminação. Outrossim, tal conduta dos cartórios representa uma violação direta ao ato normativo do CNJ, que expressamente dispensa a apresentação de laudos médicos ou psicológicos como requisito para a retificação do registro civil, conforme disposto no artigo 518, parágrafo primeiro, do Provimento nº 149/2023. Dessa forma, os dados da pesquisa revelam que, embora a maior parte dos cartórios esteja cumprindo as diretrizes estabelecidas, ainda há casos de descumprimento que precisam ser monitorados e coibidos.

Além da questão relativa à exigência de laudos, perguntou-se às pessoas trans quais foram os principais motivos que impediram a retificação do registro civil, permitindo-se mais de uma resposta. Dentre os participantes da pesquisa, 558 (55,2%) apontaram o excesso de burocracia como o maior dificultador de acesso a esse direito; 538 (53,2%) indicaram que o custo do processo é muito alto; 239 (23,6%) indicaram que não há isenção sobre taxas; 505 (50%) apontaram falta de informações públicas e acessíveis para organização do processo; 256 (25,3%) apontaram a transfobia institucional dos cartórios e dos

---

[28] Ibidem, p. 43.
[29] Ibidem, p. 74.

órgãos de justiça; e 237 (23,4%) afirmaram que não possuem toda a documentação necessária.[30] No que diz respeito ao alto custo para retificar o registo civil, pode-se tomar como exemplo o Estado de São Paulo onde, em março de 2023, o montante despendido situava-se em aproximadamente R$620,00, incluindo despesas com custas e emolumentos notariais. Esse valor abrangia a emissão de certidões negativas de protesto referentes aos locais de residência, além das taxas para averbação do nome e envio de documentos entre cartórios. Caso o requerente tivesse nascido em outra unidade federativa, os custos aumentariam de forma significativa, podendo superar o valor de um salário-mínimo.[31]

Diante desse cenário de custo elevado, torna-se fundamental a previsão de isenção dos valores. Sobre essa questão, o artigo 523, parágrafo único, do Provimento nº 149/2023 estabelece que "o registrador do RCPN, para os fins do presente provimento, deverá observar as normas legais referentes à gratuidade de atos".[32] No entanto, no que tange à retificação do registo civil por via administrativa, tais normas não se encontram expressamente previstas. Em razão dessa lacuna normativa, as pessoas trans ficam sujeitas às regulamentações estaduais e, na ausência destas, à discricionariedade de cada cartório, gerando um cenário de incerteza e insegurança jurídica no que tange à gratuidade do procedimento de retificação de registro civil.

Diante dessa conjuntura, considerando a situação de vulnerabilidade econômica que frequentemente atinge a população trans, a inexistência de normas específicas que garantam a gratuidade dos emolumentos, aliada ao seu custo elevado, resta configurado um obstáculo significativo para a alteração administrativa do nome e do gênero.

Um outro obstáculo apresentado por pessoas trans para não efetivarem o direito à retificação de registro civil reside na falta de informações públicas acessíveis. A fim de compreender essa questão em profundidade, é essencial apresentar, primeiramente, a relação dos documentos exigidos para a retificação do registro civil, conforme

---

[30] *Ibidem*, p. 75.
[31] AZAVENDO, Júlio Camargo de. Direito à retificação de nome e gênero de pessoas trans: Até quando barreiras econômicas vão impedir o igual acesso à cidadania? *Portal Jota*, 20 mar. 2023. Disponível em: https://www.jota.info/opiniao-e-analise/colunas/direito-dos-grupos-vulneraveis/direito-a-retificacao-de-nome-e-genero-de-pessoas-trans. Acesso em: 15 jan. 2025.
[32] BRASIL, 2023, n.p.

disposto no artigo 518, §6º, do Provimento nº 149/2023 do Conselho Nacional de Justiça (CNJ):

I — certidão de nascimento atualizada;
II — certidão de casamento atualizada, se for o caso;
III — cópia do registro geral de identidade (RG);
IV — cópia da identificação civil nacional (ICN), se for o caso;
V — cópia do passaporte brasileiro, se for o caso;
VI — cópia do Cadastro de Pessoa Física (CPF) no Ministério da Fazenda;
VII — cópia do título de eleitor;
VIII — cópia de carteira de identidade social, se for o caso;
IX — comprovante de endereço;
X — certidão do distribuidor cível do local de residência dos últimos cinco anos (estadual/federal);
XI — certidão do distribuidor criminal do local de residência dos últimos cinco anos (estadual/federal);
XII — certidão de execução criminal do local de residência dos últimos cinco anos (estadual/federal);
XIII — certidão dos tabelionatos de protestos do local de residência dos últimos cinco anos;
XIV — certidão da Justiça Eleitoral do local de residência dos últimos cinco anos;
XV — certidão da Justiça do Trabalho do local de residência dos últimos cinco anos;
XVII — certidão da Justiça Militar, se for o caso.[33]

É inegável que o extenso rol de documentos exigidos torna o processo particularmente oneroso e complexo, sobretudo porque as certidões requeridas são emitidas por diferentes órgãos, tais como os distribuidores cível, criminal, eleitoral, trabalhista e os tabelionatos, o que apresenta desafios adicionais, notadamente a incerteza quanto à competência de cada entidade para sua expedição. Soma-se a isso a indefinição quanto ao procedimento necessário para a solicitação, haja vista que nem sempre é evidente se a requisição pode ser realizada por meio digital ou se faz-se imprescindível o comparecimento presencial, impondo-se, ainda, a dificuldade correlata de identificar com precisão o site ou local apropriado para proceder o requerimento.

---

[33] *Ibidem*, n.p.

Adicionalmente, a falta de orientações precisas sobre a validade das certidões pode acarretar contratempos significativos. Se o requerente apresentar documentos vencidos no cartório, será necessário reiniciar o processo de obtenção das certidões, o que resulta não apenas em maior desgaste emocional e financeiro, mas também no prolongamento indesejado do procedimento de retificação de registro civil.

Além da falta de informações adequadas para a organização do processo, um dos principais obstáculos apontados por pessoas trans para a retificação do registro civil é a transfobia institucional, que, muitas vezes, é disfarçada por uma burocracia excessiva. Esse problema está amplamente evidenciado em diversos relatos coletados por meio do questionário da ANTRA, dos quais foram selecionados seis para a presente análise:

> (...) No cartório da cidade onde eu nasci, era necessário fazer uma entrevista com o escrevente para dar continuidade no processo, mesmo apresentando todos os documentos exigidos legalmente. Achei constrangedor pois não acho necessário esse tipo de entrevista, visto que, fiz todo um acompanhamento psicológico para ajudar a entender. A retificação é feita por vontade própria, não temos que provar para ninguém que somos uma pessoa trans (Vinícius, homem trans, branco, entre 18 e 29 anos, São José do Rio Preto — SP).
>
> (...) O atendimento foi constrangedor e a mulher que atendeu disse que seria melhor eu procurar um advogado porque o processo demora e não valeria a pena continuar (Pedro, homem trans, preto, entre 18 e 29 anos, Magé — RJ).
>
> (...) Em 2021, quando fui dar entrada no cartório, a atendente fez questão de dizer que o meu nome morto era lindo, com bastante ênfase, também tive que assinar o recibo com o nome morto, mesmo constando meu nome social na carteira de identidade (Ariel, pessoa NB, branca, entre 18 e 29 anos, Rio de Janeiro — RJ).
>
> (...) Questionaram o motivo da minha transição, porque segundo a moça eu sou muito bonito tanto de corpo como de rosto, pra "começar" a querer ser homem (Pedro, homem trans, pardo, entre 18 e 29 anos, Recife — PE).
>
> (...) A recepcionista do cartório disse que eu não tinha cara de um homem trans e que só era possível fazer a retificação de pessoas trans e travestis (José, homem trans, pardo, entre 18 e 29 anos, Cotia — SP).
>
> (...) Quando tentei fazer [a retificação], exigiram um laudo psicológico atestando que eu me encaixava no perfil trans (Valéria, mulher transexual, parda, entre 30 e 39 anos, Manaus — AM).[34]

---

[34] ANTRA, 2022, p. 79-81.

Os depoimentos de Vinícius e Valéria ilustram a imposição de exigências arbitrárias por parte dos cartórios, contrariando expressamente o Provimento do CNJ. A exigência de entrevista com escrevente e a solicitação de laudo psicológico para validar a identidade de gênero não possuem amparo legal e representam não apenas um entrave burocrático indevido, mas também expõem os requerentes a constrangimentos desnecessários e discriminatórios.

Ademais, a conduta de alguns profissionais dos cartórios revelou um viés discriminatório, manifestado tanto por meio de orientações desestimulantes quanto por comentários transfóbicos. O caso de Pedro, de Magé (RJ), que foi desencorajado a prosseguir com a retificação sob o argumento de que "não valeria a pena" devido à demora do processo, sugere uma tentativa deliberada de obstrução do direito à retificação de registro civil de forma administrativa. De maneira semelhante, o comentário da atendente que elogiou insistentemente o "nome morto" de Ariel, bem como a indagação feita a Pedro, de Recife (PE), sobre sua aparência e o suposto "motivo" de sua transição, revelam uma tentativa de invalidar suas identidades. Já a experiência de José, que ouviu da recepcionista que "não tinha cara de um homem trans", é mais um exemplo que reforça a ideia de que a autodeterminação de gênero ainda não é plenamente respeitada dentro do sistema cartorário, sendo substituída por julgamentos pessoais e subjetivos.

Diante desse cenário, torna-se imperativa a adoção de medidas concretas para garantir que a retificação de registro civil ocorra de maneira digna e acessível. A capacitação dos profissionais que atuam nos cartórios acerca dos direitos da população trans, aliada à divulgação de canais eficazes para denúncia de irregularidades, é medida fundamental para assegurar que os avanços jurídicos conquistados se traduzam, na prática, em respeito e efetivação plena desse direito. Afinal, não basta que a Suprema Corte tenha reconhecido o direito das pessoas trans à retificação de registro civil por meio de procedimento administrativo; é fundamental que sua implementação ocorra de forma plena, livre de exigências arbitrárias, constrangimentos indevidos ou qualquer manifestação de violência institucional que limite ou dificulte o exercício desse direito fundamental.

Considerações finais

A decisão do STF na ADI nº 4275 representou um marco histórico na garantia dos direitos das pessoas transgênero no Brasil, ao reconhecer a possibilidade de retificação do nome e do gênero no registro civil sem a exigência de ação judicial, cirurgia de transgenitalização e laudos médicos e psicológicos. Essa conquista simbolizou um avanço significativo na luta por reconhecimento e dignidade, alinhando o ordenamento jurídico brasileiro às normativas internacionais de direitos humanos. No entanto, a concretização desse direito ainda enfrenta desafios substanciais.

Entre os principais obstáculos identificados estão a falta de informação, os altos custos envolvidos no processo e a resistência de alguns cartórios, que, em certos casos, impõem exigências indevidas, como entrevistas constrangedoras ou solicitação de laudos médicos. Além disso, a ausência de uma regulamentação nacional que garanta a gratuidade do procedimento resulta em uma desigualdade de acesso, deixando a decisão sobre isenções a critério das normativas estaduais ou da discricionariedade dos cartórios.

Outro fator preocupante identificado na pesquisa foi a persistência da transfobia institucional dentro do sistema cartorário. Relatos de pessoas trans evidenciam que, em algumas situações, o atendimento nos cartórios ainda ocorre de forma desrespeitosa, com agentes que questionam a identidade de gênero dos requerentes ou desencorajam a realização do procedimento. Tais práticas não apenas configuram descumprimento das normas estabelecidas pelo CNJ, mas também reforçam a exclusão social e institucional dessas pessoas.

A persistência dessas dificuldades evidencia um fenômeno ainda mais amplo: a cidadania precária vivenciada pela população transgênero no Brasil. O conceito, formulado por Berenice Bento, descreve um modelo de inclusão fragmentada e insuficiente no qual direitos fundamentais são reconhecidos de maneira limitada e sem garantias plenas de acesso e efetividade. No caso específico do direito ao nome, tem-se, inicialmente, a criação do nome social, que assegurou às pessoas transgênero o reconhecimento de sua identidade somente em determinadas instituições. Na sequência, essa garantia foi estendida pela decisão do STF. Entretanto, apesar do avanço jurídico proporcionado pela Suprema Corte, a materialização desse direito ainda depende de fatores como a posição socioeconômica do indivíduo e a sensibilização dos agentes envolvidos no processo, para que a retificação de registro civil seja garantida a todos os transgêneros, sem restrições financeiras e condutas transfóbicas.

Diante desse cenário, torna-se essencial que o Poder Público adote medidas concretas para garantir a plena concretização do direito à retificação do registro civil. Entre as ações necessárias, destacam-se a capacitação dos profissionais que atuam nos cartórios e a divulgação de mecanismos de denúncia para casos de violação de direitos. Ademais, é fundamental que a gratuidade do procedimento seja regulamentada, de modo a eliminar as barreiras econômicas que ainda impedem o acesso de grande parte da população trans a esse direito.

O Ministro Luiz Edson Fachin desempenhou um papel fundamental nesse avanço jurídico, ao consolidar uma interpretação constitucional que enfatiza a dignidade da pessoa humana e a autodeterminação de gênero. Seu voto destacou a necessidade de garantir que a identidade de uma pessoa não seja objeto de prova, mas sim de reconhecimento estatal, alinhando a decisão do STF aos princípios fundamentais de igualdade e liberdade. No entanto, para que essa conquista se traduza em mudanças reais e efetivas, é imprescindível que o Estado, a sociedade civil e as instituições responsáveis pela aplicação do ato normativo trabalhem de forma conjunta para eliminar os entraves ainda existentes.

Referências

ASSOCIAÇÃO NACIONAL DE TRAVESTIS TRANSEXUAIS (ANTRA). *Diagnóstico sobre o acesso à retificação de nome e gênero de travestis e demais pessoas trans no Brasil*. Brasília: Distrito Drag, 2022.

AZAVENDO, Júlio Camargo de. Direito à retificação de nome e gênero de pessoas trans: Até quando barreiras econômicas vão impedir o igual acesso à cidadania? *Portal Jota*, 20 mar. 2023. Disponível em: https://www.jota.info/opiniao-e-analise/colunas/direito-dos-grupos-vulneraveis/direito-a-retificacao-de-nome-e-genero-de-pessoas-trans. Acesso em: 15 jan. 2025.

BAHIA, Carolina Medeiros; CANCELIER, Mikhail Vieira de Lorinzi. Nome social: direito da personalidade de um grupo vulnerável ou arremedo de cidadania? *Revista Húmus*, Maranhão, v. 7, n. 19, p. 102-123, 2017.

BENTO, Berenice. Nome social para pessoas trans: cidadania precária e gambiarra legal. *Contemporânea – Revista de Sociologia da UFSCar*, São Carlos, v. 4, n. 1, p. 165-182, jan./jun. 2014.

BRASIL. *Portaria nº 1.820, de 13 de agosto de 2009*. Dispõe sobre os direitos e deveres dos usuários da saúde. Diário Oficial da União, Brasília, DF, 14 ago. 2009. Disponível em: http://conselho.saude.gov.br/ultimas_noticias/2009/01_set_carta.pdf. Acesso em: 10 jan. 2025.

BRASIL. *Decreto nº 8.727, de 28 de abril de 2016*. Dispõe sobre o uso do nome social e o reconhecimento da identidade de gênero de pessoas travestis e transexuais no âmbito da administração pública federal direta, autárquica e fundacional. Diário Oficial da União,

Brasília, DF, 29 abr. 2016. Disponível em: http://www.planalto.gov.br/ccivil_03/_Ato2015-2018/2016/Decreto/D8727.htm. Acesso em: 10 jan. 2025.

BRASIL. *Instrução Normativa RFB nº 1.718, de 18 de julho de 2017*. Altera a Instrução Normativa RFB nº 1.548, de 13 de fevereiro de 2015, que dispõe sobre o Cadastro de Pessoas Físicas (CPF). Diário Oficial da União, Brasília, DF, 20 jul. 2017. Disponível em: http://legislacaoemgeral.blogspot.com/2017/07/instrucao-normativa-rfb-n-17182017.html. Acesso em: 10 jan. 2025.

BRASIL. *Portaria nº 33, de 17 de janeiro de 2018*. Dispõe sobre normas no âmbito do Ministério da Educação. Diário Oficial da União, Brasília, DF, 18 jan. 2018a. Disponível em: http://www.abmes.tv.br/arquivos/legislacoes/Port-MEC-33-2018-01-17.pdf. Acesso em: 10 jan. 2025.

BRASIL. Supremo Tribunal Federal. *Ação Direta de Inconstitucionalidade nº 4275*. Requerente: Procuradoria-Geral da República. Relator: Min. Marco Aurélio Mello. Redator: Min. Luiz Edson Fachin. Diário da Justiça Eletrônico, Brasília, DF, 08 mar. 2018b. Disponível em: https://redir.stf.jus.br/estfvisualizadorpub/jsp/consultarprocessoeletronico/ConsultarProcessoEletronico.jsf?seqobjetoincidente=2691371. Acesso em: 10 jan. 2025.

BRASIL. Conselho Nacional de Justiça. *Provimento nº 73, de 28 de junho de 2018c*. Dispõe sobre a averbação da alteração do prenome e do gênero nos assentos de nascimento e casamento de pessoa transgênero no Registro Civil das Pessoas Naturais. Diário da Justiça Eletrônico, Brasília, DF, 29 jun. 2018. Disponível em: http://www.cnj.jus.br/busca-atos-adm?documento=3503. Acesso em: 12 jan. 2025.

BRASIL. Conselho Nacional de Justiça. *Provimento nº 149, de 30 de agosto de 2023*. Institui o Código Nacional de Normas da Corregedoria Nacional de Justiça — Foro Extrajudicial (CNN/CN/CNJ-Extra). Diário da Justiça Eletrônico, Brasília, DF, 04 set. 2023. Disponível em: https://www.cnj.jus.br. Acesso em: 12 jan. 2025.

BUTLER, Judith. *Problemas de gênero*: feminismo e subversão da identidade. Tradução de Renato Aguiar. Rio de Janeiro: Civilização Brasileira, 2003.

CORTE INTERAMERICANA DE DIREITOS HUMANOS (Corte IDH). *Opinião Consultiva nº OC-24/17*. Identidade de gênero, e igualdade e não discriminação a casais do mesmo sexo. San José, 24 nov. 2017. Disponível em: https://www.corteidh.or.cr/docs/opiniones/seriea_24_por.pdf. Acesso em: 11 jan. 2025.

DIAS, Maria Berenice. *Homoafetividade e direitos LGBTI*. 7. ed. rev., atual. e ampl. São Paulo: Revista dos Tribunais, 2016.

CIDADE, Maria Luiza Rovaris. *Nomes (im)próprios*: Registro civil, norma cisgênera e racionalidade do Sistema Judiciário. Dissertação (Mestrado em Psicologia) – Programa de Pós-Graduação do Instituto de Psicologia da Universidade Federal do Rio de Janeiro, Rio de Janeiro, 2016.

FACHIN, Luiz Edson. O corpo do registro no registro do corpo: mudança de nome e sexo sem cirurgia de redesignação. *Revista Brasileira de Direito Civil*, v. 1, n. 1, p. 36-60, 2014.

Informação bibliográfica deste livro, conforme a NBR 6023:2018 da Associação Brasileira de Normas Técnicas (ABNT):

FERREIRA, Pedro. O direito à retificação de registro civil dos transgêneros: avanços e desafios após a decisão do STF na ADI nº 4275. In: SILVA, Christine Oliveira Peter da; GIAMBERARDINO, André Ribeiro; ARRUDA, Desdêmona Tenório B. T.; MACEDO, José Arthur Castillo de; MACHADO FILHO, Roberto Dalledone (coord.). *Ministro Luiz Edson Fachin*: dez anos de Supremo Tribunal Federal. Belo Horizonte: Fórum, 2025. p. 301-318. ISBN 978-65-5518-746-5.

O JUIZ CONSTITUCIONAL DIANTE DA DÍVIDA PÚBLICA DOS ESTADOS: EXAME DA ATUAÇÃO DO MINISTRO LUIZ EDSON FACHIN NO MS Nº 34.023

REYNALDO SOARES DA FONSECA

RAFAEL CAMPOS SOARES DA FONSECA

Introdução

Este artigo versa sobre um aspecto complexo e desafiador do direito constitucional financeiro, a dívida pública federativa, especialmente a negociada entre a União e os Estados. A título de recorte metodológico e em atenção à afinidade temática da presente obra, o enfoque do texto se centrará na análise da atuação desempenhada pelo Ministro Luiz Edson Fachin em dezenas de mandados de segurança, encabeçados pelo MS nº 34.023, de relatoria de Sua Excelência. O processo tratou da "tese de Santa Catarina", à luz da iniciativa da discussão ter dado pelo Governador catarinense e robustecida por parecer do Ministro aposentado do STF Ayres Britto. Em suma, a controvérsia constitucional colocada sob o crivo da Suprema Corte comporta síntese na seguinte indagação: como devem ser capitalizados os juros contratuais da dívida pública federativa?

Antes de adentrar no tema propriamente dito, torna-se imperativo cumprimentar as coordenadoras e os coordenadores da presente obra coletiva laudatória, todos assessores e assessoras do Homenageado, o que já indica o clima fraternal e amistoso que impera no Gabinete de Sua Excelência. Muito orgulha o segundo autor constar em sua trajetória profissional mais de quatro anos sob a chefia do Professor Luiz Edson Fachin, desde 16 de junho de 2015 até a partida para estudos doutorais no exterior.

Por sua vez, a felicidade de contribuir com esta obra do primeiro autor deve-se ao fato de ter convivido e "co-vivido" com o Ministro Homenageado a experiência de indicação presidencial e sabatina senatorial, o que já data um decênio. O Ministro do STF Luiz Edson Fachin é, antes de tudo, um professor e um humanista, um jurista com reconhecida trajetória profissional e acadêmica, sempre em prol dos direitos fundamentais e da causa educacional. Posteriormente, fez-se juiz constitucional, muito orgulhando a República brasileira com sua conduta, pensamentos e modo de ser.

1 O Supremo Tribunal Federal enquanto um Tribunal da Federação[1]

A afirmação de um órgão judicial de cúpula responsável por compor os conflitos atinentes à divisão territorial do poder e garantir tratamento estatal igualitário aos jurisdicionados residentes em todo o território nacional precede a consolidação do controle de constitucionalidade, entendido como defesa da supremacia constitucional em acepções formal e material, como função autônoma do Poder Judiciário.

Para efeitos de compreender o STF como Tribunal da Federação, são relevantes não só os julgamentos de conflitos federativos entre União e Estados e entre os últimos que foram processados pela competência do STF em todas as constituições republicanas, mas também a resolução de conflitos de jurisdição e atribuições, defesa da ordem constitucional e uniformização da interpretação do direito, a última função desde a viabilização da "tomada de assentos"[2] com o Decreto

---

[1] Exame mais vertical sobre o tema pode ser encontrado em nossa produção: FONSECA, Rafael Campos Soares da; FONSECA, Rafael Campos Soares da; FONSECA, Reynaldo Soares da. Acesso à Justiça e a posição constitucional do Supremo Tribunal Federal como árbitro da Federação. In: DANTAS, Marcelo Navarro Ribeiro (org.). *Inovações no sistema de justiça*: meios alternativos de resolução de conflitos, justiça multiportas e iniciativas para a redução da litigiosidade e o aumento da eficiência nos tribunais: estudos em homenagem a Múcio Vilar Ribeiro Dantas. São Paulo: Thomson Reuters Brasil, 2021.

[2] Por uma visão global dessa inovação institucional: NEVES, Antonio Castanheira. *O Instituto dos 'Assentos' e a Função Jurídica dos Supremos Tribunais*. Coimbra: Coimbra, 1983.

legislativo nº 2.684/1875, regulamentado pelo Decreto nº 6.142/1876. Igualmente, a função institucional do Tribunal na estruturação federativa do sistema político exige especial consideração.

Sob a perspectiva do princípio federativo, mostra-se também importante ao jurista um exame das competências jurisdicionais do STF e da conformação jurídica das decisões tomadas pelo Tribunal. Quanto ao primeiro aspecto, não há dúvidas ser a função precípua do STF a guarda da Constituição (art. 102, CR/88). Esse poder pode ser pensado em termos de competências, categoria que se traduz em medida da jurisdição.[3] Assim, esses critérios limitadores da adequada distribuição das demandas judiciais podem ser sistematizados relativamente ao STF pela topografia constitucional em originários e recursal ordinário e extraordinário. Opta-se, portanto, por um exame mais exaustivo em contraposição a identificar, principalmente, nos arts. 36, III, e 102, I, "a" e "f", e III, da Constituição de 1988, os fundamentos das funções federativas dessa Corte.

De início, tem-se a ação direta de inconstitucionalidade em face de leis ou ato federais e estaduais, que inclui a modalidade omissiva e a medida cautelar, e a ação declaratória de constitucionalidade com objeto exclusivo em lei ou ato federal, assim como a arguição de descumprimento de preceito fundamental submetida à disciplina legal (arts. 102, I, "a" e "p", e §1º, CR/88). Registra-se que no controle abstrato e concentrado de constitucionalidade não se veiculam apenas os conflitos federativos, mas também o desenho federalista da relação entre poderes do Estado e da União.[4]

Noutro giro, a composição de causas e conflitos federativos entre a União e os Estados, a União e o Distrito Federal, ou entre uns e outros, inclusive as respectivas entidades da administração indireta, consiste em fonte precípua da caracterização do STF como Tribunal da Federação. Ao lado da já clássica divisão jurisprudencial entre conflitos federativos e da Federação mediante diferenciação pela potencialidade de abalo institucional ao pacto federativo,[5] é pouco conclusivo um

---

[3] CARNEIRO, Athos Gusmão. *Jurisdição e Competência*. 4. ed. São Paulo: Saraiva, 1991. p. 45.
[4] OLIVEIRA, Vanessa Elias de. Poder Judiciário: árbitro dos conflitos constitucionais entre estados e união. *Lua Nova*, São Paulo, n. 78, 29, p. 225, 2009.
[5] "A Constituição da República confere ao Supremo Tribunal Federal a posição eminente de Tribunal da Federação (CF, art. 102, I, 'f'), atribuindo-lhe, nessa condição institucional, o poder de dirimir controvérsias cuja potencialidade ofensiva revele-se apta a vulnerar os valores que informam o princípio fundamental que rege, em nosso ordenamento jurídico, o pacto da Federação" (BRASIL. Supremo Tribunal Federal. *Agravo Regimental em Ação*

exame exauriente da casuística em ACO sobre os parâmetros jurisprudenciais para fixação da competência do Tribunal nesse tópico.[6] De todo modo, é visto com preocupação acadêmica a ausência de maior quantidade e qualidade de estudos a respeito dessa questão, à luz do volume de ações ajuizadas e respectivos valores das causas.

Por fim, o controle difuso de constitucionalidade encontra supervisão última na competência do STF em processar e julgar recursos extraordinários movidos em face de decisões que representem causas decididas em única ou última instância nas hipóteses de contrariedade a dispositivo constitucional, declaração de inconstitucionalidade de tratado ou lei federal, julgamento de validade de lei ou ato de governo local em face da Constituição da República ou do mesmo expediente de validez de lei local contraposta à lei federal (art. 102, III, CR/88). Nesse sentido, o STF possui o dever de guardar a uniformidade espacial e temporal do direito.

2 Dinâmica obrigacional do crédito público e a abordagem funcionalista de Edson Fachin[7]

Em esforço de apreensão conceitual do emprego do crédito público, verifica-se que esse instituto publicista foi desenvolvido a partir de um vocabulário privatista romanístico, pois se estendeu ao Estado um conjunto de categorias típicas da codificação liberal. No tópico, é viável conceber a codificação para além do Código Civil, porquanto "o significante codificado é uma síntese da racionalidade (formulado no tempo da razão oitocentista), fundada na estrutura de um dado pensamento científico, segundo a lógica formal e sob os signos da certeza, completude e definitividade".[8] Nessa linha, cuida-se primeiramente de

---

Cível Originária nº 2.654. Rel. Min. Celso de Mello, Tribunal Pleno, j. 03.03.2016, DJe 53 Publ. em 22.03.2016).

[6] ECHEVERRIA, Andrea de Quadros Dantas. *O Árbitro da Federação Pode Influenciar o Jogo do Resgate?* O impacto da jurisprudência federalista do STF na crise fiscal dos Estados brasileiros. Tese (Direito) — Centro Universitário de Brasília, Brasília, 2019. p. 132-171.

[7] Os argumentos e a pesquisa pertinente à seção foram hauridos de estudo recente de nossa autoria: FONSECA, Reynaldo Soares da; FONSECA, Reynaldo Soares da; FONSECA, Rafael Campos Soares da. Abordagem funcional no direito contratual constitucionalizado e suas repercussões nas titularidades e trânsito jurídico do crédito público. *In:* CASELATO, Aline Gomes; PEREIRA, Andréia Ramos; SANTOS, Eronides Aparecido Rodrigues do; ROBERTO, Wilson Furtado (org.). *Liber Amicorum*: homenagem aos 13 anos de atuação do Ministro Marco Buzzi na Corte da Cidadania. Leme: Mizuno, 2025.

[8] FACHIN, Luiz Edson. *Direito civil*: sentidos, transformações e fim. Rio de Janeiro: Renovar, 2015. p. 78.

um modo de pensar originado em contexto oitocentista que se espraiou na interpretação/aplicação de todo o ordenamento jurídico.

Por essa razão, demonstra-se cabível perquirir a relação jurídica de cunho obrigacional pertinente à dívida pública mediante racionalidade de direito privado, sendo o regime contratual derrogado parcialmente por problemas de ordem constitucional. A propósito, a fundação do espaço jurídico privado pelo conceitualismo pauta-se em classificações da realidade em sujeitos, direitos e relações jurídicas.

Nos confins deste artigo, limita-se a perquirição ao universo jurídico relativo ao crédito público, por sua vez decomposto em seus atores, objeto, fato constitutivo e garantias, tudo sob o cesto da noção de relação jurídica. Dentro dessa seara temática, observa-se notável confusão entre estruturas diversas oriundas do Direito Civil no momento de sua tradução para a seara do endividamento público, notadamente o intercâmbio de informações passíveis de sistematização em dois polos, as titularidades e o trânsito jurídico, haja vista que são essas instituições fundamentais da racionalidade civil.[9]

De um lado, as titularidades são baseadas na propriedade, o que perpassa pelo crédito, bem como enfeixa a titularidade fiduciária no âmbito de técnica da separação patrimonial voltada ao desenvolvimento dos bens de produção, esses são conteúdo do continente representado pelas coisas em geral. De outro, o trânsito pauta-se no contrato e indica a circulação de bens entre localidades jurídicas, redefinindo-se hodiernamente em razão de exigências sociais (função social) incidentes sobre as teorias das obrigações e dos contratos.[10]

Com atenção à vinculação da iniciativa econômica e das situações jurídicas patrimoniais a valores não patrimoniais, como a dignidade da pessoa humana e a justiça social, Edson Fachin argumenta pela existência na seara civilista de um "arco evolutivo que migra da relação jurídica fundada acentuadamente na garantia do crédito para o trânsito jurídico que dá relevo destacado à proteção da pessoa".[11]

A despeito da contemporânea afirmação da dimensão financeira do sentido orgânico da Administração Pública, convém atentar para

---

[9] FACHIN, Luiz Edson. *Teoria Crítica do Direito Civil*: à luz do Novo Código Civil Brasileiro. 3. ed. Renovar: Rio de Janeiro, 2012. p. 93 e ss.
[10] Visão ampla desse processo foi objeto monográfico desenvolvido por Orlando Gomes em obra clássica: GOMES, Orlando. *Transformações Gerais do Direito das Obrigações*. 2. ed. São Paulo: Revista dos Tribunais, 1980.
[11] FACHIN, Luiz Edson. *Estatuto Jurídico do Patrimônio Mínimo*. 2. ed. Rio de Janeiro: Renovar, 2006. p. 165.

a virtual impossibilidade de eclipsar a acepção contratual emanada do trânsito jurídico e consequentes reflexos nas finanças públicas promovidos a partir da atuação estatal no endividamento. Da literatura civilista, extrai-se que "a manifestação do contrato não é mais vista sob a perspectiva somente das partes contratantes, mas de todo o ambiente e contexto social no qual está inserido, passando a exercer uma função social em prol da justiça contratual".[12]

Ademais, sendo despiciendo renunciar aos princípios da autonomia da vontade, boa-fé e separação entre as fases do nascimento e desenvolvimento do vínculo e a do adimplemento como fios condutores dessa tecnologia, as obrigações são entendidas como processo a partir de estrutura e intensidade próprias, à luz da crise da teoria das fontes.[13] Decerto, a teoria da relação jurídica não remanesceu incólume aos influxos dos fatos, como se depreende exemplificativamente da dogmática civil coimbrã.[14]

Nesse escopo, a teoria contratual pode ser sintetizada em quatro elementos que foram ressignificados hodiernamente: (i) subjetivo, visto que se tornou possível transcender ao sujeito, sob o postulado de que "quem contrata não mais contrata necessariamente apenas com quem contrata"; (ii) objetivo, que também resta aumentado, pois "quem contrata não mais contrata somente o que contrata"; (iii) temporal, porque "a relação jurídica não principia quando começa o contrato"; e (iv) procedimental, uma vez que o contrato é um processo de direito material, logo aquele "não acaba quando termina".[15]

Para além da normatização das relações privadas, as transformações operadas nas teorias das obrigações e dos contratos apresentaram vultosos impactos na conformação de regimes jurídicos de direito público em uma economia de mercado. Nessa senda, os publicistas passaram a diagnosticar o esgotamento de raciocínio jurídico centrado nas falências, erros e ilícitos observáveis na atividade da Administração Pública.

De maneira escorreita, Régis Oliveira e Estevão Horvath bem defendem a caracterização das dívidas públicas como contratos de

---

[12] FACHIN, Luiz Edson. *Direito civil*: sentidos, transformações e fim. Rio de Janeiro: Renovar, 2015. p. 106.

[13] SILVA, Clóvis V. do Couto e. *A Obrigação como Processo*. Rio de Janeiro: FGV, 2006. p. 23-98.

[14] ANDRADE, Manuel Augusto Domingues de. *Teoria Geral da Relação Jurídica*. 9. reimpr. Coimbra: Almedina, 2003. 1 e 2 v. Com outra perspectiva e igual exaustividade: CARVALHO, Orlando de. *Para uma Teoria Geral da Relação Jurídica*. 2. ed. Coimbra: Centelha, 1981. 1 v.

[15] FACHIN, Luiz Edson. *Direito civil*: sentidos, transformações e fim. Rio de Janeiro: Renovar, 2015. p. 106-107.

direito público, porque demandam (*i*) prévia previsão orçamentária, (*ii*) disposição legal autorizativa e específica, (*iii*) autorização e controle do Senado Federal, (*iv*) existência de finalidade pública, (*v*) viabilidade de alteração unilateral de determinadas cláusulas a partir de autorização legal, (*vi*) sujeição a prestação de contas, (*vii*) impossibilidade de execução específica e (viii) na possibilidade de rescisão unilateral em operação de resgate antecipado.[16]

Subscreve-se, a propósito, pensamento de Scaff no que diz respeito à perda de relevância do debate a respeito da natureza jurídica dos empréstimos públicos,[17] embora a literatura ainda permaneça não pacificada, divisando-se em ato estatal de soberania, tal como é a tributação, e em contratos nos quais se debatem a regência pelas sistemáticas de direito privado. Essas operações representam mútuo da mesma natureza daqueles celebrados entre particulares, sendo impossível modificação unilateral das cláusulas. Soma-se à doutrina majoritária que reputa ser a atividade de endividar-se submetida a um regime jurídico de direito público, porquanto os fundos obtidos são funcionalizados para provisão de serviços públicos e há prerrogativas extroversas por parte do poder público.

No processo de endividamento, há, pelo menos, dois atos jurídicos autônomos: (*i*) a autorização legislativa do empréstimo em observância à legalidade orçamentária e expressão da soberania fiscal do Estado; e (*ii*) a contratação de dívida propriamente dita em conformidade à autonomia da vontade, boa-fé e separação entre as fases do nascimento e desenvolvimento do vínculo e a do adimplemento. O segundo ato é praticado pelo Poder Executivo encarregado do governo e depende da aceitabilidade das condições pré-contratuais derivadas de lei, cabendo a cada prestamista avaliar e assentir com o contrato de adesão.

Na verdade, percebe-se, uma vez mais, que o problema encontra-se na conveniência de uma reorientação metodológica do Direito em prol das funções matizadas por exigências de ordem pública, apesar de as distinções conceituais mencionadas permanecerem relevantes para efetuar uma distinção entre contratos públicos e privados, internos

---

[16] OLIVEIRA, Regis Fernandes de; HORVATH, Estevão. *Manual de Direito Financeiro*. 6. ed. São Paulo: Revista dos Tribunais, 2003. p. 231.
[17] SCAFF, Fernando Facury. *Orçamento Republicano e Liberdade Igual*: ensaio sobre direito financeiro, república e direitos fundamentais no Brasil. Belo Horizonte: Fórum, 2018. p. 352.

e externos. Assim, para além da presença da Administração Pública e do ajuste de mútuo, as finalidades do emprego do crédito público são relevantes para definir o regime jurídico aplicável às operações de crédito e assemelhados, inclusive quanto ao controle, com parâmetro normativo na sustentabilidade financeira.

Embora incentivada ou limitada por impedimentos técnicos e orçamentários, a decisão de endividar-se é essencialmente política. Nessa linha, remanesce hígida a necessidade de cumprimento das obrigações pactuadas e a voluntariedade do negócio jurídico, o que contrabalanceia a fixação unilateral pelo Estado tomador das condições da contratação. Enfim, repisa-se a centralidade do elemento fiduciário na temática.

3 O Mandado de Segurança nº 32.023: controvérsia constitucional e contexto[18]

A recessão econômica que acometeu o Brasil de 2013 em diante e os impactos que esse evento originário provocou nas contas públicas estaduais terminaram por gerar na classe política a percepção de imperatividade de uma nova repactuação da dívida pública subnacional. Por essa razão, é possível identificar um novo ciclo de renegociação dos créditos entre União e estados a partir da antessala da reeleição presidencial de Dilma Rousseff, como se depreende da aprovação da LC nº 148/2014 pelo Congresso Nacional, com promulgação presidencial, tudo no novembro seguinte ao prélio eleitoral do ano de 2014.

Nas razões de veto do art. 1º dessa lei, veiculadas pela mensagem presidencial nº 407/2014, ao que se propunha a alteração do art. 14 da LRF (controles das renúncias de receitas), encontrou-se como motivação (i) a alteração da conjuntura econômica, uma vez que a proposta de alteração da LC nº 101/2000 teria ocorrido em momento de expansão da arrecadação de receitas, e (ii) a impossibilidade de impor como limite dos encargos do serviço da dívida a taxa Selic, dado que se promoveria um tratamento desigual entre os entes federativos.

Em forçado resumo, com a finalidade de não incorrer em vício de iniciativa legal, considerada a origem parlamentar da proposta, a LC nº 148 autorizou a União a alterar os contratos da dívida pública

---

[18] Semelhante esforço científico em relação ao mandado de segurança em questão pode ser encontrado na tese de doutorado do segundo autor: FONSECA, Rafael Campos Soares da. *Judicialização da dívida pública federativa no Supremo Tribunal Federal*. Belo Horizonte; São Paulo: D'Plácido, 2022. p. 370-380.

federativa, de modo retroativo ao início do exercício financeiro de 2013, no tocante à taxa de juros e ao índice de correção monetária. Ato seguido da concessão de descontos consistente na diferença entre o valor apurado nas condições originárias e a nova forma de cálculo. Era necessária, ainda, a celebração de aditivo contratual para a incidência desses efeitos fiscais.

A lei complementar em tela reabriu a oportunidade de firmar PAF com os municípios das capitais e com os estados que não estivessem correntemente obrigados pela Lei nº 9.496/1997. O ente central também ganhou autorização para formalizar aditivos contratuais, de maneira a alterar os requisitos de elegibilidade das unidades da federação para a contratação de novas dívidas, desde que incluídas no PAF. Em outras palavras, buscava-se abandonar o condicionamento de novas operações de crédito ao cumprimento das metas relativas à dívida financeira na trajetória estabelecida.

Iniciados os mandatos no Poder Executivo Federal e nos Estados, a maioria do Congresso Nacional decidiu por aprovar nova lei complementar para modificar a LC nº 148, substituindo as autorizações por comandos verbais, de modo a veicular deveres à União. Por ação de emenda parlamentar, inseriu-se matéria originariamente estranha ao projeto de lei: no art. 2º em diante da LC nº 151/2015, regulamentou-se a utilização das disponibilidades financeiras oriundas dos depósitos judiciais e administrativos confiados pelos particulares aos entes subnacionais por conta de litígios. Nesse sentido, enfoca-se aqui a primeira parte da legislação atinente aos contratos de renegociação da dívida estadual.

Para finalizar esse excurso, ao fim do exercício de 2015 e um mês antes do término do prazo legal para subscrição dos aditamentos contratuais, a Presidência da República editou o Decreto nº 8.616/2015, que trouxe uma série de limitações dirigidas aos entes contratantes, com o fito de balizar a celebração dos termos aditivos previstos nas leis complementares mencionadas. Com esse ato, cresceu a insatisfação nos estados federados e seus representantes sobre a disposição do governo federal em repactuar os negócios jurídicos em questão. Além dos caminhos políticos, a irresignação foi canalizada em vias judiciais no âmbito do STF.

De saída, em resposta ao decreto presidencial e já no retorno do recesso forense do STF, o Estado de Santa Catarina encabeçou a discussão sobre a capitalização dos juros contratuais da dívida pública das unidades estaduais junto à União. Aviou, em 19 de fevereiro de 2016, o MS nº 34.023, com pedido liminar, de relatoria do Ministro Edson Fachin. Sete dias depois, o Relator negou seguimento ao *writ*, sem resolução do mérito, por compreender inadequada a via processual eleita. Contra essa decisão, foi interposto agravo regimental, o qual foi submetido a julgamento em mesa e restou provido em 07 de abril desse ano, vencidos o Relator e o Ministro Roberto Barroso. Nessa oportunidade, além de questões de ordem nas quais se deliberou pela manutenção da relatoria e pelo trâmite prioritário da ação, independentemente da publicação do inteiro teor do acórdão, deferiu-se tutela liminar para ordenar que as autoridades federais não impusessem quaisquer sanções ao impetrante pelo exercício da faculdade constante no art. 4º, Parágrafo único, da LC nº 148/2014, a saber, a norma incluída pela LC nº 151/2015. Com efeito, uma vez que não firmado aditivo contratual até 31 de janeiro de 2016, possibilitou-se aos estados devedores, por decisões judiciais, o recolhimento do montante devido, com aplicação da nova legislação, correndo por conta da União a responsabilidade pelo ressarcimento de indébitos.

Com a posição do Pleno, o Ministro Relator, a pedido do Ministro de Estado da Fazenda, Nelson Barbosa, realizou audiência em 13 de abril, voltada a colher, de forma isonômica, subsídios dos litigantes a respeito da controvérsia federativa posta em juízo. Ato contínuo, o Procurador-Geral da República opinou pela denegação da ordem mandamental.

Enfim, o julgamento do mérito do mandado de segurança iniciou-se em 27 de abril. Posteriormente ao voto do Ministro Edson Fachin pela denegação da ordem, o Tribunal acolheu proposta do Ministro Roberto Barroso de sobrestar o feito por 60 dias, para que as partes tivessem a iniciativa de autocomposição, bem como para que se manifestassem no prazo de 30 dias sobre a preliminar de inconstitucionalidade da LC nº 151/2015 aventada pelo Relator. Desta feita, o STF manteve a liminar anteriormente concedida, contra os votos dos Ministros Edson Fachin, Gilmar Mendes e Marco Aurélio, que a revogavam. Na última sessão desse semestre judiciário, o Tribunal, por maioria, resolveu questão de ordem suscitada pelo Relator, de maneira a adaptar a liminar concedida aos termos do acordo firmado entre os estados e a União.

Por fim, em 13 de abril de 2018, dois anos após o ajuizamento do feito, o Relator homologou pedido de desistência da ação formulado pelo Estado catarinense, à luz das condições previstas no art. 1º da Lei Complementar nº 156/2016 para renegociação da dívida federativa, com o trânsito em julgado da demanda alguns dias depois.

Na qualidade de novo ciclo de macrolitigância financeira, a ação de Santa Catarina foi seguida de demandas similares, ajuizadas pela quase totalidade dos estados federados e distribuídas a diversos Ministros. Esses julgadores aplicaram-lhes a deliberação do Plenário a cada parte autoral. Além do caso catarinense, restaram sob a relatoria do Ministro Edson Fachin o MS nº 34.110, do Rio Grande do Sul, o MS nº 34.122, de Minas Gerais, e o MS nº 34.141, do Mato Grosso do Sul, ao passo que, sem pretensão de exaustão, citam-se: MS nº 34164 (AP) e MS nº 34.151 (BA), de relatoria da Ministra Cármen Lúcia, MS nº 34123 (AL), de relatoria do Ministro Luiz Fux, MS nº 34154 (DF) e MS nº 34168 (PE), relatados pela Ministra Rosa Weber, MS nº 34143 (GO) e MS nº 34.137 (RJ), cujas relatorias couberam ao Ministro Luís Roberto Barroso, MS nº 34.132 (PA), de relatoria do Ministro Marco Aurélio, e MS nº 34.135 (SP), relatado pelo Ministro Celso de Mello. Assim, percebe-se que todos os estados mais endividados se fizeram processualmente presentes nesse tema pela via mandamental. Igualmente, outros estados buscaram a aplicação dos efeitos imediatos do art. 4º da LC nº 148, como foi o caso do Acre na ACO nº 2.925, de relatoria do Ministro Celso de Mello.

Na exordial de SC, a Fazenda estadual indicou como autoridades coatoras o Presidente da República, o Ministro de Estado da Fazenda, o Secretário e o Coordenador-Geral de Haveres Financeiros do Tesouro Nacional. Alegou, primeiramente, que a promulgação da LC nº 148/2014 fundou obrigação da União para realizar a renegociação dos contratos de dívida estadual com desconto, sendo que o aditivo contratual deveria ser celebrado até 31 de janeiro de 2016. Em contrariedade a esse propósito, adveio o Decreto nº 8.615/2015, em que o governo federal teria disciplinado a fórmula de cálculo do desconto em desconformidade com o programa legal, pois este não teria autorizado metodologia capitalizada da taxa de juros, sendo inviável a adoção da Selic para esses fins. Afirmou possível anatocismo na atualização do saldo devedor, prática que, a seu ver, seria proibida no ordenamento brasileiro. Advertiu para a ocorrência de enriquecimento ilícito por parte do governo central e ofensa ao princípio da isonomia, porque essa metodologia de capitalização não seria praticada em relação aos seus demais devedores. Por fim, defendeu que a proibição dessa prática decorre do propósito legislativo de aplicar condições mais benéficas aos entes estaduais.

A Presidente da República prestou informações nas quais afirmou, de início, sua ilegitimidade processual passiva — porquanto o ato desafiado teria sido praticado por gerente do Banco do Brasil na capital do Estado catarinense —, bem como a incompatibilidade da discussão com o instrumento mandamental, visto que se mostra necessária a dilação probatória na espécie. Com fundamento na isonomia e na solidariedade federativas, alegou que a sistemática prevista em lei para cálculo dos juros é a mesma utilizada para remunerar os títulos federais emitidos de forma a dar lastro ao refinanciamento das dívidas estaduais, ou seja, a modalidade composta. Isso seria fundamental para entender que o desequilíbrio nas contas públicas federais representaria impacto negativo em termos nacionais. Suscitou, ainda, o perigo do acolhimento da tese autoral, porque as operações de refinanciamento das dívidas dos Estados corresponderiam a algo próximo de 5% do PIB.

Em decisão monocrática extintiva do feito, o Relator entendeu não possuir legitimidade passiva a autoridade presidencial. Além disso, compreendeu que o sentido a ser empregado ao art. 3º da LC nº 148/2014 é controverso, o que recomendaria outra via processual, que permitisse instrução probatória, quer-se acreditar a ACO ou a ADPF.

Nas razões do agravo regimental, a Fazenda estadual alegou ser devida a inclusão do Presidente da República no polo passivo. Sustentou, ainda, que a complexidade da causa não consiste em razão válida para afastar a via do mandado de segurança, uma vez que os fatos seriam incontroversos, devendo-se apenas discutir a legalidade dos atos federais, à luz da tese jurídica catarinense.

Em espacialidade plenária, formou-se corrente majoritária pelo provimento do agravo, com o regular trâmite do mandado de segurança. De início, boa parte do julgamento foi voltada a deliberar sobre a possibilidade de se produzir sustentação oral em agravo regimental em sede de *mandamus*, tendo em vista sua previsão no art. 937, VI, do então novo CPC/2015. No meio dessa discussão, o Ministro Gilmar Mendes esboçou a conveniência de adiar-se o julgamento por uma ou duas semanas, à luz da complexidade da questão quanto às dívidas federativas, de um lado, e ao cabimento do mandado de segurança de outro. Digno de nota também foi o pronunciamento do Ministro Dias Toffoli, ao compreender que a função do STF na espécie é a de Tribunal da Federação, aludindo sua visão histórica sobre a trajetória do endividamento público estadual.

Após esse imbróglio processual, sanado somente com a desistência dos patronos em produzir sustentação oral, o Ministro Relator reafirmou os termos de sua decisão monocrática pelo descabimento da ação. Assim, sustentou uma ordem de razões cumulativas que o levaram a formar convicção pela negativa de seguimento do mandado de segurança. Assentou que os impactos concretos da controvérsia constitucional em cada ente federativo demandariam instrução processual minudente, o que é vedado em *mandamus*. Em convergência, o Ministro Roberto Barroso entendeu cuidar-se de questão processual de difícil superação, sendo que a controvérsia comporta uma dimensão estrutural federativa de conotação mais complexa.

Em antecipação de voto para abrir divergência, o Ministro Gilmar Mendes entendeu pelo cabimento do mandado de segurança, porque se discutia a validade jurídica do decreto presidencial no tocante à forma de capitalização dos juros contratuais. Em seguida, a Ministra Cármen Lúcia também compreendeu pela cognoscibilidade da ação com base em três razões: (i) a lei complementar prever sua aplicação, independentemente de regulamentação; (ii) a adequação da via eleita, haja vista a asserção de um direito líquido e certo na forma da lei desvirtuada pelo decreto presidencial; e (iii) a complexidade da matéria não ser argumento apto a tornar o direito menos líquido ou certo. Os Ministros Teori Zavascki e Luiz Fux aportaram colocações de ordem processual, de modo a também divergirem do Relator, a despeito de vislumbrarem a aridez e a complexidade da questão de fundo sobre a correção jurídica das pretensões relacionadas às dívidas públicas estaduais.

Perfectibilizado esse julgamento, os atores do polo passivo decidiram complementar suas informações. Nessa linha, o Ministro da Fazenda propôs argumento federativo no sentido de que os estados menos endividados, que coincidem no Brasil com os mais pobres, terminariam por financiar, via tributação, o subsídio federal aportado na forma de condições mais favoráveis na renegociação em favor dos estados mais endividados, coincidentemente os mais ricos. Quanto à forma de cálculo dos juros, alegou que deve ser composta, pois se trata do expediente por intermédio do qual se processam os créditos fazendários e trabalhistas no ordenamento brasileiro. Por seu turno, a Presidência da República pugnou por uma interpretação finalística da norma, à luz da equiparação entre os custos de captação dos estados e a emissão de título federal. Argumentou também em direção contrária à esboçada pela liminar deferida, visto que a última possibilitou óbice à incidência dos efeitos contratuais da inadimplência estadual.

4 O voto do Ministro Edson Fachin e desdobramentos institucionais

No voto de mérito, o Ministro Relator encaminhou-se pela denegação da ordem. Inicialmente, trouxe uma série de premissas que embasaram a fundamentação de seu voto, notadamente a assimetria conceitual entre as receitas e os gastos públicos, o descuido sistêmico em priorizar reformas em que se afirmam direitos, mas em que não se modifica estruturalmente a organização estatal e a necessidade de promoção da cidadania fiscal. Realizou, ainda, um excurso sobre os movimentos conjunturais e estruturantes que foram observados no âmbito do relacionamento entre governadores e autoridades econômicas federais. Argumentou pela conveniência da participação da jurisdição constitucional na matéria.

Feitas essas achegas introdutórias, colheu prejudicial no sentido da inconstitucionalidade formal da norma que garantiu aos estados o desconto nos contratos, pois a LC nº 151 decorreu de iniciativa parlamentar, conquanto deveria ter sido apresentada pelo Chefe do Executivo da União. Isso porque impactou diretamente na lei orçamentária federal, na medida em que, ao prever a redução dos saldos devedores nas avenças de refinanciamento das dívidas estaduais, a legislação em tela retirou receitas públicas já esperadas para o exercício financeiro de 2016.

Por outro lado, segundo o Relator, a LC nº 151 também apresentaria vício de inconstitucionalidade material, porque não foram observadas as vedações constitucionais constantes no art. 167 da Constituição de 1988, o que implicou aumento de despesa pública sem correspondente estimativa de impacto econômico-financeiro, à luz do princípio do equilíbrio orçamentário. De modo a justificar essa perspectiva, constatando ofensa ao princípio da clareza do orçamento público, o Ministro Edson Fachin perquiriu as fases do processo legislativo na espécie, tanto na Câmara dos Deputados quanto no Senado Federal, de maneira a censurá-las. Assim, ao seu ver, a inconstitucionalidade substancial decorreria de ofensa ao equilíbrio e à clareza do orçamento público.

Aduziu, por fim, visualizar infringência ao princípio da solidariedade federativa no que esse ideal exige a realização do desenvolvimento e da redução de desigualdades regionais por meio da distribuição de recursos segundo uma fórmula distributiva. Contra esse ideal, a concessão de descontos nas dívidas dos estados litigantes na forma proposta na peça inicial beneficiaria desproporcionalmente os entes mais ricos e endividados. Por reconhecer a inconstitucionalidade da legislação, a prejudicialidade vincularia o julgador à denegação da ordem pleiteada.

Posteriormente a esse voto, o Ministro Roberto Barroso aventou proposta de suspensão do processo com o fim de propiciar espaço temporal e institucional para a autocomposição entre a União e os Estados. Articulou essa sugestão com uma visão de mundo segundo a qual a judicialização representa uma dimensão patológica da vida social.

Antes do acolhimento dessa proposta, houve novas discussões a respeito do tema de fundo as quais ocuparam boa parte da sessão plenária remanescente, inclusive com antecipação de entendimentos favoráveis à Fazenda nacional, ou seja, em convergência à proposta do Relator quanto ao resultado, por parte do propositor da questão de ordem e dos Ministros Gilmar Mendes e Marco Aurélio.

Na sessão do dia 01 de julho de 2016, o Ministro Edson Fachin propôs nova Questão de Ordem para adaptar a tutela liminar concedida na primeira assentada e mantida na segunda. Em virtude de ata de reunião subscrita pelos representantes do Ministério da Fazenda e pelos governadores dos estados e do Distrito Federal, aportada nos autos, propôs nova configuração da forma de pagamento dos débitos dos entes subnacionais que correspondeu a desconto de 100% do valor das parcelas relativas aos meses de julho a dezembro de 2016, assim como o parcelamento em 24 meses dos numerários relativos ao lapso no qual os entes estaduais deixaram de adimplir plenamente o programa contratual, amparados em decisões liminares do STF.

5 Análise crítica do desempenho federativo do STF

Em seara de exame crítico, destaca-se, em um primeiro olhar, que o instrumento processual e a controvérsia jurídica apontada não permitiriam a realização das discussões que se sucederam entre os Ministros em sede plenária, à luz da regra processual da congruência. A despeito disso, a opção pelo mandado de segurança é compreensível, por conta da inexistência de condenação em honorários sucumbenciais e da celeridade própria dessa espécie processual. Nesse sentido, restou truncado o fluxo informacional a respeito dos fatos mais relevantes para uma atuação consistente do STF, e não episódica, mesmo reconhecendo-se os esforços do juízo em obter dados e subsídios técnicos e a disposição dos litigantes em prestá-los.

Embora as considerações argumentativas dos Ministros tenham refletido toda a problemática do endividamento público estadual, elas serviram mais para explicitar as cosmovisões dos julgadores quanto ao processo federativo de endividamento público subnacional e menos para resolver o caso deduzido em juízo.

Em termos de impactos das decisões judiciais no sistema federal, a intervenção do STF — no momento em que se deu — produziu suficiente urgência nas autoridades econômicas e nos agentes políticos federais e estaduais, a ponto de colocar em curso negociação política a propósito das dívidas federativas. Por outro lado, a atuação da Corte não conseguiu apontar caminhos para a verticalização de esforços em prol da racionalização da atividade financeira dos Estados, à luz da sustentabilidade fiscal. Nessa linha, a solução política construída, que desaguou na Lei Complementar nº 156/2016, representou apenas alívio fiscal de curto prazo para os entes estaduais. Em síntese, a tutela jurisdicional permitiu desencadear a repactuação da dívida federativa, diante da situação financeira reputada crítica de alguns estados, mas não forneceu parâmetros constitucionais dotados de objetividade para a interação entre União e Estados, mesmo aqueles já aprendidos pela Corte a partir das experiências prévias de judicialização da dívida pública.

Por conta do referido encaminhamento da discussão e de suas respectivas limitações, depreende-se da argumentação dos Ministros que viabilizou o deferimento de tutela liminar a imputação de responsabilidade da União para com a federação, em consonância com algum grau de solidariedade financeira. Isso se demonstrou imprescindível, diante da vigente paralisia financeiro-administrativa de algumas unidades federadas, indicando impossibilidade momentânea de exercer, com as mínimas condições, a própria autonomia constitucional. Nesse ponto, falharam as regras e as instituições fiscais em prevenir, a tempo e modo, essa situação jurídico-política de insustentabilidade econômica de unidades federadas.

Por sua vez, a função federativa do STF não restou clara na espécie, quiçá pelas complexidades fáticas e jurídicas do tema ou pela ausência de diretrizes apreendidas da gramática jurídica. Em visão retrospectiva, infere-se que a contribuição possível do STF nos confins processuais e institucionais foi catalisar as condições para um consenso provisório e juridicamente viável entre os entes federados envolvidos, bem como funcionar como uma arena deliberativa voltada à expressão da dimensão patológica do vínculo federativo em sua acepção financeira.

Nesse sentido, com esteio nos pronunciamentos anteriores da própria Corte e nos aprendizados deles advindos, seria mais seguro manifestar as limitações da jurisdição constitucional e de seu arcabouço instrumental em relação à delimitação de uma solução ótima da problemática do endividamento público subnacional, haja vista ser muito mais ampla do que a lide jurídica proposta quanto à capitalização simples ou composta dos juros contratuais.

Ao contrário, não se estabilizaram as expectativas sociais sobre a questão e restaram dúvidas se as portas do Tribunal servem como plano emergencial dos estados para conquistar um mínimo de espaço fiscal tido como suficiente para a realização de programa de governo estadual. Nessa linha, teme-se que essa hipótese será sempre testada pelo ousio dos litigantes, devendo ser necessariamente respondida, pelo menos em termos formais, em razão da constrição decisória da inafastabilidade jurisdicional. O principal problema desse estado de coisas reside na consistência e na coerência das respostas judiciais fornecidas pelo STF para o problema do endividamento estadual.

Em síntese, as indagações em aberto que o caso deixou repousam longe do ideal de sustentabilidade da atividade financeira do Estado federal, pois denotam, na verdade, certa instabilidade do equilíbrio federativo em sua dimensão financeira, nada obstante a esfera pública nacional e seus atores tenham tido a oportunidade de melhor endereçar esse problema ao longo de mais de três décadas de constitucionalismo democrático.

Considerações Finais

A título de aportar esforço laudatório à figura do eminente Ministro Luiz Edson Fachin, o presente artigo dedicou-se a investigar o desempenho federativo do STF no conjunto de mandados de segurança pertinentes à "tese de Santa Catarina" a propósito da forma de capitalização dos juros nos contratos da dívida pública federativa. A atenção voltou-se especialmente para a argumentação do Homenageado no que avançou o entendimento jurisprudencial e doutrinária sobre o direito constitucional financeiro e a Constituição Financeira.

Para alcançar essa finalidade, fez-se antes um apanhado descrito sobre o desempenho do papel de Tribunal da Federação pelo STF, especialmente a partir das finalidades e competências da Corte. Do mesmo modo, propôs diálogo direto com a teoria crítica do direito civil e o direito civil constitucional, ambas correntes teóricas desenvolvidas pelo Professor Luiz Edson Fachin na qualidade de civilista de notória importância no cenário nacional. O terreno para esse esforço interdisciplinar situou-se na seara da dinâmica obrigacional do crédito público, afinal conclui-se pela imperatividade de um olhar funcionalista e humanista na rede contratual em questão.

Perfectibilizou-se, enfim, uma exposição compreensiva e verticalizada do MS nº 32.023. Isso se deu desde o contexto da controvérsia constitucional, seguido dos fatos processuais mais relevantes e da argumentação desenvolvida por cada um dos atores do processo, culminando na decisão levada a efeito pelo STF. Especial destaque foi conferido ao voto do Ministro Edson Fachin na condição de Relator do caso, destacando-se que as críticas posteriores feitas ao julgado seriam bastante aplacadas caso a posição inicial de Sua Excelência tivesse sido incorporada pelo Tribunal Pleno.

Referências

ANDRADE, Manuel Augusto Domingues de. *Teoria Geral da Relação Jurídica*. 9. reimpr. Coimbra: Almedina, 2003. 1 e 2 v.

CARNEIRO, Athos Gusmão. *Jurisdição e Competência*. 4. ed. São Paulo: Saraiva, 1991.

CARVALHO, Orlando de. *Para uma Teoria Geral da Relação Jurídica*. 2. ed. Coimbra: Centelha, 1981. 1 v.

ECHEVERRIA, Andrea de Quadros Dantas. *O Árbitro da Federação Pode Influenciar o Jogo do Resgate?* O impacto da jurisprudência federalista do STF na crise fiscal dos Estados brasileiros. Tese (Direito) — Centro Universitário de Brasília, Brasília, 2019.

FACHIN, Luiz Edson. *Direito civil*: sentidos, transformações e fim. Rio de Janeiro: Renovar, 2015.

FACHIN, Luiz Edson. *Estatuto Jurídico do Patrimônio Mínimo*. 2. ed. Rio de Janeiro: Renovar, 2006.

FACHIN, Luiz Edson. *Teoria Crítica do Direito Civil*: à luz do Novo Código Civil Brasileiro. 3. ed. Renovar: Rio de Janeiro, 2012.

FONSECA, Rafael Campos Soares da; FONSECA, Reynaldo Soares da. Acesso à Justiça e a posição constitucional do Supremo Tribunal Federal como árbitro da Federação. In: DANTAS, Marcelo Navarro Ribeiro (org.). *Inovações no sistema de justiça*: meios alternativos de resolução de conflitos, justiça multiportas e iniciativas para a redução da litigiosidade e o aumento da eficiência nos tribunais: estudos em homenagem a Múcio Vilar Ribeiro Dantas. São Paulo: Thomson Reuters Brasil, 2021.

FONSECA, Rafael Campos Soares da. *Judicialização da dívida pública federativa no Supremo Tribunal Federal*. Belo Horizonte; São Paulo: D'Plácido, 2022.

FONSECA, Reynaldo Soares da; FONSECA, Rafael Campos Soares da. Abordagem funcional no direito contratual constitucionalizado e suas repercussões nas titularidades e trânsito jurídico do crédito público. *In:* CASELATO, Aline Gomes; PEREIRA, Andréia Ramos; SANTOS, Eronides Aparecido Rodrigues do; ROBERTO, Wilson Furtado (org.). *Liber Amicorum*: homenagem aos 13 anos de atuação do Ministro Marco Buzzi na Corte da Cidadania. Leme: Mizuno, 2025.

GOMES, Orlando. *Transformações Gerais do Direito das Obrigações*. 2. ed. São Paulo: Revista dos Tribunais, 1980.

NEVES, Antonio Castanheira. *O Instituto dos 'Assentos' e a Função Jurídica dos Supremos Tribunais*. Coimbra: Coimbra, 1983.

OLIVEIRA, Regis Fernandes de; HORVATH, Estevão. *Manual de Direito Financeiro*. 6. ed. São Paulo: Revista dos Tribunais, 2003.

OLIVEIRA, Vanessa Elias de. Poder Judiciário: árbitro dos conflitos constitucionais entre estados e união. *Lua Nova*, São Paulo, n. 78, 29, p. 223-250, 2009.

SCAFF, Fernando Facury. *Orçamento Republicano e Liberdade Igual*: ensaio sobre direito financeiro, república e direitos fundamentais no Brasil. Belo Horizonte: Fórum, 2018.

SILVA, Clóvis V. do Couto e. *A Obrigação como Processo*. Rio de Janeiro: FGV, 2006.

Informação bibliográfica deste livro, conforme a NBR 6023:2018 da Associação Brasileira de Normas Técnicas (ABNT):

FONSECA, Reynaldo Soares da; FONSECA, Rafael Campos Soares da. O juiz constitucional diante da dívida pública dos estados: exame da atuação do Ministro Luiz Edson Fachin no MS nº 34.023. In: SILVA, Christine Oliveira Peter da; GIAMBERARDINO, André Ribeiro; ARRUDA, Desdêmona Tenório B. T.; MACEDO, José Arthur Castillo de; MACHADO FILHO, Roberto Dalledone (coord.). *Ministro Luiz Edson Fachin*: dez anos de Supremo Tribunal Federal. Belo Horizonte: Fórum, 2025. p. 319-337. ISBN 978-65-5518-746-5.

DE SOCIOEDUCAÇÃO FALANDO: O HC COLETIVO Nº 143.988 E O PARADIGMA DA PROTEÇÃO INTEGRAL

ROBERTA BORGES DE BARROS

SUZANA MASSAKO HIRAMA LORETO DE OLIVEIRA

Introdução

Este artigo rende homenagem aos dez anos de exercício da magistratura pelo jurista Edson Fachin no Supremo Tribunal Federal. Propõe-se descrever e analisar o emblemático julgamento do *habeas corpus* (HC) coletivo nº 143.988 que limitou a taxa de ocupação das unidades de internação de adolescentes autores de atos infracionais em âmbito nacional.

A interação entre práxis e episteme tem sido a tônica da atuação do professor na Corte Suprema. Essa dinâmica sinérgica possibilita avanços na concretização de direitos humanos, como no julgamento do caso sobre o qual se discorrerá.

O *habeas corpus* coletivo impetrado no Supremo Tribunal Federal em 17.05.2017, em favor dos adolescentes internados na Unidade de Internação Regional Norte (UNI-Norte), em Linhares/ES, evidencia a importância de decisões judiciais que transcendem a resolução de litígios individuais e atuam como instrumentos de transformação estrutural no campo das políticas públicas.

A petição inicial, sustentada pela Defensoria Pública do Espírito Santo e organizações da sociedade civil, destacou práticas de tortura, superlotação e insalubridade que comprometeram a dignidade e segurança dos internos. O caso já havia impulsionado ações do sistema regional de proteção de direitos humanos, com medidas cautelares concedidas pela CIDH em 2009 e medidas provisórias determinadas pela Corte IDH em 2011, reconhecendo a gravidade extrema e a necessidade de ação urgente para proteger a vida e a integridade física dos adolescentes. Apesar dessas iniciativas, as violações persistiram, motivando a Defensoria Pública, em 2015, a impetrar o *habeas corpus* coletivo, inicialmente no sistema estadual. A ausência de previsão legal para a tutela coletiva de liberdade ambulatorial e os relatos individualizados de tortura reforçaram a relevância da demanda, que aportou ao STF em 2017.

As estratégias adotadas pela Defensoria Pública do Espírito Santo e pelas organizações da sociedade civil demonstraram a importância de ações integradas e estruturadas para assegurar condições mais dignas aos adolescentes internados. Nesse contexto, a decisão do Supremo Tribunal Federal, ao adotar ferramentas típicas de processos estruturais, atuou como ponto de partida para a reorganização do sistema socioeducativo. Essa abordagem contribuiu para o enfrentamento dos problemas crônicos, como a superlotação das unidades de internação e a precariedade de suas condições, reforçando o paradigma da proteção integral.

Este artigo adota o método do estudo de caso, com base no paradigma da proteção integral, para investigar como o julgamento do *habeas corpus* coletivo atuou como um marco na implementação de medidas estruturais no sistema socioeducativo. Esse enfoque possibilita examinar tanto os aspectos jurídicos quanto as dimensões práticas da decisão, explorando sua relevância para a qualificação das políticas públicas destinadas aos adolescentes a quem se atribui a prática de atos infracionais.

Propõe-se descrever e analisar, a partir do exame das petições, pareceres, ofícios, informações, despachos, decisões e sustentações orais, a trajetória da demanda e sua relevância, bem como os desafios que se apresentam à gestão da taxa de ocupação no futuro. Portanto, o enfoque não estará somente em critérios judiciais de interpretação da matéria, "mas sobre o modo como o caso é representado pelos atores processuais e como é posteriormente resolvido".[1]

---

[1] CARVALHO, S. de. *Como não se faz um trabalho de conclusão*: Provocações úteis para orientadores e estudantes de direito. 3. ed. São Paulo: Saraiva, 2015. [ebook, posição 819].

1 O marco da proteção integral e o HC nº 143.988 no Supremo Tribunal Federal

O preâmbulo da Constituição Federal de 1988 (CF/88) refletiu a conciliação das diversas forças e ideais que influenciaram o compromisso político e jurídico com a instituição de um Estado Democrático que assegura tanto os direitos individuais como os sociais. Essa declaração potencializa o binômio igualdade e justiça como valores supremos para a construção de uma sociedade fraterna, pluralista e sem preconceitos, fundada na solução pacífica dos conflitos.

A refundação das bases políticas e valorativas da nação pressupõe olhar o princípio da igualdade para além de sua dimensão formal. Desse modo, a consolidação da doutrina da proteção integral pode impactar a compreensão das políticas públicas voltadas a concretização dos direitos de crianças e adolescentes.

As dimensões dessas mudanças nas políticas infantojuvenis se notabilizam quando a Constituição Federal de 1988 prevê que todas as crianças e os adolescentes são titulares de direito e merecedores de proteção por parte da família, do Estado e da sociedade (art. 227 CF/88). Isso amplificou as bases de cuidado e proteção, em modelo que não mais se compatibilizava com as perspectivas que reivindicassem tratamento paternalista ou discriminatório.

Da mesma forma, ao incluir o amparo às crianças e adolescentes carentes como destinatários da assistência social, independentemente de contribuição à seguridade social, o art. 203, II, da CF/88 torna claro que esses sujeitos de direito são merecedores de solidariedade e de políticas públicas de atenção que ultrapassam o enfoque caritativo.

Nesse histórico de consolidação normativa da doutrina da proteção integral no Brasil, são fundamentais as previsões normativas da Constituição Federal de 1988 e Convenção dos Direitos da Criança e no Adolescente. Ainda que a promulgação da CF/88 tenha precedido a convenção internacional no aspecto temporal, esses diplomas estão alinhados no plano contextual e valorativo.

Emílio García Mendez chamou a atenção a esse processo histórico no qual se sobressai a importância do art. 227 da CF/88, ao sintetizar a doutrina da proteção integral. Também enfatizou o art. 204 da CF/88, que prevê a participação popular na formulação e controle das políticas públicas sociais.[2] A interação dessas normas constitucionais é de

---

[2] MENDEZ, G. E. Infancia, Ley y Democracia: Uma Cuestion de Justicia. In: SANTAMARIA, R. A; LEDESMA, M. B. C. (editores). *Derechos y garantias de la niñez y adolescencia*: Hacia

suma relevância, uma vez que a articulação entre governo e sociedade civil na proteção das crianças constituiu dimensão fundamental da alteração paradigmática.

A ideia de prioridade absoluta significa a corresponsabilização da sociedade, da família e do Estado nos cuidados com a criança e do adolescente. Isso inverte a lógica paternalista que regia a sistemática legislativa anterior. Se antes havia uma ideia de tutela concentrada na figura da atuação discricionária e seletiva do Estado-Juiz, com a nova lógica as crianças e os adolescentes são perspectivados como sujeitos de direito e passam a ser destinatários de políticas públicas e sociais com primazia para as quais, conforme previsto no artigo 204, II, da CF/88, e bem destacado pelo autor argentino, as organizações representativas da população também participam, tanto na formulação como no controle, em todos os níveis.

Já a noção de "melhor interesse" deve ser sistematicamente compreendida a partir das opções político-legislativas do paradigma da proteção integral, para não se retroceder à subjetividade do intérprete daquilo que seria o melhor interesse. Esse princípio também converge com a ideia de proteção prioritária, que traduz a primazia da criança e do adolescente em receber proteção e socorro em quaisquer circunstâncias, bem como em precedência no atendimento, bem como na formulação e execução das políticas sociais públicas. A política de atendimento à infância e juventude abarca o conjunto articulado de ações governamentais e não governamentais da União, dos Estados, do Distrito Federal e dos Municípios, em espacialidade na qual a valorização dos entes locais é modulada pela atuação solidária de outras esferas de poder quando necessário.

A expressão "condição peculiar da pessoa em desenvolvimento" comunica a ideia de que as crianças e adolescentes se situam em fase a desafiar compreensão diferenciada e a exigir direitos especiais. Essa perspectiva é relevante na socioeducação, uma vez que a medida de internação deve ser guiada pelos princípios da brevidade e excepcionalidade.

Alessandro Baratta abordou a concretização de direitos da criança e salientou a potência emancipatória desse processo. Destacava o papel da infância para consolidação de uma sociedade em bases democráticas.

---

la consolidación de la doctrina de protección integral. Disponível em: https://www.pensmientopenal.com.ar. Acesso em: 21 mar. 2025.

A lente emancipadora compreende a criança como cidadã, sujeito de direito e agente do futuro. Em passagem bastante inspirada, afirmava que cidade das crianças está projetada para o futuro, "porque mediante os contos e os sonhos imaginativos continuam sendo portadores dos mitos, não como realidade virtual, mas como uma verdade da nossa identidade cultural".[3]

A petição inicial do *habeas corpus* coletivo em estudo mostra a desconformidade das unidades de internação com esse conjunto de princípios e opções valorativas que conformam o paradigma de proteção integral adotado na Constituição Federal e em diplomas internacionais de que o Brasil é signatário. Traz relato gráfico da incompatibilidade entre a superlotação e o asseguramento de direitos fundamentais mínimos aos internos.

Somaram ao caso narrativas de estrutura precária e insalubre, violência física, tortura, laudos de lesões corporais, histórico de motins, incêndios, quartos sem camas, com fuligem ou sem água potável, rebeliões e a morte de quatro adolescentes. Relata a petição inicial que um dos óbitos ocorreu quando uma unidade de internação com a projeção para 90 vagas possuía 250 internos. Essas características e consequências mostram as dificuldades no controle e enfrentamento às situações de crise quando as estruturas e os serviços sobrecarregados pelo excesso na taxa de ocupação.

A superlotação prejudica e precariza o atendimento prestado, além de sobrecarregar os servidores e os adoecer. Isso impede a execução adequada do plano individual de atendimento dos adolescentes e jovens internados. Essa desconformidade vem reconhecida ainda em 2011 nas medidas provisórias concedidas pela Corte IDH, a partir do caso que lhe fora apresentado pela CIDH, quando fundamentou a presença dos três requisitos cumulativos que justificavam a adoção da providência. Assentou-se que estavam configurados a extrema gravidade, urgência e potencial irreparabilidade dos danos, em síntese, pela ineficiência na administração da unidade e repetição de incidentes graves que colocavam os internos em situação de risco.[4]

A situação descrita no *habeas corpus* demonstrou que a utilização excessiva das medidas de internação, sem o devido controle das taxas

---

[3] Tradução livre para o português. São conferências ministradas em 1995 estão disponíveis na internet e fazem parte do Seminário Internacional ocorrido na cidade de Buenos Aires.
[4] CORTE INTERAMERICANA DE DIREITOS HUMANOS. *Resolução de medidas provisórias no caso Unidade de Internação Socioeducativa (UNIS) vs. Brasil*. Resolução de 25 de fevereiro de 2021. Disponível em https//www.corteidh.or.cr. Acesso em: 21 mar. 2025.

de ocupação, constitui um gasto estatal ineficaz e inefetivo. A falta de estrutura dificulta a execução do plano individual de atendimento, por consequência, também prejudica a qualificação da porta de saída. Além disso, a repetição na violação de direitos fundamentais dos adolescentes prejudicava a imagem do Brasil no plano internacional de proteção dos direitos humanos.

Nesse contexto, a constatação de descompasso entre a projeção normativa e a realidade nas unidades de internação do Espírito Santo se potencializou durante o trâmite processual, quando se verificou que em outros Estados ocorriam situações semelhantes. Por isso, atores processuais diversos reivindicaram a extensão da liminar proferida pelo Ministro Fachin em 16.08.2018, que limitou a taxa de ocupação, nessa fase processual, no percentual de 119%.

Com a pluralização dos debates pela ampliação do objeto inicial, novas dimensões e camadas foram possibilitadas para a reflexão sobre a tutela coletiva do direito fundamental à liberdade, essencialmente individual. Persistem certas limitações desse relevante instrumento processual decorrentes da falta de regulamentação quanto à legitimidade, ao rito e aos seus efeitos, mas o julgamento dessa demanda contribuiu para a inserção do tema no debate público.[5]

Essa trajetória impulsionou eixos de atuação diversificados pelos referidos atores, entre os quais se destaca o acionamento do sistema regional de proteção a direitos humanos, com a importante atuação tanto da Comissão Interamericana de Direitos Humanos (CIDH) como da Corte Interamericana (Corte IDH).

A apresentação do caso no sistema regional de proteção decorreu da iniciativa das organizações Justiça Global e o Centro de Defesa dos Direitos Humanos da Serra do Estado do Espírito Santo. Em 15.07.2009, a CIDH recebeu pedido de medidas cautelares relativo à situação de risco grave à integridade dos adolescentes privados de liberdade na Unidade de Internação Socioeducativa (UNIS), situada na cidade de Linhares/ES (MC-224-09). Ainda naquele ano, foram concedidas as medidas cautelares, mas sem a obtenção dos efeitos esperados.

É diante disso que em 2010 a CIDH decide representar à Corte IDH por medidas provisórias as quais foram efetivamente acolhidas

---

[5] O *habeas corpus* coletivo passa a ter previsão normativa com a Lei nº 14.836/2024, mas a norma não aportou regras específicas de legitimidade e procedimento. Há projeto que tramita na Câmara dos Deputados com o fim de disciplinar a impetração coletiva do *habeas corpus* e o rol dos substitutos processuais com legitimação ativa (Projeto de Lei nº 1.610, de 2022).

e determinadas, conforme a Resolução editada em 25 de fevereiro de 2011.[6]

Segundo dispõe o art. 63.2 da Convenção Americana de Direitos Humanos, as medidas provisórias são determinadas pela Corte IDH, ainda que o assunto não tenha sido submetido ao seu prévio conhecimento, nas situações de gravidade extrema e urgência, e desde que as providências sejam necessárias para impedir danos irreparáveis.

Como já se referiu, esses três requisitos cumulativos se faziam presentes e justificavam a intervenção da Corte IDH à luz da Convenção Americana de Direitos Humanos na Unidade de Internação do Espírito Santo (Unis), para que o Estado brasileiro adotasse providências para proteger a vida e integridade dos adolescentes privados de liberdade.

Nada obstante, como vem retratado na petição inicial do *habeas corpus*, as inspeções realizadas demonstraram que a violação dos direitos fundamentais daqueles adolescentes se repetia. Isso conduziu a Defensoria Pública do Espírito Santo, em 2015, a impetrar *habeas corpus* coletivo, inicialmente no sistema de justiça estadual.

Em contexto sem previsão legal para a tutela coletiva da liberdade ambulatorial pelo instrumento do *habeas corpus*, foram nomeados e individualizados na demanda os quatro adolescentes que relataram práticas de tortura e maus-tratos nas inspeções. Esses relatos eram comprovados por laudos. Nos fundamentos fáticos do pedido, constava a situação deles e de outros internos submetidos a condições similares. No ano de 2017, o caso chega ao Supremo Tribunal Federal sem que se houvesse ultrapassado os filtros processuais à admissibilidade nas instâncias judiciais antecedentes.

2 A utilização de ferramentas do processo estrutural pelo Supremo Tribunal Federal no trâmite processual e resolução da demanda

Em perspectiva histórica, o processo estrutural configura-se como instrumento para concretização de direitos fundamentais e políticas complexas, a exigir reforma estrutural em entidade, instituição ou organização.[7] Segundo Edilson Vitorelli, trata-se de espécie de processo

---

[6] CORTE INTERAMERICANA DE DIREITOS HUMANOS. *Resolução de medidas provisórias no caso Unidade de Internação Socioeducativa (UNIS) vs. Brasil*. Resolução de 25 de fevereiro de 2021. Disponível em https//www.corteidh.or.cr. Acesso em: 21 mar. 2025.
[7] DIDIER JR, F.; ZANETI JR, H.; OLIVEIRA, R. A. de. Elementos para uma teoria do processo estrutural aplicada ao processo civil brasileiro. In: ARENHART, Sérgio Cruz;

coletivo em que a atuação jurisdicional pretende "a reorganização de uma estrutura burocrática, pública ou privada, que causa, fomenta ou viabiliza a ocorrência de uma violação pelo modo como funciona, originando um litígio estrutural".[8]

A doutrina enfatiza como uma das características dos litígios estruturais a multipolaridade dos interesses. Para Sérgio Cruz Arenhart, trata-se de aspecto marcante do litígio estrutural, uma vez que "trabalha com a lógica da formação de diversos núcleos de posições e opiniões (muitas delas antagônicas) a respeito do tema a ser tratado".[9] Desse modo, a coletividade é depreendida no processo estrutural por "discutir uma situação jurídica coletiva".[10] A causalidade complexa, por envolver multiplicidade de causas do problema estrutural, múltiplas possíveis soluções[11] e múltiplos polos de interesse.[12]

Esse tema prossegue a estimular debates e pesquisas constantes. No caso do *habeas corpus* coletivo impetrado, inicialmente, pela Defensoria Pública do estado do Espírito Santo — posteriormente reforçado pelas Defensorias Públicas dos estados do Rio de Janeiro, da Bahia, de Pernambuco, do Ceará e de Sergipe — ficou evidenciada a questão da violação de direitos fundamentais, causada pelo problema estrutural da superlotação que se verificava em unidades de privação de liberdade. A impetração enfatiza e demonstra que a superlotação nas unidades potencializa os conflitos e as situações de violências, de maus-tratos, de torturas, de insalubridade. Isso amplificava a vulnerabilidade dos adolescentes e os submetia muitas vezes a condições mais precárias que as dos adultos.

JOBIM, Marco Félix (org.). *Processos estruturais*. 3. ed., ver., atual. e ampl. Salvador: Juspodivm, 2021. p. 426. ISBN 978-85-442-3430-3.

[8] 10 VITORELLI, E. Levando os conceitos a sério: processo estrutural, processo coletivo, processo estratégico e suas diferenças. *Revista de Processo*, São Paulo, v. 284, p. 333-369, out. 2018.

[9] 11 ARENHART, S. C. Processo multipolar, participação e representação de interesses concorrentes. In: ARENHART, S. C. *Processos estruturais*. 3. ed. atual. e ampl. Salvador: Juspodivm, 2021. p. 1072. ISBN 978-85-442-3430-3. p. 1072.

[10] DIDIER JR, F.; ZANETI JR, H.; OLIVEIRA, R. A. de. Elementos para uma teoria do processo estrutural aplicada ao processo civil brasileiro. In: ARENHART, Sérgio Cruz; JOBIM, Marco Félix (org.). *Processos estruturais*. 3. ed., ver., atual. e ampl. Salvador: Juspodivm, 2021. p. 426. ISBN 978-85-442-3430-3. p. 436.

[11] FERRARO, M. P. *Do processo bipolar a um processo coletivo-estrutural*. 2015. Dissertação (Mestrado em Direito das Relações Sociais) — Universidade Federal do Paraná, 2015. p. 18. Disponível em: http://hdl.handle.net/1884/39322. Acesso em: 28 set. 2021.

[12] VITORELLI, E. Litígios estruturais: decisão e implementação de mudanças socialmente relevantes pela via processual. In: ARENHART, Sérgio Cruz; JOBIM, Marco Félix (org.). *Processos estruturais*. 3. ed., ver., atual. e ampl. Salvador: Juspodivm, 2021. p. 331. ISBN 978-85-442-3430-3.

Nessa dimensão, a Segunda Turma do Supremo Tribunal Federal, por votação unânime, assentou a compreensão de a lotação das unidades de cumprimento de medidas socioeducativas em meio fechado deve ser limitada à capacidade projetada de cada estabelecimento. Em seu voto, o Ministro Gilmar Mendes aproximou as características do caso com as das ações estruturais, assim compreendidas "como aquelas destinadas a corrigir falhas estruturais de políticas públicas que violam direitos e garantias fundamentais de um número significativo de pessoas".

Em relação à reestruturação por meio de uma decisão implementada de forma escalonada, essa abordagem já se evidencia nos fundamentos da liminar proferida em 16.08.2018. A decisão parte da premissa de que a ocupação acima da capacidade nas unidades viola os direitos humanos e fundamentais de adolescentes e jovens internos, fundamentando-se no primado da doutrina da proteção integral. Com base nessa perspectiva, assentou-se que as medidas socioeducativas de privação da liberdade "deverão ser cumpridas em estabelecimentos que ofereçam dignas condições, em respeito à sua peculiar situação de pessoa em desenvolvimento".[13]

Um aspecto central da decisão cautelar, confirmado na decisão de mérito, foi a aplicação do princípio do *numerus clausus*[14] como estratégia de gestão. Esse ponto foi desenvolvido na sustentação oral de Mariana Chies, pelo IBCCRIM, quando enfatizou que não se faz socioeducação em estabelecimentos superlotados e com profissionais adoecidos. Destacou que o desrespeito aos limites de ocupação reflete uma espécie de gestão de emergência que sobrecarrega e prejudica os trabalhadores das unidades. A observância do limite de ocupação e a priorização das medidas socioeducativas em meio aberto possibilitam um planejamento estratégico mais efetivo e melhoria na administração das unidades.

A decisão liminar estabeleceu a limitação inicial do número de adolescentes à capacidade próxima a 119%, patamar esse levado em consideração a taxa média de ocupação constatada pelo Conselho Nacional do Ministério Público (CNMP) em 2013. Também nesse momento processual foram fixados critérios objetivos de avaliação pelo magistrado responsável para o efetivo cumprimento do que fora determinado.

---

[13] BRASIL. Supremo Tribunal Federal. *HC nº 143.988/ES*. Relator Ministro Edson Fachin. Segunda Turma. Data de conclusão do julgamento 21.08.2020.

[14] ROIG, R. D. E. *Execução penal*: teoria e prática. 5. ed. São Paulo: Thomson Reuters Brasil, 2021. p 72-82. ISBN 978-65-5614-701-7.

Os relatórios encaminhados pelo Departamento de Monitoramento e Fiscalização do Sistema Carcerário de Execução de Medidas Socioeducativas (DMF) do CNJ, juntamente com as contribuições apresentadas pelos amigos da Corte, respaldaram um novo pronunciamento judicial, ocorrido em 22.05.2019. Nessa decisão, foi concedida a extensão da medida para unidades de internação superlotadas em outros Estados, passando as respectivas Defensorias Públicas Estaduais a integrar no polo ativo da impetração.

Foram admitidos como *amici curiae* diversas entidades, incluindo Conectas Direitos Humanos, Instituto Brasileiro de Ciências Criminais (IBCCRIM), Instituto Alana, Grupo de Atuação Estratégica da Defensoria Pública nos Tribunais Superiores (GAETS), Associação Nacional de Membros do Ministério Público (MP PRÓ-SOCIEDADE), Ordem dos Advogados do Brasil — Seção do estado do Rio de Janeiro, Ministério Público do estado do Rio de Janeiro, Movimento Nacional de Direitos Humanos (MNDH). Essas organizações forneceram subsídios relevantes que enriqueceram a fundamentação decisória.

Durante a tramitação do *habeas corpus* coletivo, os efeitos concretos da medida liminar foram percebidos pelas partes e apresentados na forma dos relatórios de vistoria, petições e memoriais anexados aos autos.

A Defensoria Pública do Estado do Espírito Santo apresentou memoriais em 05.08.2019 nos quais informou os resultados da inspeção realizada em 12.06.2019. Declarou que a redução da superlotação beneficiou os servidores em qualidade de vida e condições de trabalho, uma vez que a relação com os internos se tornou "menos tensa, justamente, por conta da diminuição da superlotação e da possibilidade de os internos participarem de jornadas pedagógicas, preenchendo seus dias com atividades ao invés de ficarem excessivamente na tranca". Isso contribuía para que o processo socioeducativo se tornasse mais efetivo e condizente com os objetivos previstos na legislação. Durante a sustentação oral, o membro da instituição reforçou esses aspectos e demonstrou o notável crescimento percentual das matrículas dos internos na escola à medida que a taxa de ocupação das unidades passou a ser respeitada.

No que tange à reentrada dos adolescentes, aportaram-se aos autos dados sobre os 260 primeiros adolescentes e jovens desinternados em cumprimento da decisão liminar até 05.09.2018. De acordo com essas informações, o percentual de novas passagens por ato infracional/crime foi de 14,20%, ou seja, 37 pessoas. Especificamente sobre as infrações praticadas contra pessoa, o quantitativo era de apenas 1,50%, portanto, 4 adolescentes. Para conferir transparência ao número de socioeducandos privados de liberdade, o Instituto de Atendimento Socieducativo do Espírito Santo (IASES), órgão responsável pela gestão e execução das medidas socioeducativas dos adolescentes em conflito com a lei, disponibilizou o Observatório Digital da Socioeducação,[15] com dados abertos do sistema socioeducativo. Isso sinalizava que a medida liminar contribuiu também para aperfeiçoar a governança.

Já a Defensoria Pública do Estado do Rio de Janeiro indicou que 577 adolescentes e jovens foram beneficiados com a medida liminar. Desse universo, 556 não reiteram na prática de ato infracional. Argumentou nos memoriais que "a medida adotada por este Supremo Tribunal Federal não causou abalo à segurança pública".[16] Em 11.08.2020, anexou aos autos os relatórios das vistorias realizadas em 12.09.2019 e 27.11.2019, em Unidades de Atendimento Socioeducativo, para aferir o impacto da decisão liminar. Entre os benefícios indicados no documento,[17] destaca-se a melhoria nas instalações físicas e na estrutura, à medida que propiciou a realização de reformas de espaços compartilhados, facilitação na conservação, maior limpeza da unidade. Também se aperfeiçoou o fornecimento de alimentação e a distribuição dos itens de vestuário e higiene pessoal.

Em síntese, a partir da concessão da liminar, desencadearam-se mobilizações de entidades representativas da sociedade civil, admitidas nos autos como *amici curiae*. Isso propiciou a diversificação e qualificação das informações anexadas durante o trâmite processual, com a apresentação de dados sobre os efeitos e impactos positivos da decisão liminar.

A ordem de *habeas corpus* foi concedida pela Segunda Turma do Supremo Tribunal Federal, na sessão virtual de julgamento ocorrida entre 14 e 21 de agosto de 2020, por votação unânime. Determinou-se que as unidades de execução de medida socioeducativa de internação

---

[15] INSTITUTO DE ATENDIMENTO SOCIOEDUCATIVO DO ESPÍRITO SANTO (IASES). *Observatório digital da socioeducação*. Disponível em: https://iases.es.gov.br/observatorio-digital-da-socioeducacao. Acesso em: 25 ago. 2021.

[16] BRASIL. Supremo Tribunal Federal. *HC nº 143.988/ES*. Relator Ministro Edson Fachin. Segunda Turma. Data de conclusão do julgamento 21.08.2020.

[17] DEFENSORIA PÚBLICA DO ESTADO DO RIO DE JANEIRO. *Relatório temático de fiscalização da unidade de atendimento socioeducativo escola João Luiz Alves*. Disponível em: https://sistemas.rj.def.br/publico/sarova.ashx/Portal/sarova/imagemdpge/public/arquivos/906f51a726b24a6597c5d9e222e39ccb.pdf. Acesso em: 28 set. 2021.

de adolescentes não ultrapassem a capacidade projetada de internação prevista para cada estabelecimento. Além disso, foram indicados parâmetros não exaustivos para o cumprimento da decisão pelos magistrados, entre os quais a adoção do princípio *numerus clausus* como estratégia de gestão e a reavaliação periódica dos adolescentes internados.

Os fundamentos expostos e os subsídios apresentados pelos atores processuais conferiram suporte à decisão estrutural, em harmonia com as diretrizes e normas de proteção dos direitos humanos. Sob esse prisma, destaca-se o princípio do superior interesse, consagrado na Convenção sobre os Direitos das Crianças da Organização das Nações Unidas, firmada pelo Brasil e internalizada pelo Decreto nº 99.710/1990. No âmbito interno, tal diretriz é reforçada pelo direito à proteção especial conferido aos adolescentes, fundamentado nos princípios da brevidade, excepcionalidade e respeito à condição singular de pessoa em desenvolvimento (art. 227, §3º, V, da Constituição Federal). Esse preceito é detalhado no Estatuto da Criança e do Adolescente (art. 121), que adota a doutrina da proteção integral. Além disso, estabelece os princípios, parâmetros e critérios do Sistema Nacional de Atendimento Socioeducativo (SINASE), enfatizando o caráter educativo e protetivo das medidas socioeducativas.

O voto condutor evidenciou a relevância do processo dialógico em demandas estruturais, ao analisar os argumentos dos *amici curiae*, ampliando o debate em bases democráticas e plurais que conferem maior legitimidade à decisão colegiada da Suprema Corte. No julgamento, foram afastadas as teses de impactos negativos à segurança pública e restrições orçamentárias.

Outro aspecto da decisão colegiada consistiu na cientificação do Conselho Nacional de Justiça para acompanhar as taxas de ocupação, "especialmente em relação aos dados estatísticos sobre o cumprimento das medidas estabelecidas e o percentual de lotação". Nesse cenário, relevantes projetos e realizações no âmbito do Conselho Nacional de Justiça buscam aprimorar o sistema socioeducativo. Importantes ações, resoluções e materiais de divulgação foram produzidos por meio do programa "Fazendo Justiça", executado pelo Departamento de Monitoramento e Fiscalização do Sistema Carcerário e do Sistema de Execução de Medida Socioeducativa (DMF), em parceria com o Programa das Nações Unidas para o Desenvolvimento (PNUD). Destaca-se também a atuação da Unidade de Monitoramento e Fiscalização das Decisões do Sistema Interamericano de Direitos Humanos do Conselho Nacional de Justiça (UMF/CNJ), que ainda acompanha as medidas provisórias determinadas ao Brasil pela Corte Interamericana de Direitos Humanos (Corte IDH) em relação à Unidade de Internação Socioeducativa do Espírito Santo (UNIS).

Por oportuno, vale salientar o conteúdo do relatório final sobre a redução do número de adolescentes internados no sistema socioeducativo, elaborado pelo CNJ.[18] O documento evidencia que o HC coletivo nº 143.988 desempenhou um papel de relevo na redução da superlotação das unidades socioeducativas, ao estabelecer o princípio do *numerus clausus* e limitar a ocupação ao número projetado de vagas. Iniciativas como a Resolução CNJ nº 367/2021, que instituiu a Central de Vagas, contribuíram para melhores condições no atendimento socioeducativo, com a redução de adolescentes internados de 23.066, em 2013, para 12.389, em 2022.

Desse modo, o julgamento do HC coletivo, somado a outros fatores e ações estruturantes, representa marco importante no aprimoramento da governança e no fortalecimento das políticas voltadas à reintegração de adolescentes a quem se atribui a prática de atos infracionais.

3 A atuação do Conselho Nacional De Justiça e os desafios da socioeducação: o que vem depois?

A atuação do CNJ no campo da socioeducação tem se evidenciado por iniciativas voltadas à melhoria da governança e à efetivação dos direitos fundamentais dos adolescentes em cumprimento de medidas socioeducativas.

Por meio do programa "Fazendo Justiça", desenvolvido em parceria com o Programa das Nações Unidas para o Desenvolvimento (PNUD), o CNJ tem promovido a formulação e implementação de políticas públicas focadas na redução da superlotação, na melhoria das condições das unidades de internação e na qualificação dos profissionais que atuam no sistema de garantia de direitos. Entre as principais iniciativas estão o monitoramento da taxa de ocupação das unidades socioeducativas e a criação de indicadores que possibilitam

---

[18] CONSELHO NACIONAL DE JUSTIÇA. *Redução de adolescentes em medidas socioeducativas no Brasil 2013 – 2022*: condicionantes e percepções. Brasília: CNJ, 2024. p. 65. (Justiça Pesquisa, 6).

avaliar a eficácia das políticas aplicadas. Por meio do Departamento de Monitoramento e Fiscalização do Sistema Carcerário e de Medidas Socioeducativas (DMF), o CNJ tem articulado ações junto a tribunais e governos estaduais para o alinhamento da gestão do sistema socioeducativo aos princípios que regem a execução das medidas de internação.

Em 14 de janeiro de 2025, o CNJ lançou o Painel de Inspeções no Socioeducativo,[19] uma ferramenta que moderniza a análise de informações e amplia a transparência sobre o sistema socioeducativo. Segundo informações extraídas da Agência CNJ de Notícias, dados das inspeções realizadas entre setembro e outubro de 2024 indicam uma taxa de ocupação de 57,57% nas 427 unidades inspecionadas, com 11.016 adolescentes internados, sendo 95,5% do gênero masculino, 34% com 17 anos e, quanto à raça/cor, 55,4% se identificam como pardos, 18,8% como pretos e de 25,1% como brancos.

O painel também fornece informações detalhadas sobre as condições das unidades e o acesso a direitos. Aproximadamente 39% das unidades proporcionam mais de 20 horas semanais de estudo, enquanto 37,1% garantem entre 16 e 20 horas. Em relação aos profissionais, 406 unidades possuem assistentes sociais, 403 contam com psicólogos e há 18.127 agentes socioeducativos em atividade. Além disso, no sexto bimestre de 2024, 89,19% dos adolescentes internados estavam matriculados no ensino formal, evidenciando o compromisso com o direito à educação.[20]

Os dados consolidados no painel estão desagregados por Estado e incluem informações sobre adolescentes de acordo com o tipo de medida socioeducativa aplicada, além dos marcadores de gênero e raça. Também há registros de óbitos, suicídios e processos por tortura, bem como dados sobre adolescentes gestantes, lactantes, LGBTQIAPN+, com deficiência e transtornos mentais. Ainda são apresentadas informações sobre o quadro de pessoal e as inspeções realizadas. Essa iniciativa atende a Recomendação nº 44 da CIDH, que orienta o Brasil a estabelecer indicadores atualizados e acessíveis sobre justiça juvenil.

---

[19] CONSELHO NACIONAL DE JUSTIÇA. *Novo painel consolida dados nacionais sobre o sistema socioeducativo.* Disponível em: https://www.cnj.jus.br/novo-painel-consolida-dados-nacionais-sobre-o-sistema-socioeducativo/. Acesso em: 28 mar. 2025.

[20] CONSELHO NACIONAL DE JUSTIÇA. *Painel de Inspeções no Socioeducativo.* Disponível em: https://paineisanalytics.cnj.jus.br/single/?appid=a12c1a54-541f-4fd7-bbdf-afba0ca89a98&sheet=1878af36-955d-d32-8766-f634382b571c&theme=CNIUPS&lang=pt-BR&opt=ctxmenu,currsel. Acesso em: 28 mar. 2025.

Esses dados são imprescindíveis para a intensificar esforços na garantia dos direitos de adolescentes, permitindo avanços nos desafios que certamente transcendem os problemas da superlotação das unidades e da falta de diversificação nas medidas socioeducativas.

O respeito ao princípio do *numerus clausus*, fixado pelo Supremo Tribunal Federal no *habeas corpus* coletivo nº 143.988, exige acompanhamento contínuo e revisões periódicas das políticas de internação e das alternativas à privação de liberdade para qualificar a saída dos internos, com o acompanhamento das famílias e dos respectivos atores do sistema de garantias de direitos.

A capacitação dos profissionais que atuam no sistema torna-se indispensável. É fundamental estabelecer programas de formação continuada que promovam uma abordagem interdisciplinar, alinhada aos objetivos pedagógicos do sistema socioeducativo.

A transparência também deve ser reforçada. Ferramentas como o Observatório Digital da Socioeducação, criado pelo Instituto de Atendimento Socioeducativo do Espírito Santo (IASES), ilustram como a disponibilização de dados abertos pode contribuir para o aprimoramento da gestão e o controle social do sistema. Ampliar essas iniciativas em âmbito nacional é um passo estratégico para aumentar a efetividade das políticas socioeducativas.

O julgamento do HC coletivo nº 143.988 demonstrou que abordagens humanizadas e protetivas são viáveis, mas a sua consolidação no âmbito judicial e administrativo requer o fortalecimento de uma cultura de direitos humanos que priorize soluções inclusivas e condizentes com o paradigma da proteção integral.

À luz desses desafios, cabe refletir: o que vem depois? Como assegurar a sustentabilidade e a ampliação dos avanços obtidos em um contexto de desigualdades estruturais e limitações orçamentárias? Um caminho promissor perpassa pela consolidação de uma governança colaborativa, com a participação das famílias, da sociedade civil, dos governos e do Judiciário, com foco na prevenção e promoção de direitos. Essa governança deve incentivar o desenvolvimento de programas voltados a garantir que os adolescentes inseridos em liberdade reúnam os meios e as condições necessárias para implementarem seus projetos de vida.

O fortalecimento do modelo socioeducativo não é apenas uma questão de política pública, mas também um compromisso com os valores democráticos e com a construção de uma sociedade mais justa e solidária. Como afirmava Alessandro Baratta, "La ciudad de los niños está esencialmente proyectada en el futuro".[21] Tendo em perspectiva esse horizonte, a construção do sistema socioeducativo, para além de corrigir falhas, também significa possibilitar aos adolescentes e jovens autonomia, com oportunidades reais de desenvolvimento e cidadania.

Considerações finais

O aperfeiçoamento do sistema socioeducativo no Brasil pressupõe um compromisso coletivo que transcenda a retórica e se concretize com ações efetivas, capazes de materializar os direitos humanos assegurados a crianças e adolescentes em diplomas normativos internacionais e na Constituição Federal. O julgamento do *habeas corpus* coletivo constituiu um marco bastante significativo de responsabilidade institucional e na reafirmação do paradigma da proteção integral como orientador da execução das medidas socioeducativas.

Nesse contexto, destaca-se a atuação do Conselho Nacional de Justiça que, por meio de ferramentas como o Painel de Inspeções no Socioeducativo e o Programa Fazendo Justiça, produz e consolida dados abertos em âmbito nacional, oferecendo caminhos e alternativas para um dos desafios históricos ao aperfeiçoamento do sistema de socioeducação.

Priorizar a educação, investir na capacitação de profissionais e assegurar condições dignas para o cumprimento das medidas de internação são passos indispensáveis ao desenvolvimento de um modelo que promova a reintegração dos adolescentes e reforce o caráter predominantemente pedagógico dessas medidas.

Este trabalho presta justa homenagem ao Ministro Edson Fachin pelos seus dez anos no Supremo Tribunal Federal, período em que a sua atuação se notabilizou pela sensibilidade com os marcadores de vulnerabilidade social e incessante defesa da Constituição como instrumento de transformação social. No julgamento do HC coletivo nº 143.988, a sua visão dialógica e integradora reafirma o papel do poder judiciário como guardião dos direitos humanos e fundamentais, a reforçar que Justiça não se faz apenas com palavras, mas com decisões que promovam a dignidade e a cidadania.

---

[21] BARATTA, A. La niñez como arqueologia del futuro. *Justicia y Derechos del Niño*, n. 9, Unicef. Primera Edición. ISBN: 978-92-806-4182-0. Disponível em: www.unicef.cl. Acesso em: 21 mar. 2025.

O legado humanista do professor Edson Fachin no exercício da jurisdição ressoa como inspiração para que continuemos a trilhar o caminho de uma justiça verdadeiramente inclusiva e comprometida com os projetos de vida e o futuro de crianças e adolescentes.

Referências

ALVAREZ, M. C.; GISI, B; SANTOS, M. C. S. O adolescente como problema. *Dossiê na Revista Sociologias*. *Edição quadrimestral*, Universidade Federal do Rio Grande do Sul, Programa de Pós-Graduação em Sociologia, a. 23, n. 58, 2021.

ARENHART, S. C. Processo multipolar, participação e representação de interesses concorrentes. In: ARENHART, S. C. *Processos estruturais*. 3. ed. atual. e ampl. Salvador: Juspodivm, 2021. p. 1072. ISBN 978-85-442-3430-3.

BADARÓ, G. H. *Manual dos Recursos Penais*. 6. ed., atual. e ampl. São Paulo: Thomson Reuters Brasil, 2023.

BARATTA, A. La niñez como arqueologia del futuro. *Justicia y Derechos del Niño*, n. 9, Unicef. Primera Edición. ISBN: 978-92-806-4182-0. Disponível em: www.unicef.cl. Acesso em: 21 mar. 2025.

BARATTA, A. Democracia y Derechos del Niño. *Justicia y Derechos del Niño*, n. 9, Unicef. Primera Edición. ISBN: 978-92-806-4182-0. Disponível em: www.unicef.cl. Acesso em: 21 mar. 2025.

BRASIL. Conselho Nacional de Justiça. *Painel de Inspeções no Socioeducativo*. Brasília: Conselho Nacional de Justiça – CNJ. Disponível em: https//www.cnj.jus.br. Acesso em: 21 mar. 2025.

BRASIL. Conselho Nacional de Justiça. Novo painel consolida dados nacionais sobre o sistema socioeducativo. *Agência CNJ de Notícias*, 15 jan. 2025. Disponível em: https://www.cnj.jus.br/novo-painel-consolida-dados-nacionais-sobre-o-sistema-socioeducativo/. Acesso em: 27 jan. 2025.

BRASIL. *Decreto nº 99.710, de 21 de novembro de 1990*. Promulga a Convenção sobre os Direitos da Criança. Disponível em: http://www.planalto.gov.br/ccivil_03/decreto/1990-1994/d99710.htm. Acesso em: 21 mar. 2025.

BRASIL. *Constituição da República Federativa do Brasil de 1988*. Disponível em: http://www.planalto.gov.br/ccivil_03/constituicao/constituicao.htm. Acesso em: 21 mar. 2025.

BRASIL. *Lei nº 8069, de 13 de julho de 1990*. Dispõe sobre o Estatuto da Criança e do Adolescente e dá outras providências. Disponível em: http://www.planalto.gov.br/ccivil_03/leis/l8069.htm. Acesso em: 28 set. 2021.

BRASIL. *Lei nº 12.594, de 18 de janeiro de 2012*. Institui o Sistema Nacional de Atendimento Socioeducativo (Sinase), regulamenta a execução das medidas socioeducativas destinadas a adolescente que pratique ato infracional; e altera as Leis nºs 8.069, de 13 de julho de 1990 (Estatuto da Criança e do Adolescente); 7.560, de 19 de dezembro de 1986, 7.998, de 11 de janeiro de 1990, 5.537, de 21 de novembro de 1968, 8.315, de 23 de dezembro de 1991, 8.706, de 14 de setembro de 1993, os Decretos-Leis nºs 4.048, de 22 de janeiro de 1942, 8.621, de 10 de janeiro de 1946, e a Consolidação das Leis do Trabalho (CLT), aprovada pelo Decreto-Lei nº 5.452, de 1º de maio de 1943. Disponível em: http://www.planalto.gov.br/ccivil_03/_ato2011-2014/2012/lei/l12594.htm. Acesso em: 21 mar. 2025.

BRASIL. Supremo Tribunal Federal. *HC nº 143.988/ES*. Relator Ministro Edson Fachin. Segunda Turma. Data de conclusão do julgamento 21.08.2020.

CARVALHO, S. de. *Como não se faz um trabalho de conclusão*: Provocações úteis para orientadores e estudantes de direito. 3. ed. São Paulo: Saraiva, 2015.

CONSELHO NACIONAL DE JUSTIÇA. *Novo painel consolida dados nacionais sobre o sistema socioeducativo*. Disponível em: https://www.cnj.jus.br/novo-painel-consolida-dados-nacionais-sobre-o-sistema-socioeducativo/. Acesso em: 28 mar. 2025.

CONSELHO NACIONAL DE JUSTIÇA. *Redução de adolescentes em medidas socioeducativas no Brasil 2013 – 2022*: condicionantes e percepções. Brasília: CNJ, 2024.

CORTE INTERAMERICANA DE DIREITOS HUMANOS. *Resolução de medidas provisórias no caso Unidade de Internação Socioeducativa (UNIS) vs. Brasil*. Resolução de 25 de fevereiro de 2021. Disponível em: https//www.corteidh.or.cr. Acesso em: 21 mar. 2025.

DEFENSORIA PÚBLICA DO ESTADO DO RIO DE JANEIRO. *Relatório temático de fiscalização da unidade de atendimento socioeducativo escola João Luiz Alves*. Disponível em: https://sistemas.rj.def.br/publico/sarova.ashx/Portal/sarova/imagemdpge/public/arquivos/906f51a726b24a6597c5d9e222e39ccb.pdf. Acesso em: 28 set. 2021.

DIDIER JR, F.; ZANETI JR, H.; OLIVEIRA, R. A. de. Elementos para uma teoria do processo estrutural aplicada ao processo civil brasileiro. In: ARENHART, Sérgio Cruz; JOBIM, Marco Félix (org.). *Processos estruturais*. 3. ed., ver., atual. e ampl. Salvador: Juspodivm, 2021. p. 426. ISBN 978-85-442-3430-3.

FERRARO, M. P. *Do processo bipolar a um processo coletivo-estrutural*. 2015. Dissertação (Mestrado em Direito das Relações Sociais) — Universidade Federal do Paraná, 2015. p. 18. Disponível em: http://hdl.handle.net/1884/39322. Acesso em: 28 set. 2021.

INSTITUTO DE ATENDIMENTO SOCIOEDUCATIVO DO ESPÍRITO SANTO (IASES). *Observatório digital da socioeducação*. Disponível em: https://iases.es.gov.br/observatorio-digital-da-socioeducacao. Acesso em: 25 ago. 2021.

MENDEZ, G. E. Infancia, Ley y Democracia: Uma Cuestion de Justicia. In: SANTAMARIA, R. A; LEDESMA, M. B. C. (editores). *Derechos y garantias de la niñez y adolescencia*: Hacia la consolidación de la doctrina de protección integral. Disponível em: https://www.pensmientopenal.com.ar. Acesso em: 21 mar. 2025.

ROIG, R. D. E. *Execução penal*: teoria e prática. 5. ed. São Paulo: Thomson Reuters Brasil, 2021. p 72-82. ISBN 978-65-5614-701-7.

VITORELLI, E. Levando os conceitos a sério: processo estrutural, processo coletivo, processo estratégico e suas diferenças. *Revista de Processo*, São Paulo, v. 284, p. 333-369, out. 2018.

VITORELLI, E. Litígios estruturais: decisão e implementação de mudanças socialmente relevantes pela via processual. In: ARENHART, Sérgio Cruz; JOBIM, Marco Félix (org.). *Processos estruturais*. 3. ed., ver., atual. e ampl. Salvador: Juspodivm, 2021. p. 331. ISBN 978-85-442-3430-3.

Informação bibliográfica deste livro, conforme a NBR 6023:2018 da Associação Brasileira de Normas Técnicas (ABNT):

BARROS, Roberta Borges de; OLIVEIRA, Suzana Massako Hirama Loreto de. De socioeducação falando: o HC coletivo nº 143.988 e o paradigma da proteção integral. In: SILVA, Christine Oliveira Peter da; GIAMBERARDINO, André Ribeiro; ARRUDA, Desdêmona Tenório B. T.; MACEDO, José Arthur Castillo de; MACHADO FILHO, Roberto Dalledone (coord.). *Ministro Luiz Edson Fachin*: dez anos de Supremo Tribunal Federal. Belo Horizonte: Fórum, 2025. p. 339-357. ISBN 978-65-5518-746-5.

A LIBERDADE RELIGIOSA COMO DIREITO FUNDAMENTAL: REFLEXÕES A PARTIR DA CONSTITUCIONALIDADE DO SACRIFÍCIO RITUAL DE ANIMAIS EM CULTOS DE RELIGIÕES DE MATRIZ AFRICANA

ROBERTA ZUMBLICK MARTINS DA SILVA

Introdução

Os dez anos de atuação do Ministro Edson Fachin no Supremo Tribunal Federal colocam-se como a aula mais extensa ministrada pelo nosso querido e para sempre Professor. Com atuação significativa em pautas relevantes, tendo a promoção dos Direitos Humanos como bússola, ensina-nos pelo exemplo incansável de serviço público, retidão e seriedade. Sua densidade acadêmica, vocação para o intercâmbio entre teoria e prática e olhar sensível são marcas de suas decisões. E em um mundo tão duro, tem a monumental ousadia da doçura e gentileza das almas que acreditam que ele pode ser melhor.

Nesta singela homenagem, comenta-se decisão do Tribunal no RE nº 494601 da qual o homenageado ficou redator para o acórdão com o voto vencedor. Uma decisão importante da Corte tanto pelo aspecto dos direitos humanos e exercício da liberdade religiosa, como pela promoção da igualdade material e consciência racial: temas que contam nestes últimos 10 anos com a contribuição valiosa do Ministro Edson Fachin.

1 RE nº 494601/RS

Em obra publicada antes do julgamento do caso aqui em análise, Jayme Weingartner Neto[1] explica o contexto fático que deu origem ao que se tornaria o *leading case* sobre a matéria de sacrifício ritual de animais e liberdade religiosa. A questão surgiu com a edição do Código Estadual de Proteção aos Animais do Rio Grande do Sul: a Lei Estadual nº 11.915, de 21.05.2003. Em seu art. 2º, essa Lei estabeleceu vedações gerais, proibindo condutas ofensivas ao bem jurídico tutelado e, no art. 16, tratou do abate de animais. O autor assinala que a lei gerou acirrada polêmica, amplamente noticiada pelos meios de comunicação, em que as comunidades religiosas afro-brasileiras afirmavam estar diante de discriminação e constrangimento, no que toca ao sacrifício ritual de animais, bem como ameaçadas pelo poder de polícia e temerosas de sanção penal.

Foi no contexto da dicotomia entre algumas correntes ambientalistas e movimentos religiosos aos quais se somaram os ativistas do movimento negro que adveio a Lei Estadual nº 12.131, de 22.07.2004, que acrescentou o dispositivo questionado no RE nº 494601. Trata-se do parágrafo único ao citado art. 2º da Lei nº 11.915/2003 (Código Estadual de Proteção aos Animais):

> Art. 2º — É vedado:
>
> I — ofender ou agredir fisicamente os animais, sujeitando-os a qualquer tipo de experiência capaz de causar sofrimento ou dano, bem como as que criem condições inaceitáveis de existência;
>
> II — manter animais em local completamente desprovido de asseio ou que lhes impeçam a movimentação, o descanso ou os privem de ar e luminosidade;
>
> III — obrigar animais a trabalhos exorbitantes ou que ultrapassem sua força;
>
> IV — não dar morte rápida e indolor a todo animal cujo extermínio seja necessário para consumo;
>
> V — exercer a venda ambulante de animais para menores desacompanhados por responsável legal;
>
> VI — enclausurar animais com outros que os molestem ou aterrorizem;

---

[1] WEINGARTNER NETO, Jayme. *Liberdade Religiosa na Constituição*: fundamentalismo, pluralismo, crenças e cultos. Porto Alegre: Livraria do Advogado, 2007. p. 283-284.

VII — sacrificar animais com venenos ou outros métodos não preconizados pela Organização Mundial da Saúde — OMS —, nos programas de profilaxia da raiva.

Parágrafo único — Não se enquadra nessa vedação o livre exercício dos cultos e liturgias das religiões de matriz africana.

Na origem, a matéria foi objeto de Ação Direta proposta Procurador-Geral de Justiça do Estado do Rio Grande do Sul. O Tribunal de Justiça do Rio Grande do Sul rejeitou as alegações de inconstitucionalidade da Lei Estadual. Em Recurso Extraordinário, o Ministério Público alegou a inconstitucionalidade formal, sustentando a violação do art. 22, I, da CRFB, que dispõe sobre as competências privativas da União, pois o Estado teria criado causa nova de exclusão de ilicitude, afastando da incidência do tipo penal do art. 32 da Lei dos Crimes Ambientais o abate de animais em rituais religiosos. Afirmou que, ainda que se considerasse que a norma impugnada decorre do legítimo exercício da competência concorrente dos Estados para legislar a respeito da matéria, conforme art. 24 da CRFB, seria preciso reconhecer que a norma não poderia afastar as normas gerais editadas pela União.

Sustentou também a inconstitucionalidade material, pois a norma excepcionaria somente os cultos de matriz africana, em violação ao art. 19, I, da CRFB. Afirmou ser a concessão de privilégios para orientação religiosa específica incompatível com a natureza laica do Estado, mencionou rituais das religiões judaica e muçulmana, envolvendo sacrifício de animais, mas que não teriam o mesmo tratamento jurídico conferido às religiões africanas.

A Procuradoria-Geral da República manifestou-se pelo conhecimento do recurso e o seu desprovimento, ou pelo provimento parcial "para expungir da norma questionada a expressão 'de matriz africana', permanecendo o dispositivo com a seguinte redação: Não se enquadra nesta vedação o livre exercício dos cultos e liturgias das religiões".[2]

Foram admitidos pelo Relator, Ministro Marco Aurélio, os seguintes *amici curiae*: Fórum Nacional de Proteção e Defesa Animal, Conselho Estadual da Umbanda e dos Cultos Afro-brasileiros do Rio Grande do Sul, União de Tendas de Umbanda e Candomblé do Brasil e Federação Afro-umbandista e Espiritualista do Rio Grande do Sul.

---

[2] RE nº 494601, Relator(a): Marco Aurélio, Relator(a) p/ Acórdão: Edson Fachin, Tribunal Pleno, julgado em 28.03.2019, Processo Eletrônico DJe-251. Divulg 18.11.2019. Public 19.11.2019.

O Relator rejeitou os argumentos de inconstitucionalidade formal. Em primeiro lugar, pelo fato de a Lei Estadual questionada não tratar de matéria penal, não se configurando a exclusão de ilicitude, matéria que seria de competência privativa da União; bem como por entender não haver ofensa à competência da União para editar normas gerais de proteção do meio ambiente, sobretudo pelo silêncio da legislação federal relativamente ao sacrifício de animais com finalidade religiosa.

Quanto ao aspecto material, coloca que a centralidade do papel da religião na vida da comunidade foi consagrada pela Constituição Federal em seu artigo 5º, inciso VI, e que a laicidade do Estado não permite o menosprezo ou supressão de rituais religiosos "especialmente no tocante a religiões minoritárias ou revestidas de profundo sentido histórico e social, como ocorre com as de matriz africana". Entende, no entanto, que limitar a possibilidade do sacrifício de animais às religiões de matriz africana seria inadequado, conferindo-lhes tratamento privilegiado. Sustenta que "No Estado laico, não se pode ter proteção excessiva a uma religião em detrimento de outra. À autoridade estatal é vedado, sob o ângulo constitucional, distinguir o conteúdo de manifestações religiosas, procedendo à apreciação valorativa das diferentes crenças". Nesse sentido, o Ministro Marco Aurélio deu parcial provimento ao recurso, para conferir à lei questionada interpretação conforme "para assentar a constitucionalidade do sacrifício de animais em ritos religiosos de qualquer natureza, vedada a prática de maus-tratos no ritual e condicionado o abate ao consumo da carne".

O Ministro Edson Fachin inaugura divergência parcial quanto ao mérito, negando provimento ao recurso, e é acompanhado pela maioria, ficando como redator do acórdão e tese de julgamento.

De início, examina o fundamento constitucional para eventual restrição dos direitos à liberdade religiosa e à proteção da cultura. Rememora a jurisprudência do Supremo Tribunal Federal de proibição ao tratamento cruel de animais — o caso da farra do boi —: "a obrigação constitucional do Estado de assegurar a todos os cidadãos o pleno exercício de direitos culturais, promovendo a apreciação e difusão de manifestações culturais, não exime o Estado de observar o dispositivo constitucional que proíbe o tratamento cruel de animais" (RE nº 153.531, Rel. Min. Marco Aurélio, Segundo Turma, DJ 13.03.1998); da briga de galos (ADI nº 1.856, Rel. Min. Celso de Mello, Plenário, DJe 13.10.2011); e da vaquejada (ADI nº 4.983, Rel. Min. Marco Aurélio, DJe 26.04.2017).

Ressalta que, nesse último caso, o Relator reconheceu o tratamento cruel aos animais a partir dos laudos técnicos trazidos aos autos, mas que, no caso, os memoriais trazidos pelos *amici* indicam caminho distinto à solução da vaquejada. Ante a sensibilidade do tema e a recorrência da violência e do racismo religioso vivido pelas comunidades representadas pelos *amici* do caso que se comenta, coloca-se aqui a transcrição de trechos de suas contribuições em citação direta:

> (...)Além disso, na perspectiva religiosa de matriz africana, há absoluto respeito à natureza e à sua preservação. A prática religiosa promove a conscientização e a preservação ambiental, uma vez que, em razão de sua própria finalidade, não permite práticas que, de qualquer forma, agridam o animal (desde o seu nascimento até o momento do consumo), sob pena de se macular a sua energia vital"
>
> (O Instituto Social Oxê, a Associação Beneficente, Cultural e Religiosa Ilê Axé Oxalá Talabi e o Templo de Umbanda e Caridade Caboclo Flecheiro D'Ararobá)
>
> (...)
>
> Antes de o animal ser imolado, ele entra em uma espécie de transe (pode-se dizer que é uma espécie de hipnose), de modo que, quando é imolado, o animal não agoniza gritando. Atualmente, se utiliza apenas animais criados em cativeiros para este fim e, enquanto o animal permanece vivo na casa de santo, não pode ser mal tratado, pois é considerado sagrado, já que servirá de oferenda ao Orixá.
>
> (Federação Afro-Umbandista e Espiritualista do Rio Grande do Sul)

Assim, afasta a subsunção da prática dos rituais com o sacrifício de animais ao dispositivo constitucional que proíbe as práticas cruéis.

No aspecto cultural, coloca que a prática e os seus rituais são patrimônio cultural imaterial da Unesco e que constituem os modos de criar, fazer e viver (art. 217, inciso II CRFB) de diversas comunidades religiosas, confundindo-se com a própria expressão de suas identidades. Ressalta obrigação imposta ao Estado brasileiro pela Constituição (do art. 215, §1º) relativamente às manifestações das culturas populares, indígenas e afro-brasileiras e das de outros grupos participantes do processo civilizatório nacional.

No ponto fulcral da divergência, o Ministro Edson Fachin justifica que a proteção da cultura afro-brasileira merece especial atenção do Estado, ante a estigmatização fruto de preconceito estrutural reconhecido pela Corte no julgamento da ADC nº 41, de Relatoria do Ministro Roberto Barroso, e conclui:

Por essas razões, nem sequer quanto à referência às religiões de matriz africana poderia ser suscitada a inconstitucionalidade da norma. Se é certo que a interpretação constitucional aqui fixada estende-se às demais religiões que também adotem práticas sacrificiais, não ofende a igualdade, ao contrário, vai a seu encontro, a designação de especial proteção a religiões de culturas que, historicamente, foram estigmatizadas. Não há, portanto, qualquer vício material na norma impugnada na ação direta, cujo recurso extraordinário ora se examina.

O Ministro Edson Fachin foi acompanhado pela maioria, ficando vencidos, em parte, os Ministros Marco Aurélio, Alexandre de Moraes e Gilmar Mendes, que também admitiam a constitucionalidade da lei, dando-lhe interpretação conforme. Foi fixada a tese: "É constitucional a lei de proteção animal que, a fim de resguardar a liberdade religiosa, permite o sacrifício ritual de animais em cultos de religiões de matriz africana".

2 Constitucionalidade Material: Liberdade Religiosa na Constituição

Gilmar Mendes e Paulo Gonet[3] ensinam que, na liberdade religiosa prevista na Constituição, estão incluídas tanto a liberdade de crença como a liberdade do exercício do culto respectivo. A lei, assim, deve proteger as liturgias e locais de culto, mas sem nestas interferir, salvo imposição de valor constitucional concorrente de maior peso no caso concreto. Asseveram que os locais públicos, ainda que não sejam por natureza locais de culto, podem abrigar manifestação religiosa protegida pelo direito de reunião com as limitações que lhe são dadas.

Luis Roberto Barroso[4] afirma que cabe ao Estado o desempenho de dois papéis decisivos em relação à religião. O primeiro é o de assegurar a liberdade religiosa, pela promoção de ambiente de respeito e segurança que permita que as pessoas possam viver suas crenças livres de constrangimento ou preconceito. O segundo é o dever do Estado permanecer laico, mantendo posição neutra no que diz respeito às diferentes religiões, sem prejudicar ou privilegiar qualquer que seja.

---

[3] MENDES, Gilmar Ferreira; BRANCO, Paulo Gustavo Gonet. *Curso de direito constitucional*. 18. ed. São Paulo: Saraiva, 2023. p. 293.

[4] BARROSO, Luís Roberto. *Curso de Direito Constitucional Contemporâneo*: os conceitos fundamentais e a construção do novo modelo. São Paulo: Saraiva, 2024. p. 556.

Acentua que a liberdade religiosa é direito fundamental e situa-se no plano da autonomia individual, no âmbito das escolhas existenciais básicas de uma pessoa, e integra o núcleo essencial da dignidade humana. Ele põe relevo no direito de professar crença, frequentar cultos, difundir doutrina e procurar a conquista de novos crentes. Cabendo ao Estado a promoção da liberdade, segurança, respeito recíproco entre os fiéis de diferentes vertentes como também dos descrentes, prevenir discriminações e assegurar o pluralismo religioso. Conceitua a laicidade do Estado como a separação formal entre Estado e Igreja: o Estado laico não tem religião oficial e não pode se identificar com nenhuma doutrina religiosa. Defende que tal autonomia deve ser manifestada nos planos institucional, pessoal e simbólico.

Jayme Weingartner Neto[5] define, a partir dos seus elementos essenciais no direito constitucional brasileiro, a liberdade religiosa a partir de seu conteúdo e alcance. Para o autor, a liberdade religiosa compreende duas grandes dimensões: direito subjetivo (1) e vetor objetivo (2). Na dimensão subjetiva, divide-o nos direitos subjetivos individuais (1.1), pertencentes aos brasileiros e estrangeiros, incluindo crianças e adolescentes e incapacitados com particularidades devidas para o seu exercício;[6] e os direitos subjetivos das pessoas jurídicas dos quais são titulares as igrejas e confissões religiosas. Na dimensão objetiva, assinala que a liberdade religiosa apresenta-se em pelo menos três vertentes, que são: princípios (2.1), deveres de proteção (2.2) e garantias institucionais (2.3).

O caso em apreço apresenta-se como exemplo prático das oportunas as reflexões teóricas quanto à dimensão objetiva do direito fundamental da liberdade religiosa.

O autor[7] pontua que o caso Lüth é paradigmático para a compreensão da dimensão subjetiva dos direitos fundamentais, por estabelecer que estes não estão limitados à função elementar de defesa do indivíduo aos atos do poder público, mas também decisões de natureza jurídico objetiva com eficácia em todo ordenamento jurídico.

---

[5] WEINGARTNER NETO, Jayme. *Liberdade Religiosa na Constituição*: fundamentalismo, pluralismo, crenças e cultos. Porto Alegre: Livraria do Advogado, 2007. p. 68.

[6] Exemplo prático da categoria teórica enunciada se concretiza no julgamento do STF quanto à possibilidade de recusa de transfusão de sangue pelos Testemunhos de Jeová, restrita a maiores capazes (RE nº 979742, de Relatoria do Ministro Roberto Barroso e RE 1212272, de Relatoria do Ministro Gilmar Mendes).

[7] WEINGARTNER NETO, Jayme. *Liberdade Religiosa na Constituição*: fundamentalismo, pluralismo, crenças e cultos. Porto Alegre: Livraria do Advogado, 2007. p. 68-69.

Assim, a dimensão axiológica da função objetiva dos direitos fundamentais não se coaduna com uma estruturação individualista somente, mas encontra sentido nos valores da comunidade vista em sua totalidade.

A noção central é que a Constituição protege certas instituições, reconhecidas como fundamentais para a vida social — e certos direitos fundamentais providos de um componente institucional característico. Sarlet destaca que sua função primordial é preservar a "permanência da instituição", no que diz com seus traços essenciais (que compõem sua identidade) — o elemento comum das garantias institucionais vem da necessidade de "resguardar o núcleo essencial de determinadas instituições", seja da corrosão legislativa ou da supressão por qualquer dos poderes públicos. Embora não impliquem uma "garantia absoluta do status quo", protegem o núcleo essencial de determinados institutos jurídico-públicos (cujo objeto constitui um complexo de normas jurídicas, por isso mesmo) — a permanência da instituição é preservada por intermédio da "proteção das normas essenciais que lhe dão a sua configuração jurídica".

Em momento anterior ao julgamento do caso, muito se comentou entre os estudiosos do Direito Constitucional as possíveis conclusões quanto ao caso concreto e a ponderação de princípios pelo método da proporcionalidade de Alexy.[8] No entanto, avalia-se que a Corte seguiu caminho distinto, de densificação da dimensão objetiva do direito fundamental a liberdade religiosa, pois no caso concreto não se verificou a subsunção do sacrifício de animais nos rituais das religiões de matriz africana aos critérios jurídicos de maus tratos — afastando-se a colisão de princípios.

Luís Roberto Barroso, no âmbito doutrinário, escreve que o Tribunal entendeu a referência expressa da lei somente às religiões de matriz africana decorre do fato de ser em relações a elas que os preconceitos e as interdições se manifestam; bem como que foi demonstrado durante a instrução processual que os sacrifícios rituais ocorrem sem maus-tratos ou tortura dos animais, pois, segundo a crença em questão, "somente quando a vida animal é extinta sem sofrimento estabelece-se a comunicação entre os mundos sagrado e temporal".[9]

---

[8] ALEXY, Robert. *Teoria dos Direitos Fundamentais*. Tradução Virgílio Afonso da Silva. 2. ed. São Paulo: Editora Malheiros, 2011.

[9] BARROSO, Luís Roberto. *Curso de Direito Constitucional Contemporâneo*: os conceitos fundamentais e a construção do novo modelo. São Paulo: Saraiva, 2024. p. 558.

Fazendo referência ao julgamento do caso, Gilmar Mendes e Paulo Gonet apontam que a Constituição protege a liberdade de religião para que as pessoas, especialmente as de segmentos religiosos minoritários, possam viver a sua fé, e que tal reconhecimento da liberdade religiosa contribui pela prevenção de tensões sociais, na medida em que é por ela que o pluralismo se instala.[10]

Tal posição do Tribunal, ainda que passível de críticas,[11] traz concretude às vertentes dos deveres de proteção e garantias institucionais da dimensão objetiva do direito fundamental a liberdade religiosa. É o que se extrai das razões do voto do Ministro Edson Fachin:

> Essa dimensão comunitária da liberdade religiosa adquire, assim, nítida feição cultural e, nessa extensão, merece proteção constitucional, porquanto ligada aos modos de ser e viver de uma comunidade. Como indicou a Defensoria Pública da União em seu memorial, "a utilização de animais é parte intrínseca à própria essência dos cultos de religiões de matriz africana, por meio do processo de sacralização".

Neto, ao comentar doutrinariamente o caso a partir do olhar da proporcionalidade, ressalta, mesmo que o teste da proporcionalidade fosse favorável ao regramento ambiental, a importância de se cuidar para que o núcleo essencial da liberdade religiosa das confissões afro-brasileiras não ficasse comprometido, indicando a necessidade de um olhar a partir da sociologia das religiões:

> Entre as religiões não cristãs que se desenvolveram no Brasil, um grupo se destaca pela posição de relevância estrutural no quadro geral da cultura brasileira: as religiões afro-brasileiras, assim chamados os respectivos cultos pela origem, trazidos que foram pelos escravos traficados da Africa. Mire-se o candomblé, descrito como uma "religião mágica e ritual", em que se busca, "mediante a manipulação de forças sagradas, a invocação das potências divinas e os sacrifícios oferecidos às diferentes divinadades, os chamados orixás". Representa o melhor exemplo de politeísmo explícito que se tem no Brasil. Pois diferente de

---

[10] MENDES, Gilmar Ferreira; BRANCO, Paulo Gustavo Gonet. *Curso de direito constitucional*. 18. ed. São Paulo: Saraiva, 2023. p. 295.

[11] BRAZ, Laura Cecília Fagundes dos Santos; BRAZ, Helena Maria Fagundes dos Santos Mota; SILVA, Tagore Trajano de Almeida. Sacrifício de animais em cerimônias religiosas na pauta do STF: direito à liberdade religiosa sobreposto ao direito à vida animal não humana. *Revista Eletrônica do Curso de Direito da UFSM*, Santa Maria, RS, v. 14, n. 3, e32093, set./dez. 2019. ISSN 1981-3694. DOI: http://dx.doi.org/10.5902/1981369432093. Disponível em: https://periodicos.ufsm.br/revistadireito/article/view/32093. Acesso em: 29 jan. 2025.

outras grandes religiões, de vinco ético ou moral, a ênfase do candomblé é ritual — "(...) e a distinção entre o bem e o mal depende basicamente da relação entre cada seguidor e seu deus pessoal, o orixá (...) Pois cada orixá está relacionado a tuna série de tabus específicos". Cada orixá conta com símbolos particulares, "sem falar dos animais sacrificiais próprios de cada orixá". Neste contexto, é muito provável que proibir o sacrifício ritual, *tout court*, signifique erodir o conteúdo essencial da religião professada por significativa parcela de brasileiros, o que se afigura, à vista desarmada, inconstitucional.

Assevera, ainda, que a discussão do caso deveria agregar o princípio da tolerância (do que denomina de vertente principiológica da dimensão objetiva da liberdade religiosa), uma vez que os adeptos das religiões afro-brasileiras manifestaram receios concretos de discriminação."(2.1.5) Princípio da tolerância, que acarreta um dever de tolerância: (2.1.5.1) por parte do Estado;(2.1.5.2) e dos particulares, pessoas naturais ou jurídicas, de não perseguir e não discriminar os titulares dos direitos subjetivos correspondentes ao cluster da liberdade religiosa, quando do respectivo exercício". Além disso, ainda na dimensão objetiva, afirma o dever de proteção *"função estatal de criar condições para que as confissões religiosas desempenhem suas missões"* como sinalizador de diversidade e pluralismo.

A importância do julgamento como defesa contundente das religiões de matriz africana e seu reconhecimento como patrimônio cultural brasileiro é tratada por Hédio Silva Jr.[12] O autor defende nesta pauta o uso da expressão racismo religioso em oposição a de intolerância religiosa por entender ser esta última insuficiente, pois a religiosidade seria somente um dos aspectos de ataques dirigidos a algo muito maior: o patrimônio cultural e o legado civilizatório africano.

Nesse sentido, Hoshino e Chueri afirmam:

> Nem toda a diferença é igual, há diferenças mais diferentes que outras. O conceito de racismo religioso parte da desigualdade das diferenças e não de sua homogeneidade para acentuar "a gravidade e, sobretudo a especificidade da experiência de uma violência perpetrada contra as religiões de matriz africana, que tem no racismo o seu sustentáculo de legitimação e ação destruidora", posto que as agressões por elas sofridas

---

[12] CATÁRINAS. *Racismo Religioso*: novas lentes às violações relacionadas à crescente tensão entre liberdade religiosa e liberdade de expressão e crença. Rio de Janeiro, jun. 2023. Disponível em: https://catarinas.info/wp-content/uploads/2023/09/Ebook_Racismo-Religioso.pdf. Acesso em: 28 mar. 2025.

"não se circunscrevem a um caráter puramente religioso, mas a uma dinâmica civilizatória repleta de valores, saberes, filosofias, cosmogonias, em suma, modos de viver e existir negroafricano amalgamados nas comunidades de terreiro". (Deus, 2019: 15)[13]

Sidnei Nogueira[14] aponta que o conceito de racismo religioso amplia a ideia da intolerância religiosa por não restringir a agressão contra alguém em particular, mas a um fenômeno que condena uma forma de existir, ser e estar no mundo a partir da ancestralidade negra que destoa das crenças hegemônicas.

Quanto ao ponto questionado no Recurso Extraordinário — de que excepcionar somente as religiões de matriz africana violaria a isonomia e por consequência a laicidade do Estado por privilegiar uma determinada confissão —, é oportuna a análise realizada por Ana Maria D'Ávila Lopes e Patrícia Karinne de Deus Ciríaco, trazendo relevantes argumentos dos votos que formaram a maioria, no sentido da necessidade de se destinar proteção especial a religião minoritária estigmatizada e alvo de preconceito histórico na sociedade brasileira. Ressaltam os argumentos sistêmicos, pois analisam o caso a partir da teoria argumentativa de Maccormick, da Ministra Cármen Lúcia "ao ressaltar que a marginalização dessa religião está intrinsecamente ligada ao preconceito contra as pessoas negras", bem como do Ministro Barroso segundo o qual "a manutenção do termo "matriz africana" não eleva esse segmento religioso ao status de superioridade ou sequer reflete uma proteção em detrimento das demais, mas garante-lhes, pelo contrário, a possibilidade de um tratamento isonômico".[15]

O II Relatório sobre Intolerância Religiosa: Brasil, América Latina e Caribe da UNESCO[16] aponta para um aumento nos casos de intolerância no país, e que as religiões de matriz africana, como o Candomblé e a Umbanda, são as que mais sofrem ataques, perseguições e preconceitos. Os números são alarmantes e dão dimensão da dificuldade da

---

[13] HOSHINO, Thiago A. P; CHUEIRI, Vera K. As cores das/os cortes: uma leitura do RE 494601 a partir do racismo religioso. *Revista Direito e Práxis*, Rio de Janeiro, v. 10, n. 3, p. 2212-2238, 2019.
[14] NOGUEIRA, Sidnei. *Intolerância religiosa*. São Paulo: Sueli Carneiro; Polén, 2020.
[15] LOPES, A. M. D.; CIRÍACO, P. K. D. Minorias religiosas e sacrifício de animais: análise do RE n. 494.601/2019 à luz da teoria de MacCormick. *Veredas do Direito*, Belo Horizonte, v. 19, n. 44, maio/ago. 2022. Disponível em: http://www.domhelder.edu.br/revista/index.php/ve-redas/article/view/1911. Acesso em: 29 jan. 2025.
[16] Disponível em: https://unesdoc.unesco.org/ark:/48223/pf0000384250. Acesso em: 28 mar. 2025.

consolidação deste direito fundamental, especialmente pelos povos de terreiro. A decisão do Tribunal não tem o condão de pôr fim a um problema de dimensões e complexidades ímpares, fincado nas dimensões sombrias do racismo estrutural que é o racismo religioso. Mas é um passo importante, ainda que insuficiente, para a promoção e consolidação do direito fundamental a liberdade religiosa, especialmente em sua dimensão objetiva, bem como na promoção da igualdade material no combate a discriminação e ao preconceito religioso.

Conclusão

A decisão do Supremo Tribunal Federal no julgamento do RE nº 494601 representa um avanço significativo na promoção e consolidação do direito fundamental à liberdade religiosa, especialmente em sua dimensão objetiva. Reconhecer a constitucionalidade do sacrifício ritual de animais em cultos de religiões de matriz africana é um passo relevante na promoção da igualdade material e no combate à discriminação e ao preconceito religioso.

Contudo, a busca pela efetivação do direito fundamental à liberdade religiosa e pela superação do racismo religioso requer avanços que vão muito além do reconhecimento judicial de direitos. É necessário um esforço contínuo na promoção de políticas públicas inclusivas e na educação para a tolerância e o respeito à diversidade religiosa e cultural. Assim, a decisão do STF deve ser vista não como um lugar de chegada, mas como um marco de continuidade na busca pela uma sociedade verdadeiramente plural e igualitária, tal como previsto em nossa Constituição, em que todas as pessoas e suas expressões de fé sejam respeitadas e valorizadas. Nas palavras da poetisa paranaense Helena Kolodi, aprendidas com Professor Ministro Edson Fachin: "Para quem caminha em direção ao sol, é sempre madrugada".

Referências

ALEXY, Robert. *Teoria dos Direitos Fundamentais*. Tradução Virgílio Afonso da Silva. 2. ed. São Paulo: Editora Malheiros, 2011.

BARROSO, Luís Roberto. *Curso de Direito Constitucional Contemporâneo*: os conceitos fundamentais e a construção do novo modelo. São Paulo: Saraiva, 2024.

BRAZ, Laura Cecília Fagundes dos Santos; BRAZ, Helena Maria Fagundes dos Santos Mota; SILVA, Tagore Trajano de Almeida. Sacrifício de animais em cerimônias religiosas na pauta do STF: direito à liberdade religiosa sobreposto ao direito à vida animal não humana. *Revista Eletrônica do Curso de Direito da UFSM*, Santa Maria, RS, v. 14, n. 3, e32093, set./dez. 2019. ISSN 1981-3694. DOI: http://dx.doi.org/10.5902/1981369432093. Disponível em: https://periodicos.ufsm.br/revistadireito/article/view/32093. Acesso em: 29 jan. 2025.

CATÁRINAS. *Racismo Religioso*: novas lentes às violações relacionadas à crescente tensão entre liberdade religiosa e liberdade de expressão e crença. Rio de Janeiro, jun. 2023. Disponível em: https://catarinas.info/wp-content/uploads/2023/09/Ebook_Racismo-Religioso.pdf. Acesso em: 28 mar. 2025.

HOSHINO, Thiago A. P; CHUEIRI, Vera K. As cores das/os cortes: uma leitura do RE 494601 a partir do racismo religioso. *Revista Direito e Práxis*, Rio de Janeiro, v. 10, n. 3, p. 2212-2238, 2019.

LOPES, A. M. D.; CIRÍACO, P. K. D. Minorias religiosas e sacrifício de animais: análise do RE n. 494.601/2019 à luz da teoria de MacCormick. *Veredas do Direito*, Belo Horizonte, v. 19, n. 44, maio/ago. 2022. Disponível em: http://www.domhelder.edu.br/revista/index.php/ve-redas/article/view/1911. Acesso em: 29 jan. 2025.

MENDES, Gilmar Ferreira; BRANCO, Paulo Gustavo Gonet. *Curso de direito constitucional*. 18. ed. São Paulo: Saraiva, 2023.

NOGUEIRA, Sidnei. *Intolerância religiosa*. São Paulo: Sueli Carneiro; Polén, 2020.

WEINGARTNER NETO, Jayme. *Liberdade Religiosa na Constituição*: fundamentalismo, pluralismo, crenças e cultos. Porto Alegre: Livraria do Advogado, 2007.

Informação bibliográfica deste livro, conforme a NBR 6023:2018 da Associação Brasileira de Normas Técnicas (ABNT):

SILVA, Roberta Zumblick Martins da. A liberdade religiosa como direito fundamental: reflexões a partir da constitucionalidade do sacrifício ritual de animais em cultos de religiões de matriz africana. In: SILVA, Christine Oliveira Peter da; GIAMBERARDINO, André Ribeiro; ARRUDA, Desdêmona Tenório B. T.; MACEDO, José Arthur Castillo de; MACHADO FILHO, Roberto Dalledone (coord.). *Ministro Luiz Edson Fachin*: dez anos de Supremo Tribunal Federal. Belo Horizonte: Fórum, 2025. p. 259-371. ISBN 978-65-5518-746-5.

PRECEDENTES E DEMOCRACIA DELIBERATIVA: A CONTRIBUIÇÃO DO MINISTRO EDSON FACHIN PARA A LEGITIMIDADE E ESTABILIDADE DOS PADRÕES DECISÓRIOS NO STF

SUSANA LUCINI

Introdução ao tema — breves ponderações sobre o sistema brasileiro de precedentes

Foi com imensa honra que recebi o convite para contribuir com este livro em homenagem ao ministro Edson Fachin, celebrando seus dez anos de magistratura no Supremo Tribunal Federal. Rememorar esse percurso é revisitar uma fase de intensos desafios e enriquecimento profissional, pois tive o privilégio de integrar sua equipe de assessores nos primeiros anos de sua atuação na Corte. Naquele período inicial, havia um grande volume de processos pendentes de julgamento no gabinete e a complexa adaptação às dinâmicas de julgamento do STF, desafios que o ministro enfrentou com serenidade e firmeza, conduzindo sua equipe de assessores, servidores, juízes e estagiários com leveza, bom humor e muita, muita dedicação à jurisdição constitucional.

A convivência diária permitiu-me testemunhar de perto seu comprometimento inabalável com a Constituição Federal e seu esforço constante em assegurar decisões juridicamente refinadas e socialmente responsáveis. Sempre demonstrou notável excelência técnica e profundo conhecimento jurídico, especialmente em temas sensíveis e essenciais, como a defesa da democracia, a proteção dos direitos fundamentais e humanos, bem como a organização da sociedade e das relações de trabalho.

Atualmente, no exercício da função de gestora de precedentes qualificados na Advocacia-Geral da União, tenho acompanhado de perto o desenvolvimento do trabalho do ministro na formação e aplicação dos precedentes vinculantes do art. 927, do CPC. Esse acompanhamento constante possibilitou a coleta de dados e reflexões que deram origem a este artigo no qual busco, a partir de uma breve abordagem sobre o Sistema Brasileiro de Precedentes, destacar alguns dos mecanismos de formação e aplicação desses padrões decisórios e a preocupação do ministro com a participação democrática na formação dos precedentes e com a coerência, a estabilidade e a integridade da jurisprudência do Supremo Tribunal Federal, reforçando a importância de sua contribuição para a efetividade do Estado Democrático de Direito.

É próprio das Cortes Superiores, especialmente do STF, desde a sua concepção enquanto tribunal constitucional, proferir decisões uniformizadoras e definitivas sobre determinadas questões jurídicas constitucionais a ele submetidas, seja pelas vias dos recursos extraordinários, seja por meio das ações originárias, como as de controle concentrado.

Desde que essa função de uniformização da interpretação da norma constitucional e de "última instância recursal" passou a ter eficácia vinculante, de observância obrigatória por juízes e tribunais (e até mesmo pela Administração Pública), com a previsão de edição de Súmulas Vinculantes,[1] da própria decisão definitiva em controle concentrado e mais recentemente com a previsão do julgamento de recursos extraordinários pela sistemática da repercussão geral, de recursos especiais repetitivos[2] e a consolidação do sistema com as previsões do CPC de 2015, o processo de formação de precedentes pelas Cortes Superiores tem sido objeto de estudo por uma quantidade significativa da doutrina processualista e constitucionalista do país.

---

[1] As Súmulas Vinculantes foram previstas pela EC nº 45/2004, ao inserir o art. 103-A na Constituição Federal, que também introduziu no ordenamento jurídico a necessidade de repercussão geral da questão constitucional, para apreciação pelo Supremo Tribunal Federal nos recursos extraordinários. Esse instituto foi regulamentado pela Lei nº 11.418/2006 e no STF pela Emenda Regimental 19/2006.

[2] A Lei nº 11.672/2008 foi a primeira a regulamentar a sistemática de recursos repetitivos existente hoje no STJ.

Destacam-se os estudos que enfatizam o sistema de precedentes não só como um instituto de gestão processual, direcionado à contenção de litigiosidade, mas como ferramenta essencial para garantir segurança jurídica e a igualdade jurisdicional, caracterizada pela inafastabilidade do controle jurisdicional e pela garantia do acesso à justiça.

Com efeito, a garantia de acesso ao judiciário, ao devido processo legal, à celeridade processual, para mencionar apenas alguns dos princípios constitucionais aplicáveis ao processo civil, podem ser significativamente ignorados se não há tratamento isonômico àqueles que buscam a justiça para a proteção dos seus direitos. Assim, para que seja cumprido o dever constitucional de igualdade na prestação jurisdicional em âmbito nacional e para a produção de confiança na justiça e no Poder Judiciário, é fundamental o tratamento isonômico aos jurisdicionados, na mesma medida das suas igualdades e desigualdades.

A propósito, cita-se a lição de Fábio Victor da Fonte Monnerat,[3] ao ponderar que

> em um sistema jurídico em que a igualdade é um valor fundamental, a divergência jurisprudencial que venha a levar a tratamentos desiguais, quando não diretamente opostos, a sujeitos que se encontram na mesma situação e devem ser alcançados pelo mesmo plexo normativo, não deve ser tolerada e precisa ser combatida.

O princípio da segurança jurídica, por seu turno, é assegurado quando se está diante de um poder judiciário que produz decisões judiciais coerentes, estáveis e uniformes, tornando a prestação jurisdicional previsível quando diante de fatos jurídicos relevantes idênticos ou muito semelhantes.

Luiz Guilherme Marinoni[4] faz ponderações importantes sobre esse ponto:

> A ordem jurídica deve ser coerente. A ordem jurídica, como é obvio, não é formada apenas pelas leis, mas também pelas decisões judiciais.

---

[3] MONNERAT, Fábio Victor da Fonte. *Precedentes Qualificados*: formação, aplicação, distinção, superação, aperfeiçoamento e redimensionamento. 1. ed. São Paulo: Ed. Direito Contemporâneo, 2024. p. 43.

[4] MARINONI. Luiz Guilherme. *Precedentes Obrigatórios*. Texto base da conferência proferida no Congresso de Direito Processual, realizado pelo Instituto dos Advogados do Paraná entre os dias 21 e 23 de outubro de 2010. Disponível em: Academia.edu. Acesso em: 25 mar. 2025.

Como diz Neil MacCormick, fidelidade ao Estado de direito requer que se evite qualquer variação frívola no padrão decisório de um tribunal para o outro. Múltiplas decisões para casos iguais revelam uma ordem jurídica incoerente.

Ademais, as decisões judiciais devem ser previsíveis. A previsibilidade das decisões constitui valor moral imprescindível para o homem poder se desenvolver. O mínimo que o cidadão pode esperar, num Estado de Direito, é o respeito à confiança gerada pelos atos e decisões do Poder Público. Daí, aliás, a simbiose entre os princípios da segurança e da confiança.

O jurista paranaense arremata a questão ao dizer que "apenas um sistema que privilegia precedentes pode garantir a coerência do direito, a previsibilidade e a igualdade".

Nesse sentido, o Código de Processo Civil de 2015, ao consolidar o Sistema Brasileiro de Precedentes e ao valorizar fortemente a jurisprudência dos Tribunais (que a devem uniformizar e manter íntegra, estável e coerente) e tipificar no art. 927 pronunciamentos judiciais aptos a influenciar no conteúdo de decisões judiciais, institucionaliza uma importante ferramenta à disposição dos Tribunais Superiores para a promoção dessa igualdade entre os jurisdicionados e para o fortalecimento da confiança no Poder Judiciário.

A doutrina foi majoritariamente favorável às inovações do CPC.[5] Fredie Didier Junior[6] aponta que a força vinculante dos precedentes estabelecida pelo CPC/2015 contribui significativamente para a segurança jurídica, já que as partes têm maior previsibilidade sobre o desfecho de seus litígios. Ele também observa que o respeito aos precedentes é essencial para a integridade do sistema jurídico como um todo, na medida em que promove a igualdade de tratamento entre os jurisdicionados.

---

[5] Há juristas brasileiros que tecem fortes críticas à vinculação obrigatória a precedentes na forma como normatizada pelo CPC/2015, dentre os quais cito Lênio Luiz Streck, Dierle Nunes, Marcelo Cattoni, Georges Abboud, Nelson Nery Jr., entre outros. Lênio Streck tem obra dedicada ao tema, em que tece críticas aos "precedentalistas" e às várias facetas do "Sistema Brasileiro de Precedentes" o qual diz resumir-se a uma "aplicação utilitarista do Direito para resolver seus problemas numérico-quantitativos", porque um precedente "não deve nascer precedente, mas tornar-se precedente". (STRECK, Lênio Luiz. *Precedentes Judiciais e Hermenêutica*: o sentido da vinculação no CPC/2015. São Paulo: Editora JusPodivm, 2024).

[6] DIDIER JR., Fredie. Sistema Brasileiro de Precedentes Judiciais Obrigatórios e os Deveres Institucionais dos Tribunais: Uniformidade, Estabilidade, Integridade e Coerência da Jurisprudência. *Revista do Ministério Público do Rio de Janeiro*, n. 64, abr./jun. 2017.

Teresa Arruda Alvim[7] também leciona sobre o tema, ao mencionar que:

o sistema de precedentes vinculantes faz com que as cortes ajam em duas dimensões: resolvem os conflitos, e isto diz respeito ao passado; e tem o papel de fazer o direito, criando regras para o futuro. A primeira função atinge uma audiência limitada: o réu e o autor. A segunda uma audiência mais ampla, que inclui o público, os tribunais, a mídia, os acadêmicos e outros tribunais.

As Cortes Superiores estão cada vez com maior ênfase exercendo seus papéis de Cortes de Vértice. Além dos julgamentos em controle concentrado e da edição de Súmulas, até a redação deste artigo, o Supremo Tribunal Federal contava com 1372 temas de repercussão geral e o Superior Tribunal de Justiça com 1307 temas repetitivos, demonstrando a preocupação dos Tribunais Superiores na sua tarefa de uniformizar jurisprudência, tornando-a coerente, íntegra e estável e garantindo tratamento isonômico ao jurisdicionado e segurança jurídica.

Com efeito, a harmonização entre igualdade e segurança jurídica orienta a formação e aplicação de precedentes qualificados pelos Tribunais Superiores e a sua posterior observância pelos próprios Tribunais que os firmaram e pelos demais órgãos que compõem o sistema judiciário, reduzem a incerteza quanto à interpretação e aplicação do direito, consolidando a confiança dos jurisdicionados no sistema de justiça, promovendo a efetividade na prestação jurisdicional e garantindo o respeito à ordem constitucional.

Porém, para que o precedente ganhe materialmente a força vinculante que lhe atribui a norma é preciso dotá-lo de legitimidade. A força coercitiva que lhe atribuiu o CPC só é atingida caso o padrão decisório seja formado com diálogo institucional, com respeito efetivo ao contraditório, com participação da sociedade, das partes e das instituições que serão atingidas de alguma forma pela norma criada a partir do julgamento da controvérsia pelas Cortes de Vértice.

Nas palavras proferidas na XV Conferência Iberoamericana de Justiça Constitucional, realizada de 28 a 30 de maio, em Quito, no Equador,[8] o Ministro Edson Fachin ressalta que:

---

[7] ARRUDA ALVIM, Teresa. Estabilidade e Adaptabilidade como objetivos do direito: *civil law e common law*. Revista de Processo, São Paulo, n. 172, p. 130, 2009.
[8] Palestra proferida em língua espanhola, traduzida livremente por esta articulista.

A força vinculante dos precedentes representa uma etapa do processo de democratização da nossa sociedade. Sua institucionalização promove boas práticas jurisdicionais que fortalecem a cidadania e a própria democracia e promovem valores constitucionais centrais, como a segurança jurídica e a igualdade republicana e democrática.

Ademais, permitem que nossas cortes resguardem os direitos fundamentais. Permitem também um diálogo horizontal aberto e inclusivo entre nossos tribunais e suas melhores práticas, para desenvolver conceitos, razões técnicas, que fortaleçam a proteção de direitos e enfrentamento das violações massivas de direitos, a criação de limites ao abuso de poder, assim como protagonismo da cidadania frente a esses problemas.

Para que o precedente tenha legitimidade e, mais do que isso, imponha sua força normativa na aplicação pelos juízes e tribunais, reduzindo-se o espaço para distinções e superações, a sua construção deve ser coletiva, contributiva, inclusiva e cooperativa. Exige-se que o processo de debate em torno de todas as teses jurídicas e todas as ocorrências fáticas que possam interferir na formação do precedente observem uma participação qualificada, subjetiva e objetivamente. É preciso que se estabeleça um processo democrático na formação dos precedentes qualificados.

A admissão de *amicus curiae* (art. 138 do CPC) e a realização de audiências públicas (art. 1.038, II, do CPC) são ferramentas das mais relevantes e indispensáveis à disposição da Corte para fortalecer o processo democrático na formação de precedentes. São importantes "instrumentos de abertura do STF à participação na atividade de interpretação e aplicação da Constituição".[9]

Essa integração entre a Corte e pessoas jurídicas ou naturais, órgãos ou entidades especializadas, com representatividade adequada, especialmente na formação de precedentes vinculantes, "tem um potencial epistêmico de apresentar diferentes pontos de vista, interesses, aspectos e elementos nem sempre alcançados, vistos ou ouvidos pelo Tribunal diretamente da controvérsia entre as partes em sentido formal, possibilitando, assim, decisões melhores e também mais legítimas do ponto de vista do Estado Democrático de Direito".[10]

---

[9] Excerto da decisão de admissibilidade do Estado de Rondônia como *amicus curiae* na ADI nº 5935/DF, Rel. Min. Edson Fachin, em 14.08.2018.
[10] *Ibidem.*

Como se demonstra a seguir, os dez anos de magistratura do Ministro Edson Fachin no Supremo Tribunal Federal destacam-se pelo árduo e profícuo trabalho na consolidação do sistema brasileiro de precedentes como um instrumento essencial para a uniformidade jurisprudencial e o fortalecimento dos direitos fundamentais no Brasil, utilizando-se destes institutos de comparticipação na formação dos padrões decisórios para atribuir-lhes maior legitimidade e aplicabilidade, garantindo segurança jurídica, previsibilidade e eficiência na atuação do Judiciário.

1 A formação de precedentes vinculantes: o princípio do contraditório e a comparticipação na formação de padrões decisórios a partir da atuação do ministro Edson Fachin

O precedente com força vinculante formado pelo Supremo Tribunal Federal em ações de controle concentrado e em recursos extraordinários julgados pela sistemática da repercussão geral dá origem a uma nova norma jurídica, a qual será aplicada pelos juízes e tribunais para decidir os sucessivos casos futuros que lhes serão postos para julgamento.

Daniel Mitidiero[11] esclarece que essa norma é o resultado da interpretação dada aos textos e elementos não textuais dotados de autoridade jurídica. Lembra o jurista que o direito é indeterminado e que, por isso, a interpretação dada pelas cortes judiciais, especialmente pelas cortes superiores, precisar ser racional para guardar fidelidade ao direito. E "uma interpretação é racional quando a atividade do intérprete é justificada e o seu resultado é coerente e universalizável".

Alexandre Freitas Câmara[12] ressalta que a necessidade de um processo democrático para a formação de precedentes não é uma faculdade, mas uma imposição constitucional, uma exigência da Constituição da República e todos os procedimentos jurídicos devem observá-lo, especialmente os que pretendem formar padrões decisórios que serão parâmetros para julgamentos futuros.

---

[11] MITIDIERO, Daniel. *Precedentes*: da persuasão à vinculação. 4. ed. Ed. Thomson Reuters: São Paulo, 2022. p. 57-65.
[12] CÂMARA, Alexandre Freitas. *Levando os padrões decisórios a sério*. São Paulo: Atlas, 2022. p. 179.

O jurista acrescenta que

> se o precedente é uma decisão judicial, sua formação precisa, necessariamente, dar-se em contraditório, nos precisos termos do disposto nos arts. 7º e 10 do CPC/2015, que exigem, para a construção de qualquer decisão judicial, "efetivo contraditório" (art. 7º), entendido este como garantia de participação com influência e de não surpresa (art. 10). E este raciocínio é válido não só para precedentes, mas também para enunciados de súmula, que também são empregados como padrões decisórios.[13]

Como dito, dois mecanismos se destacam na prática forense quando se pretende garantir a participação da sociedade na formação do padrão decisório: a admissão de *amicus curiae*, previsto no art. 138 e 1.038, I, do CPC,[14] e a realização das audiências públicas, com previsão no art. 1.038, II, do CPC, na Subseção dos Recursos Especiais e Extraordinários Repetitivos.

A possibilidade de participação de terceiros em processos no Supremo Tribunal Federal foi inserida formalmente na legislação processual constitucional com as Leis nº 9.868/99 e nº 9.882/99, as quais dispõem sobre o trâmite das ações diretas de inconstitucionalidade e das arguições de descumprimento de preceito fundamental, respectivamente. Mais recentemente, o art. 138 do CPC previu que em questões relevantes, a depender da especificidade do tema objeto da demanda ou a repercussão social da controvérsia, haverá a possibilidade de o juiz, de ofício ou a requerimento da parte, admitir o ingresso de pessoa natural ou jurídica, órgão ou entidade especializada, com representatividade adequada, a participar dos debates, da discussão e da formação da decisão sobre a questão relevante.

Segundo definição cunhada pelo próprio Supremo Tribunal Federal no julgamento da ADI-MC 2321, de relatoria do Min. Celso de Mello, os *amici curiae* são terceiros que, investidos de representatividade adequada, são admitidos na relação processual para efeito de

---

[13] *Ibidem*, p. 180.
[14] Antes da entrada em vigência do art. 138, do CPC/2015, havia várias disposições normativas que tratavam da figura do colaborador processual, p. ex: art. 23, §1º, da Resolução nº 390/2004 do Conselho da Justiça Federal; art. 7º, §2º, da Lei nº 9.868/99, que regula a Ação Direta de Inconstitucionalidade (ADI) e a Ação Declaratória de Constitucionalidade (ADC); art. 14, §7º, da Lei nº 10.259/2001 (Lei dos Juizados Especiais Federais), que regula o incidente de uniformização de Jurisprudência; art. 3º, §2º, da Lei nº 11.417/2006, que trata da edição, revisão e cancelamento das súmulas vinculantes do Supremo Tribunal Federal.

manifestação sobre a questão de direito subjacente à própria controvérsia constitucional.

No julgamento desta ADI-MC 2321, o relator ressaltou, apoiado em lições de André Ramos Tavares e dos Ministros Alexandre de Moraes e Gilmar Mendes, que permitir o ingresso de *amicus curiae* nos processos de controle concentrado supera grave questão pertinente à legitimidade democrática das decisões do STF, "conferindo-se, desse modo, expressão real e efetiva ao princípio democrático", evitando que se instaure "um indesejável déficit de legitimidade das decisões que o Supremo Tribunal Federal venha pronunciar no exercício dos poderes inerentes à jurisdição constitucional".[15]

Nesse contexto de ideias, percebe-se no exercício da jurisdição constitucional pelo Min. Edson Fachin uma verdadeira preocupação com a legitimidade democrática dos padrões decisórios da Corte, ao abrir os processos de formação de precedentes para que neles se realize a participação de entidades e instituições que efetivamente representam os interesses da coletividade ou de grupos, classes e extratos sociais ou, ainda, de especialistas dotados de elementos técnicos e jurídicos de tal profundidade que serão essenciais para a construção dos argumentos que fundamentarão a solução da controvérsia e a elaboração da tese jurídica em julgamento.[16]

Ele ressalta em suas decisões de admissibilidade dos interessados[17] que

> a figura do *amicus curiae* revela-se como instrumento de abertura do Supremo Tribunal Federal à participação popular na atividade de interpretação e aplicação da Constituição, possibilitando que, nos termos do

---

[15] Os destaques são excertos do voto proferido pelo Min. Celso de Mello na ADI-MC nº 2321.

[16] Sérgio Cruz Arenhart discorre sobre a existência de duas espécies diferentes de *amicus curiae*: a) o *terceiro especialista*, o clássico "amigo da Corte" que, segundo ele, é convocado pelo Tribunal ou comparece espontaneamente, na condição de imparcial, para aportar o seu conhecimento técnico ou a sua especialidade sobre o tema e contribuir para a melhor solução da controvérsia, sem estar ligado a nenhum dos polos da demanda; e b) o *amicus curiae interessado*, que comparece justamente no intuito de defender certa posição relevante, vinculada a algum tipo de coletividade ou grupo específico de pessoas ou classe que possa ser beneficiado ou prejudicado pela decisão. (ARENHART, Sérgio Cruz. O *amicus curiae* especialista no processo constitucional. In: ARENHART, Sérgio Cruz. *Sistema Brasileiro de Precedentes*: propostas e reflexões para seu aprimoramento. Londrina: Ed. Toth, 2024. p. 1405-1421).

[17] RE nº 1075412 ED-SEGUNDOS, j. em 30.04.2024, em decisão monocrática em que admitiu a intervenção de *amicus curiae* em recurso extraordinário julgado sob a sistemática da repercussão geral mesmo após o julgamento já ter sido iniciado e o processo estar em fase de embargos de declaração.

art. 138 do Código de Processo Civil, órgãos e entidades se somem à tarefa dialógica de definição do conteúdo e alcance das normas constitucionais.

Essa interação dialogal entre o Supremo Tribunal Federal e os órgãos e entidades que se apresentam como amigos da Corte tem um potencial epistêmico de apresentar diferentes pontos de vista, interesses, aspectos e elementos nem sempre alcançados, vistos ou ouvidos pelo Tribunal diretamente da controvérsia entre as partes em sentido formal, possibilitando, assim, decisões melhores e também mais legítimas do ponto de vista do Estado Democrático de Direito.

Examinando os debates que compõem o importantíssimo julgamento do RE-RG 1017365,[18] caso piloto do Tema 1.031 da repercussão geral, em que se discute a definição do estatuto jurídico-constitucional das relações de posse das áreas de tradicional ocupação indígena à luz das regras dispostas no artigo 231 do texto constitucional, verifica-se que o relator preocupou-se em admitir a intervenção tanto de órgãos e entidades que defendiam posicionamento específico de um dos polos processuais, quanto de especialistas que aportaram conhecimentos e elementos científicos e antropológicos para a formação do precedente. Ao todo, 77 órgãos, grupos, entidades públicas e privadas, puderam lançar nos autos suas contribuições para o deslinde do processo e para colaborar no convencimento dos magistrados para a formação da mais legítima decisão a respeito da controvérsia.

A primeira admissão realizada pelo Ministro nesse emblemático processo foi justamente da Comunidade Indígena Xokleng, não apenas como amigo da corte, mas como litisconsorte passiva necessária, tendo em vista que a decisão a ser proferida tinha "o potencial de atingir a esfera de direitos dos índios que integram a referida comunidade, uma vez que a demarcação administrativa das terras reconhecida pela FUNAI e pela União ocorreu em seu favor" (fl. 29 do acórdão).

Intervenções realizadas por órgãos e entidades ligadas aos movimentos indigenistas, à proteção das aldeias e das tribos, tais como a Articulação dos Povos Indígenas do Brasil — APIB, Conselho Indígena de Roraima (CIR), Rede Eclesial Pan-Amazônica (REPAM-Brasil) e o Conselho Indigenista Missionário — CIMI, aportaram aos autos dados importantes sobre o volume de terras indígenas e sobre as demarcações

---

[18] O julgamento de mérito foi finalizado, porém até a edição deste artigo ainda estavam pendentes de julgamento (embora já liberados para inclusão em pauta) os diversos embargos de declaração opostos pelas partes e por terceiros admitidos como *amici curiae*.

não iniciadas ou em andamento, "circunstância que coloca muitas comunidades em situação de penúria e de negação de direitos básicos, como alimentação, saúde e moradia digna, além de ver negada a tutela estatal para proteção de seu patrimônio e de suas vidas".

Além disso, defenderam que a tese do marco temporal contraria os direitos humanos e os tratados internacionais dos quais o Brasil é signatário. Ressaltaram a importância de proteger os direitos territoriais dos povos indígenas como forma de preservar suas culturas e o meio ambiente e que a interpretação restritiva desconsiderava a história de expulsões e deslocamentos forçados sofridos por diversas comunidades antes de 1988, teses que fizeram parte da fundamentação do voto apresentado pelo relator no julgamento da ação.

De outro flanco, entidades como a Confederação da Agricultura e Pecuária do Brasil (CNA) e as diversas Federações de Agricultura e Pecuária reforçaram os argumentos em favor do marco temporal da data da promulgação da Constituição de 1988 como referência para as demarcações, destacando preocupações com a segurança jurídica e os impactos socioeconômicos que a não aplicação desse critério poderia acarretar para o setor agropecuário. Argumentaram que a não adoção desse critério poderia gerar insegurança jurídica para os proprietários rurais, além da prolongação de grandes conflitos por terras em todo o território nacional.

Aportes técnicos e científicos também foram realizados pela Associação Brasileira de Antropologia e pelos Indigenistas Associados (que congrega mais de 300 servidores da FUNAI), os quais trouxeram, com base na experiência acumulada no tema da demarcação de terras pelos servidores da FUNAI que integram a INA, e seu conhecimento da realidade em que vivem os povos indígenas, as dificuldades na reprodução física e cultural de grupos indígenas, muitas vezes de forma dramática, e os relatos sobre tensão e conflitos pela posse da terra em diversas regiões do país. A associação esclareceu que a "tradicionalidade" não se refere a uma condição estática ou presa ao passado, mas sim a uma continuidade cultural que se adapta ao longo do tempo. Dessa forma, a ocupação tradicional deve ser entendida como uma prática dinâmica, que incorpora mudanças sem perder sua essência cultural.

Também a OAB, em sua manifestação, destacou a importância de se garantir segurança jurídica e respeito aos direitos fundamentais, enfatizando que a interpretação do artigo 231 da Constituição Federal deve considerar tanto os direitos dos povos indígenas quanto os princípios constitucionais que asseguram a propriedade privada e a função social da terra.[19]

Ao proferir seu voto em Plenário no julgamento do emblemático recurso extraordinário, o Ministro ressaltou a importância da colaboração e da participação efetiva dos *amici curiae*, pois "o tema referente à definição do estatuto jurídico constitucional das relações de posse das áreas de tradicional ocupação indígena, nos termos do art. 231 da Constituição da República, apresenta complexidade ímpar a exigir diálogo, escuta e abertura para a ampla participação de todos os setores interessados, que intervieram na qualidade de amigos da Corte e possibilitaram um diálogo franco e democrático acerca da temática".

Uma leitura da íntegra do voto proferido no julgamento do mérito deste recurso extraordinário revela claramente a incorporação à decisão das contribuições de inúmeros órgãos, entidades e grupos que participaram ativamente do processo, fortalecendo significativamente o contraditório e agregando elementos para a formação do convencimento do relator e dos demais Ministros da Corte, que culminaram no julgamento de um dos casos mais importantes que já tramitaram no STF.

A valorização e a importância de perspectivas plurais no processo de fiscalização concentrada de constitucionalidade e de formação de precedentes qualificados é sentida nas diversas decisões de admissibilidade de *amicus curiae* proferidas pelo homenageado nos dez anos de magistratura, atribuindo-se ao padrão decisório mais um fator de legitimação social das decisões da Suprema Corte, viabilizando a abertura do processo de fiscalização concentrada de constitucionalidade sob uma perspectiva pluralística.[20]

Outro importante mecanismo de fortalecimento do contraditório[21] do qual valeu-se o Ministro Edson Fachin na formação de

---

[19] Todas essas menções foram feitas à luz das sustentações orais realizadas durante o julgamento do Tema nº 1031, presencialmente na sessão no Plenário da Corte ou por vídeo, anexadas ao sistema judicial de acompanhamento dos processos do STF, bem como alguns trechos foram extraídos das peças processuais juntadas pelos *amici curiae* aos autos do RE nº 1017365.

[20] Vejam-se, a propósito, as admissibilidades amplas realizadas na ADI nº 5935/DF.

[21] O artigo 32 da Recomendação 134 do CNJ, de 09.09.2022, considera que a participação e influência por parte dos interessados e do Ministério Público e a oportunidade de manifestação das partes e interessados durante o processo de formação de precedente é fundamental para a legitimação do procedimento modelo estabelecido no ordenamento brasileiro. E o artigo 48 da mesma Recomendação previu e recomendou expressamente a realização de audiências públicas, inclusive para tratar de modulação de efeitos da tese jurídica firmada.

precedentes durante os dez anos de magistratura na Corte foram as audiências públicas.[22]

A relação das audiências públicas com a ampliação do contraditório e da comparticipação na formação de precedentes qualificados é umbilical.

Na lição de Alexandre Freitas Câmara, citando Agustin Gordillo:

> o contraditório é a característica essencial de um modelo de processo que deve ser comparticipativo e policêntrico, o que é, a toda evidência, o retrato de uma moderna sociedade policêntrica (...). Pois é inegável, então, que em uma sociedade assim constituída, de forma compatível com o Estado Democrático de Direito, a realização de audiências públicas sirva, dentro da garantia do devido processo, para atender ao interesse dos particulares de poder influir com seus argumentos e provas antes da tomada de uma decisão determinada.[23]

O autor reforça, com amparo nas lições de Peter Häberle, que o STF passa a adotar audiências públicas a partir da concepção *da sociedade aberta dos intérpretes da Constituição*. Ele afirma que aqueles que vivem no contexto regulado por determinada norma ou com o contexto dessa norma são dela intérpretes e, portanto, "devem ter a possibilidade de contribuir para a formação da norma, especialmente quando se trate de uma decisão que pode, direta ou indiretamente, vir a atingi-los (o que se revela mais evidente quando se cogita da atribuição de eficácia vinculante a algumas decisões judiciais)".[24]

Taís Schilling Ferraz reforça a importância dos mecanismos de participação da sociedade na formação de precedentes qualificados como uma ferramenta para ampliação do debate, resultando na melhor solução da causa, diante do aporte aos autos de contribuições técnicas, estatísticas e de teses jurídicas que enriquecem e qualificam o julgamento.

Especificamente quanto às audiências públicas, a jurista esclarece:

---

[22] O RISTF prevê a realização das audiências públicas e o procedimento, respectivamente, nos arts. 13, inciso XVII, e 21, inciso XVII e no art. 154, III e parágrafo único.
[23] *Op. Cit.*, p. 197.
[24] *Op. Cit.*, p. 199. A obra de Peter Häberle citada por Alexandre Freitas Câmara é *Hermenêutica Constitucional – A sociedade aberta dos intérpretes da Constituição: contribuição para interpretação pluralista e procedimental da Constituição*. Trad. Bras. De Gilmar Ferreira Mendes. Revista Direito Público, v. 60, 2014.

Ao encaminhar convites ou acolher propostas de participação de entidades do poder público e da sociedade civil em uma audiência pública, o STF busca conhecer da matéria sobre a qual se pronunciará, sob aspectos muitas vezes não explorados ou suficientemente mencionados nos recursos-paradigma, colhendo elementos, inclusive, para a previsão dos efeitos que poderão sobrevir à sua decisão, a curto, médio ou longo prazo.[25]

As audiências públicas de pessoas que possuem conhecimento e experiência na matéria debatida são ferramentas que permitem a tomada de decisões com legitimidade e transparência, pois nelas acontece a abertura de espaço de escuta para todos os que possam ser impactados com a decisão ou que poderão sofrer algum reflexo, positivo ou negativo.

No contexto do processo democrático de formação dos precedentes, as audiências públicas, ao proporcionarem a ampliação subjetiva e objetiva do contraditório, asseguram qualidade na prestação jurisdicional e legitimidade aos julgamentos do Tribunal no exercício da sua tarefa de guarda da Constituição, especialmente quando a jurisdição ocorre para a formação dos precedentes obrigatórios do art. 927, do CPC.

E com a efetividade do processo democrático em mente, o Min. Edson Fachin realizou durante essa profícua década de magistratura algumas audiências públicas de relevo.

Destaca-se, por exemplo, a audiência pública realizada no RE-RG 1.446.336, caso piloto do Tema 1.291 da repercussão geral, em que se discute, à luz dos artigos 1º, IV; 5º, II, XIII; e 170, IV, da Constituição Federal, a possibilidade do reconhecimento de vínculo de emprego entre motorista de aplicativo de prestação de serviços de transporte e a empresa criadora e administradora da plataforma digital intermediadora.

Reconhecendo que a matéria constitucional presente no recurso extraordinário era relevante, de "magnitude inquestionável, dada sua proeminência jurídica, econômica e social, bem como sua conexão intrínseca com os debates globais que permeiam as dinâmicas laborais na era digital", deferiu pedidos de ingresso de diversas entidades representativas e com legítimos interesses no julgamento do caso como *amicus curiae*.

---

[25] FERRAZ, Taís Schilling. *O precedente na jurisdição constitucional*: construção e eficácia do julgamento da questão com repercussão geral. São Paulo: Saraiva, 2017. p. 183.

Ato seguinte, propôs ao colegiado o julgamento do recurso sob a sistemática da repercussão geral, com o objetivo de firmar precedente vinculante, pois ao identificar decisões divergentes proferidas pelo Judiciário brasileiro nesse tema, apontou a preocupação com a (in)segurança jurídica, a clamar do Supremo Tribunal Federal que conceda "uma resposta uniformizadora e efetiva à sociedade brasileira acerca da compatibilidade do vínculo empregatício entre motoristas de aplicativo e a empresa criadora e administradora da plataforma digital, em face dos princípios da livre iniciativa e direitos sociais laborais encartados na Constituição da República".[26]

Após, designou audiência pública para que nela fossem colhidas as manifestações das mais diversas categorias interessadas da sociedade no julgamento do tema e na formação da nova norma jurídica que será emitida a partir da interpretação constitucional que o STF dará à controvérsia.

Em sua fala de abertura da audiência pública, o Ministro ressaltou o importante papel do ato, ao mencionar que o "Supremo Tribunal Federal cumpre imprescindível e relevante função ao unir mentes e corações no propósito de entrega à cidadania da mais justa e equitativa prestação jurisdicional" e ressaltou a importância da participação dos sujeitos na construção da sua própria história.

E arrematou a questão ao dizer que:

> não há melhor maneira de se construir um argumento robusto e sustentável em busca da melhor solução para um problema complexo do que o diálogo cooperativo que sinceramente compartilha o mesmo porto de ancoragem qual seja cumprir a constituição em benefício de seus pressupostos mais valorosos, muitos deles materializados em direitos humanos e direitos fundamentais e assim gerar segurança jurídica, pacificação dos conflitos e justiça.

Além de partes e interessados, membros do Ministério Público e do Tribunal Superior do Trabalho, incluindo o seu Presidente, participaram dos debates, confirmando o propósito de realização da audiência pública como uma ferramenta de legitimação democrática do processo de formação de precedente qualificado.

---

[26] As citações desses dois parágrafos são excertos do voto proferido pelo Min. Edson Fachin no voto que continha proposta ao colegiado de afetação da controvérsia para julgamento pela sistemática da repercussão geral, publicado em 08.02.2024.

Não só a realização da audiência é importante, mas a sua condução na obtenção dos elementos fáticos, argumentos e teses jurídicos, considerados imprescindíveis pelo relator para o julgamento do precedente são fundamentais para a legitimidade do processo, para que a finalidade da audiência seja garantida, sob pena de se restringir a uma mera formalidade e tornar-se inócua na formação da norma jurídica derivada da interpretação da Corte.

Com essa premissa em mente, o relator conduziu a audiência de forma ímpar, formulando 12 (doze) perguntas para serem respondidas durante os debates pelas partes, pelos *amici curiae* e pelos demais participantes e convidados da audiência as quais, longe de restringirem os elementos a serem aportados nos debates, representavam um "fio condutor dos trabalhos", nas palavras do próprio ministro. Além disso, todos os ministros e participantes da audiência poderiam formular perguntas síncronas via *chat* em sala virtual e que seriam triadas e encaminhadas aos debatedores para respostas e esclarecimentos.

Essa metodologia permitiu que fossem incorporadas ao processo as informações que o relator considerou mais relevantes para o julgamento da causa, além de otimizar os trabalhos e trazer eficiência para o ato.

Também foi precedido de audiência pública conjunta designada pelos relatores o julgamento da ADPF nº 403, de relatoria do Min. Edson Fachin, e da ADI nº 5527, de relatoria da Min. Rosa Weber, que tratam de debater o marco civil da internet e o cabimento legal de que o Poder Judiciário suspendesse o aplicativo *WhatsApp*. Para a habilitação dos interessados, foram exigidos alguns requisitos: representatividade, especialização técnica e domínio do expositor ou da entidade interessada e garantia da pluralidade da composição da audiência e dos pontos de vista a serem defendidos.

Para prestar contas do dever constitucional de fundamentação das decisões judiciais, o Min. Edson Fachin, no voto que proferiu no início do julgamento da ADPF nº 403 (até a redação deste artigo o julgamento encontrava-se suspenso por pedido de vista do Min. Alexandre de Moraes), ressaltou a participação frutífera de diversos órgãos e entidades que propiciaram um contraditório legítimo e enriquecedor, e efetivamente ponderou e considerou na construção das razões de decidir diversas contribuições que foram aportadas na audiência pública.

Embora o julgamento da controvérsia não tenha sido finalizado, do voto do relator é possível felizmente concluir que a audiência pública não foi um ato meramente formal, resumido a exposições técnicas, mas efetivamente realizou-se uma sessão deliberativa e dialogal, com trocas de argumentos, questionamentos formulados pelos ministros e respondidos pelos participantes, além de debates que influenciaram significativamente na construção do voto.

Miguel Gualano de Godoy,[27] em trabalho de pesquisa que originou brilhante livro em que aborda, dentre outros assuntos, a essencialidade do processo deliberativo na construção dos padrões decisórios, concluiu, a partir da análise de casos relevantes julgados pelo STF nos quais foram realizadas audiências públicas e franqueadas as participações de *amici curiae*, que "as audiências públicas e os *amici curiae* (quando também aceitos juntamente com as audiências públicas) influenciam sim as decisões dos Ministros do Supremo Tribunal Federal", embora haja maior ênfase nos votos às razões e argumentos expostos em audiência pública em contraposição às das peças apresentadas pelos amigos da corte.

Apesar de ponderar com muita propriedade que ainda há muito a ser aprimorado pela Corte em relação à utilização desses instrumentos e da performance deliberativa do STF, o jurista acrescenta que

> os dados demonstram a efetiva permeabilidade do Supremo Tribunal Federal à participação de pessoas e instituições que se somam à análise dos casos sob julgamento. Essa abertura do Supremo Tribunal Federal à sociedade por meio de audiências públicas e amici curiae deve, assim, ser reconhecida como algo fundamental, pois ela efetivamente colabora com a tomada de decisão pelos Ministros quando do momento do julgamento dos casos.

Citam-se, ainda, dois relevantes temas submetidos pelo Ministro Edson Fachin ao processo deliberativo das audiências públicas.

O primeiro, objeto da ADPF nº 635, tinha como meta a elaboração de plano visando à redução da letalidade policial e de violações de direitos humanos pelas forças de segurança fluminenses, o qual deveria conter medidas objetivas, cronogramas específicos e previsão de recursos necessários para sua implementação e que, dada a sua importância e relevância no cenário nacional e internacional, não poderia deixar de contar, segundo o relator, com a participação plena da sociedade civil.

---

[27] GODOY, Miguel Gualano de. *Devolver a constituição ao povo*: crítica à supremacia judicial e diálogos institucionais. Belo Horizonte: Fórum, 2017. p. 200.

A mais recente audiência pública convocada pelo homenageado enquanto relator realizou-se na ADI nº 5553, cujo relevantíssimo objeto é o debate das isenções tributárias concedidas ao setor de agrotóxicos. A audiência pública contou com a participação de especialistas, representantes do poder público, movimentos e organizações sociais. O foco central foi a discussão dos impactos do uso de agrotóxicos no Brasil, especialmente em relação à saúde, ao meio ambiente e à segurança alimentar. A audiência foi realizada em 05 de novembro de 2024 e o processo encontra-se agora concluso ao relator para julgamento.

Para Marinoni,[28] "a Constituição não tem como ser interpretada a distância da participação das pessoas e de todas as instituições públicas". Para interpretar a Constituição e lhe atribuir significados que irão vincular juízes e tribunais e, ao fim e ao cabo, a própria sociedade na qual ela se insere, é fundamental e dá legitimidade ao processo a realização do aprofundamento da discussão teórica relativa ao direito constitucional em debate a partir da devida deliberação, seja em audiências públicas ou garantindo a participação efetiva de grupos, entidades, órgãos públicos e pessoas jurídicas ou privadas, privilegiando o diálogo e concretizando uma decisão que será legítima e aplicável.

Segundo Gargarela,[29] é preciso conciliar as principais características das sociedades democráticas modernas: o desacordo e a vontade de viver em sociedade. Referenciando Jeremy Waldron, afirma que, apesar de tudo, o que nos separa em matéria valorativa, queremos seguir vivendo em sociedade, queremos seguir estando juntos, não queremos que eventuais desacordos tornem impossível nossa convivência.

Nessa linha, quando a audiência pública permite que muitas vozes discordantes participem do processo, é maior a chance de o Supremo Tribunal Federal proferir uma decisão legítima, porque respeitou os aspectos multifacetados da sociedade brasileira, e assim essa decisão terá maior probabilidade de ser observada pela sociedade e aplicada pelos juízes e tribunais no exercício da jurisdição.

---

[28] MARINONI, Luiz Guilherme. *Técnica decisória e diálogo institucional: decidir menos para deliberar melhor*. Suprema: revista de estudos constitucionais, Brasília, v. 2, n. 1, p. 49-85, jan./jun. 2022.

[29] GARGARELLA, Roberto. *Un papel renovado para la Corte Suprema. Democracia e interpretación judicial de la Constitución*. Disponível em: https://www.cels.org.ar/common/documentos/gargarella.pdf. Acesso em: 25 mar. 2025.

Conclusão: a formação e a aplicação dos precedentes como garantia de segurança jurídica e estabilidade da jurisprudência

O sistema de precedentes qualificados constitui elemento essencial para garantir a isonomia, a coerência e a previsibilidade das decisões judiciais. Como demonstrado ao longo deste artigo, a atuação do Ministro Edson Fachin no Supremo Tribunal Federal se destacou pela sua firmeza na formação de padrões decisórios robustos e legitimados pelo contraditório ampliado.

Destaca-se também, à guisa de conclusão, a preocupação constante do homenageado com a estabilidade da jurisprudência.

A doutrina enfatiza que a eficácia vinculante dos precedentes depende não apenas de sua força normativa formal, mas também da forma como são construídos e aplicados no contexto judicial. Decisões coerentes e bem fundamentadas promovem segurança jurídica e evitam oscilações interpretativas que possam comprometer a confiança dos jurisdicionados no sistema de justiça. A estabilidade dos precedentes, além de assegurar a previsibilidade das decisões, é fator de efetividade da prestação jurisdicional e de concretização do Estado Democrático de Direito.

Nas palavras de Daniel Mitidiero,[30] "o precedente, uma vez formado, integra a ordem jurídica como fonte primária do Direito e deve ser levado em consideração no momento de identificação da norma aplicável a determinado caso concreto. Vale dizer, integra o âmbito protegido pela segurança jurídica objetivamente considerada".

O Ministro Fachin reiteradamente reforçou a necessidade de observância e respeito aos precedentes vinculantes, atuando de forma incisiva no julgamento de reclamações que visavam garantir a aplicação correta das teses fixadas pelo STF.[31] Sua linha decisória reafirma que,

---

[30] MITIDIERO, Daniel. *Op. Cit.*, p. 93.
[31] Na Reclamação nº 58207, alegou-se violação à Sumula Vinculante 56 e ao Tema 423 da Repercussão Geral, cujo caso piloto foi o RE nº 641.320. O caso tratou do descumprimento de implementação imediata das medidas que incumbem ao Juízo da Execução na gestão das vagas existentes, inclusive com possibilidade de concessão de progressão antecipada e/ou prisão domiciliar. No voto proferido nesta Reclamação, da qual foi relator, o Ministro Edson Fachin condenou violações aos precedentes relacionados à superlotação carcerária, reafirmando que tais decisões não podem ser ignoradas por instâncias inferiores. Ressaltou que a existência de precedentes vinculantes é um mecanismo fundamental para garantir a autoridade das decisões do STF e assegurar a concretização de direitos fundamentais e, assim, deu provimento a esta reclamação.

para que o sistema de precedentes funcione adequadamente, é imprescindível que as instâncias inferiores os apliquem de forma uniforme e sem distorções arbitrárias.

Ainda nos primeiros momentos de vigência do Código de Processo Civil de 2015, o Min. Edson Fachin demonstrou a sua preocupação em que o Supremo Tribunal Federal cumprisse com sua função de Corte de Vértice, de formadora de precedentes vinculantes e de cumpridora do dever de coerência, estabilidade e integridade de sua jurisprudência ao proferir voto no RE nº 655.265, caso piloto do Tema 509 da Repercussão Geral.

O caso tratava da controvérsia relativa ao momento da exigência do triênio constitucional de prática de atividade forense para o ingresso na magistratura (artigo 93, I, da Constituição Federal), se no momento da posse, ou da data da inscrição definitiva, bem como buscava-se identificar o termo *a quo* para o referido cálculo.

O relator Min. Luiz Fux, em profícuo voto, embora tenha ressaltado, com base no histórico de jurisprudência da Corte, *que restou sedimentado o entendimento de que "o momento da comprovação desses requisitos deve ocorrer na data da inscrição definitiva no concurso"*, sugeriu que o STF superasse o entendimento anteriormente firmado em ADI, para que, em repercussão geral, firmasse tese em sentido contrário. O relator partia da premissa de que o CNMP, órgão que havia dado origem ao precedente firmado na Corte sobre o tema (ADI 3.460), já havia alterado suas resoluções para exigir o triênio na data da posse, não mais na inscrição definitiva, e que as carreiras jurídicas deveriam seguir semelhantes exigências formais de aprovação em concursos públicos.

No entanto, o Min. Edson Fachin assentou em sua manifestação não existir alteração legislativa que sugerisse a adoção de um outro critério, não sendo possível o reconhecimento de *overruling*[32] em relação ao entendimento que houvera anteriormente se formado, sob pena de se "agir em desacordo com a unidade e a estabilidade que se espera de uma Suprema Corte".

O Ministro trouxe em seu voto importantes lições sobre os requisitos aceitáveis para que uma corte suprema proponha a superação

---

[32] Segundo Daniel Mitidiero, *overrruling* é a superação total do precedente e constitui um poder dado apenas aos órgãos que foram encarregados de sua formulação mediante um complexo encargo argumentativo, que envolve a demonstração do desgaste do precedente no que tange à sua congruência social e consistência sistêmica (MITIDIERO, Daniel. *Op. Cit.*, p 95).

total ou parcial de um precedente, especialmente quando se está diante de precedente vinculante, obrigatório, como é o caso da decisão do STF em controle concentrado de constitucionalidade, de observância necessária por todos os juízes e tribunais do país, a teor do art. 927, I, do CPC.

O compromisso com a estabilidade dos precedentes do Supremo revela-se também no tratamento dado pelo magistrado às reclamações, que são os instrumentos voltados a coibir a violação das decisões firmadas pela Corte nos casos listados pelo art. 988 do CPC, quando as vias recursais adequadas à tutela do precedente tiverem sido esgotadas.

A sistemática de repercussão geral é regularmente utilizada pelo Ministro como ferramenta para promover uniformidade na interpretação constitucional. No julgamento do ARE nº 1.482.281 AgR (2024), o ministro aplicou a tese do Tema nº 452 para consolidar a igualdade entre homens e mulheres em contratos previdenciários, exemplificando como as teses fixadas orientam casos subsequentes. Essa abordagem não apenas assegura previsibilidade, mas também evita a dispersão de interpretações conflitantes, contribuindo para a eficiência do Judiciário.

A aplicação de precedentes pelo Ministro também se destaca no controle jurisdicional de políticas públicas. No ARE nº 918.358 AgR (2019), o ministro defendeu que o Poder Judiciário pode determinar a implementação de políticas públicas essenciais, como o direito à moradia, desde que com base em precedentes bem fundamentados. Essa postura evidencia como os precedentes podem ser utilizados para assegurar direitos fundamentais e fiscalizar a atuação do Estado, especialmente em casos de inércia legislativa ou administrativa.

No julgamento monocrático da Rcl nº 51.090/ES, houve uma forte demonstração do sentido que o Ministro atribui aos precedentes formados pelo STF e sua aplicação pelos juízes e tribunais:

> O *respeito ao precedente* judicial baseia-se na premissa fundamental de que decidir casos similares de modo semelhante integra o próprio conceito de justiça, na dimensão da equidade. Dessa forma, as sentenças constitucionais, mormente as interpretativas, em razão de sua dimensão integradora e interpretativa, guardam semelhança com o precedente do stare decisis como fonte do direito. Frise-se que elas se assemelham àquele regime quanto a constituírem importante fonte do direito e não no tocante a seu efeito vinculante, que no regime do stare decisis é muito mais flexível e incide muito poucas vezes nas questões constitucionais (ABBOUD, Georges. Jurisdição Constitucional e Direitos Fundamentais. São Paulo: Editora Revista dos Tribunais, 2011).

A decisão proferida pelo Tribunal Regional Federal da 2ª Região, portanto, evidencia repulsa à jurisprudência desta Casa e do Superior Tribunal de Justiça e resistência em segui-la. A pretexto de executar o comando legal e preservar a independência funcional, descumprem-se a lei e a Constituição Federal, ignorando a jurisprudência firme e consolidada dos Tribunais Superiores.

A consequência sistêmica de tal proceder é nítida: os Tribunais Superiores estão abarrotados de processos, muitos dos quais poderiam ter sido resolvidos de forma definitiva pelas instâncias ordinárias caso devidamente aplicada a legislação processual em vigor que impõe a observância de teses firmadas em sede de recursos repetitivos e de repercussão geral (art. 927, III, CPC).

Em suma, a preservação da jurisprudência da Corte e a democratização do processo decisório revelaram-se traços marcantes na atuação do Min. Edson Fachin. A admissão de *amicus curiae* e a realização de audiências públicas foram amplamente utilizadas pelo magistrado para agregar contribuições relevantes ao debate das controvérsias constitucionais e garantir que os precedentes fossem formados com base em ampla participação institucional e social, postura que confere maior legitimidade às decisões da Suprema Corte e reduz a margem para distinções indevidas ou tentativas de superação inconsistentes.

Finalmente, a sua contribuição para a consolidação do sistema de precedentes qualificados no Brasil demonstra um compromisso firme com a segurança jurídica, a previsibilidade das decisões e a estabilidade da jurisprudência. Sua atuação reforça o papel do Supremo Tribunal Federal como Corte de Vértice, comprometida com a coerência e a integridade do Direito, assegurando que a função uniformizadora das decisões não seja comprometida por interpretações casuísticas ou instáveis. O legado de sua magistratura evidencia que a formação de precedentes deve se pautar pelo diálogo, pela transparência e pelo compromisso intransigente com a justiça.

Referências

ARENHART, Sérgio Cruz. O *amicus curiae* especialista no processo constitucional. *In*: ARENHART, Sérgio Cruz. *Sistema Brasileiro de Precedentes*: propostas e reflexões para seu aprimoramento. Londrina: Ed. Toth, 2024.

ARRUDA ALVIM, Teresa. Estabilidade e Adaptabilidade como objetivos do direito: *civil law e common law*. *Revista de Processo*, São Paulo, n. 172, 2009.

BRASIL. Conselho Nacional de Justiça. *Recomendação nº 134 de 09/09/2022*. Disponível em: https://atos.cnj.jus.br/atos/detalhar/4740. Acesso em: 25 mar. 2025.

BRASIL. Supremo Tribunal Federal (STF). *Regimento interno*. Brasília: STF, Secretaria de Altos Estudos, Pesquisas e Gestão da Informação, 2023.

BRASIL. Supremo Tribunal Federal. *ADI nº 6039/RJ*. Rel. Min. Edson Fachin, DJe 27.02.2019.

BRASIL. Supremo Tribunal Federal. *ADI-MC nº 2321/DF*. Rel. Min. Celso de Mello, decisão liminar proferida em 25.10.2000.

BRASIL. Supremo Tribunal Federal. *ADI nº 5935/DF*. Rel. Min. Edson Fachin, julgado em 22.05.2020.

BRASIL. Supremo Tribunal Federal. *RE nº 655.265/DF*. Rel. Min. Edson Fachin. Acórdão publicado em 06.08.2016.

BRASIL. Supremo Tribunal Federal. *RCL nº 58.207/SP*. Rel. Min. Edson Fachin. Acórdão publicado em 02.09.2024.

BRASIL. Supremo Tribunal Federal. *RE nº 641.320/RS*. Rel. Min. Gilmar Mendes. Julgado em 11.05.2016.

BRASIL. Supremo Tribunal Federal. *RCL nº 51090/ES*. Rel. Min. Edson Fachin. Decisão proferida em 16.09.2022, posteriormente revogada por perda de objeto.

BRASIL. Supremo Tribunal Federal. *ARE nº 918358/DF AgR*. Rel. Min. Edson Fachin. Acórdão publicado em 04.10.2019.

BRASIL. Supremo Tribunal Federal. *RE nº 1017365/SC*. Rel. Min. Edson Fachin. Julgamento do mérito realizado em 21.09.2023.

BRASIL. Supremo Tribunal Federal. *RE nº 1075412/PE ED-SEGUNDOS*. Rel. Min. Edson Fachin. Julgamento em 30.04.2024.

CÂMARA, Alexandre Freitas. *Levando os padrões decisórios a sério*. São Paulo: Atlas, 2022.

DIDIER JR., Fredie. Sistema Brasileiro de Precedentes Judiciais Obrigatórios e os Deveres Institucionais dos Tribunais: Uniformidade, Estabilidade, Integridade e Coerência da Jurisprudência. *Revista do Ministério Público do Rio de Janeiro*, n. 64, abr./jun. 2017.

FERRAZ, Taís Schilling. *O precedente na jurisdição constitucional*: construção e eficácia do julgamento da questão com repercussão geral. São Paulo: Saraiva, 2017.

GARGARELLA, Roberto. *Un papel renovado para la Corte Suprema. Democracia e interpretación judicial de la Constitución*. Disponível em: https://www.cels.org.ar/common/documentos/gargarella.pdf. Acesso em: 25 mar. 2025.

GODOY, Miguel Gualano de. *Devolver a constituição ao povo*: crítica à supremacia judicial e diálogos institucionais. Belo Horizonte: Fórum, 2017.

MARINONI. Luiz Guilherme. *Precedentes Obrigatórios*. Texto base da conferência proferida no Congresso de Direito Processual, realizado pelo Instituto dos Advogados do Paraná entre os dias 21 e 23 de outubro de 2010. Disponível em: Academia.edu. Acesso em: 25 mar. 2025.

MARINONI, Luiz Guilherme. Técnica decisória e diálogo institucional: decidir menos para deliberar melhor. *Suprema: revista de estudos constitucionais*, Brasília, v. 2, n. 1, p. 49-85, jan./jun. 2022.

MITIDIERO, Daniel. *Precedentes*: da persuasão à vinculação. 4. ed. Ed. Thomson Reuters: São Paulo, 2022.

MONNERAT, Fábio Victor da Fonte. *Precedentes Qualificados*: formação, aplicação, distinção, superação, aperfeiçoamento e redimensionamento. 1. ed. São Paulo: Ed. Direito Contemporâneo, 2024.

STRECK, Lênio Luiz. *Precedentes Judiciais e Hermenêutica*: o sentido da vinculação no CPC/2015. São Paulo: Editora JusPodivm, 2024.

Informação bibliográfica deste livro, conforme a NBR 6023:2018 da Associação Brasileira de Normas Técnicas (ABNT):

LUCINI, Susana. Precedentes e democracia deliberativa: a contribuição do Ministro Edson Fachin para a legitimidade e estabilidade dos padrões decisórios no STF. In: SILVA, Christine Oliveira Peter da; GIAMBERARDINO, André Ribeiro; ARRUDA, Desdêmona Tenório B. T.; MACEDO, José Arthur Castillo de; MACHADO FILHO, Roberto Dalledone (coord.). *Ministro Luiz Edson Fachin*: dez anos de Supremo Tribunal Federal. Belo Horizonte: Fórum, 2025. p. 373-396. ISBN 978-65-5518-746-5.

JURISDIÇÃO CONSTITUCIONAL CONVERGENTE NO JULGAMENTO DA ADI Nº 6327: DA ABSTRAÇÃO À FACTICIDADE DA NORMA

THAIS SAMPAIO DA SILVA MACHADO

LUCIANO ANDRASCHKO

Introdução: crítica à racionalidade instrumental

A positivação das normas jurídicas trouxe a vantagem da objetividade e da padronização. De outro lado, a abstração exige um componente adicional que é a instituição encarregada de interpretar e aplicar essas normas. Ou seja, o positivismo jurídico é uma etapa da moderna técnica jurídica.[1] Não é completo sem uma atividade prática que faça a união da norma com os fatos humano-sociais.

Adorno e Horkheimer fizeram a crítica da padronização da indústria cultural já nos anos 1920: "a técnica da indústria cultural levou apenas à padronização e à produção em série, sacrificando o que fazia a diferença entre a lógica da obra e a do sistema social".[2] E se a cultura

---

[1] ELLUL, Jacques. *The Technological Society*. Translated by John Wilkinson. New York: Random House Inc. 1964. p. 43.
[2] HORKHEIMER, Max; ADORNO, Theodor. *Dialética do esclarecimento*. Tradução: Antonio de Almeida. 21a. Reimpressão. Rio de Janeiro: Zahar, 2021. p. 100.

engloba elementos de arte, o direito também. O direito é uma forma de arte da cultura de um povo. Mas no contexto de cultura de massa, o povo não possui instrumentos técnicos para estabelecer um diálogo contra uma norma jurídica injusta.

Esse é o ponto nodal e o grande problema das sociedades modernas: como conseguir aplicar o direito na pletora da facticidade humana de maneira justa para se construir paz social?

E a forma pela qual se observam os institutos jurídicos pode alterar drasticamente a compreensão da sua estrutura e a maneira da sua aplicação. Um modo de ver formalizado, idealizado, equivale a uma abstração mental. Sua estrutura compartilha uma certa racionalidade. Contudo, isso não quer dizer que possua sensatez, justamente pelo seu isolamento da realidade. Nesse sentido, veem-se os escritos de Horkheimer e a sua crítica à razão instrumental.[3]

A partir dessa crítica, percebe-se que a atividade de interpretação constitucional encontra-se num patamar diferenciado, pois parte da abstração da norma constitucional, e da carga valorativa que carrega, e passa pela abstração também do legislador ordinário e pela limitação dessa atividade de padronização da complexidade. Há, afinal, sempre o fator inesperado que advém da vitalidade do existir.

Poderíamos chamar essa atividade de jurisdição convergente: faz convergir a norma jurídica infraconstitucional para os valores e fins constitucionais. E estabelece um diálogo entre as formas abstratas (normas positivas) e a realidade (facticidade humana), convergindo para a real compreensão do direito. Se a norma positivada é a tese, a antítese é a realidade, mas não no sentido excludente como se costuma pensar e sim como colaborativa em direção a um direito justo. Aqui o sentido proposto segue o modelo lógico de Hegel:[4] o direito só se dá por universalmente completo *a posteriori*, como síntese.

A norma jurídica positiva traz aspectos essenciais do instituto jurídico que regula, mas de modo não suficiente. Essa convergência conta a história também do direito à licença-maternidade e da sua interpretação constitucional.

---

[3] HORKHEMEIR, Max. *Crítica de la Razón instrumental*. 2a. ed. Buenos Aires: Editorial Sur, 1973. p. 23.

[4] HEGEL, Georg W. F. *Lógica*. 2a. edición. Tradução: Antonio Zozaya. Madrid: Editorial Ricardo Aguilera. 1973.

1 Direito à licença-maternidade e ao salário-maternidade: da norma aos fatos

A gênese do instituto da licença-maternidade encontra-se na proteção (instrumental) da mulher trabalhadora. O Decreto nº 21.417-A, de 1932, início da era Vargas, regulou pela primeira vez as condições de trabalho das mulheres, proibindo-o por quatro semanas antes e quatro semanas após o parto, que poderiam ser aumentadas por duas semanas, por atestado médico. Nesse período, a mulher teria direito a um auxílio correspondente à metade do salário, a ser pago pelas Caixas do Instituto do Seguro Social ou pelo empregador.

Depois, foi incluído na Constituição de 1934 e, ao longo do tempo, o benefício foi ampliado. A Lei nº 6.136/74 alterou a sua natureza de direito trabalhista para a de benefício previdenciário. E a Constituição de 1988 aumentou o prazo de fruição para 120 dias.

Internacionalmente, a Convenção da OIT nº 3/1919, internalizada pelo Decreto nº 423/1935, previa o direito ao repouso da mulher por seis semanas após o parto, com direito à indenização para a sua manutenção e do seu filho. Foi denunciada pelo Decreto nº 51.627/1962, mas a Convenção da OIT nº 103/1952 foi em seguida internalizada pelo Decreto nº 58.820, em 1966, prevendo a duração de 12 semanas, e a possibilidade de prorrogação em virtude de doença "corolária do parto".

A Convenção sobre a Eliminação de Todas as Formas de Discriminação contra a Mulher, de 1979, Cedaw, internalizada pelo Decreto nº 4.377/2002, também prevê a licença-maternidade como medida para "impedir a discriminação contra a mulher no trabalho".

Essas previsões abstratas, seguindo a crítica introdutória, nem sempre dão conta das contingências da realidade. Paolo Grossi afirmava que a abstração e a generalidade da lei permitem, como resultado positivo, a coerência racional, mas, por outro lado, contêm em si o risco de ser

> (...) a vulgar "folha de figo" que oculta as misérias e as vergonhas com as quais, inevitavelmente, é tecida a história cotidiana de um povo; misérias e vergonhas que continuam a subsistir, não obstante o exorcismo representado pelos edifícios geométricos construídos sobre as fundações de um indivíduo abstrato e de um sujeito estatal igualmente abstrato por ser desejado e pensado intacto em relação às contaminações da historicidade factual.[5]

---

[5] GROSSI, Paolo. *Mitologias jurídicas da modernidade*. 2. ed. Tradução: Arno Dal Ri Junior. Florianópolis: Fundação Boiteux, 2007. p. 132-133.

Há, segundo Grossi, um efeito perverso da generalidade da lei. A simplicidade da abstração não dá conta da complexidade da facticidade. Eis, então, o papel do intérprete. A jurisdição constitucional deve fazer a convergência entre a abstração e a realidade.

Perlingieri sustenta que o ordenamento realmente vigente é o conjunto dos ordenamentos dos casos concretos, como se apresentam na experiência do dia a dia, enquanto individualizado e aplicado aos fatos e aos acontecimentos. A complexidade da factualidade é uma componente essencial da normatividade e, sobretudo, da sua historicidade: "um ordenamento que não encontrasse aplicação pertenceria ao mundo das idéias e, perdendo a sua função ordenadora, a *societas*, nem mais seria assim considerado".[6] Isso se dá especialmente no caso dos direitos sociais, quando alguns sujeitos — invisibilizados, vulnerabilizados, ocultados — ficam de fora da norma geral e abstrata.

É assim que a jurisprudência permitiu ao longo do tempo que o benefício do salário-maternidade, para além das fontes legais, tivesse novas conformações e abrangesse, além da proteção trabalhista da mulher, o direito das crianças à convivência familiar.

Em 2000, o STF decidiu: "Não se estende à mãe adotiva o direito à licença, instituído em favor da empregada gestante pelo inciso XVIII do art. 7º, da Constituição Federal, ficando sujeito ao legislador ordinário o tratamento da matéria".[7]

Essa questão foi denunciada à Comissão Interamericana de Direitos Humanos em 2001, pela Petição nº 12.378, e admitida em 2010, considerando haver uma possível violação ao direito à igualdade, à maternidade e à proteção à família e à criança. No Conselho Nacional de Justiça, há referência ao relatório nº 264/2021, com recomendações ao Brasil (não publicado nos termos do art. 51.3 da Convenção).

De todo modo, sobreveio a Lei nº 10.421/2002, estendendo à adotante o benefício. Com prazos distintos.

No julgamento do RE nº 778.889, tema de repercussão geral nº 782, Rel. Min. Roberto Barroso, j. 10.03.2016, o STF equiparou os prazos: "Os prazos da licença adotante não podem ser inferiores aos prazos da licença gestante, o mesmo valendo para as respectivas prorrogações. Em relação à licença adotante, não é possível fixar prazos diversos em função da idade da criança adotada".

---

[6] PERLINGIERI, Pietro. *O direito civil na legalidade constitucional*. Tradução: Maria Cristina De Cicco. Rio de Janeiro: Renovar, 2008. p. 200-201.
[7] STF, RE nº 197807, Rel. Min. Octávio Gallotti, 1ª T, j. em 30.05.2000.

Segundo o acórdão, há necessidade de uma:

interpretação sistemática da Constituição à luz da dignidade da pessoa humana, da igualdade entre filhos biológicos e adotados, da doutrina da proteção integral, do princípio da prioridade e do interesse superior do menor" e um 'dever reforçado do Estado de assegurar-lhe condições para compatibilizar maternidade e profissão, em especial quando a realização da maternidade ocorre pela via da adoção, possibilitando o resgate da convivência familiar em favor de menor carente.

A decisão expressamente mencionou a mutação constitucional sobre a questão e a superação do entendimento anterior diante da alteração da realidade social, da nova compreensão do alcance dos direitos da criança e do avanço do significado atribuído à licença parental e à igualdade entre filhos, previstas na Constituição.

Esse entendimento foi a partir daí diversas vezes reiterado: na interpretação da legislação das forças armadas (ADI nº 6603, Rel. Min. Rosa Weber, j. 14.09.2022); de policiais e bombeiros (ADI nº 6.600/TO, Rel. Min. Alexandre de Moraes, j. 27.04.2021) e de servidores públicos civis e militares (ADI nº 7520/RR, ADI nº 7528/PR, ADI nº 7542/AL, ADI nº 7543/AL).

Ressaltam-se sempre o direito à convivência familiar e a proteção à infância.

Em outras questões referentes ao benefício, a jurisprudência também ampliou a esfera protetiva. No julgamento da ADI nº 1946, Rel. Min. Sydney Sanches, j. em 03.04.2003, o STF anotou justamente que o benefício estava transmudando de encargo trabalhista para previdenciário, e determinou ao INSS a obrigação de pagar a diferença do teto do benefício em relação ao salário, evitando a discriminação da mulher no trabalho.

No julgamento do RE nº 576967, tema nº 72 de Repercussão Geral, j. 05.08.2020, rel. Min. Roberto Barroso, o STF decidiu: ""É inconstitucional a incidência de contribuição previdenciária a cargo do empregador sobre o salário-maternidade", porque "as normas impugnadas, ao imporem tributação que incide somente quando a trabalhadora é mulher e mãe cria obstáculo geral à contratação de mulheres, por questões exclusivamente biológicas, uma vez que torna a maternidade um ônus. Tal discriminação não encontra amparo na Constituição...".

No julgamento do RE nº 842844, tema nº 542 de Repercussão Geral, j. 05.10.2023, rel. Min. Luiz Fux, decidiu que "A trabalhadora gestante tem direito ao gozo de licença-maternidade e à estabilidade provisória, independentemente do regime jurídico aplicável, se contratual ou administrativo, ainda que ocupe cargo em comissão ou seja contratada por tempo determinado, nos termos dos arts. 7º, XVIII; 37, II; e 39, § 3º; da Constituição Federal, e 10, II, b, do Ato das Disposições Constitucionais Transitórias". Anotando:

> 1. As medidas adotadas pelo Estado, como a proteção à maternidade, são de discriminação positiva, não constituindo prerrogativa injustificada ou abusiva, pois o Estado favorece as mães como forma de tratar as diferenças naturais e amplamente justas entre os sexos, além de proteger o nascituro e o infante. 2. O direito à licença-maternidade tem por razão o reconhecimento das dificuldades fisiológicas e sociais das mulheres, dadas as circunstâncias pós-parto, como a recuperação físico-psíquica da mãe e amamentação e cuidado do recém-nascido, além da possibilidade do convívio familiar nos primeiros meses de vida da criança. (...) 5. A licença-maternidade, prevista como direito indisponível, relativo ao repouso remunerado, pela Carta Magna de 1988, impõe importantíssimo meio de proteção não só à mãe trabalhadora, mas, sobretudo, ao nascituro, salvaguardando a unidade familiar (art. 226 da CF/1988), como também a assistência das necessidades essenciais da criança pela família, pelo Estado e pela sociedade (art. 227 da CF/1988). 6. O tempo de convívio familiar é uma das necessidades descritas no Texto Constitucional, na medida em que, por ocasião do recente nascimento, representa vantagens sensíveis ao desenvolvimento da criança, pois que a genitora poderá atender-lhe as necessidades básicas. 7. A licença-maternidade ostenta uma dimensão plural, recaindo sobre a mãe, o nascituro e o infante, além de proteger a própria sociedade, considerada a defesa da família e a segurança à maternidade, de modo que o alcance do benefício não mais comporta uma exegese individualista, fundada exclusivamente na recuperação da mulher após o parto. 8. A Constituição alça a proteção da maternidade a direito social (CF, art. 6º c/c art. 201), estabelecendo como objetivos da assistência social a proteção à família, à maternidade, à infância, à adolescência e à velhice (CF, art. 203, inc. I). Assim, revelou-se ser dever do Estado assegurar especial proteção ao vínculo maternal.(...)

Na ADI nº 2.110, Rel. Min. Nunes Marques, julgado em 21.03.2024, o STF decidiu que

> viola o princípio da isonomia a imposição de carência para a concessão do salário-maternidade, tendo em vista que (i) revela presunção, pelo legislador previdenciário, de má-fé das trabalhadoras autônomas; (ii) é devido às contribuintes individuais o mesmo tratamento dispensado às seguradas empregadas, em homenagem ao direito da mulher de

acessar o mercado de trabalho, e observado, ainda, o direito da criança de ser cuidada, nos primeiros meses de vida, pela mãe; e (iii) há um dever constitucional de proteção à maternidade e à criança, nos termos do art. 227 da Constituição de 1988, como sublinhou o Supremo no julgamento da ADI 1.946.

A ADI tratava de diversas questões, havendo o Min. Edson Fachin inaugurado a divergência referente à carência do salário-maternidade, anotando expressamente em seu voto:

> Em termos legislativos, o direito à licença-maternidade e ao benefício previdenciário correspondente evoluiu de um direito de proteção ao ingresso das mulheres no mercado de trabalho, para um direito materno-infantil. Almeja-se, com a concessão da licença e da prestação previdenciária correspondente, proteger não apenas as mães, mas também e especialmente assegurar proteção às crianças (v. Estatuto da Criança e do Adolescente, Lei n. 8.069/90, art. 8º) e o direito à convivência destas com suas mães (e pais) e vice-versa, passando a alcançar as adoções e incrementando, ao longo do tempo, o número de dias de afastamento remunerado. Tanto é assim que a Lei 12.873/2013 alterou o art. 71-A da Lei 8213/991 para incluir a possibilidade de percepção do salário-maternidade por homens, nas hipóteses de guarda ou adoção.

Nessa mesma toada, o STF vem permitindo a concessão do benefício a homens que adotem crianças (RE nº 1.348.854, Tribunal Pleno, Rel. Min. Alexandre de Moraes, DJe 24.10.2022), a uniões homoafetivas (RE nº 1211446, Min. Rel. Luiz Fux, julgado em 13.03.2024), citando, entre outros fundamentos, que a licença-maternidade está associada, na literatura médica, à redução da mortalidade infantil. Reconheceu também a omissão do poder legislativo em regulamentar a licença-paternidade, após outra divergência aberta pelo Min. Edson Fachin (ADO nº 20, j. 14.12.2023).

Todas essas decisões demonstram que há fatos e pessoas que não foram alcançados pela lei, mas são igualmente protegidos pela Constituição, cabendo a densificação da norma a partir da facticidade. Marinoni tem realçado essa especial importância dos fatos constitucionais:

> há dispositivos legais que, por sua própria lógica interna, pressupõem fatos que simplesmente deixaram de ser discutidos. É acertado dizer que os fatos pressupostos, ainda que não discutidos, não podem deixar de ser levados em conta para a Corte ter condições de declarar a (in)constitucionalidade. *Um fato imprescindível à interpretação constitucional,*

porém negligenciado pelo Parlamento, pode e deve ser discutido perante a Corte para que se possa decidir adequadamente a questão constitucional. Na verdade, tais fatos foram "indevidamente ignorados" pelo legislador.[8]

São esses fatos que têm demandado da jurisdição constitucional a atuação convergente e que, no caso do benefício da licença-maternidade e do salário-maternidade, permitiram alterar ou expandir a sua finalidade e titularidade: de um benefício instrumentalizado à empregabilidade da mulher a um benefício voltado à proteção da criança e ao convívio familiar.

Nesse contexto insere-se o julgamento da ADI nº 6327, que trata da prorrogação da licença-maternidade (e do salário-maternidade) aos casos em que, em virtude da prematuridade ou outras complicações, há longos períodos de internação da mãe ou do bebê. Foi decidida cautelarmente em março de 2020, tendo o mérito sido julgado em outubro de 2022, em acórdão assim ementado:

EMENTA: CONSTITUCIONAL. DIREITOS SOCIAIS. AÇÃO DIRETA DE INCONSTITUCIONALIDADE CONVERTIDA EM ARGUIÇÃO DE DESCUMPRIMENTO DE PRECEITO FUNDAMENTAL. POSSIBILIDADE. CONTAGEM DE TERMO INICIAL DE LICENÇA-MATERNIDADE E DE SALÁRIO-MATERNIDADE A PARTIR DA ALTA HOSPITALAR DO RECÉM-NASCIDO OU DA MÃE, O QUE OCORRER POR ÚLTIMO. INTERPRETAÇÃO CONFORME À CONSTITUIÇÃO DO §1º DO ART. 392, DA CLT, E DO ART. 71 DA LEI 8.213/1991. NECESSÁRIA PROTEÇÃO CONSTITUCIONAL À MATERNIDADE E À INFÂNCIA. AÇÃO JULGADA PROCEDENTE. 1. Cumpridos os requisitos da Lei nº. 9.882/99, a jurisprudência do Supremo Tribunal Federal (STF) entende possível a fungibilidade entre ADI e ADPF. 2. A fim de que seja protegida a maternidade e a infância e ampliada a convivência entre mães e bebês, em caso de internação hospitalar que supere o prazo de duas semanas, previsto no art. 392, §2º, da CLT, e no art. 93, §3º, do Decreto nº. 3.048/99, o termo inicial aplicável à fruição da licença-maternidade e do respectivo salário-maternidade deve ser o da alta hospitalar da mãe ou do recém-nascido, o que ocorrer por último, prorrogando-se ambos os benefícios por igual período ao da internação. 3. O direito da criança à convivência familiar deve ser colocado a salvo de toda a forma de negligência e omissão estatal, consoante preconizam os arts. 6º, caput, 201, II, 203, I, e 227, caput, da Constituição da República, impondo-se a interpretação conforme à Constituição do §1º do art. 392 da Consolidação das Leis do Trabalho (CLT) e do art. 71 da Lei nº. 8.213/1991

---

[8] MARINONI, Luiz Guilherme. *Processo Constitucional e Democracia*. SP: RT, 2021. p. 714.

4. Não se verifica critério racional e constitucional para que o período de licença à gestante e salário-maternidade sejam encurtados durante a fase em que a mãe ou o bebê estão alijados do convívio da família, em ambiente hospitalar, nas hipóteses de nascimentos com prematuridade e complicações de saúde após o parto. 5. A jurisprudência do STF tem se posicionado no sentido de que a ausência de previsão de fonte de custeio não é óbice para extensão do prazo de licença-maternidade, conforme precedente do RE nº. 778889, Relator(a): Min. ROBERTO BARROSO, Tribunal Pleno, julgado em 10/03/2016. A prorrogação de benefício existente, em decorrência de interpretação constitucional do seu alcance, não vulnera a norma do art. 195, §5º, da Constituição Federal. 6. Arguição julgada procedente para conferir interpretação conforme à Constituição ao artigo 392, §1º, da CLT, assim como ao artigo 71 da Lei n.º 8.213/91 e, por arrastamento, ao artigo 93 do seu Regulamento (Decreto n.º 3.048/99), de modo a se considerar como termo inicial da licença-maternidade e do respectivo salário-maternidade a alta hospitalar do recém-nascido e/ou de sua mãe, o que ocorrer por último, prorrogando-se em todo o período os benefícios, quando o período de internação exceder as duas semanas previstas no art. 392, §2º, da CLT, e no art. 93, §3º, do Decreto n.º 3.048/99.

(ADI 6327, Relator(a): EDSON FACHIN, Tribunal Pleno, julgado em 24-10-2022, PROCESSO ELETRÔNICO DJe-222 DIVULG 04-11-2022 PUBLIC 07-11-2022)

A norma questionada — art. 392, §1º, da CLT, e art. 71 da Lei nº 8.213/91 — prevê o período de afastamento remunerado pelo prazo de 120 dias, que poderá iniciar entre o 28º dia antes do parto e a ocorrência deste, podendo ser aumentado por duas semanas, mediante atestado médico. Mas essa abstração não é suficiente.

Não abrange as hipóteses em que há períodos de internação maiores do que duas semanas.

O ministro Edson Fachin afastou a interpretação literal, restritiva e instrumental (da norma abstrata e padronizada). Segundo o ministro, a omissão ofende o direito social de proteção à maternidade e à infância, assegurado pelos arts. 6º, *caput*, 201, II, 203, I, e 227, caput, da Constituição, e pelo artigo 24 da Convenção sobre os Direitos da Criança, Decreto nº 99.710/1990. Trata, assim, da doutrina da proteção integral da criança e da sua máxima efetividade e do direito à convivência familiar, especialmente, o direito à assistência materno-infantil.

Além desses parâmetros, o voto ampara-se nos precedentes do Supremo Tribunal Federal antes citados, que, atentos aos fatos, permitiram a interpretação ampliada do benefício e afastaram a alegação de falta de previsão de custeio. Anotou o ministro esse percurso jurisprudencial: "esta Corte saiu de um estado de coisas em que teve que garantir que a previdência social arcasse com os custos do salário--maternidade sem limitação ao teto (ADI nº 1946) até o momento atual em que reconheceu o direito à licença estendida de 180 dias para um genitor monoparental (RE nº 1348854)".

Esse percurso — ou "romance em cadeia" para usar a expressão consagrada de Dworkin[9] — sustenta a coerência e integridade das suas decisões.

E considera o fato constitucional desprotegido referente ao número de partos prematuros e à necessidade de internação prolongada, conforme dados que cita da Agência Nacional de Saúde Suplementar. O período de internação por vezes é equivalente ao período ideal intraútero e, quando da alta, o bebê tem o peso inferior a bebês a termo, demandando cuidados maiores:

> O período de internação neonatal guarda as angústias e limitações inerentes ao ambiente hospitalar e à fragilidade das crianças. Ainda que possam eventualmente amamentar e em alguns momentos acolher nos braços seus filhos, é a equipe multidisciplinar que lhes atende, de modo que é na ida para casa que os bebês efetivamente demandarão o cuidado e atenção integral de seus pais, e especialmente da mãe, que vivencia também um momento sensível como é naturalmente, e em alguns casos agravado, o período puerperal. Não é por isso incomum que a família de bebês prematuros comemorem duas datas de aniversário: a data do parto e a data da alta. A própria idade é corrigida. A alta é, então, o momento aguardado e celebrado e é esta data, afinal, que inaugura o período abrangido pela proteção constitucional à maternidade, à infância e à convivência familiar. É este, enfim, o âmbito de proteção.

Refere-se, ao fim, à omissão legislativa, apesar de projetos em tramitação.

Todas essas referências — a Constituição, textos legais e convencionais, a doutrina e a jurisprudência — serviram à interpretação convergente diante da complexidade revelada pela situação concreta, analisada e respeitada em sua facticidade.

---

[9] DWORKIN, Ronald. *Uma questão de princípio*. Trad. Luís Carlos Borges. São Paulo: Martins Fontes, 2005. p. 238.

Conclusão: a facticidade humana

O modelo normativo positivo é extraído da realidade e abstrativizado em modelos gerais. Contudo, a norma positivada é incompleta. Pode ser injusta ao ser restritiva e excludente numa perspectiva meramente instrumental.

A convergência com a Constituição e com a facticidade orienta a interpretação e aplicação da norma. Na jurisdição constitucional os dois elementos do direito — o anterior (norma) e o posterior (realidade) — possuem a mesma relevância. Com isso se neutralizam os excessos irracionais, como denunciou Horkheimer.

O percurso da jurisprudência constitucional acerca do instituto da licença-maternidade revela essa orientação que, embora inicialmente literal e massificada, aos poucos passou a enxergar os fatos, as pessoas de carne e osso, e rosto: as mulheres, os pais e as crianças.

O julgamento da ADI nº 6327, relatada pelo ministro Edson Fachin, e sua especial sensibilidade às questões familiares, é emblemático ao voltar o olhar para a criança prematura em sua fragilidade extrema e à angústia da sua mãe, numa perspectiva de gênero, e de sua família, que, entre tantas preocupações, ainda se via, pela norma abstrata, desamparada por uma tutela desigual.

A norma jurídica que deriva dessa decisão sintetiza a convergência da regra positivada aos fatos e valores que a Constituição protege, fortalecendo a função do Supremo Tribunal Federal de guardião da Constituição.

Referências

BARRET, William. *Irrational Man*. A study in existential philosophy. New York: Doubleday & Company, 1962.

BAUDRILLARD, Jean. *Le Systèms des objeto*. Paris: Gagliardi, 1968.

DWORKIN, Ronald. *Uma questão de princípio*. Trad. Luís Carlos Borges. São Paulo: Martins Fontes, 2005.

ELLUL, Jacques. *The Technological Society*. Translated by John Wilkinson. New York: Random House Inc. 1964.

GROSSI, Paolo. *Mitologias jurídicas da modernidade*. 2. ed. Tradução: Arno Dal Ri Junior. Florianópolis: Fundação Boiteux, 2007.

HABERMAS, Jürgen. *Mudança estrutural da esfera pública*. Investigações quanto a uma categoria da sociedade burguesa. Tradução: Flávio R. Kothe. Rio de Janeiro: Tempo Brasileiro, 2003.

HEGEL, Georg W. F. *Lógica*. 2a. edición. Tradução: Antonio Zozaya. Madrid: Editorial Ricardo Aguilera. 1973.

HERVADA, Javier. *Lições Propedêuticas de Filosofia do Direito*. Tradução: Elza Maria gasparotto. 1a. ed. São Paulo: Martins Fontes. 2008.

HORKHEMEIR, Max. *Crítica de la Razón instrumental*. 2a. ed. Buenos Aires: Editorial Sur, 1973.

HORKHEIMER, Max; ADORNO, Theodor. *Dialética do esclarecimento*. Tradução: Antonio de Almeida. 21a. Reimpressão. Rio de Janeiro: Zahar, 2021.

KANT, Immanuel. *Crítica da Razão Pura*. Tradução: Manuela Pinto Santos e Alexandre Fradique Morujão. 5a. ed. Lisboa: Calouste Gulbenkian. 2001.

LYOTARD, Jean François. *The postmodern condiction*. A Report on Knowledge. 1st edition. Manchester: Manchester University Press. 1984.

MARINONI, Luiz Guilherme. *Processo Constitucional e Democracia*. SP: RT, 2021.

MARTINS, S. P. *Direito da seguridade social*. 41. ed. São Paulo: Saraiva, 2023. E-book.

PERLINGIERI, Pietro. *O direito civil na legalidade constitucional*. Tradução: Maria Cristina De Cicco. Rio de Janeiro: Renovar, 2008.

Informação bibliográfica deste livro, conforme a NBR 6023:2018 da Associação Brasileira de Normas Técnicas (ABNT):

MACHADO, Thais Sampaio da Silva; ANDRASCHKO, Luciano. Jurisdição constitucional convergente no julgamento da ADI nº 6327: da abstração à facticidade da norma. In: SILVA, Christine Oliveira Peter da; GIAMBERARDINO, André Ribeiro; ARRUDA, Desdêmona Tenório B. T.; MACEDO, José Arthur Castillo de; MACHADO FILHO, Roberto Dalledone (coord.). *Ministro Luiz Edson Fachin*: dez anos de Supremo Tribunal Federal. Belo Horizonte: Fórum, 2025. p. 397-408. ISBN 978-65-5518-746-5.

SOBRE OS AUTORES

André R. Giamberardino
Professor dos Programas de Pós-Graduação em Direito e em Sociologia da Universidade Federal do Paraná. Defensor público no Estado do Paraná. Doutor e mestre em Direito pela UFPR, com estágio pós-doutoral na Universidade de Columbia (EUA). Professor visitante na Universidade de Bari Aldo Moro (Itália).

Andreas Eisele
Procurador de Justiça do Ministério Público de Santa Catarina.

Andressa Paiva
Graduanda em Direito (UnB), pesquisadora e estagiária no Supremo Tribunal Federal.

Carlos Eduardo Lacerda Baptista
Assessor de Ministro do Supremo Tribunal Federal. Mestrando em Direito, Políticas Públicas e Regulação pela Universidade de Brasília (UnB).

Christine Oliveira Peter da Silva
Doutora e mestre em Direito, Estado e Constituição pela UnB. Professora Associada do mestrado e doutorado em Direito das Relações Internacionais do Centro Universitário de Brasília (UniCeub). Pesquisadora e vice-líder do Centro Brasileiro de Estudos Constitucionais ICPD/UniCeub. Assessora de Ministro do Supremo Tribunal Federal.

Clara Mota Pimenta Alves
Doutora em Direito Econômico pela Universidade de São Paulo (USP). Mestre em Direito Constitucional pela Universidade de Brasília (UnB). Professora de Direito Econômico no Instituto de Ensino, Desenvolvimento e Pesquisa (IDP). Juíza Federal.

Desdêmona Tenório de Brito Toledo Arruda
Máster em Políticas Públicas pela ENAP, em convênio com o Columbia Global Center. Máster em Segurança Social pela Universidade de Alcalá/OISS. Especialista em Direito Público. Bacharel em direito pela UFPR. Membro do Columbia Women's Network in Brazil. Chefe de Gabinete do Ministro Edson Fachin.

Fábio Franciso Esteves
Juiz de direito do Tribunal de Justiça do Distrito Federal e Territórios (TJDFT). Atualmente exerce o cargo de juiz instrutor do Gabinete do Ministro Edson Fachin, no Supremo Tribunal Federal (STF). Professor da Escola da Magistratura do Distrito Federal e do IDP. Mestre em Direito pela Universidade de Brasília (UnB) e doutorando em Direito pela Universidade de São Paulo (USP). Foi cofundador do Encontro Nacional de Juízes e Juízas Negros (ENAJUN) e do Fórum Nacional de Juízas e Juízes contra o Racismo e Todas as Formas de Discriminação (FONAJURD).

Gabriel Rezende
Professor adjunto de Filosofia e Teoria do Direito na Universidade Federal de Minas Gerais. Doutor em Filosofia pela Université Paris 8 (França).

Giovanna Trigueiro Mendes de Andrade
Mestranda em Direito, Regulação e Políticas Públicas pela Universidade de Brasília (UnB). Analista judiciária do STF. E-mail: trigueiro.giovanna83@gmail.com; lattes: https://lattes.cnpq.br/ 8550839083267095.

Ilka M. Lins
Assessora de Ministro do Supremo Tribunal Federal. Ex-assessora de Ministro do Superior Tribunal de Justiça.

Jane Reis Gonçalves Pereira
Doutora em Direito Público pela Universidade do Estado do Rio de Janeiro (UERJ). Mestre em Direito Constitucional e Teoria do Estado pela Pontifícia Universidade Católica do Rio de Janeiro (PUC-Rio). Professora Associada de Direito Constitucional da Universidade do Estado do Rio de Janeiro (UERJ). Juíza Federal.

José Arthur Castillo de Macedo
Assessor do Ministro Edson Fachin. Professor do Instituto Federal do Paraná (IFPR), cedido ao STF. Doutor, mestre e graduado pela UFPR. Pesquisador do Centro de Estudos da Constituição do PPGD-UFPR (CCONS) e do Centro de Estudos do Federalismo e do Direito Constitucional Estadual (Constate).

Lívia Kim Philipovsky Schroeder Reis
Graduada em Direito. Especialista em Ciências Criminais. Mestranda em Direito, Regulação e Políticas Públicas pela Universidade de Brasília (UnB). Analista Judiciária da Seção Judiciária do Paraná/TRF4, atualmente lotada no Gabinete do Ministro Edson Fachin, no Supremo Tribunal Federal.

Lucas Bevilaqua
Procurador do Estado de Goiás. Doutor e mestre em Direito Tributário pela Universidade de São Paulo e Assessor de Ministro (STF).

SOBRE OS AUTORES | 411

Lucas Nogueira Israel
Juiz de Direito do Tribunal de Justiça do Distrito Federal e magistrado auxiliar no Supremo Tribunal Federal. Mestre em Direito e Estado pela Universidade de Brasília (UnB) e graduado pela mesma Universidade. Foi Promotor de Justiça e Advogado da União.

Luciano Andraschko
Juiz Federal-TRF-4ª. Região. Professor universitário da graduação e pós-graduação. Doutorando em Direito pela Unicuritiba. Mestre em Ciência Jurídica. Pós-graduado em Teoria Geral do Direito e Filosofia do Direito. Especialista (pós-graduação *lato sensu*) em Direito Penal e Processo penal. Ex-membro da Advocacia-Geral da União. E-mail: luciano.andraschko@trf4.jus.br. https://lattes.cnpq.br/5184383731066818.

Luiz Henrique Krassuski Fortes
Doutor, mestre e graduado em Direito pela Universidade Federal do Paraná (UFPR). Professor substituto de Direito Processual Civil da Faculdade de Direito da Universidade de Brasília (UnB). Foi Oficial de Gabinete no Supremo Tribunal Federal (2015-2017). Presidente da Comissão de Direito Processual Civil da Ordem dos Advogados do Brasil — Seccional do Distrito Federal (2024). Advogado em Brasília/DF. E-mail: krassuski@gmail.com.

Matheus de Andrade Bueno
Mestre em Direitos Humanos e Cidadania pela Universidade de Brasília (UnB). Especialista em Ciências Penais. Especialista em Direito Constitucional. Bacharel em Direito pela Universidade Estadual de Ponta Grossa (UEPG). Procurador da República. Procurador Regional dos Direitos do Cidadão Substituto em Mato Grosso. Ex-assessor de Ministro do Supremo Tribunal Federal. Ex-analista Judiciário e ex-técnico Judiciário.

Miguel Gualano de Godoy
Professor adjunto de Direito Constitucional da Faculdade de Direito da Universidade Federal do Paraná (UFPR). Atualmente na Faculdade de Direito da UnB. Mestre e doutor em Direito Constitucional pela UFPR. Pós-doutor pela Faculdade de Direito da USP. Autor dos livros: *Fundamentos de Direito Constitucional* (Ed. Juspodivm, 3. ed., 2025); *STF e Processo Constitucional: entre a ministrocracia e o Plenário mudo* (Ed. Arraes, 2021); *Devolver a Constituição ao Povo: crítica à supremacia judicial e diálogos institucionais* (Ed. Fórum, 2017); *Caso Marbury v. Madison: uma leitura crítica* (Ed. Juruá, 2017); *Constitucionalismo e Democracia: uma leitura a partir de Carlos Santiago Nino e Roberto Gargarella* (Ed. Saraiva, 2012). Ex-assessor de Ministro do STF. Advogado em Brasília e Curitiba.

Paula Cristina Piazera Nascimento
Graduada em Direito. Especialista em Ciências Criminais. Analista Judiciária da Seção Judiciária do Paraná/TRF4. Integrante do Núcleo de Justiça Restaurativa

(NUJURE) do TRF4. Facilitadora de Justiça Restaurativa. Formadora da ENFAM, Nível 1. Foi assessora no Supremo Tribunal Federal no Gabinete do Ministro Edson Fachin de 2015 a 2019.

Paulo Marcos de Farias
Desembargador substituto do Tribunal de Justiça de Santa Catarina. Juiz auxiliar do Conselho Nacional de Justiça.

Pedro Ferreira
Doutorando em Direito, Estado e Constituição pela Universidade de Brasília (UnB). Assessor de Ministro do Supremo Tribunal Federal (STF).

Rafael Campos Soares da Fonseca
Doutor em Direito Econômico, Financeiro e Tributário pela Universidade de São Paulo. Pós-doutorado, mestrado e bacharelado em Direito, todos pela Universidade de Brasília. Professor titular do programa de pós-graduação *stricto sensu* em Direito (mestrado e doutorado) da Faculdade Autônoma de Direito (FADISP/SP). Coordenador-geral do Curso de Direito do Centro Universitário UNIEURO/DF. Assessor de Ministro do Supremo Tribunal Federal.

Reynaldo Soares da Fonseca
Pós-doutorado em Democracia e Direitos Humanos pelo Ius Gentium Conimbrigae — Centro de Direitos Humanos (IGC) da Universidade de Coimbra, Portugal. Doutorado em Direito Constitucional pela FADISP-SP, com pesquisa realizada na Universidade de Siena, Itália. Mestrado em Direito Público (PUC/SP). Professor adjunto da Universidade Federal do Maranhão, atualmente em colaboração técnica na Universidade de Brasília (UnB). Professor do mestrado profissional em Direito, Regulação e Políticas Públicas (UnB). Professor do Doutorado e Mestrado da Uninove. Ministro do Superior Tribunal de Justiça.

Roberta Borges de Barros
Graduada em Direito pela Universidade Federal de Goiás (2007), com especialização em Ordem Jurídica e Ministério Público pela Fundação Escola Superior do Ministério Público Federal e Territórios (2018). Cursa o Mestrado Profissional em Direito, Regulação e Políticas Públicas no programa de pós-graduação da Universidade de Brasília (UnB). É analista judiciária no Supremo Tribunal Federal, lotada em gabinete de Ministro. Currículo Lattes: http://lattes.cnpq.br/4284566874220459; Orcid: https://orcid.org/0009-0000-1684-6447. E-mail: betabbarros@gmail.com.

Roberta Zumblick Martins da Silva
Mestre em Direito pela Universidade de Brasília (UnB). Especialista em Direito Processual e graduada em Direito pela CESUSC. Pesquisadora do Projeto Victor em parceria da UnB com o STF. Coautora do livro *Inteligência Artificial e Direito*.

Samuel Rodrigues de Miranda Neto
Mestre em Direito pela Universidade de Brasília (UnB). Especialista em Direito Processual Civil pelas Faculdades Integradas de Jacarepaguá (FIJ/RJ) e graduado em Direito pela Universidade Federal do Piauí (UFPI). Professor de Direito Administrativo na Pós-Graduação da Faculdade Presbiteriana Mackenzie de Brasília. Foi Assessor de Ministra do Superior Tribunal de Justiça (2016-2025). Assessor de Ministro do Supremo Tribunal Federal (STF). E-mail: samuel_nt@yahoo.com.br.

Sandra Soares Viana
Assessora de Ministro do Supremo Tribunal Federal. Mestranda em Direito, Políticas Públicas e Regulação pela Universidade de Brasília (UnB).

Stephanie Uille Gomes de Godoy
Juíza Federal do Tribunal Regional Federal da 4ª Região (TRF4). Juíza Instrutora no Supremo Tribunal Federal.

Susana Lucini
Procuradora Federal, Chefe da Divisão de Precedentes Qualificados da Procuradoria Nacional Federal de Contencioso (PGF/AGU). Mestre em Direito Público pela Universidade de Salamanca/ES. Foi assessora do Ministro Edson Fachin de 10/2015 a 05/2017.

Suzana Massako Hirama Loreto de Oliveira
Graduada em Direito pela Universidade Estadual de Londrina, com especialização em Direito Constitucional pela ABDConst; em Direito Digital pela ENFAM; em Ciências Humanas: Sociologia, História e Filosofia pela PUC/RS e em Gestão Judicial: Judiciário de Alta Performance pela ENFAM. Cursa atualmente mestrado em Ciências Jurídico-Políticas na Universidade Portucalense Infante D. Henrique. É desembargadora substituta do Tribunal de Justiça do Estado do Paraná e desempenha a função de juíza auxiliar de Ministro do Supremo Tribunal Federal. Lattes://lattes.cnpq.br/7018630382033259. Orcid: https://orcid.org/0000-0002-4552-7805.

Thais Sampaio da Silva Machado
Juíza federal substituta no TRF da 4ª Região. Mestre em Direito do Estado pela UFPR. Ex-juíza auxiliar do Min. Fachin no STF.

Esta obra foi composta em fonte Palatino Linotype, corpo 10
e impressa em papel Pólen Bold 70g (miolo) e Supremo 250g (capa)
pela Gráfica Star7.